卓越学术文库

U0695292

曾祥芹评传

ZENG XIANGQIN PINGZHUAN

河南省高等学校哲学社会科学优秀著作资助项目

任文香　张天明　著

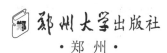

郑州大学出版社

·郑 州·

图书在版编目（CIP）数据

曾祥芹评传 / 任文香，张天明著. — 郑州：郑州大学出版社，
2020. 12（2024.6 重印）
（卓越学术文库）
ISBN 978-7-5645-7175-7

Ⅰ. ①曾…　Ⅱ. ①任…②张…　Ⅲ. ①曾祥芹 - 评传
Ⅳ. ①K825.46

中国版本图书馆 CIP 数据核字（2020）第 143004 号

曾祥芹评传

策划编辑	孙保营		封面设计	苏永生
责任编辑	席静雅　刘瑞敏		版式设计	凌　青
责任校对	樊建伟		责任监制	李瑞卿

出版发行	郑州大学出版社		地　　址	郑州市大学路 40 号（450052）
出 版 人	孙保营		网　　址	http://www.zzup.cn
经　　销	全国新华书店		发行电话	0371-66966070
印　　刷	廊坊市印艺阁数字科技有限公司			
开　　本	710 mm×1 010 mm　1 / 16		彩　　页	1
印　　张	30.5		字　　数	507 千字
版　　次	2020 年 12 月第 1 版		印　　次	2024 年 6 月第 2 次印刷

书　　号	ISBN 978-7-5645-7175-7		定　　价	129.00 元

曾祥芹先生 2020 年 10 月 16 日摄于河南师范大学文学院资料室 (米格智摄)

2013 年 1 月 7 日曾祥芹与夫人刘苏义合影于书房"拓荒斋"（米格智摄）

2019 年 8 月 18 日本书作者张天明（左）、任文香（右）和曾祥芹先生合影于河南师范大学勤政楼（曹洪彪摄）

序

俯首甘为"拓荒牛"

徐 雁

（南京大学教授,博士生导师,兼江苏南社研究会会长）

记得第一次参加全国阅读学同行会议,是在 1997 年暑假期间。当年 8 月 4 日,中国写作学会阅读学专业委员会第五届年会在河南教育学院举办,作为《中国读书大辞典》（南京大学出版社 1993 年版）的主编,我和学长王余光被特邀参会。结果在会议期间,在曾祥芹会长主持下,我被提名增列为副会长。以此之故,遂得追随曾先生所指引的"汉文阅读学"之旅,不觉已有廿余个寒暑。

在这岁逾二十年的光阴中,自然颇多难以忘怀的活动场景。如在北京参会之余,同观现代文学馆,流连于巴金、唐弢诸家"文库",感受现代新文学藏书的灵光;在山东济南,晨登千佛山巅,同览泉城南郊风光;在江苏常熟,同谒言子墓,访昭明太子读书台,遥想当年人文风流,徘徊不能遽去;在福建厦门,同游鼓浪屿,瞻仰郑成功花岗岩雕像,想见当年收复台湾的壮举;在宁波北仑学会换届会后,同至天一阁,沐浴书香家族之余馨……至于同车叙往事、同席谈会务、同台作报告之类的交集,更仆难举。

印象深刻并令我感动至深的,还有三次新乡之行。这是因为曾先生笔耕的书房——"拓荒斋"在河南师范大学,河南师范大学在新乡,而中国阅读学研究会的铜牌,则挂在河南师范大学文学院楼门前的侧墙上。

首次新乡之行,是在 2009 年 4 月 24 日。起因是曾先生决意退下长期担任的中国阅读学研究会会长职务,推荐我接任,并获得了其他学会领导的认同。我多次逊谢未准,只好勉力从命。遂择日起早,携荣生方超同坐长途汽车从南京出发,前往曾府聆教。在车上颠簸了将近一天到达新乡,由曾先生的弟子张正君、任文香两位接站后,驱车入住河南师大内的沁园宾馆。

　　虽然暮色已浓,旅途劳顿,但校园里却暗香飘逸,原来正是木本"十里香"的绽放时节,不觉神醉心迷;更未料曾先生夫妇已备宴于宾馆餐厅,迎候多时。那醇香的杜康美酒,何须三杯,即已令人宾至如归,愿把新乡当故乡了。

　　次日一早,曾先生来到宾馆共进早餐后,即导往至其家。在他那语文教育、文章学和阅读学三界有名的"拓荒斋"里,在一番推心置腹的晤谈之后,我顿时明确了今后学会可持续发展,并争取更上一层楼的目标是:在"汉文阅读学"的旗帜下,继续扩大学会成员的队伍,创建学会成果的发表园地及交流论坛,提升学会组织在全国乃至海外的影响,并深化在阅读学各层面的学术研究和社会实践等。

　　此行也,我也目睹了年逾七旬的曾先生,是如何在堪称陋室的书房里,超人般地从事其所感兴趣的学术拓荒工作,实现其学富五车、著述满架的人生目标的。"老牛亦解韶光贵,不待扬鞭自奋蹄",是著名作家、中国写作学会第二任会长臧克家先生的诗句,也是古稀之年的曾先生,在学术上不懈追求的精神动力吧? 感怀之余,我请得著名学人、书法家、藏书家林公武先生题赠一额"拓荒斋",表达了我初访之行的敬意。

　　第二次新乡之行,是在十年前的金秋十月。2010 年 10 月 16 日,因"曾祥芹学术思想国际研讨会"在河南师大的召开,我代表主办方之一的中国阅读学研究会,再次有了新乡之行。我带去了一篇题为《朱熹读书论的"现在时分析"——兼述曾祥芹先生对朱熹读书诗的赏析评点》的文章,并按议程要求,主持了"汉文阅读学"分会场的研讨活动。

　　在闭幕式上,曾先生发表了他的"答谢辞",后来一并收录在由中国阅读学研究会常务副会长甘其勋研究员主编的《"三学"创新论——曾祥芹学术思想国际研讨会文集》(河南人民出版社 2011 年版)中。曾先生除了感谢外,更重要的内容,是表达了他一以贯之的学术期许。

曾先生诚恳地表示："这个会议名义上是以我的名字命名的学术研讨会，实质上只不过把'曾祥芹学术思想'作为一个典型个案来研究。以我为个案来研究汉文阅读学、实用文章学、语文教育学三门学科的创新。学科的创新是非常艰难的，朋友们说是'学术苦旅'，确实是这样的。这个会给我以表扬，有很多赞美之词，实际上也是赞美我们三个学会从事这些学科研究、从事学科创新的所有的同行学者。名义上是开我个人的会，实际上是开我们三个学会同行的会，开'三学'创新的经验交流会……"正因为如此，问世的论文集书名中，即有"'三学'创新"这个关键词。

甘主编在该书《编后絮语》里评介道："与会学者、专家达成的共识，认为曾祥芹先生的'三学'体系——语文教育学、文章学、阅读学，既是纵向上从基础科学、技术科学和应用科学的不同层面构建的，又是横向上相辅相成、互为支撑的立体结构和完整体系，科学而又严谨。"我想，有此研讨后的共识，曾先生所念兹在兹的"三学"生命力，也许也就有了源头活水之润泽了。

第三次新乡之行，是在 2019 年 5 月中旬，我参加河南师大图书馆承办的第三届中国图书馆史学术研讨会。12 日晚上，我应邀担任该校"人文讲坛"第 171 期的嘉宾，作一个题为《"最是书香能致远"——读物选择与幸福追求》的学术报告。地点在东校区的一个报告厅，有 200 余名学生到场。听讲者因此目睹了他们前所未见的感人一幕：一位白发苍苍的老学者，颤颤巍巍地走上主持人席作"开场白"，郑重推介一个比他小了 27 岁的主讲人——我。由此，我的所谓"专场报告"，也因此改变了性质，我是把它当作向老会长所在的母校师生的一次"汇报讲座"来讲的。

在讲座开始，我释读了"志存高远"这一古训，阐述了学校教育的永恒追求是"书香校园"建设这一主题，告诉同学们读书的若干方法，而其终极目标是在于"读有字书，悟无字理"，转化成为人、处世、做事的社会行为实践。最后我再次致敬了曾先生其人其学，勉励大家要以眼前的曾先生为榜样，做一个既在青春年少时"志存高远"，又在学术道路上不断勤奋耕耘的"终身学习者"。

我想，正是在上述这些点点滴滴的积累之中，我才终于有一天忽发灵感，萌生了这个选题创意的——曾门弟子该给他们敬爱的导师，及时写出一部扎扎实实的学术评传了。

因为我始终感怀于曾先生那出自肺腑的话语:"我已经七十多岁了,身体又不好,我走的这条学术拓荒之路是一条野路子,寂寞、孤独、艰难,饱尝过'在场的缺席'的尴尬,体味过'体制外研究'的苦痛。因此,挚友甘其勋先生……用一句诗来宽慰我:'莫愁前路无知己,三叠阳关动后人。'这个诗句写得太动人了。朋友们都知道'西出阳关无故人',而'三叠阳关',用典故暗含着我的三门学科的创新,总会感动和激励后学朝着这个路子前进的。""我本人不过是学术史上的一个'历史的中间物'。前人有创造,我走了一段;后人再往前走,一直走下去。我相信泱泱中华,21世纪终会有'实用文章学''汉文阅读学'的地位的。"而这段心曲,该就是及时写作并问世一部《曾祥芹评传》的基本理由和价值所向了。

所谓"评传",是来自欧美的一种带有评论性质的人物传记。其内涵,既要有对传主的叙述,又要有著述者所发表的种种评论。我一向认为,如果传主身为人师的话,那么其最理想的评传写作者,该就是其及门弟子中的某一位。而曾先生的评传,在我所熟悉的其门下弟子中,正君可以写,才生可以作,洪彪也可以编,然则此宗任务,怎么竟落实于文香、天明两位笔下了呢?

原来,这里有个足可为外人道的道理在。文香当年在新乡师范专科学校(现升格为新乡学院)中文系毕业后,即分配到了河南师范大学中文系资料室(现为河南师范大学文学院资料室)工作至今。她既是最近傍曾先生的弟子,也是曾先生多年来实际上的学术秘书兼助手,深得曾先生夫妇俩及其子女们的信赖,因此是传记部分写作的不二人选;而天明呢,是曾先生门下的教育学硕士之一。

五年前的一个初冬,我应黄淮学院图书馆邀请前往作讲座。与在该学院任教的天明,漫步谈心差不多有半天之久,从而知晓了他在曾门求学的故事。他对曾先生授以阅读之学,并多次为他精心修改文章得以发表并获得同行反响的往事,一直感戴莫名,欲思图报。因而我觉得任、张二位虽然"身在此山中",但只要能够保持"爱之深而悟之切"的传统人文情意,始终坚持"吾爱吾师,吾更爱真理"的现代知识理性,观世知人,读书会意,那么,是一定能够当此写作重任,并写出曾先生人生和学问的"庐山真面目"的。

果不其然。在随后的三五年间,文香、天明两位既据预设体例及编写分工,各自沉潜用功,又互相讨论,反复切磋修改。偶遇不明难解之处,或打电话,或发邮件,直询传主以释所疑。岁末年初,终于发来定稿。

顷阅初稿,分为上、下两卷,凡 8 章,共计 40 节,文质彬彬,可谓盛矣。所附年表,则纪事明晰,条理井然。由卷中文字,不仅可知曾先生所历人世艰难困厄之遭际,更将为其孜孜不倦的治学精神所感动。行文至此,忽悟曾子名训"士不可以不弘毅"及"君子以文会友,以友辅仁"云云,实乃曾先生所敬若神明的思想境界,而其学问秘诀,则端在"学"而时"习",且知"勤"而行"奋"也。

书将付梓,不能无序。谨书三千余言,质之方家,无非"嘤其鸣矣,求其友声"之意。是为序。时值农历庚子年春分后两日,书于金陵雁斋山居。恰庭院中樱梨桃杏雨后争艳,西府垂丝海棠齐丽时节矣。

目录

上卷　人生历程

下卷 学术平议

上 卷 人生历程

引 言

  河南师范大学文学院教授曾祥芹先生，风风雨雨六十余年不畏艰辛，默默耕耘，开拓创新，长期致力于语文教育学、实用文章学、汉文阅读学的"三学"研究，深化了语文教育学内容结构改革的研究，丰富了狭义文章学的内涵，推动了中国阅读学的体系构建，成果十分丰硕。其严谨的治学态度，创新的学问精神，前瞻的学术眼光，扎实的学术功底，得到学界人士的认可与尊重。

  曾祥芹在语文教育学领域的耕耘成果，被原中国高等教育学会语文教育专业委员会会长周庆元先生总结为语文教育学的"五论创新"——"一语双文论""两学指导论""文章课程论""双快比翼论"和"教师能力论"；他在实用文章学领域拓荒，创造性地提出"语言学、文章学、文艺学三足鼎立"的语文学科三大理论支柱和"一体（文章本体论）两翼（文章阅读论、文章写作论）三层级（文章原理、文章技术、文章教育工程）"的文章学科三级体系建设观，被著名语文教育家顾黄初教授称为"举文章学研究大纛的一员虎将"；他在汉文阅读学领域探索，开创性地主编出版了中国第一套"阅读学丛书"（包括《阅读学原理》《阅读技法系统》《文体阅读法》《古代阅读论》《国外阅读研究》5 种，全套 160 万字），作为中国阅读学的系统化建构的标志性成果，著名语文教育家张志公先生在该丛书总序中称赞为"可以说是一个创举，很有意义，很值得庆贺"，尤其是他主编出版的《阅读学新论》，被光明日报社《博览群书》杂志评价为"20 世纪中国阅读学研究的最高成果"。

  中国写作学会前会长裴显生教授在为《曾祥芹文选》所作的"总序"中称

曾祥芹先生是开拓创新的"三栖"学者。而今作为一位耄耋老人，虽年愈八旬高龄，但他依然行走在"不知老之将至"的学术征途上。2019年，83岁的曾祥芹完成了他"为宗圣继绝学"的150万字的皇皇巨著《曾子文章学》，该书由商务印书馆于当年4月正式出版。

熟悉曾祥芹先生的人都知道，他一生治学，经历许多艰辛，而他能够"千磨万击还坚劲，任尔东西南北风"，有如此坚韧顽强的品格，是跟他的人生阅历密不可分的，包括他的家庭出身、受教育背景和人生经历，正是这些主、客观因素使他融汇了中华传统读书人的资质和精神，积淀了"朱熹夫子"似的学者风范和气派。

1994年中秋，曾祥芹为其父曾清人老先生80华诞出版的回忆录《留得清白在人间》①所作的序言里曾经表白：

"我选择'文章学'作为毕生探索的专业，实启蒙于父亲的言传身教。"

1996年农历正月初六，曾祥芹先生60岁生日时，他在《曾氏九修族谱》新序中又概述了曾氏宗亲的文章祖传：

"曾氏历代不乏名门望族，如春秋鲁国的曾参家族，宋代南丰的曾巩家族，清代湘乡的曾国藩家族，均以诗书传家，尤以道德文章著称于世。宗圣公曾参主承孔子之道，著《孝经》，作《大学》，泽被后世；其主编的《论语》，使'三省吾身''慎终追远''以文会友''以友辅仁''任重道远''志不可夺'等学说光照千古。……先祖一贯用'格物、致知、诚意、正心、修身、齐家、治国、平天下'启迪后裔，把个人、家庭、国家、世界看成和谐的整体。"

如果说曾先生的人生经历与学术成果是一座宝藏的话，对他做探索与研究的过程无疑就是一次探宝之旅，曾祥芹求学时立下的"不当平庸教书匠，要做出色教育家"的誓言，在时政高压下坚守"毛泽东思想也可以一分为二地看"的勇气，不迷信胡绳、王力、叶圣陶、吕叔湘等大家权威的胆识，都会对青年人的成长有所启迪。

因此，本书上卷将用三章十二节篇幅，以整体勾勒与细处钩沉相结合的手法，对曾先生的人生历程进行全面介绍和评述。

让我们从曾祥芹先生的家世和阅历来走近他。

---

① 曾清人.留得清白在人间[M].北京：中央文献出版社，1994：1.

第一章

书香世家的曾氏贤孙

第一节　源远流长的曾氏三公

"朱雀桥边野草花,乌衣巷口夕阳斜。旧时王谢堂前燕,飞入寻常百姓家。"

刘禹锡的这首《乌衣巷》反映了我国家族社会的变迁。

家族制度是中国社会比较突出的现象,在中国历史演进中扮演着重要的角色,它对教育的推进、文化的传承以及对后世子孙的励志有着不可忽视的影响。虽然随着社会变迁与现代化进程的推进,家族制渐趋式微,但在中国社会发展中仍可产生绵延不绝的影响。

曾祥芹先生所属的曾氏家族是中国历史上著名的族系,有着悠久和尊贵的家族渊源,是中华始祖黄帝的后代、夏禹的苗裔。

禹生启,启生太康,太康失国。太康之弟仲康生少康,少康重建夏朝,少康将其子曲烈分封在鄫地,建立鄫国,鄫国历经夏、商、西周,鲁襄公六年(前567)为莒国所灭。鄫太子奔走鲁国,定居在南武城,四传至曾点。曾点就是曾参的父亲,曾点字皙,是孔子的早期弟子,在孔门中属狂放之士。曾参(曾子)是孔子周游列国时招收的第三期嫡传弟子,他十六岁拜孔子为师,勤奋好学,颇得孔子真传,后积极推广传播儒家思想,并接受孔子临终托孤,亲授其嫡孙孔伋(子思),因此曾子上承孔子之道,下启思孟学派,对孔子儒学思想不仅有继承,更有发展,是孔子学说的主要继承人和第一传播者。在儒学发展过程中曾子具有承上启下的作用,并最终进入大儒殿堂,与孔子、颜回、子思、孟子并称为儒家五大圣人(至圣孔子、复圣颜回、宗圣曾子、述圣子思、亚圣孟子)。自此曾氏家族也成为中国历史上显赫和尊贵的家族。

曾氏家族非常重视家族文化、谱系记录和传承,但在曾氏家族的谱系中,最早以曲烈为一世祖,后来《曾氏世袭总图》认为,曾巫去邑为曾,是曾氏受姓之始,故以曾巫为一世祖。明朝万历年间修《大成宗谱》,认为曾点是曾参之父,又以曾点为一世祖。明朝确定曾氏世袭翰林院五经博士之后,朝廷和曾氏族人开始以曾参为曾氏一世祖。到了清朝嘉庆、道光年间,曾氏东、南两宗合修曾氏一通谱,根据客观存在和实际需要,决定修改家谱,以宗圣曾子为一世祖。自此以后,都遵循此例。

曾子以下,迄今约两千五百年,已传八十余代,是一个分布全国、流寓海外、人口达2500万的大家族。从曾子至三十七代曾庆,一直是嫡裔世袭,一脉传承。曾庆官唐御史大夫,生二子:伟、骈(周氏)。次子曾骈之后因回到山东嘉祥县守曾子庙,承桃大宗,称为东宗世系;长子曾伟,官检校御史大夫,其后裔因居住在江南,称为南宗世系。曾氏家族在宋朝,称为鼎盛时期,主要反映在南丰、龙山两大房系上。一是南丰房,在人口发展方面,三十九代曾延铎至四十三代曾淮五代,生子至少四个,五十三代曾佑孙六子、三十孙,上百个曾孙。龙山房系自三十九代以下,子孙昌盛,在晋江县聚族而居的有三四十个村寨,后又扩衍至一二十个县市。到了元、明、清时代,曾氏的兴旺,面大分散,主要以南宗为主。到了近代,曾氏族人遍布海内外,1949年以后,还先后成立了旅港曾氏宗亲会、世界曾氏宗亲会、曾氏宗亲联合会在内的国内外曾氏宗亲组织,形成了几乎覆盖全体曾氏宗亲的联谊网络,由此也可以看出曾氏族人的凝聚力和宗根意识。

能成为一个分布广泛、人丁兴旺、清誉远播的大家族,个中原因比较复杂,但是积极健康向上的家族文化定是其中重要原因。研究发现,曾氏家族文化有以下内涵:

一是兴家教。曾子非常重视家庭教育的作用,"杀猪示信",成为家庭教育的模范,努力使家庭教育的思想代代相传。四十二代的曾穆,担任德化县令时,跟五个儿子约法三章:不能表露父亲的县官身份,不能好逸恶劳,不拿取他人赠物，并支持儿子参加劳动，经受磨炼，最后他们都走上了仕途，成为优秀的官员。七十代曾国藩，位居人臣，却告诫子女要"半耕半读，勤俭持家"，不许仗势欺人，《曾国藩家书》成为家教的经典教材，曾国藩兄弟五人门房中有240多人有所成就。

二是办家学。曾子的父亲是孔子弟子，重视对曾参的教育，不仅言传身教，而且还送儿子到楚国拜访孔子求学。曾子又对自己子孙强化家教，他的儿孙也个个成才，曾元、曾申、曾西三兄弟无论品德操守，还是功名事业，均流传后世。曾子是教育家，其后代也重视教育，四十三代的曾巩创办曾子庙，在村镇给村民讲学，后人称为曾子学院。

三是传承好家风。曾氏族人重视恪守祖训，立身修德，忠孝传家，爱国爱民，具有良好的家风。曾子后人还重视修订族谱，记录先贤生平事迹等，注重文化的传承。这些都对曾氏族人家族文化产生重要影响，代代相传，积淀发展，形成底蕴。

在底蕴深厚的家族文化影响下，在两千多年的历史中，曾氏宗族人才辈出，曾氏列祖列宗，以道德文章名天下久矣！迄今为止可以开出的名人名单有100多位，单是先秦至晚清就有80多位。儒家宗圣曾子曰："吾日三省吾身，为人谋而不忠乎？与朋友交而不信乎？传而不习乎？"（《论语·学而》）曾子以下，比如其子曾元、曾申、曾西都是贤人。曾公亮曾经担任北宋王朝参知政事和枢密使，一生居官，致力于革弊兴利，富国强兵，报效国家，成为一代名臣。唐宋八大家之一曾巩指出："蓄道德而能文章。"（《寄欧阳舍人书》）"盛行则欲发而见之于事业，穷居则欲推而托之于文章。"（《王子直文集序》）锦绣诗文，名扬天下，在学术思想和文章、文学事业上做出卓越贡献。曾国藩事功卓著，文采锦绣，家教有方，泽流后世。

在传统中国，文章乃是经国大业之必备，曾氏族人在千年的文化传承与发展过程中分别以曾子、曾巩和曾国藩为代表引领过数次文章学术的高潮，他们在这个领域的开拓、传承、拓展、流变，直至今天曾祥芹先生创立狭义的实用文章学科，并不遗余力地完善和发展，这是一种文化学术上的一脉相承和开拓创新。

一、曾氏一世祖宗圣公曾参

曾子（前505—前435），姓曾，名参，字子舆，春秋末年生于鲁国南武城。

曾子是孔门弟子中年龄较小、寿命较长、著述最多的一位大儒。他留下了《论语》《曾子》《孝经》《曾子问》《主言》《大学》等文章著述,使孔子之道得以实现跨越时空的传播,世称曾子,号宗圣公。

曾子积极推行儒家主张,传播儒家思想,曾提出"吾日三省吾身"的修养方法,其修、齐、治、平的政治观,省身、慎独的修养观,以孝为本的孝道观影响中国两千多年,至今仍具有极其宝贵的社会意义和实用价值,是当今建立和谐社会丰富的思想道德滋养。鲁悼公三十二年(前435),曾子辞世,终年71岁,葬于山东省嘉祥县满硐乡南武山脚下,嘉祥县南建有曾子庙、曾林(曾子墓)。

曾子被奉为曾氏一世祖是在明王朝时期确定曾氏世袭翰林院五经博士之后。当然这是由诸多历史条件决定的,曾百川在《曾氏史话》中说:

1. 遵照孔庙祭礼修改家庙制度。宋代曾子晋升为四配,配享孔子。而孔庙安排祭奠,是按照事功的大小定等级分尊卑的。以孔子居中为主位,左右是四配、十哲、七十二贤(曾点是七十二贤之一)等分东西两庑从祀。祭奠时,先祭曾子,后拜曾点。依照孔庙祭礼,武城氏家庙遂定制仿效,以莱芜侯配宗圣,即修改家族世系,以曾子为一世祖。族谱《例言》说:"则家系之修,应遵庙制。仅以宗圣开派者,非敢故出臆见……以见我族敬谨恪守之意也。"

2. 明清两朝,凡朝廷的封赠及计算五经博士的代数,都以曾子为第一代,作为起点计算。

3. 曾子是创业发祥祖。曾氏历夏、商、周近1500年,繁衍五十余代后到曾子始创建基业。曾子师孔子,独得其宗,道统授受之功最大,为历代帝王和人民所尊崇,被封为宗圣。曾姓从此分支繁茂,成为望族。

4. 曾子以前的世系不能作为绝对正确的计算依据,前面说过,曾子以前的曾氏世系,古籍记载并不一致,明吕兆祥《宗圣志·世家志》仅说"巫凡世传,生点,点生参",并没有说明传几代到曾参。清王定安《宗圣志》对曾点之前的世系只有引文而没有定论,如果以不正确的世系为依据,计算后代子孙的代数就一定不会准确,当然也就没有意义,而曾子以后的世系,记载明确。

正是多方面的历史条件,曾子被确定为曾氏一世祖。

曾子作为宗圣,在儒家文化理应占有很高的地位,根由在于曾子是孔门亲授弟子当中留下经典文章最多的一位。

《论语》20篇,15 979字,其第一主编是曾子,第二主编是子思。从文体看,《论语》作为"谈话语录体",是带文学性的学术文章;从文意看,《论语》记录了"为学、为人、为政"三大方面的言行,集中体现了孔子的思想,长期以来被尊为孔子的著作。然而《论语》成书的上限(前435)在孔子逝世44年之后,成书的下限(前402)在孔子逝世77年之后。因此,把《论语》视为孔子的文字作品是不合史实的。应拨误反正:《论语》是孔子主讲的话语作品,又是曾子、子思主编的文字作品。曾子对孔子博大思想的深刻领悟(如"夫子之道,忠恕而已矣"),对孔子崇高形象的坚决捍卫(否定"有若似圣人"),对儒学传承的突出贡献(主编《论语》,主著《曾子》《孝经》《主言》和《大学》等),对孔子临终托孤的尽责担当(精心培养孔伋,使其成为《论语》第二主编,著述《中庸》《鲁穆公问子思》《五行》《表记》《坊记》《缁衣》等,荣为"述圣"),四者恰是《论语》主编的资格证明。如果没有孔子的临终托孤,没有曾子的编著和授徒,没有曾子对孔学的继承和超越,也许儒家学派思想的继承和发展会是一场虚幻的大梦。曾子担当《论语》的"第一主编",自然可以统括和代表全书里的思想。这就意味着儒家的"孔子之道"和"曾子之道"结成一个"儒学思想共同体"。

《曾子》10篇,5687字,是曾子著述的首要作品。从文体看,5篇独说,5篇答问,基本是说明文章;从文意看,《曾子》是其"五道"(学道、士道、孝道、王道和天道)思想体系的雏形。阮元《曾子十篇注释序》认为:"《曾子》之书,以为当与《论语》同,不宜与记书杂录并行。……从事孔子之学者,当自《曾子》始。"卢文昭《抱经堂文集·新刻大戴礼跋》认为,《曾子》10篇是《大戴礼记》中最精粹的著作。曾祥芹认为《曾子立事》兼论学道和士道,又是10篇中最精粹的第一篇,可以编入语文课本。

《曾子问》18章,3512字,是曾子传述孔子礼教之作。从文体看,《曾子问》创"问答体"的特型,属公务文章;从文意看,该篇宣示了孔子"以礼尊祖、以礼养德、以礼辨等、以礼护法、以礼报国"的理念。

《主言》6章,1640字,是曾子传述孔子王道之作。从文体看,它是"对话问答体"的政论文章;从文意看,该篇专讲治国的主张,由"内修七教"的"明主之守"到"外行三至"的"明主之征",可谓治国平天下的雄文。

《孝经》18章,2044字,其主要作者是曾子。从文体看,"一对一传授"是讲学型政论文章;从文意看,《孝经》讲"孝为德本,孝分多层,孝行全程,孝礼功能,德法兼治,不义则争",它从家庭的"敬亲""孝道"一直讲到国家的"忠君""孝治",后荣为"十三经"之一。

《大学》11章,1874字,其解经传主是曾子。从文体看,它是"立言体"的论说文章;从文意看,《经一》举"三纲",亮"七证",张"八目",《传》前四章总论纲领旨趣,《传》后六章细论条目工夫。它传人生理想之道,是达人之学;又播内圣外王之道,是官人之学。可谓曾子文章的巅峰之作,后列为"四书"之首。

曾子著述不止6篇文,还有3首诗(《残形操》《琴操》《梁山操》)。总的来看,曾子首先是文章学家。所以文学史家从不光顾他。曾子的著述除《曾子问》外,《论语》《曾子》《孝经》《主言》《大学》堪称经典文章。3万多字的6篇文章,居然提炼出460个成语和500多个名句。成功的文章实践必然孕育出他的精辟文章理论,即"两体"(文章本体、文章主体)、"两翼"(文章写作、文章阅读)、"两程"(文章教育、文章社交)观。可以认定,曾子是先秦诸子百家中的一位卓越的文章学家,他的文章理应荣列中国先秦第一次文章学高潮的重要作品之中。

二、曾氏三十三代文定公曾巩

曾巩,字子固,建昌军南丰(今江西省南丰县)人。生于宋真宗天禧三年(1019)九月三十日,卒于宋神宗元丰六年(1083)四月三十日,享年64岁,追谥为"文定公"。按照曾氏家谱,曾巩属曾氏第三十三代,是北宋文章家、文学家、史学家、政治家。曾巩出身儒学世家,祖父曾致尧、父亲曾易占皆为北宋名臣。曾巩天资聪慧,记忆力超群,幼时读诗书,脱口能吟诵,年十二即能为文。读李震《曾巩年谱》,可知曾巩一生可分四个时期:怀志进取、步入仕途期,39岁仁宗嘉祐二年(1057)进士及第以前;初入仕途、校书馆阁期,先任太平州司法参军,继由欧阳修推荐,至京师编校书籍,迁馆阁校勘、集贤校理、英宗实录院检讨官;自求补外、转徙七郡期,自神宗熙宁二年(1069)至神宗元丰二年(1079)九月,出通判越州,历知齐、襄、洪、福、明、亳诸州;受知朝廷、任职京师期,自神宗元丰三年(1080)十月至元丰六年(1083),留判三班院,迁史馆修撰,擢试中书舍人。

据陈杏珍、晁继周点校的《曾巩集》(全二册,中华书局 1984 年版),他身后原有《元丰类稿》50 卷、《续元丰类稿》40 卷、《外集》10 卷行世;宋南渡后,《续稿》和《外集》50 卷散佚不传,晁公武的《郡斋读书志》只著录《元丰类稿》50 卷。《元丰类稿》中有曾巩 400 多首诗。康熙三十二年(1693),南丰人彭期将《元丰类稿》重新分类编排,合并卷帙,刻成《曾文定公全集》。康熙五十六年(1717),又有长洲顾松岭《元丰类稿》刻本,增为 53 卷。

除《元丰类稿》外,曾巩的文集,还有安如石刻的《曾南丰先生文粹》10 卷传世。此外又有孤本《曾子固先生集》34 卷,其最可贵之处是保留了许多《续元丰类稿》和《外集》中散佚的作品。《曾巩集》全两册,除《元丰类稿》50 卷之外,还补 2 卷,共 52 卷。

曾巩撰的史书《隆平集》20 卷(上、下册,王瑞来校证,中华书局 2012 年版),因《曾巩集》全两册列入“中国古典文学基本丛书”没有收录,而研究曾巩文章学,此史志性文章典籍绝不可忽略。《曾巩集》的编者与“中国古典文学基本丛书”30 种 43 册的编者没有古典文章和古典文学的“双文观”,故此丛书是文章作品和文学作品的结集。其实,从曾巩的全部作品(《曾巩集》《隆平集》)来看,其诗歌共 453 首,与 849 篇文章相比,只占三分一强。仅就其诗歌与部分美的散文而言,我们该承认曾巩是文学家,但他主要是文章家。用“散文”来概括曾巩的诗歌以外的作品,明显是片面的文学观,是否并文章的广义散文观。曾巩大量的应用文写作,如论议、传序、书、记、制诰、制诰拟词、诏策、表、劄子、奏状、启、祭文、志铭、碑铭、传、要策、跋尾、集外文,是不能都看成“散文”的。尤其是史学著作《隆平集》属于典型的文章,却不在编者的视野之内,因而将曾巩总体判断为文学家是片面的。曾巩的文章成就远高于其文学成就。

曾巩为政廉洁奉公,勤于政事,关心民生疾苦,与曾肇、曾布、曾纡、曾纮、曾协、曾敦并称“南丰七曾”。曾巩文章成就突出,其文“古雅、平正、冲

和”,位列唐宋八大家之一,世称“南丰先生”。

曾巩作为唐宋八大家之一,主要依据是他在《曾巩集》中的“文”和《隆平集》中的“史”,其应用文、学术文、史志文的创作成就和“文章”理论造诣,足以使他雄踞中国古代著名文章学家之林。

三、曾氏七十代文正公曾国藩

曾国藩(1811—1872),初名子城,字伯涵,号涤生,谥文正,嘉庆十六年(1811)出生于湖南长沙府湘乡荷叶塘白杨坪(今湖南省娄底市双峰县荷叶镇天坪村)的一个书生门第。按照曾氏家谱,他属于第七十代。曾国藩是晚清重臣,湘军的创立者和统帅者。清朝军事家、理学家、政治家、书法家,文学家,晚清散文“湘乡派”创立人,桐城派“中兴的盟主”,与李鸿章、左宗棠、张之洞并称“晚清四大名臣”。官至两江总督、直隶总督、武英殿大学士,封一等毅勇侯。毛泽东曾说:“予于近人,独服曾文正。”①表达出对这位已故乡人的推崇之情。

岳麓书社2013年出版的《曾国藩全集》套装31册,是20世纪八九十年代出版的《曾国藩全集》的修订本,分奏稿、批牍、诗文、读书录、日记、家书、书信7个部分。

第一部分《奏稿》之一、之二、之三、之四、之五、之六、之七、之八、之九、之十、之十一、之十二,属前十二册,计3660篇,全是下对上的公务文章。其中附录的“谕旨”(廷寄、明谕、密谕、传谕)属于上对下的公文,“咨文”属于平行的公文,“札文”属于对下的书札公文。包括道光二十三年、咸丰十年、同治十一年。

第二部分《批牍》属第十三册,计1144篇,全是上对下的公务文章。

第三部分《诗文》属第十四册,包括诗161篇(318首),词2阕(8首),联语171对,文169篇(含“论、檄、赞、记、箴、序、题、跋、送行、贺寿、祭、辞、传、铭、志、表”16种),赋2篇,杂著43篇(含“条、则、告示、歌、制、章程”6种),《鸣原堂论文》20篇,《孟子要略》8篇。

---

① 中共中央文献研究室等.毛泽东早期文稿·毛泽东1917年8月23日致黎锦熙信[M].长沙:湖南出版社,1990:85.

第四部分《读书录》属第十五册(以《求阙斋读书录》为底本),计49种:包括"经"9种(《毛诗》《周易》《周官》《仪礼》《礼记》《左传》《国语》《穀梁传》《尔雅》);"史"6种(《史记》《汉书》《后汉书》《三国志》《通鉴》《文献通考》);"子"3种(《管子》《庄子》《淮南子》);"集"31种(《楚辞》《陈思王集》《阮步兵集》《陶渊明集》《谢康乐集》《鲍参军集》《谢宣城集》《李太白集》《杜少陵集》《陆宣公集》《韩昌黎集》《昌黎外集》《柳河东集》《白氏长庆集》《李义山集》《杜樊川集》《嘉祐集》《元丰类稿》《东坡文集》《东坡诗集》《山谷诗集》《剑南诗集》《朱子文集》《元遗山诗集》《阳明文集》《望溪文集》《孙文定集》《文选》《古文辞类纂》《骈体文钞》《广韵》)。曾国藩读的31种书的笔记,其中,文章集占了18种之多,有的"集"中,如《陶渊明集》《白氏长庆集》……文章、文学兼而有之。这批读书心得可窥见曾国藩的阅读思想。

第五部分《日记》之一、之二、之三、之四,属第十八、十九、二十、二十一册,共130万言,包括道光七年、咸丰六年、同治十一年,以及《无慢室日记》。

第六部分《家书》之一、之二,属第十六、十七册,共1485封,包括道光十一年、咸丰十年、同治十年。

第七部分《书信》之一、之二、之三、之四、之五、之六、之七、之八、之九、之十,属第二十二、二十三、二十四、二十五、二十六、二十七、二十八、二十九、三十、三十一册,共8365封,包括道光十一年、咸丰十一年、同治十年。

在《曾国藩全集》31册中,只有第十四册《诗文》里有161篇(318首)诗、2阕(8首)词可算文学作品,171对联语属于两栖文体(文艺学者视联语为微型文学,文章学者视联语为微型文章)。就一千多万字的篇幅来说,其文学作品仅占《曾国藩全集》的2%。称曾国藩为文学家当然能成立,但不是第一位的,而是第二位的。学界公认:曾国藩的诗词创作成就不及其古文创作成就。除他的诗词外,其余如奏稿(附录谕旨、咨、札)、批牍、文(赋、杂著)、读书录、日记、家书、书信等,占98%的篇幅,全是文章。他是地地道道的文章家。为什么学者们只热衷研究曾国藩的文学成就而忽视研究曾国藩的文章成就(实践和理论)呢?主客观原因十分复杂,曾祥芹欲著述《曾国藩文章学》就是要拨"一文论"(只重文学,忽视文章)之乱,反"双文论"(文章第一,文学第二)之正。

在传统中国,文章乃经国大业之必备,曾氏族人在千年的文化传承与发展过程中以曾子、曾巩和曾国藩为代表,分别引领数次文章学术的高潮,他们在这个领域的开拓、传承、拓展、流变,直至今天曾祥芹先生创立狭义的实用文章学科,并不遗余力地完善和发展,这也是一种源于家族文化学术上的一脉相承和开拓创新。

总之,曾氏宗亲的诗文家学,为曾祥芹先生的教育,学术生涯开启做了丰厚的铺垫,正如他在《曾祥芹文选》前言中所写的那样:"曾氏先贤曾参、曾巩、曾国藩的道德文章像'三星高照',一直激励我献身文章学事业。"所谓"三星高照",就是曾氏"宗圣公""文定公""文正公"三大文章学家像三颗璀璨的明星照耀着、指引着曾祥芹毕生从事文章学研究,推动着、支撑着曾祥芹继承和发展华夏文章学的古代传统,努力实现向现代文章学的创造性转化。

第二节　繁衍赣湘的宗亲世系

总览自古至今的曾氏族谱,曾祥芹的先祖世系可以按鲁(山东)→赣(江西)→湘(湖南)的嫡裔繁衍脉络,代代简述如下:

曾巫(先1)→曾夭(先2)→曾阜(先3)→曾点(先4)→

曾参(宗圣)1→曾元2→曾西3→曾钦4→曾导5→曾羡6→曾遐7→曾炜8→曾乐9→曾浼10→曾旃11→曾嘉12→曾宝13→曾琰14→曾据15→曾阐16→曾植17→曾耀18→曾培19→曾德20→曾珣21→曾涣22→曾梓23→曾勰24→曾端25→曾铉26→曾海27→曾璜28→曾兴29→曾隆30→曾钧31→曾谋32→曾丞33→曾珪34→曾绰35→曾苣36→曾选37→曾伯万38→曾泰华39→曾评40→曾贤41→曾志贵42→曾文达43→曾永忠44→曾君佐45→曾泰谕46→曾延禩47→曾文迁48→曾仲泰49→曾德卿50→曾承杰51→曾仕亭52→曾思咸53→曾友玕54→曾子鉴55→曾汝显56→曾九谐57→曾世勖58→曾从龙59→曾成德60→曾添嵩61→曾昕62→曾宏湖63→曾延献64→曾显仲65→曾如砥66→曾祝67→曾省友68→曾元㸌69→曾孝信70→曾方泗71→曾有梧(广)72→曾昭翊73→曾宪恂74→曾庆礼75→曾清人(繁朗)76→曾祥芹77

曾氏族人在历史的发展和文化的传承中不断繁衍扩大,脉流多支。并且几千年来繁而不乱,支派分明,令人惊叹!

一、西汉曾氏十五世祖曾据公迁居江西庐陵繁衍三十代

西汉时期,曾氏族人十五代世祖曾据,官都乡侯,有功加封关内侯,因"耻事新莽",于始建国二年(10)11月11日,带领族人渡江南下,隐于江西庐陵郡吉阳乡,生二子:阐、场(刘氏)。曾据长子曾阐十六代生四子:植(李氏)、横、懋、楫(王氏)。长子曾植十七代生三子:耀(李氏)、炯、炳(萧氏)。曾植长子曾耀十八代,谏议大夫、福州刺史,生二子:培(胡氏)、城(文氏)。曾耀长子曾培十九代生三子:德(陈氏)、衍、征(张氏)。曾培长子曾德二十代,生二子:珣、珍(董氏)。曾德长子曾珣二十一代,三国时官中郎将军,生二子:涣、震忽(朱氏)。曾珣长子曾涣二十二代,官晋阳侯,生二子:梓、曜(刘氏)。曾涣长子曾梓二十三代生一子:缌。曾缌二十四代,官镇南将军司马,生一子:端。曾端二十五代生二子:铉、鋐(胡氏)。曾端长子曾铉二十六代,官大司马,生一子:海。曾海二十七代,官襄州录事参军,生二子:璜、琦(杨氏)。曾海长子曾璜二十八代,生二子:兴、田(谢氏)。曾璜长子曾兴二十九代,生三子:隆(张氏)、陈、陂(罗氏)。曾兴长子曾隆三十代,生一子:钧。曾钧三十一代,官给事中,生一子:谋。曾谋三十二代,生二子:丞、乭(高氏)。曾谋长子曾丞三十三代,官司空兼尚书令,生三子:珪、旧、略(罗氏)。曾丞长子曾珪三十四代,生五子:宽、绰、丰、晖、隐(萧氏)。曾珪次子曾绰三十五代,衍吉源,生二子:莅、严(王氏)。曾绰长子曾莅三十六代,官吉州都押衙。曾莅长子曾选三十七代。曾选长子曾伯万三十八代。曾伯万长子曾泰华三十九代。曾泰华长子曾评四十代。曾评次子曾贤四十一代。曾贤次子曾志贵四十二代。曾志贵长子曾文达四十三代。曾文达长子曾永忠四十四代。曾永忠长子曾君佐四十五代。

二、北宋曾氏四十六世祖曾泰谕公迁居湖南新化繁衍三十代

到了北宋时期,曾氏第四十六代世祖曾泰谕公由江西迁居湖南省新化县黄杨山落家。泰谕公作为新化曾氏始祖,生育三子:延禋、延福、延寿,他官至宋大理寺评事,因直言犯上,于宋真宗咸平戊戌年(998)八月十六日,弃职辞官,携妻朱氏、黄氏、卜氏三婆,延禋、延福、延寿三子,菊娥、桂娥二女,

婿伍昌隆，孙文谅、文迁一行 12 人，从江西吉安泰和县早禾渡梅子陂金山庙王富广土地，乘船出邕水、下赣江，入鄱阳，经长江，过洞庭，逆资水而上至澧溪，落担黄杨山之莲塘（今孟公镇月塘村）安基定业。宋真宗十年，改元大中祥符戊申年（1008）八月八日，三子分居，禩居古塘（今新化县洋溪镇古塘村），福居窝山（今隆回县高坪镇），寿居珂溪（今新化县维山乡）。

泰谕公长子曾延禩（第四十七代）分居湖南新化古塘，繁衍生息，衍传 20 余代。延禩公生三子：文谅、文迁、文潮。延禩公次子文迁（第四十八代），衍传至孝信四房七十二世祖曾有梧。曾有梧公第五子曾昭翊（曾氏三十三代），是曾祥芹先生的高祖。曾昭翊公生有宪惇、宪恪、宪恂、宪憎四子，分别在龙潭、洗马、江口等地开设药店。宪恂公在江口开益龄堂，生有四子：庆禧、庆礼、庆祚、庆祺。曾昭翊是曾祥芹先生的高祖父，曾宪恂是曾祥芹先生的曾祖父（七十四代），曾庆礼是曾祥芹先生的祖父（七十五代），他们移居湘西溆浦县龙潭镇。约在 1825 年，搬迁至溆浦县龙潭镇落户定居，业绍岐黄，兼营药铺。高祖父母、曾祖父母、祖父母安葬在黔阳县塘湾草礁冲虎形之阳。

三、民国曾氏七十六代传人曾清人和七十七代裔孙曾祥芹

宪恂公去世以后，所创办的益龄堂因故无法维持下去，庆禧、庆礼、庆祚、庆祺兄弟四人无法继承父业，也无能立志创业，被迫分家。曾祥芹的祖父曾庆礼随夫人来到雷溪垅安家立业。曾庆礼肩挑布担，穿乡走户，贩卖蓝靛，做起小本生意，夫人养殖纺织，勤俭持家，在亲戚的帮助下，勉强过着不太小康的生活。在这样的一个背景下，曾氏家族第七十六代的曾清人出生了，他是曾祥芹的父亲。

图 1-1　曾祥芹父亲曾清人
（1915—2006）

曾清人于 1915 年农历九月十二日出生在雷溪垅，是曾氏族人第七十六代独子，乳名望生，班字繁朗，号亲仁（后改为清人），姐弟三人，大姐琼生，二姐映雪。在勤俭质朴的家庭环境下，曾清人逐渐开始了自己的读书和从业生涯。

曾清人幼小时,母亲萧绿漪教他识字,学习"三、百、千"之类的文化常识。1921 年,6 岁的他在兴隆山刘平海老师处受启蒙。1922 年至 1923 年,在欧溪水口庵弘光小学就读两年。1924 年,在江口弘光一校就读初小四年级一年。1925 年,在洞口硖江高小读了上半学期,因为地方土匪作乱等原因,家无宁日,于是停了学。1926 年,插班在硖江高小读六年级,因为父亲病故,家庭困难,辍学在家。时年 11 岁。1927 年时,发生"马日事变",大姐琼生在宝庆(今湖南邵阳)爱莲女子师范学校读书,担任该校中共地下党妇女主任。因躲避白色恐怖,她与贺绿汀夫人姜瑞芝隐居在雷溪垅,定期在曾家楼上开会学习,而年幼的清人则每每在门槛前旁听马列主义、共产主义理论学说,较早地、朦胧地学习革命的理论和知识。1929 年,就学肖贡三(大姐的公公)举办的小补学堂,主要学习古今文学。这个阶段阅读学习了《古文观止》《唐诗宋词》《幼学群林》等典籍的部分内容,老师从中摘选,学生一字一句地抄写,诵读多遍,评解一遍,背诵一遍。还正本抄写过骈体文《燕山外史》。在这两年学习期间,清人受益匪浅。1931 年,拜向青芹先生为师,在禾梨洞举办的私塾就读,所学内容是古典文学和现代文选。向先生擅长诗文,学问渊博,对待学生循循善诱,这使得清人在写作和韵律上拥有较好的根基。在跟随肖贡三和向青芹先生学习的三年里,清人共计编写课文 24 册,这是他求学生涯最宝贵的岁月。到1931 年年底,清人不再上学,从 6 岁读书开始,在断续之间一共有 8 年的读书史。

　　曾清人断断续续所受到的教育是中国传统文化的传承,并且作为父亲的他也在家庭教育过程中对子女起到良好的示范、引导和熏陶作用,在书香家庭下,桃李不言,下自成蹊,缕缕书香在家庭教育过程中熏陶润染着幼年曾祥芹的心灵。

　　曾清人老先生在他的回忆录《留得清白在人间》中,记述其先父的履历和自己的蒙学:"父亲(曾祥芹的祖父)兄弟四人(庆禧、庆礼、庆祚、庆祺),他排行第二,号体立,为人忠诚纯厚,耿直大方,能克己利人,好助善乐施,处世不亢不卑,待人有礼有信。1924 年春,应堂侄曾繁聪(当时任孙中山国民革命军某部旅长)之召,前往靖州其旅部任后勤职。岁序乙卯,1915 年农历九月十二日,我(曾清人)诞生于雷溪垅。乳名'望生',班字'繁朗',号'亲仁'(后改'清人')。孩提时,母亲(曾祥芹的祖母——引用者注)便教会识字,学读《三字经》,主动自学,逐本逐回阅读文学名作,如《水浒传》《三国演义》《西游记》《精忠说岳》《红楼梦》《封神榜》《太平天国》《西厢记》等。个中有不懂或疑难的字词语句,可向母亲和姊姊、表哥等请教解释。"

曾祥芹在《留得清白在人间》的序言中说,作为曾氏七十六世的传人曾清人,他"秉承先祖遗训,18 岁成家立业,挑起生活的重担,教书育人,治病救人,经商养人,可谓呕心沥血,辛苦恣睢,惨淡营生,使受人欺凌的单丁独户,变为令人艳羡的四代同堂的小康之家"。

图1-2　曾清人著《留得清白在人间》封面

图1-3　曾祥芹父母于爱晚亭合影

确实,曾清人老先生自 6 岁启蒙读书后,虽断断续续只读了四年初小、一年高小、三年私塾,但从他为自己与妻子相濡以沫 70 年的"白金婚"所赋诗七言乐府《"婚龄七十"自嘲》中,可见其扎实的汉文功底:

难得白金婚史期,婚龄七十古来稀

平凡俗尚人间事,不算稀奇也稀奇。

不恋不谋而不识,联姻包办在雷溪。

青梅竹马童蒙侣,萌爱含情始昵依。

栖居雷溪十八春,炼丹教学外谋生。

勤劳在内操家计,茹苦育嗣孝侍亲。

负重收微思易变，离乡入市事商人。

侍承做作茶倌活，重习岐黄术益精。

十年浩劫苦颠连，批斗陷栽只等闲。

有泪不弹真理在，三中拨乱换新颜。

回城再次整家园，纠错雪耻心绪宽。

改革兴邦讴盛世，安居乐业沐尧天。

鹣鲽同飞七十年，相依为命亦相怜。

崎岖路上折腾走，坎坷途中生死牵！

雨雨风风情漫漫，恩恩怨怨意绵绵！

此生循守信忠习，逆境飘零不怆然。

几回转折几浮沉，赢得桑榆夕照明。

后继有能标业绩，老头无奈抖精神。

自劳自慰自调理，养性养生养懿行。

温故知新穷秘籍，茶余酒后系诗魂。

婚龄七十不寻常，携手同步鬓已霜。

忆往怀旧梦缱绻，风尘历尽阅沧桑。

蹉跎莫遗韶光老，连理枝头日月长！

天春孟梁话故事，落花流水皆文章。

电台有意特垂青，淡食挥毫上镜屏。

敢蒙鸿儒赐画幅，更承名士赠诗文。

感慨万千意未尽，无限忧乐写丹心。

临池笑对红霞晚，自庆自嘲自在吟。

　　南方民俗，特重寿庆。1994 年甲戌岁九月十二日，是曾清人走过 80 个春秋的日子（虚岁）。作为长子的曾祥芹，以上下每边 80 个字（象征双亲八十岁寿辰）撰一长联，赋句志庆：

　　清白精神可贵，吾家更见真纯。看宗圣七六传人，强化学养，热衷事业，兼通医教商，本道忠信习；履平四十七载坎坷，历经风霜雨雪，回首岂无言。满腔义愤正气，混浊横流，我自光明磊落。神

在云天,心悬日月。

人生价值足珍,儿辈尤须器重。想高堂八旬老父,深明礼义,谙熟诗文,韵交贤长少,壮吟南北中;凝聚二十余口亲缘,弘扬孝悌仁和,传家果有训。一贯慎终追远,昭明后继,群仰懿范高风。福同山海,寿媲松龟。

这一对仗工整、内蕴丰厚的长联全面概括了曾清人的生平形象,表明本书传主笔力雄健,文体兼备,可谓"百六真言赫赫,清白已留人间"。

沿长江支流资水上溯至湘西南雪峰山下,来到一片山间盆地,地势平坦开阔,坡度平缓,这属于洞口县境内,这里自古就是西控云贵、东制长衡的军事要地,也是彪炳史册的蔡锷将军的故乡。在县内的月溪乡有一个山清水秀、鸟语花香的小山村——雷溪垅,就是曾祥芹出生的地方。

1936 年的中国,处于全面抗战的前夜,这一年农历正月初六日午时,当国人还沉浸在欢快而清苦的中国传统佳节——春节之时,在湖南省武冈县(洞口县于 1952 年从武冈县分出)平镇乡(那时该乡属于武冈县)的一个山旮旯儿——雷溪垅村,一个普通而日后在中国语文教育界产生很大影响的孩子诞生了!由于生活的艰苦,食物的匮乏,曾祥芹出生时,营养严重不良,体重仅 2.5 公斤,一身绒毛,被喊作"毛娃"。曾祥芹属相"鼠"。属鼠的人天性乖巧、勤劳、积极进取,容易相处,这与曾祥芹的性格倒是比较符合。

曾祥芹是家中长子,按照曾氏家谱,属于第七十七代。

第三节　书香世家的文化启蒙
与湘豫大地的文教浸润

在传统中国,由于经济条件、教育规模的限制,儿童教育大多在家族与家庭教育下完成,家族与家庭教育对儿童的成长起着不可或缺的作用,也留下了许多关于家族与家庭教育的佳话。曾祥芹早年受的教育生动地体现了这一特点。

一、曾氏家族与家庭教育的文化启蒙

1937 年至 1938 年,曾祥芹经母亲萧屏翠和祖母萧绿漪的精心养育,在

雷溪垅、兴隆山度过了1至2岁的婴儿牙牙学语、蹒跚学步的哺乳期。

祖母出生于1883年癸未岁古八月二十日，成长在书香门第，知书达理，幼学贤文等熟读成诵，古籍传记故事无一不通。祖父忠厚本分，生活能力不强，全赖祖母精打细算，节衣缩食，勤俭持家来支撑门庭。她老处世待人，和善礼让，既温文贤淑，又坚毅果敢，对强权刁横的欺凌，敢于抵制抗斗。因之，在宗派势力的恶劣环境里，能够立足安居。对儿女孙嗣，慈严并施，从不疾言厉色，而是谆谆细语，循循教诲，借古喻今，诸如"有志者事竟成""少壮不努力，老大徒伤悲""谦受益，满招损"等古训格言和卧薪尝胆、凿壁囊萤等苦读矢志的感人故事，随时讲解叙述来启发辅导。①

1963年农历八月二十日，祖母八秩大庆，曾祥芹偕夫人刘苏义如北雁南飞远道归来，在父亲为祖母操办的简朴而隆重的纪念寿辰上，曾祥芹赋七律一首为祖母贺寿：

> 八月桂香飘寿域，
> 满堂欢聚话风流。
> 母仪凝集绵绵爱，
> 祖德常怀眷眷酬。
> 三代风云收眼底，
> 一帧松鹤添龟筹。
> 儿孙自有凌云志，
> 祝福南山日月俦。

刘苏义女士随夫唱和，也填七绝一首：

> 寿星高照分外明，
> 萱颜未面已是亲。
> 喜庆高堂松不老，
> 南归千里谒慈云。

---

① 曾清人.留得清白在人间[M].北京:中央文献出版社,1996:21.

1939 年至 1941 年，曾祥芹随父母先后在月溪街天养堂药店、月溪小学、管竹溪小学，度过了 3 至 5 岁的幼儿启蒙期。当时奶奶经常吟诵告子和孟子的对话让不懂事的乖孙子牢记。告子曰："性犹湍水也，决诸东方则东流，决诸西方则西流。"孟子曰："人性之善也，犹水之就下也。"

1942 年，随父亲与同年同月出生的表弟萧幼艾在管竹溪小学就读。其间有两次难忘的回忆：

一是集中江口"七七抗战纪念日文艺宣传活动"，出演父亲编写的歌剧《流亡线上》，当唱到《松花江》"爹娘啊……爹娘啊……"时，台下一片啜泣声，感动得听众撒糖一戏台。

二是 1942 年，年仅 6 岁的祥芹，被清人老先生要求饭前背诵唐代李华的《吊古战场文》，遭到严厉责罚。

据曾祥芹回忆：他这时读初小，父亲要求他饭前背诵《古文观止》中的《吊古战场文》，诵了头两句"浩浩乎！平沙无垠，夐不见人。河水萦带，群山纠纷……"，曾祥芹眼珠围着鱼打转，只想着快点吃妈妈炒好的香喷喷的鱼，背不下去了；当时身为小学教员的父亲一怒之下把他从戏台上扔了下去，昏倒 6 分钟才抢救过来……烂熟于心的诵读规约，"严父罚子"的惨烈故事，折射出曾氏家族的书香传统，直到今天，曾祥芹仍然能把《吊古战场文》一字不差地背诵下来。他诙谐地说："后来长大，上学、教书、写书几十年，不但没有'报仇雪恨'之心，反而感激父教的严厉。"

1943 年，平镇乡乡公所委任单丁独户的曾清人任管竹小学校长才 3 天，就被当地萧、龙宗族恶势力撤职，被迫转到表哥萧钟杰的家园兴隆山办"自力小补班"。祥芹与幼艾等 16 位同学就地读私塾，仍以《古文观止》为主要课本。

1944 年，父亲应聘再次去月溪小学教书。祥芹与幼艾又转学至月溪小学。假期回雷溪垇干农活，放牛、杀草、喊野猪（"喊野猪"是山区农家派大人或小孩起早摸黑在野猪出没的地方持续喊叫，防止野猪啃食苞谷、红薯等作物的一种民俗。2019 年 8 月 20 日，在"第 34 届中国文章学研究会暨《曾子文章学》专题研讨会"会后，笔者有幸在先生书房"拓荒斋"再次聆听其饱含深情、惟妙惟肖、抑扬顿挫的对"喊野猪"这个习俗的讲解）。

1945年,父亲应江口崇德小学校长萧家良之聘,去崇德小学任教。祥芹与幼艾再次转学去江口崇德小学读书。不料三春时节,日寇压境,学校停课疏散。可惜,雷溪坳老家的什物牲口被日寇洗劫一空,连多年积攒的手抄古今文选课本和教学笔记以及父亲14年的"写真"日记都付之一炬。祥芹随家逃匿偏僻的阴山塘之际,被日寇掳走数天,目睹了日本鬼子将小孩抛空用刺刀穿死的惨状,幸亏在押解中趁鬼子不注意,跳入水沟里逃脱,后被乡亲救回家。

1946年,日本战败投降后,学校复课,江口崇德小学与平镇乡中心小学合并,父亲继续应聘与当地名师萧剑平、萧健皆、萧家良等一起教书。祥芹与幼艾也继续随父亲去江口中心小学读高小。虽经战乱,学业辗转,但曾祥芹在良好家教的影响下,矢志勤学。

1947年至1948年,父亲因家境困难,入不敷出,被迫辞谢各个学校的延聘,告别粉笔生涯,转向洞口经商。其间,祥芹与表弟萧幼艾比肩练笔,11岁写出万字的《莪溪游记》。

曾祥芹的母亲是一位"平凡而伟大的女性",2018年2月20日(农历戊戌年正月初五日),曾祥芹在"慈母萧屏翠追悼会"的悼词中追忆母亲:

各位亲友! 各位乡邻! 各位来宾!

今天,我们全家怀着万分沉痛的心情,悼念一位跨世纪的百岁老人。萧屏翠出生于1917年9月22日吉时(农历丁巳年八月七日),于2018年2月14日(农历丁酉年腊月二十九日)未时两点10分安详地与世长辞,享年101岁。去年她百岁华诞寿庆时曾祝福她"高寿,再高寿",没想到"船到码头车到站,油尽灯枯火自熄",面对喜丧,我们40余口晚辈依然感到无比悲痛!

老妈小时在娘家号黄梅。外公萧佐庭是驰名武冈、黔阳、溆浦三县的老中医,外婆龙银杏(生母)是武陵世家龙纯连相公之女,不幸27岁病逝,使我妈6岁就失去母爱。因外公长期在外行医,妈妈从未进过校门。她16岁由我奶奶萧绿漪包办,在互不相识的情况下嫁到曾家,19岁生下我这个长子。

图1-4　1980年于湖南老家拍摄全家福(第三排右二为曾祥芹)

　　慈母是个什么样的人? 家父曾清人在回忆录《留得清白在人间》一书的《仙眷长春》里评述得最为准确:"她温文纯厚,贤德善良,礼让待人,恭谨处世,刻苦耐劳,克己利人,讲卫生,好整洁,长年在炉灶面前旋转,煮饭做菜,洗补衣裳,抚育儿女孙甥后嗣,是一个典型的家庭主妇。"

　　老妈一辈子处在社会底层,没做过轰轰烈烈的大事情,却在平淡如水的岁月,体验了人生的返璞归真。她是咱们这个大家的最大功臣。百年来,她直接抚育的后代达16位之多:儿女辈有我、柳俏、雯俏、祥俭、苏俏、祥平六兄妹,还有大姑曾琼生的二儿,与我同年同月出生的表弟萧幼艾(视如己出);孙甥辈,有一军、亚军、质林、春荣、世峰、德军、碧芳、玲芝、定军等。这些婴、稚、童各个的养育,都是她亲手操劳,而且男儿女孩不厚薄,内孙外甥一样亲。她在我祖母面前是孝敬的儿媳;在我父亲面前是贤惠的妻子;在儿女面前是善良的母亲;在孙甥面前是慈祥的奶奶;在曾孙面前是可敬的太奶;在玄孙面前是可亲的高祖。

　　老人经历了风雨人生的沧桑坎坷,见证了中国社会百年的动荡变迁。我们说不完老人遭受的风雨,道不尽老人走过的艰辛。

她缺少文化,却比许多有文化的人文明程度更高。她也有脾气,但爱憎分明,疾恶如仇,从善如流。长期处在书香世家,耳濡目染,慢慢认识一些字,能说出许多朴素而深刻的人生哲理:"人情重千金,不要钻进钱眼里!"她忍辱负重,宽宏大量,勤劳善良,宽厚待人,这些崇高品德,是留给我们最宝贵的精神财富,让我们体会到一个易知而难行的道理:尊重别人才能赢得别人尊重,惠及大家才能得到大家支持。她不愧为平凡而伟大的女性!

慈母的少年孤苦失学,青年养家育后,壮年饱受磨难,晚年乐享天伦。好不容易闯过期颐,寿与天齐。

人生自古谁无死,留取丹心照后昆。您带着福寿双全的幸运驾鹤西去,将我们的思念带进了另一个世界,也将无法释怀的哀痛留在了我们心底。愿老人家圣洁的灵魂,每时每刻保佑您的子孙后代和乐融洽,人旺家旺事业旺。

巍巍雪峰山俯首为您送行!泣泪的曾家晚辈再次鞠躬向您送别!愿老人家在走向天堂的路上,一路走好!愿母亲在天国与父亲相伴,永远安息!

2018 年 2 月 20 日(农历戊戌年正月初五日)
于湖南省洞口县城关镇和平正街 75 号

82 岁高龄的曾祥芹先生对母亲仙逝的深切悼念,令人动容。

1948 年,曾祥芹于江口中心小学毕业,夏季考上位于洞口镇伏龙洲的"湖南省私立平溪初级中学",开始接受浸润湖湘文化的中学教育。

二、湖湘文化与中原文化的双重洗礼

原中国高等教育学会语文教育专业委员会会长周庆元教授认为,正是由于湖湘文化与中原文化的双重浸润,所以才产生了曾祥芹这样的教育大家。周庆元在《曾祥芹文选》下卷《语文教育学研究·序二》①中这样写道:

---

① 周庆元.一生开拓"五论"创新:浅谈曾祥芹教授对语文教育学研究的杰出贡献[M]//曾祥芹.语文教育学研究.北京:高等教育出版社,2010:22.

曾祥芹先生让我浮想联翩。三湘大地,积淀了深厚的湖湘文化,锻造了坚忍顽强的湖南人脾气;河南是"天心地胆",孕育了悠久的中原文明,培育了厚道质朴的中原人性格。曾祥芹生长于湖南,奋发在河南。他的头脑里存贮着两种文化的底蕴,他的骨子里铭刻着两种性格的烙印。无论是治学还是做人,他既睿智,又厚重,既质朴,又坚强,每每念及先生,油然而生敬意,脑海里不禁升腾起先生敦厚、慈祥、朴实、顽强的形象。

图1-5　2019年8月19日曾祥芹于河南师范大学勤政楼

的确,中华民族历史悠久、民族众多,形成了多个特色不一的地域文化,滥觞于楚文化的湖湘文化便是其中重要一脉。从古至今,湖湘文化为中华民族贡献了众多优秀人才。近代有"湖南人才半国中""中兴将相、什九湖湘""半部中国近代史由湘人写就"等盛誉。现当代湖湘更是出现毛泽东、刘少奇等众多领袖人才。湖湘文化浸润的人才对历史和民族的贡献,最突出的表现就是心系天下,敢为人先,内圣修炼,致力实事,定力坚固,作风死硬,重视情谊,因而英才辈出。在湖湘文化的洗礼浸润中,曾祥芹打下了深厚的文章功底。

1949年,湖南省和平解放。1950年湖南省私立平溪初级中学迁移到洞口镇文昌宝塔之下的平溪江北岸,改名"武冈县峡江中学"。1950 年,曾祥芹在平溪中学读初三,埋头读书,专心学习,不好嬉游,不讲吃穿,在初中三年每期的学业成绩和德育操行考核评分中,名列前茅。有时生活接济不上,便买些红薯,到伏龙洲河边捡些柴草烧熟呷充饥(2019 年 8 月 18 日,当笔者在"第 34 届中国文章学研究会暨《曾子文章学》专题研讨会"茶歇请教曾先生"呷"这个字的意思时,先生用颤抖的手认认真真地书写了"呷"的拼音和含义)。尽管生活很艰苦,但曾祥芹读初二、初三时,成绩优异,一直担任全校学生会学习部长,曾经获得书法比赛第一名,作文比赛第二名,兼《资江农民报》通讯员,以"一心"或"曾志坚"笔名开始发稿。

成才,要从困苦中才能磨砺出来。1951 年上学期,曾祥芹初中毕业,去高沙镇应试,下学期考上省立重点中学邵阳市二中(音乐家贺绿汀的母校),秋季入学编进高五班,与金春峰、简梧秋等同学。

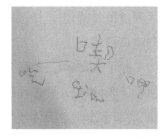

图 1-6　曾祥芹用颤抖的手书写"呷"

上高中期间,曾祥芹曾担任全校 6 个年级 24 个班的黑板报总编辑、邵阳市学生联合会秘书长,1952 年全校作文比赛,命题为"学习高尔基",因课外通读过《童年》《在人间》《我的大学》,与金春峰并列获第一名。高中三年曾获《大众报》《资江日报》《资江农民报》模范通讯员。

1954 年夏高中毕业前,因右脖子肿瘤动手术未能复习,原想考理工科的曾祥芹,被迫听班主任劝说改报文科,后考上河南师范学院中文系本科。当年初秋,跨过长江洪水,蹚着卫河水路,来到新乡武王伐纣的牧野古战场——河南师范学院第二院,院长是著名学者赵纪彬。1955 年,经全国高校院系大调整后,转入开封师范学院学习。

河南省属于中原文化圈。中原文化是中华文化发源地,并长期居于中华文化的中心地位。中原文化内涵丰厚,具有原创性、开放性、融通性等特点,这些都在一定程度上对曾祥芹学术人格与学术特点的塑造产生影响。

大学期间,曾祥芹阅读了大量的古今中外的名著,涉猎苏联、英国、法国的经典比浏览中国的古籍还要多。由于当时特殊的历史背景,他接触了《钢铁是怎样炼成的》《静静的顿河》《铁流》等诸多苏联文学作品。如今,他依

稀记得当时在共青团活动会上,自己背诵保尔·柯察金"生命的意义"那段经典格言时的心潮澎湃:

> 人最宝贵的是生命。它给予我们只有一次。人的一生应当这样度过:当他回首往事时不因虚度年华而悔恨,也不因碌碌无为而羞耻。这样在他临死的时候就能够说:我已把我整个的生命和全部精力都献给最壮丽的事业——为人类的解放而斗争。

而今,曾先生在回忆这段往事时,会很动情地说:"我们那时很少考虑个人利益得失,思想淳朴。'为中华崛起而读书'在所有人心目中,绝对不是一句空口号。"

除了认真学习,曾祥芹还先后担任校学生会文体部长、系科研干事、年级长等职,组织开展各种活动,很好地锻炼了自己。这也为他以后担任国家级、省级多个学术团体领导人,拥有振臂一呼、众人云集的领袖魅力打下文化基因。

1956年中央号召"向科学进军",他写出5万字的文艺学论文《论世界观与创作方法的矛盾统一》,又写出3万字的语言学论文《论修饰语》,在中国科学院院长郭沫若题词的开封师院《学生科学习作》专辑上发表了《论长修饰语之间的关系》,显示了他在求学时已有较强的科研意识与能力。

在名师荟萃的河南大学,他最服膺的先生之一是华钟彦先生(1906—1988)。2016年11月18日,曾祥芹在"纪念华钟彦诞辰110周年暨古代文学高端论坛"上的发言稿《华老师魂,铸我文魂》中追忆道:

> 华先生是阅读精英,又是文章高手。汉文阅读的六大优势(分析性阅读、意会性阅读、记诵性阅读、审美性阅读、快速性阅读、创造性阅读)集于他一身,特别是记诵性阅读和创造性阅读,给我留下极深的印象。他讲《七月》,讲《东山》,讲《大明》,讲《关雎》,都能提出新问题,发表新见解。看《华钟彦文集》中的《戏曲丛谭》《花间集注》《诗经会通》《中国文学通论》,其研究的对象是古典文学,其研究的成果全是学术文章……我从汉语言文学系毕业后,在

中学教语文22年,在大学教语文37年,发现在信息社会里,在基础教育中,文章比文学更有用场;同时感悟到"语文能力,'读'占鳌头"。于是义无反顾地走上了开创"实用文章学"和"汉文阅读学"的长征路。

华钟彦先生是辽宁沈阳人。1930年、1933年先后毕业于东北大学和北京大学,曾师从高亨、钱玄同、俞平伯、高步瀛(阆仙)等。1955年起在河南大学任教,直至终老,其弟子遍及海内外。他的重要的学术成果已结集为《华钟彦文集》三卷问世。作为一位富有激情的诗人,华先生一生作诗2000余首,编著有《华钟彦诗词选》。他主张诗歌应该振拔人心,针砭时事。他还鼓励和帮助青年学者积极参加古典诗词的写作。他对诗韵有独到研究;一再著文呼吁放宽诗韵,这一观点已渐获共识。吟咏是中国传统的读书方法,"五四新文化运动"以后日渐式微。华先生多次呼吁重视诗词吟咏的理论研究,并曾指导"唐诗吟咏研究小组"中的热心研究者采取田野调查的方法,搜集当代国内著名专家学者的吟咏资料,为吟咏研究留下了最为珍贵的音响文献。他还倡导吟咏应该遵守"平长仄短""声情并茂"的规律等,这些对于曾祥芹的读书、教书和著书,都曾经产生深刻的影响。曾祥芹说:"正是华老的'师魂'铸造了我的'文魂'。"

第二章

语文教育62年的长征

教、读、写书一甲子,风风雨雨六十年!

曾祥芹从1958年3月走上杏坛,到2020年已过一个甲子轮回。62年来,他无论在职还是退休后,始终没有离开过语文教育工作,其职业生涯基本上是语文教育的长征人生。周庆元先生为《曾祥芹文选》下卷《语文教育学研究》所作的序二《一生开拓"五论"创新——浅谈曾祥芹教授对语文教育学研究的杰出贡献》中写道:

> 应当说,"三栖著名学者"的第一学术领域当是语文教育学研究。这是因为,祥芹先生在河南大学(当时名称开封师范学院)中文系毕业,从事中学语文教学22年以后,先后进入安阳师专、河南师范大学任教语文教学法。尽管先生当过机关干部、学报主编,教过文学概论、写作学,研究过文章学、阅读学,但是,依我所见,语文教育学的教学和研究,应当是先生的第一职业,第一专业,第一学术事业。

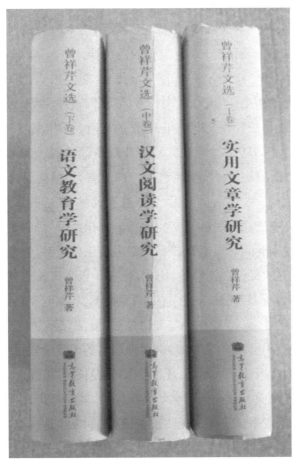

图 2-1　《曾祥芹文选》(上卷、中卷、下卷)，高等教育
出版社 2010 年 9 月出版，160 万字

第一节　内黄县一中(1958—1980)

一、"不当平庸教书匠，要做出色教育家"

1958 年 3 月，曾祥芹走上教育工作岗位。

可以想象，此时 22 岁的曾祥芹是怎样的风华正茂，睥睨天下。清亮的眸子闪烁着真诚，清秀的面庞写满了渴望。但他可能不会想到的是，他瘦弱的双肩要扛起的是异常艰难的重担!

一个风沙弥漫的春天,曾祥芹从河南大学(开封师范学院)中文系本科提前毕业实习,被分配到豫北偏远贫困的内黄县一中工作(毕业证是半年后补发的)。虽然在大学期间,曾祥芹学业优异,能力出众,担任系里科研干事,曾经被当时的系主任李嘉言(闻一多的高徒)先生赏识,也曾口头透露,打算毕业后让他留校任教。1957年,他作为河南大学中文系1954级的年级长(所辖4个小班,120多个学生),按照校党委、系党总支的层层部署,受命在十号楼大教室主持过一次全年级学生的"大鸣大放"会议,会上发言的14名同学,不过反映一些肃反扩大化、恶意整人成风、党群关系紧张之类的问题,万没想到一夜之间全部被打成"右派"。曾祥芹因为是"大鸣大放"会议的组织者,也立即受到惩罚通知:"身为学生会主要干部,背叛党的立场,为右派分子向党进攻提供舆论阵地,因此,撤销年级大班长职务,留团察看一年处分。"由于教育界基层被划为"右派"的也不少,急需年轻大学生填补岗位,故提前半年"毕业"。曾祥芹与其说是被"分配",不如说是被"发配"到了红色沙区内黄小县城。那时以沙碱薄地著名的内黄就流行一句话:"调皮捣蛋,发配到内黄锻炼。"从此,他开始了22年漫长的"被改造"生涯。

内黄,因地处黄河故道而得名。文化厚重,名家辈出,冉闵、商鞅、岳飞等历史人物出生或生长于此,也是"破釜沉舟"的发生地。曾祥芹在内黄的22年是其一生的奋斗期和受害期。然而,在内黄县一中,生性乐观上进的曾祥芹没有自怨自艾,而是干劲十足地投入教学工作,并暗自立下宏愿——"不当平庸教书匠,要做出色教育家"。

(一)第一堂观摩课,一炮打响

曾祥芹的第一堂观摩课,是马雅可夫斯基的《党和列宁》。马雅可夫斯基(1893—1930),苏联著名诗人,1924年写出著名长诗《列宁》,成功地塑造了伟大的革命领袖列宁的形象,描写列宁的光辉一生,表达群众对列宁的深厚感情。《党和列宁》原是马雅可夫斯基长诗《列宁》第二章中的一段,选在中学语文课本《文学》第六册(那时的语文课分"汉语"和"文学"两科,没有"文章"课),是一首对党和列宁的热情的颂歌。曾祥芹在讲台上激情朗诵,思路清晰,启导得当,赏析透辟,博得师生的一致好评。曾祥芹一下子被受过国家行政学院干部培训的校党支部书记陈子平看中,工作半年就被提拔为全校语文教研组长,主编《红专学报》,提前撤销团内处分,任校团委书记。在"教育为无产阶级政治服务,与生产劳动相结合"的气候下,被斥为"走白专道路"的曾祥芹尽力表现自己的"志红"。且不说1958年去林县大炼钢铁昼夜连轴转,搬矿石滚落在山谷浴血酣睡,也不说当班主任带学生养猪用自己的被子为猪崽保暖,这类动人细节难以尽述,单看1959年首次送毕业班(第1、2班)参加高考,全班升学率达80%以上,在豫北24个县排名第三位,取得骄人的成绩,也足见曾祥芹的敬业。他乐于助人,常常为请事假、病假、产假的语文老师代课,初、高中六个年级几乎全部教过,于是在内黄一中流传着一句歇后语:"曾祥芹的课——堂堂有!"这典型地反映曾祥芹作为教研组长严于律己、无私奉献的工作态度。

(二)"走教师学者化的道路"

受湖湘文化浸润的人,性格上会有一个突出特点就是"拗"。"通俗地说,就是霸得蛮,耐得烦,了(liǎo)得难。"①具有这种性格的人会有两种结果:一是宁折不弯,功德圆满;二是被碰得头破血流,成为某种斗争的牺牲品,当今社会学称之为"悲剧人格"。

在"反右倾、拔白旗"的政治氛围下,曾祥芹于教学之余,竟不惧批判,结合自己的课堂经验,开始语文教学的研究探索。1960年4月10日,时任国务院副总理的陆定一在第二届全国人民代表大会二次会议上作了《教学必须改革》的专题报告,《人民日报》立即刊发。文章指出,"我们想从现在起,进行大规模的试验,在全日制的中小学教育中,适当缩短年限,适当提高程度,适当控制学时,适当增加劳动。我们准备以十年至二十年的时间,逐步地分期分批地实现全日制中小学教育的学制改革",提出"缩短年限、提高程度、控制学时、增加劳动"等"四个适当"的全日制中小学教育方针。为贯彻落实这一"教改"精神,曾祥芹在没有电灯只用油灯的办公室兼卧室,创造过一天精批细改60篇作文的记录。他多次在全县上语文教改观摩课,并写出了《教案成文,板书成纲,讲授成体》和《一题连作好》等论文,在新乡地区教改经验交流会上典型发言,崭露头角;还受命为外语教研组写教改经验,在

① 周庆元.一生开拓"五论"创新:浅谈曾祥芹教授对语文教育学研究的杰出贡献[M]//曾祥芹.语文教育学研究[M].北京:高等教育出版社,2010:18.

省级教育刊物发表《一冲二带三结合》,引来全国各地前来取经(连新疆和田地区的教改考察团都远道而来)。1962年,他被评为全县的"模范教师"之一,被破格提薪,成为全县最年轻的高薪教师(每月工资达到64.50元)。

在中学语文教学、科研的教育实践中,一位兼具"善思的脑瓜子、善说的嘴巴子、善写的笔杆子"的"语文名师"已经有了雏形。

(三)被神化的"笔杆子"

1962年,曾祥芹助力高三毕业班备考时,因博览书报,养之有素,审时度势,竟神奇地"猜"中了当年的高考作文题《说不怕鬼》(考前练习《谈不怕鬼》的命题作文),应届参考学生(如孙鑫亭等)欢呼雀跃,感激莫名,大家惊呼其为"神人"。此后,每年高考前,找曾祥芹辅导的学生及家长络绎不绝,甚至被"绑架"去"浇偏心水"。由此也多年担当地区高考语文评卷大组长。

小县城里有这样的大才子,领导们自然不会浪费资源,县委县政府、县委宣传部、县教育局、文化局、地区教研室、学校党支部等部门纷纷找曾祥芹写各种各样的实用文章。他来者不拒,手到擒来,因此,不久便成了内黄县有名的"笔杆子"。

二、教学"文运"和社会"文差"播下了"钻研文章学"的"种子"

(一)中学作文教学文体基本是普通文章

因校内主管语文教研组,还代理过全校教导主任,这使曾祥芹敏锐地醒悟到"语文教学主要是文章教学"。由此清理和反思大学所学的语文知识,只有语言学、文艺学知识,偏偏文章学知识空缺。考虑到中学语文课主要承担着培养学生读写记叙文、说明文、议论文的能力,于是自补独著了《普通文章训练》三大本:《记叙文训练》《说明文训练》《议论文训练》。各本均有基础理论、课内外例文、典型例析、练习题四个单元,共12万多字,虽未出版,却印成小册子,不仅发给学生用,而且在濮阳等地的语文师资培训班上做讲义用。

(二)社会交际实用文体主要是专业文章

在校外应对不完的"文差"遣使中,因擅长(总结、报告、政论、调查、解说词、家史、村史、革命史、通讯、传记、起诉书、情书、悼词、颂词……)各种应用文的写作,又使他深刻认识到"社会文字交往主要是实用文章读写"。由此自写了 9 本《文章学笔记》,还自编了 1 本《毛泽东论文章》。曾祥芹在 1993 年主编的《毛泽东与文章学》①一书的"导论"中写道:

编印《毛泽东论文章》大有必要。为了系统研究毛泽东的文章,新编一本《毛泽东论文章》是非常必要的。早在 1958 年 12 月,人民出版社和人民文学出版社就分别出版了《毛泽东论文艺》和《毛泽东论文学和艺术》。此后同类专题汇编还出了好多种,如 1992 年 5 月河北人民出版社出版的《毛泽东论文艺》(见周申明主编的《毛泽东文艺思想研究概览》)已扩展到 113 节。细读这些汇编,约有一半篇幅属于文章论述。这种文艺包容文章的现象造成理论上的混乱,根子是长期以来文章和文艺不分的缘故。所以,首先要把混编在《毛泽东论文艺》中的有关文章的论述清理出来。其次要把《毛泽东新闻工作文选》(新华出版社 1983 年出版)中的文章论述归并到《毛泽东论文章》中来,因为毛泽东新闻思想只是毛泽东文章思想的一个子系统。如中国社会科学院新闻研究所编的《毛泽东新闻理论研究》(湖南人民出版社 1984 年出版)和窦其文著的《毛泽东新闻思想研究》(新闻出版社 1990 年出版)便是这方面的重要成果。我们应该充分肯定毛泽东新闻思想研究对于毛泽东文章思想研究的推进作用,但不能以毛泽东新闻思想来取代毛泽东文章思想。1985 年 11 月,中共中央党校文史教研室编印了一本教学科研参考书《毛泽东的写作理论与实践》,其中的理论部分选录了 56 节,它是对毛泽东文章写作理论的系统清理,实为一大进步;但没有将毛泽东的阅读理论收入文章传播的言语系统,仍然未能全流程地反映毛泽东的文章理论。因此,第三,要把毛泽东有关阅读的论述容纳到《毛泽东论文章》中来。依据上述三条,我们将毛泽东 63 年来的文章论述,从 1913 年起到 1976 年止,依新中国成立前后分上、下两编,辑录了 400 余节,近 20 万字。由于毛泽东的

---

① 曾祥芹,王绍令.毛泽东与文章学[M].开封:河南大学出版社,1993.

文章实践活动比他的文艺实践活动更广泛,所以毛泽东总结出来的文章理论比他的文艺理论更丰富。这一点被文论家忽视和忽略,正反映出实用文章学研究的拓荒性。

三、留住人才的"政治婚姻"

由于曾祥芹从教5年,成绩优异,闻名内黄全县和豫北地区,有的名校要来挖人才,母校开封师院发来调令让其回高校教书,新疆日报社发来调令让其去边疆办报……多年以后才知道,当时先后有6个调令压在内黄县教育局。为了留住曾祥芹长期在红色沙区内黄工作,县委、县教育局、校领导反复动员从郑州师专毕业分来的语文教师刘苏义(革命遗孤、1960年入党)与"小曾"组成家庭。1962年"三八"节由校长王凌霄主婚,内黄一中语文教研组长曾祥芹和组员刘苏义结婚了(婚宴共花22元钱)。

图2-2　1972年曾祥芹与刘苏义结婚十周年合影

曾祥芹夫人刘苏义曾多次讲述此事。她说自己有次生病住院,病愈后校长亲自用车把她从医院里接出来,直奔校务会议室。此时校务会议室张贴大红"喜字",桌上放着喜糖,学校教师则欢聚一堂。刘老师暗想这是谁在举行婚礼吗?下车之后,校长则直接把刘老师和曾老师往主位上请。刘老师非常不解,愠怒地说道:"原来听说过父母包办婚姻,现在组织上也包办婚姻?"校长满脸笑容,一边连说"好",一边连哄带拉,硬把刘老师往主位上推。在众人的起哄与叫好中,二人举行了这场颇有些尴尬的婚礼!直到现在说起,刘老师还是觉得有些搞笑,既为被动恋爱而委屈,又为领导关照而庆幸!

让二人没想到的是,这场连哄带笑的"政治婚姻",却在日后因政治风云的变幻遭遇磨难,但又因各自"心有灵犀"而成"天作之合",后也因政治的考验而无比美满幸福。真是造化弄人!

四、"红黑秀才"的正反体验

从 1958 年到 1966 年 9 年间,曾祥芹在不耽搁校内讲课的前提下,几乎年年或被抽到地区教育局教研室,或被抽到内黄县委、县教育局、文化局、剧团写各种材料,如县委书记、县长、局长的总结报告、典型调查、《内黄县泥塑阶级教育展览馆解说词》以及《根深叶茂》剧本等 6 种,被誉为内黄县有名的"红秀才"。

可是到 1966 年风云突变,"文革"初学校停课闹革命,"6·18"红卫兵造反一开始,内黄一中就出现了满山墙的大字报《从曾秃鬼的总结看他反党反社会主义反毛泽东思想的滔天罪行》,过去受命写的校、县文件全成了曾祥芹白纸黑字无法抵赖的"罪行",被诬为"内黄一中'三家村'的邓拓",打成"牛鬼蛇神"。1967 年上半年,批判"文革"初工作组的资产阶级反动路线,他从"牛棚"自求解放,出来成为"革命群众"后,又被"造反派"利用写派性

图 2-3　1969 年 10 月曾祥芹(第四排右二)于河南内黄

材料,如执笔揭发"走资派"赵怀亮的"一万八千字"材料,参与编辑"造反派"的《井冈山通讯》小刊,成为内黄县家喻户晓的"黑秀才"。如此"红黑秀才"的正反体验,既有被诬为"黑秀才"的痛苦,又有真当"黑秀才"的自责。他深刻地反省:受害者和伤人者的双重角色悲剧性地发生自己身上,感悟到

文章是把双刃剑,卓越的文章家必须明辨是非,用好文章这个思想斗争的常规武器。

这也是他日后进行文章学研究,特别是重视政治文章研究的动机。当然曾祥芹先生有的文章充满着一股不平之气,有时更夹杂着一丝火药味,从这里可以找到一点缘由。

五、"文革"中当"牛鬼蛇神"的磨炼

俗语云:"夫妻本是同林鸟,大难来时各自飞!"在这场惊涛骇浪中,有多少个爱情之舟倾覆了,又有多少个婚姻家庭破碎了。这场灾难也在考验着年轻的曾祥芹与刘苏义夫妇。这对因政治需要而结缘的夫妇会因政治的需要而离散吗?

夫人刘苏义性格刚烈,作为革命烈属、中共党员,在"文革"初本是革命群众,只因"专案组"勒令她揭发丈夫曾祥芹的"罪行"时,她坚信曾祥芹没有罪,只写一些鸡毛蒜皮的事胡乱上纲上线来应付,被视为"钢杆保曾派",打成"母牛鬼蛇神",与曾祥芹一起挂黑牌、戴高帽、游饭场。

每当学生吃饭时,强迫曾祥芹在前,自己敲锣高喊:"我是资产阶级反动学术权威,我是推行封资修教育路线的急先锋……"一共七顶帽子要求陆续喊完,而且要求"喊得响亮,喊得有感情",直到红卫兵满意,才准吃饭。饭后规定在牲口槽洗碗,理由是"牛鬼蛇神不是人,是畜生"。如此灭绝人性的羞辱、折磨,烈士遗孤刘苏义咬牙承受,在曾祥芹遭受政治迫害最艰苦的岁月,是爱妻的理解、支持和鼓励,帮他度过那段最阴郁的日子。

生活中,刘苏义也是倍加关心。曾祥芹被惩罚包掏校内七个厕所,还不准戴口罩。1966年冬,又被发配到河北省漳南灌区劳动改造,因内黄一中牛鬼蛇神队里曾祥芹才30岁,最年轻,被责令当队长,冰天雪地,每天劳动16个小时,为带好头,拉排子车,穿的棉衣都被汗湿透了,从此积劳成疾。在长期的体力透支、政治迫害、精神摧残下,曾祥芹心疼妻子受牵连,遭侮辱,在牛棚里曾提出离婚,刘苏义坚决不答应,说:"你放心,只要不是领导强迫,我绝不会离婚,即使离婚也脱不了干系,躲不开迫害,两个儿子咋办,你要软磨,我来硬顶,终归有解放的一天!"她任劳任怨肩负起家庭重担,给予曾祥芹莫大的精神支持和家庭温暖。而今,夫妻相濡以沫已经度过金婚纪念,奔

向钻石婚。

可以这样说，如果没有刘苏义的理解与保护，很难有曾祥芹的今生，更不会有曾祥芹现在令人高山仰止的学术人生！曾祥芹父亲曾清人曾动情地说刘苏义是曾家的功臣！一是保护了曾祥芹，二是为曾家延续了子嗣。

每每看到二人相伴手拉手走在学校的林荫道上的背影，一种无限的感慨便在心里油然而生！多少青梅竹马的爱情，多少一见钟情的良缘，都有可能在日后的坎坷中支离破碎，而曾祥芹、刘苏义没有经

图2-4　2012年曾祥芹与刘苏义金婚纪念

过海誓山盟的政治婚姻却能走向永远。说到底，爱情是不变的，变的是人心！只有两颗心足够真诚，才能赢得美满的爱情！

第二节　安阳师范学院（1980—1986）

1980年夏天，在安阳师范专科学校（2000年升本为安阳师范学院）再三上调曾祥芹而内黄县一直卡住不放的窘境下，曾祥芹被迫上访中央求助，带了一百个鸡蛋的"厚礼"到夫人刘苏义的大爷、当时的电力工业部副部长刘汉生家，以刘瑞武女婿的身份求刘汉生给县里说句话"开绿灯"。刘汉生高兴地接过家乡的礼，亲切地说："高校正缺人才，上调下层不放没道理。我给小段（刘汉生的老部下，当时的河南省委书记段君毅）写个条，你找他解决！"曾祥芹说："我这件小事，别惊动段书记了。"结果刘汉生给当时的内黄县委书记田国藩打了招呼，才放人。

就这样，1980年9月，曾祥芹先生与夫人刘苏义一起调至安阳师范专科学校（以下简称安阳师专），分别在中文系和政教系工作。这是曾祥芹人生的转折之年！自此，曾祥芹的教学与科研翻开了崭新的一页！

安阳，简称殷，有"七朝古都"之誉，是中国已知最早文字——甲骨文的发现地，其厚重的文化为曾祥芹提供了一个大显身手的舞台。曾祥芹除在

中文系教文学概论、语文教学法等专业课程外，还兼任《安阳师专学报》副主编，开辟"文章学探讨"专栏，为全国文章学研究提供了平台。

安阳师专，更为曾祥芹个人的发展提供了难得机遇。到安阳师专工作，标志着曾祥芹22年被歧视、被迫害生活的终结，标志着其学术春天的到来！在调到安阳师专工作的当年，曾祥芹参加了在开封举行的全国语文教学法研究会首届年会并成为第一批会员，结识了当时许多大家，诸如东北师大朱绍禹、重庆师院董味甘、扬州师院顾黄初等。正是这些大师的引领，让曾祥芹如雄鹰展翅，翱翔于语文教育研究的蓝天！

一、积中学之经验，站稳大学讲台

像鸟儿出笼的曾祥芹，脱离了迫害和羁绊，从中学进入高校，是多么轻松愉快，干劲冲天！

一开始便担任中文系文学概论和语文教学法两门主干课程，并兼任写作教研室主任，课外开"美学初步"讲座。他讲文论旁征博引、深入浅出；讲教法案例充分、信手拈来。学生刘绍武、孔繁士、杨秉立等回忆说："教法课难出味，经验丰富的曾老师讲起来，兴趣盎然，让我们记得手发酸不觉其累。"当期末教务处召开学生代表评估教师的教学效果时，大家一致说："听曾老师讲课，简直是艺术享受。可惜曾老师来晚啦，我们快毕业再没机会听他的课了！"

图2-5　2019年8月19日曾祥芹在他的书房"拓荒斋"

在安阳师专，曾祥芹先生的言传身教，依然像在中学时一样滋润着德才兼备的高徒。例如，对陈才生（现为教授、中国阅读学研究会副会长、李敖研究专家、《秋水》杂志主编）、赵爱斌（安阳钢铁中学校长）的教师生涯产生深刻影响。如果走进陈教授的书房，你会看到壁上其恩师曾祥芹的题词："阅读写作互生，文章文学相长。"赵爱斌曾把曾祥芹的"三子论"（一个合格的语文教师应该有"善思的脑瓜子、善说的嘴巴子、善写的笔杆子"）很形象生动地发展为"五子论"（外加"聪慧的耳根子、明察的眼珠子"）。

在大学的讲台上,曾祥芹大展身手,大受欢迎。

搞科研,曾祥芹更是理论与实践相结合,游刃有余。他习惯有的放矢,从不无病呻吟,为搞科研而搞科研。因为教"文学概论",他把在中学积累多年而难以展示的文艺学爱好,在高校绽放怒开,于《安阳师专学报》1981 年第1 期发表了《十九世纪没有产生无产阶级文学吗?》。该文政治站位高、视野开阔,很快被中国人民大学复印资料《外国文学研究》1981 年第 1 期全文转载,而且列为首篇。

2019 年 8 月,笔者在曾祥芹的书房查找资料。当翻阅到这篇文章时,曾先生回忆说:"该文有两个特别之处:一是,该文的构思是在 1961 年,发表是在 1981 年,被人大复印资料全文转载是在 1981 年,整整 20 年;二是,该文当时发表在《安阳师专学报》1981 年第 1 期的最后一篇,中国人民大学复印资料《外国文学研究》1981 年第 1 期列为首篇,全文转载。"

图 2-6　2017 年 3 月 25 日 张天明(右一)、任文香(左一)与曾祥芹在"拓荒斋"

时任安阳师专教务处处长王世英,了解曾祥芹在中学曾经主管全校教学的情况,安排他调查高校课改实情。曾祥芹在认真调研的基础上,对高校教学深入思考,发表《教学管理,大有学问》的文章,引来许多高校教师纷纷前来取经,就像在中学发表外语教改经验招来各地前来寻宝一样。

二、举文章学之大纛,开新学科之先风

曾祥芹在中文系教课的同时,还兼任学报副主编。起初叫《安阳师专学报》,1984年改名为《殷都学刊》。刊名四个字就是曾祥芹亲赴北京师范大学,通过友人敬请中国书法家协会主席启功先生写的,一分钱不要。作为兼职学报副手,曾祥芹先后与连波、田璞两位主编一起开辟了"殷商文化研究"和"文章学探讨"两个名栏。曾经在内黄县一中培土播下的"文章学种子"终于在高校生根、萌芽、开花、结果。

1980年《安阳师专学报》创刊号发表的曾祥芹《呼吁开展文章学的研究——语文教学科学化刍议》,与著名语文教育家张寿康教授是年在《语文战线》第8期发表的《文章学古今谈》不谋而合,两篇雄文是改革开放时期最早举起"实用文章学"旗帜的同声呐喊。曾祥芹激情地写道:"文章学,那是一片辽阔的半开垦的处女地。在信息社会里,在基础教育中,文章似乎比文学更有用场。于是,我决心朝这个很少有人问津的'荒原'去开拓,去探索。这是一条寂寞而艰难的路,但我坚信它是一条前途宽广必然兴旺的路。"

这表现了他认定文章学终将独立的深邃的眼光,也表现出了他要为文章学独立事业而奋斗的坚强决心。正因为这样,他才能从各个方面自觉、主动、积极地顺应文章学发展的历史潮流,于文章学建设事业的崎岖道路上,进行探索,并很快地发挥出了对文章学的建设作用。

文章学必须独立、能够独立、需要尽快独立。这是曾祥芹始终不渝的坚定信念。

该文可谓曾祥芹真正走向科研的第一步,也是中国现代实用文章学的先声!

像一发而不可收的文论先锋,曾祥芹继《呼吁开展文章学的研究——语文教学科学化刍议》之后,又发表了《甲骨卜辞——中国最早的文章形态》《中国现代文章学的纲领性文献——纪念毛主席的〈反对党八股〉发表四十周年》《普通文章学与初中语文教学法》《语段教学浅识(上、中、下)》《现代文章学的历史丰碑——评夏丏尊、叶圣陶的〈文心〉》《现代文章学的奠基作——评叶圣陶的〈作文论〉》《文章阅读学发凡——评叶圣陶的〈文章例话〉》《论文章和文学的分野》等文章,多方申述创建实用文章学的拓荒意义。

"在社会科学的研究项目里,文章学没有取得应有的独立席位。有文学概论,没有文章概论;有中国文学史,没有中国文章史;有文学家、语言学家,就是不提文章家;有文学研究会、语言学会、语文教学研究会、语文教学法研究会,就是没有文章学研究会。众多的语文教学刊物,基本上还是局限在一篇一篇文章的分析上,很少从文章学高度展开系统的研究。……文章学研究,是摆在语文教学工作者面前的一片开阔的处女地,让我们勇敢地去开垦吧!"

这是曾祥芹在《呼吁开展文章学的研究——语文教学科学化刍议》一文中发出的感叹。20 世纪 80 年代初是广义文章学复兴和狭义文章学走向独立的起步阶段,当我们回顾以《呼吁开展文章学的研究——语文教学科学化刍议》和张寿康同年 8 月发表的《文章学古今谈》为开端之标志的文章学独立运动史时,不能不为曾祥芹的倡议所震动。著名语文教育家顾黄初称曾祥芹是"举文章学研究大纛一员的虎将";在倡议成为现实的今天,我们完全可以这样说:曾祥芹是为文章学独立事业而奋斗的文章学家。说曾祥芹是为文章学独立事业而奋斗的文章家,当然不仅仅是因为他最早地提出了关于文章学独立的倡议,更因为他在此后的研究中形成了自成一家的文章学理论体系。

1984 年,他参与主编的《殷都学刊》开辟了全国学报系统第一个"文章学探讨"专栏;继之于安阳师专成立了全国第二家文章学研究室。在《中国现代文章学的纲领性文献——纪念毛主席的〈反对党八股〉发表四十周年》中,曾祥芹正式提出了"毛泽东文章思想"的概念。这是在大量掌握毛泽东的文章言论和对《反对党八股》的文章学意义做了系统分析的基础上提出的。此前,人们对毛泽东文章理论的研究,基本上集中于文风和语言两个方面,具体谈的则往往都只是"三性"(准确性、鲜明性、生动性)。曾祥芹则指出,文风涉及文章的一系列问题,是作者的思想作风、道德品质、写作目的、写作态度和写作方法等在文章中的综合表现。这篇文献解决了文章的源泉和功能、内容和形式、准备和修改等诸多问题,是毛泽东文章思想成熟的标志。这真是慧眼独具的空谷足音。

三、"安阳师专的蒋筑英"

从古至今,中国知识分子大都以天下为己任,任劳任怨,甘于奉献。蒋筑英(1938—1982),科学家,浙江省杭州人,中共党员,全国劳动模范,从事光学传递函数研究工作。1982 年由于过度劳累,病情恶化,不幸在成都逝世,终年 44 岁。

蒋筑英是当时中国知识分子的代表。蒋筑英的过早辞世引起社会普遍关注知识分子的生活与工作。

曾祥芹就是蒋筑英式的典型代表!

1983 年春,含冤积劳成疾的曾祥芹,左肾癌爆发,由尿血发展到尿闭,不得不从讲台送到安阳地区医院,学生排队泪送,轮流护理,但他的病情越来越重。学校党委高度关爱,破例开了六次会议,研究如何抢救这位"安阳师专的蒋筑英"(校内师生对曾老师的称谓)。在当时普通教师不能坐软卧的限制下,党委书记李峰用自己的证件买软卧火车票(当时的车票还没有实行实名制),竟派 8 人护送曾祥芹到北京大学第一附属医院住院。因为病状特殊(彩超看不出癌症),有幸由大名鼎鼎的泌尿外科研究所所长吴阶平大夫(1917—2011)当作科研对象来主治。他果断决定做左肾癌切除手术,切片完全证实。出院时,吴阶平安慰并鼓励曾祥芹说:"你要乐观,与癌抗争,争取再活 10 年!"

自此,曾祥芹开始了"以学术成果去赢得生命,让生命在治学中得到延伸"的旷日持久的新的学术长征。返回安阳医院放疗时,在病榻上他竟完成了《〈文心雕龙〉章法论》的新作。疗养期间的重大成果是主编了《语文教学能力论》,在全国率先建构了语文教学的"十能"体系,为语文教师的业务修养提供范本,后获中国语文教学法研究会 10 年科研展评一等奖。

这部著作的最大价值在于它构筑的语文教学能力训练体系的合理性和科学性。全书内容除《导论》《结论》外,分为十章:①语文教学听知能力;②语文教学讲话能力;③语文教学阅读能力;④语文教学写作能力;⑤语文教材驾驭能力;⑥语文教法运用能力;⑦语文教学组织能力;⑧语文教学考核能力;⑨语文教学自修能力;⑩语文教学科研能力。其中,一至四章,听、说、读、写是语文教师和学生都必须具备的语文能力,不同的是,语文教师还应具备培养这四种能力的导听、导说、导读、导写能力。五至八章论述的是语文教师的教学能力。九至十章,自修、科研是语文教师进一步提高教学水平的教改能力。"十能"的学术价值主要表现为两个方面:一是对语文教师能力体系进行专门研究,为国内国际首创。它"开拓了一个难度较大的领域"(全国语文教学法研究会理事长朱绍禹语),"是迄今没有的详细论述语文教师能力的一本书"(全国语文教学法研究会副理事长王兆苍语)。二是构建了包括语文能力、教学能力和教改能力在内的语文教学"十能"体系,即:语文教学能力是一个具有横向联系(听、说、读、写)、纵向联系(教材驾驭、教法运用、教学组织、教学考核)和立体联系(教学自修、教学科研)的三维结构。

该书以人们认识事物的规律性为线索,从教师教学的基本功谈起,到具体的教学能力,再到高一层次的教学科研本领,从而构成了系统严密、完整周详的训练体系,同时这种体系的构建基础是建立在对广大语文教师教育教学心理和行为做了具体而又普遍的调查研究之上的,他不断探索教师能力之共性,归纳概括为教师追求一致的目标,强化训练,提供一种或几种模式,一种标准或几种标准,而且力求适应个性研究差异,对不同素质不同智能的教师都有所要求,方向明确,台阶具体,切实可行,只要迈步脚印即现,因此,本书从最大限度上调动了全国百万语文教师自我提高完善的积极性,也使其个性特长、奇才异华得到了最大限度的发挥。

《语文教学能力论》立论扎实,分析全面,引证典型,很有说服力。据不完全统计,书中介绍了七八十名优秀或特级语文教师的众多典型事例。他们都是在语文教学改革中做出很大贡献的,很多方面都是足可以作为广大语文教师学习的楷模的。其中,提到十次以上的有于漪、钱梦龙、魏书生三人,提到四五次的有陆继椿、张必焜、刘朏朏等人。书中引用的中外古今有关资料二百多例。所以,我们可以说,《语文教学能力论》的体系并非凭空想出来的,而是在总结了众多的优秀或特级语文教师的经验的基础上,经过认真的逻辑思考、分析、综合、概括、抽象,得出来的带有普遍指导意义的理论认识。主编曾祥芹和副主编萧士栋的严谨治学态度是很值得称道的。他们曾向全国语文界同行广泛征集资料,在确实掌握了大量的第一手资料之后,才开始动笔写作这部论著。正因为这样,《语文教学能力论》为广大语文教师指出的业务进修方向,不再是空洞的套话,而是具体的切实可行的门径。这正是这部论著的实践价值之所在。正如朱绍禹先生在为本书所作的"序"中指出的那样,"它大概使每位教师可能了解到,做个优秀教师是困难的,而扮演优秀语文教师这一角色可能更难些。然而,它同时又表明,这个角色我们大概都能扮演,只要像本书所提示的那样去做,就都有可能成为一位成功的扮演者"。

四、坚守"学者的党性"

1985 年 5 月曾祥芹加入中国共产党。他在《入党志愿书》中写道:"我和我的全家备受极'左'路线的摧残,是党的十一届三中全会以来的正确政策,才把我和我的全家从历史的枷锁中解放出来。我从来没有像现在这样心情舒畅地从事学习和工作……"自此,他以"党员学者"自律,开辟"毛泽东文章思想"和"邓小平文章理论"的研究。其发表的《毛泽东文章思想的继承和发展——邓小平文章理论评说》(《中州学刊》2000 年第 2 期)曾选入卢先福、陈占安、杨彦钧主编的《面向 21 世纪中国共产党建设研究》(第一卷第二编优秀论文选编,新华出版社 2001 年出版),该文还获得"世界华人优秀学术成果"国际金奖(编号:CGZZ16-03-10)。在创立"一语双文"新语文观,建构实用文章学和汉文阅读学的新体系时,曾先生依然进行"文章政治学""阅读政治学"和"大众语文学"的深度探索。由此可知他作为学者对党性的坚守。

第三节 河南省教委(1987—1989)

曾祥芹在与周口师院萧士栋(1929—1989)合作研究语文教学法、文章学和阅读学的过程中,深深体味了志同道合的妙趣。为了扩大活动范围,发展共同事业,经萧士栋向他的得意高徒、河南省教委主任徐玉坤(也是曾祥芹在河南大学的同门师兄)推介,立即表示认可,很快于 1986 年冬下令,调曾祥芹从安阳师专到河南省教委工作。

一、"文章编辑学"的探索

1987 年到 1989 年,曾祥芹在河南省教育委员会科研外事处,担任机关刊物《高教园地》的副主编。他不但撰写《发刊词》,走访省内各高校组稿,协助主编孙顺霖审改编定每一期的用稿,而且受命为省教委领导整理各类报告和材料,参与编辑了《学海撷英》《河南省高等学校哲学社会科学优秀成果选编》等书;还带领年轻编辑孟宪明、闫俊合、魏群搞科研,编出《百家读书经》,由中原农民出版社于 1989 年正式出版。

在编余时间,他继续主持着《殷都学刊》"文章学探讨"专栏稿件的审阅和编发;与老同学张复琮(时任《河南财经学院学报》主编)继续合作研究叶圣陶文章学思想的多篇论文,诸如《文章阅读学的宝典——评叶圣陶、朱自清的〈精读指导举隅〉和〈略读指导举隅〉》(《河南财经学院学报》1987 年第 3 期)、《文章四元——"叶圣陶与文章学"研究之一》(《河南财经学院学报》1988 年第 1 期)、《章法四律——"叶圣陶与文章学"研究之八》(《开封教育学院学报》1988 年第 1 期)、《论叶圣陶的文章语言观》(《河南财经学院学报》1989 年第 3 期)纷纷见诸报端;与文章学新秀洪珉合编《文章新潮》一书也由河南教育出版社于 1988 年出版。同时,曾祥芹先生又结合业务需要,开始研究"文章编辑学",1988 年于郑州举行的全国首届编辑学会议上推出了《编辑学与阅读学》的论文,立即发表于《编辑学刊》,影响很大。

二、"语文教学法"的集结

1986 年 1 月,以萧士栋为主编、曾祥芹为副主编的《初中语文教学法举隅》由云南民族出版社出版。该书以大面积提高农村语文教师的教学质量为宗旨,以"看得见,摸得着,用得上"和"让教学法下乡"为目标,以全面反映语文教学过程(备课、上课、考核)的内部规律为纲,以语文教学过程的九个部分为目,形成了"一纲举而九目张"的理论与实践相联系的科学而又实用的语文教学法体系。著名语文教育家张寿康誉之为"九串珍珠"。全书分为九章:①语文教学备课法;②课文阅读教学法;③各类课文教学法;④作文教学法;⑤语文课外活动法;⑥基础知识教学法;⑦语文能力训练法;⑧语文思想教育法;⑨语文成绩考核法。全书结构以备课——上课——考核为三大骨架。其中,"上课"为核心部分,又分课内、课外两大部分。"课内"由二、三、四、六、七、八章组成。课外活动是"上课"的另一种形式,是课内的必要补充或延伸,时下称作"第二课堂"。"思想教育"单列一章。《初中语文教学法举隅》被评为一部独具特色、科学实用、自成体系的语文教学法专著。1987 年,又以曾祥芹为主编、萧士栋为副主编,由河南大学出版社出版了《语文教学能力论》(其内容、结构、价值前文已简介,此处不赘)。此外他们还合作编著了《中学语文教学法教程》(河南教育出版社 1987 年版),在省内高师、中师通用。

1988 年,曾祥芹以副会长身份与萧士栋联手在周口市主办中国文章学研究会正式成立大会暨第六届学术年会暨文章学讲习班,除亲自写会议纪要外,还分别给语文教师和机关秘书作了《文章学与语文教学的关系》《文章学与秘书学的关系》两个学术报告,将文章学的研究应用到语文教学和秘书工作中去。

三、"阅读学丛书"的启动

1989 年,曾祥芹开始筹划中国第一套"阅读学丛书"的构思、组班,草拟了《阅读学原理》《阅读技法系统》《文体阅读法》《古代阅读论》《国外阅读研究》5 种书的写作纲要,集结全国各地 37 位阅读学者组建了各自的写作班子,同时亲自执笔写作前 4 种书的有关内容,开了 3 次书稿初审会和 1 次书稿终审会。

"身在机关心在校"的曾祥芹,痴迷于讲坛教学和学术研究,萌生了主动要求重返高校教学、科研第一线的想法。他的想法,得到了挚友萧士栋、裴显生(1933—2011)的坚决支持,于是在 1989 年 11 月,曾祥芹实现了从省城郑州再下新乡的教育人生转移,完成了"语文教研"的自我人生定位。

第四节　河南师范大学教学、科研(1989—2020)

河南师范大学北依巍巍太行,南濒滔滔黄河,位于全国文明城市、郑洛新国家自主创新示范区新乡市,坐落在广袤的牧野大地、美丽的卫水之滨,是河南省人民政府与教育部共同建设的省属重点大学。2007 年被教育部确定为本科教学工作水平评估优秀学校,2012 年入选国家中西部高等教育振兴计划支持高校,2015 年实现省政府与教育部共建,2017 年入选国家"111计划",三度蝉联全国文明单位。

河南师范大学历史底蕴深厚,办学资源丰富。其前身是始建于 1923 年的中州大学(河南大学前身)理科和创建于 1951 年的平原师范学院,历经河南师范学院二院、河南第二师范学院、新乡师范学院等阶段,1985 年更名为河南师范大学。在近百年的办学历程中,逐步铸练形成了"厚德博学,止于至善"的校训、"明德、正学、倡和、出新"的校风、"修至学、立世范、启智慧、益品行"的教风、"尚诚朴、勤学问、重团结、养正气"的学风,积累和沉淀了"崇文明道、尚诚守德、抱朴求真"的师大精神,以校风淳、教风正、学风浓、教学水平高享誉省内外。

学校师资力量雄厚,拔尖人才辈出。建校以来,曹理卿、郝象吾、孙祥正、赵新吾、赵纪彬、李俊甫、姚从工、魏明初、樊映川、杜孟模、孙作云、黄敦慈、许梦瀛、卢锦梭等数十位著名学者先后在此执教治学。1989 年 11 月,河南师范大学迎来了又一位志存高远、不同流俗的学者,他就是曾祥芹先生。

1989 年 11 月,曾先生初到河南师范大学,临时安置在西一楼二楼的单身宿舍,面积是 10 多平方米。笔者当时住在西一楼一楼的 10 号房间。印象中,温文尔雅的他,不多说话,喜欢做鱼,平时我们年轻人在一楼高谈阔论时,就能闻到二楼飘来的鱼香味,*丝丝缕缕*……走在路上总是疾步如飞,昂首挺胸,至今 84 岁的他依然迈着矫健的步伐,有时会让人慨叹,时间的脚步怎么没有在他老人家身上友情留痕? 当时更不会想到他是癌症患者,拥有着"以学术成果去赢得生命,让生命在治学中得到延伸"的坚强意志和拓荒雄心。然而,正是在河南师范大学的这 31 年,这只被著名作家孟宪明称誉的"攀登珠峰之蛙",其每一步都让人惊叹!

2006 年 2 月 3 日(农历正月初六)是曾祥芹先生七秩华诞。著名作家孟宪明先生特撰《珠峰之蛙》恭颂曾先生 70 寿辰,原文如下:

珠峰之蛙

群蛙欲攀珠峰,上帝闻之大恼。曰:珠峰乃世界屋脊,岂蛙类所能及? 下去!

群蛙退之地下,阖目长眠矣。止有一蛙不听,昂昂然,倔倔然,踽踽然,孜孜然,奋力而前行。年余,竟登珠峰矣!

记者闻讯,蝇蝇然齐聚珠峰:

"请问先生何胆,敢不听上帝之言?"

"请问青蛙先生,您如何克服千难万险,创造此等神话?"

"sorry,"青蛙击耳歉然,"听不见……先天的!"

俗云:井底之蛙,喻其视界之小也。若以珠峰之蛙看天,视界又该如何?

先生为学,"文章""阅读",巍然大家,垒垒乎上哉! 仰之弥高矣!

值曾先生祥芹教授七十大寿,后生孟宪明恭颂

丙戌年正月初六日

正如颂词所喻,这只登峰之蛙,62 年如一日,"昂昂然,倔倔然,踽踽然,孜孜然,奋力而前行"。如果说他在内黄一中的 22 年属于"语文的中学生教育",在安阳师专的 6 年属于"语文的专科生教育",那么他在河南师范大学 31 年的教学和研究则贯通了语文教育的各层级各阶段。

概言之,曾祥芹堪称一位全学程多层面的完整的语文教育专家。张正君的《河南语文教育专家研究》、曹洪彪的《曾祥芹教授语文教育理论探索之路》和李相奎的《从陶行知、拉斯克的"教育家"理论看曾祥芹教授》等书文将曾祥芹列为"继叶圣陶、吕叔湘、张志公、朱绍禹、刘国正、顾黄初之后的中国当代第七位语文教育学专家"的评论不是谬赞,而是有充分的证据的。

一、教书育人

河南师范大学坐落在河南省新乡市,这个小城市,对曾祥芹先生来说,却有着非同寻常的意义。新乡是曾祥芹 1954 年上大学的所在地,而今,在阔别 30 多年后,曾祥芹重返牧野,重返教坛,喜悦之情被当年的学生陈涌泉(国家一级编剧、当代著名剧作家,享受国务院特殊津贴专家)记录在《师尊》一文,刊发在 1990 年 10 月 15 日的《河南师大报》。全文如下:

师　尊

陈涌泉

还没见过教授这样刻意地打扮自己：笔挺的西服，雪白的衬衫，紫红色的领带系得规规矩矩，头发梳得一丝不苟……

同学们诧异，便窃窃私语。我也和同桌议论起那条领带是否艳了点——要知道教授已经年过知命了。

教授深情的目光中闪耀着庄严：

"今天是教师节，所以我稍稍打扮了一下。"

"教师节？今天是教师节？"有人开始吃惊。

我则庆幸事先没意识到今天是什么日子的人还不止我一个。

教室足足沉默了一分钟，同学们望着教授，感觉这句话里有琢磨不尽的意味；教授望着学生，表情依然那样沉稳、安详——师生就这样对望着……对望着……突然，"哗——"，一阵响亮清脆的掌声急风暴雨般卷过课堂，在整个教学楼蔓延开来！

我们知道，教授是刚调到师大中文系来的。还知道他曾有过二十多年的中学教龄，甚至当过小学校长。来之前在省教委工作，任《高教园地》主编。教授对讲台有一种割不断的情结，上了岁数，重返教坛的愿望就愈发迫切，何况教授有着丰富的教学经验，他主编的《语文教学能力论》曾被评为全国语文教学法研究会十年科研成果优秀教材一等奖。

"我愿意死在讲台上！"他向教委领导申请调动的理由就这么简单。其实，他于1983年在北京大学一附院泌尿外科研究所做了左肾癌切除手术，出院时，主治大夫吴阶平对他说："你要乐观，争取再活十年。"因考虑剩下时间不多了，需要用学术成果实现其生命价值。领导问他愿意去哪所大学，他说早想好了，去师大……

也难怪我们中会有人忘记节日，一直没感觉有什么动静啊！刚确定节日那两年，每年领导总要来校慰问，学生总要拜望老师，学校里，社会上到处都要热情洋溢地扯横幅，挂灯笼，写标语，出板报——可这两年，好像一切都已经淡漠了。去年听说还有一批稍微有些腐烂的苹果慰问教师,今年呢?

"但是,有谁会怀疑我们的民族、我们的国家已越来越重视教育? 有谁敢否认我们的教育事业会在你们这一代的努力下高度发展? 当然,这还需要一个过程。"说到这里,教授目光有些沉重,但又是那样意味深长:

"越是在这样的情况下,我们越是需要自尊!"

哦! 高贵的自尊,圣洁的自尊! 再看教授时,那领带艳得恰到好处,简直是一面飘扬的旗帜……

(一)在教学全程中成长为完整的语文教师

所谓完整的语文教师,简单而言,是指历经小学语文教育、中学语文教育、专科语文教育、本科语文教育、研究生语文教育、社会行业语文教育等多个阶段、多个领域的语文教育。

曾祥芹从教 62 年,时间之长,已属罕见。

但更为罕见的是,他教过小学、初中、高中、中师生、专科生、本科生、硕士研究生,还为博士生开讲座,为"百千万工程"(中小学教师)授课,为国培班的学校骨干教师、专家班授课。可以说,中国当代的所有学段的语文教学,曾祥芹都从事过,这在中国教师队伍里,估计是凤毛麟角。

尤其让人惊叹的是,曾先生几乎在每一个层次的教学中,都把自己的思考或所得,用论文或者论著或者报告的形式进行总结。

让我们以曾祥芹先生在每一阶段、每一层级或层面的代表性的语文科研成果为梯,拾级而上。

1. 小学语文教育

据不完全统计,曾祥芹先生关于小学语文教育的文章有 30 余篇,内容涉及小学语文的听、说、读、写,主要集中在阅读和写作方面,以此指导、服务小学语文的教与学。

例如,在 1997 年《读·写·算》杂志连载的"用文章学指导小学语文教育"的一组专论:《着眼文章整体　理解词句段》《强化诵读训练　积累活的文章语言》《称物·达意·致用——文章外部三规律》《层次·衔接·统一——篇章训练ABC》《快读快写训练要从小学生抓起》《培养良好的读写习惯》等。

又如,2000 年先后给河南省小学语文教学专家、学术带头人培训班多次讲学《用阅读学指导小学阅读教学》。

再如,2001 年于北京汇佳学校在"第三届全国中青年小学语文教师课堂教学多种风格展示会"上作主旨报告《在小学阅读教学中推行"新概念阅读"》等。

2. 中学语文教育

22 年的中学教育生涯,为曾先生从事中学语文教育研究打下了坚实的基础。他撰写《普通文章学与初中语文教学法》等文章,主编《初中语文教学法举隅》《中学语文教育学》等,这些都是对我国的中学语文教育经验和教训进行的总结,是对中学语文教学方法进行的探索和创新,是对中学语文的学科内容体系进行的新的构想。

图 2-7 1996 年 12 月曾祥芹在香港理工大学中文及双语学系举办的现代应用文国际研讨会上做报告

例如,《初中语文教学法举隅》一书的"九法"体系,执笔"语文能力训练法"一章,展开了"侧重'听说'的训练法"(讲述法、笔记法、串讲法、复述法、问答法、谈话法、讨论法、演讲法），"侧重'读'的训练法"（引读法、朗读法、默读法、讲读法、诵读法、速读法、跳读法、猜读法），"侧重'写'的训练法"（提纲法、评点法、评析法、讲练法、读写法、写读法、图示法），"侧重'思'的训练法"（分析法、比较法、聚焦法、辐射法、线索法、情景法、发现法、暗示法、还原法），"能力综合训练法"（教读法、小组法、长文短教法、一次多篇法、读议讲练法、电化教学法、立体教学法、单元教学法）。这 40 种语文能力训练法，总结了 20 世纪 80 年代初全国特级和优秀语文教师的教学经验，体现了教学法"独立性和依存性、单一性和综合性、局限性和变化性"的辩证统一，彰显了语文教育学大家叶圣陶的格言："教亦多术矣，运用在乎人，孰善孰寡效，贵能验诸身。"

又如，《中学语文教育学》一书，执笔重点章"语文教师修养概说"，依照"德、学、才、识"展开四大方面：①"思想品德修养"包括"正确的政治方向"（坚持社会主义教育、热爱社会主义祖国、学习马克思主义理论）、"牢固的专业思想"（忠诚教育事业、乐为人民教师、热爱语文教师、志当语文教育家）、"高尚的道德品质"（热爱学生、诲人不倦、团结同事、集体协作、以身作则、为人师表）、"健康的审美情趣"（审美标准客观、审美情感高尚、审美趣味健康）；②"学业知识结构"包括"语文专业知识"（语言学知识、文字学知识、文章学知识、文艺学知识、美学知识）、"教育专业知识"（教育学知识、心理学知识、学科教育学知识）、"文化科学知识"（思维科学常识、社会科学常识、自然科学常识）；③"语文教学能力"包括"语文备课能力"（驾驭教材的能力、了解学生的能力、设计教学的能力、编写教案的能力）、"语文施教能力"（组织教学的能力、教学讲话的能力、教学听话的能力、教学书写的能力、运用教具的能力、教学应变的能力）、"语文考评能力"（考核学习成绩的能力、评价教育质量的能力）；④"语文教研能力"包括"调查研究的能力""选题定向的能力""搜集资料的能力""开展实验的能力""撰写论著的能力"。这个中学语文教师的业务修养体系经历了自学—教学—研学三个递进阶段，明确学有专长、教有特色、研有成果的目标，为后来的语文教师培训打下理论基础。在 20 世纪 90 年代初就能达到这个水平，实在难能可贵！

3.专科语文教育

20 世纪六七十年代初期编写的《普通文章常识》教材（包括《记叙文常

识》《说明文常识》《议论文常识》),多年被濮阳师范学校的语文教师用作普通文章学培训教材。21世纪交替之际,为专科语文师范生编写、覆盖基础教育的《语文教学能力论》;又应邀给倪文锦主编的全国职业语文教育教材负责单元编写等。特别是人民教育出版社2003年出版的中师语文教材《阅读文选》(提高版)选入曾祥芹的专论《文章阅读学与阅读能力训练》,编排在刘国正的《阅读能力简析》和叶圣陶的《读〈飞〉》之间,组成一个"知识单元"。这比发表论文、出版论著更难得,它是曾祥芹学术论文达到文质兼美高度的重要标志。故在此详录,以飨读者。

文章阅读学与阅读能力训练

阅读是人类从读物中汲取精神营养的最普遍最持久的学习方式。文字作品大致为文章和文学。从文体阅读的视角看,必然有文章阅读与文学阅读之分。研究诗歌、散文、小说、戏剧阅读规律的叫"文学阅读学";研究普通文章(记叙文、说明文、议论文、日常应用文)和专业文章(新闻、史传、公文、课本、论文、论著、专业应用文)阅读规律的叫"文章阅读学"。对于"两栖文体"集群(纪实散文、报告文学、传记文学、游记文学、科学小品、科学演义、杂文、寓言等)可按"变体文章"实行文章的和文学的双重解读。

文章是真实地反映整个客观事物的,读者从中获得的是关于自然、社会、思维三大领域的科学信息;而文学是艺术地反映以人为中心的社会生活的,读者从中获得的是典型人物形象、多彩生活画面等美感信息。文章的价值主要在于开智立德,求真向善,重在实用;文学的价值主要在于移情易性,它虽以求真向善为前提,但重在审美。可见,文章和文学的内容、形式和功用都存在明显的差异。

文章阅读,作为文体阅读的一翼,是人类阅读的主体,是社会实践的基础,是阅读文化的主流,自然也是阅读教育的重心。在人们的学习、工作和生活中,文章实用阅读始终处在第一位,文学审美阅读只能居于第二位。普通文章阅读能力是文学阅读能力的基础,专业文章鉴赏能力可以与文学鉴赏能力并峙媲美。在中学语文教学中,阅读能力训练应以普通文章阅读为根本,在此前提下让专业文章阅读能力与文学阅读能力和谐发展。

一、认清文章阅读的特性,明确阅读训练的目标

(一)着力探求文章阅读的特殊规律

文章阅读与文学阅读具有共同性:二者都要经历"披文得意"和"运思及物"的双重转化,先把读物的外部言语变成读者的内部言语,再把阅读的心得外化为口头言语或书面言语,后付诸实践。这个从文本中提取、加工和利用信息的心智过程,表明文章阅读消费也是对精神产品进行再生产的活动。

文章阅读与文学阅读各具特殊性:文章阅读以汲取思想、获得信息为主,着眼历史的真实,侧重实用功能的评价,而文学阅读以摄取形象、获得美感为主,着眼艺术的真实,侧重审美创造的评价;文章阅读以理论思维为主,其阅读思路较为平直,要揭示的是有的放矢的显逻辑,而文学阅读以形象思维为主,其阅读思路较为曲折,要揭示的是兴象寓理的隐逻辑和非逻辑;文章审美侧重领悟实在美、科学美,而文学审美侧重欣赏意象美、艺术美;文章阅读强调略读、快读与精读的互补效应,而文学的略读、快读则难以审美;文章阅读旨在实用,特别重视"披文得意"后的"运思及物",要求落实到行动,而文学阅读可以停留于鉴赏,不必立竿见影。

(二)文章阅读训练要实现多重目标

文体特征制约着阅读的目标。阅读技能虽不是知识,但训练需要阅读知识的先导;阅读并非纯技能,训练时还要开发阅读的智力,涵养阅读的情志。

阅读训练的直接目标是培养阅读能力。虽然阅读是写作的基础,但文章阅读教学的目的不完全是为了写作,其首要任务是培养阅读文章的能力。

阅读训练的间接目标是发展思维能力。文章阅读要利用"智读"优势,培养抽象思维、形象思维、灵感思维、社会思维、辩证思维、创造思维的能力。

阅读训练的潜在目标是陶冶思想情操。文章的本质在于给出思想,要在"因文解道,因道悟文"的过程中,潜移默化地进行思想、政治、品德和审美教育。

二、把握阅读理解的标准,理顺阅读文章的思路

(一)阅读理解的两级标准:追寻原意,重构新义

"阅读理解"是阅读能力的核心。从阅读理解的构成要素看,主要有三项操作技能:一是阐释,即概括、解释、开掘的"解码"功夫;二是组合,即归纳、梳理、调整的"编码"功夫;三是扩展,即赏析、评判、创新的"评码"功夫。

从阅读理解的发展层级看,虽有复述性理解、解释性理解、评价性理解和创造性理解之分,但简要概括,阅读理解的标准无非是初级的"追寻原意"和高级的"重构新义"两种。追寻作者文本的原意,要"经过内部言语用自己的话来理解和改造原文的句子、段落,从而把原文的思想变成自己的思想";因读写情境的变迁,这种追寻不可能百分之百地再现,而只能接近;这种阐释,或把具体内容抽象化,或把抽象内容具体化,或使隐含内容明示化,从表层义到深层义,从引申义到言外义,从象征义到哲理义,都是生产性的。重构文本的新义,必然灌注读者的主体意识,或置换要素,补充加深作品的内涵,或结构重组,延伸发挥文本的意蕴,或质疑反思,提出与作者不同的论点、论据和论证,或批判匡正,进行实证性的、思辨性的、审美性的评判,这是最高层次的创造性理解。

(二)阅读思路的本质性分类:原形阅读与超原形阅读

刘勰说:"夫缀文者情动而辞发,观文者披文以入情。"(《文心雕龙》)作文是从内容到形式,读文是从形式到内容。总体看,"阅读思维"是"写作思维"的逆向重现(披文得意)、顺向复归(以意照言)和多向超越(运思及物)。读文思路多种多样,要作本质性分类,就是"原形阅读"和"超原形阅读"两种。

"原形阅读"是从阅读理解的初级标准"追寻原意"的角度着眼,强调阅读思维对写作思维的依归,要求尊重作者文思,走进文本,沉入共鸣。叶圣陶说:"作者思有路,遵路识斯真。"(《语文教学

二十韵》)要想全面理解原文的主旨,识破原文的真谛,就必须摸清作者的写作思路。因为思路是章法的核心,从思想的路程、路径、路线可以看清文章的条理、变化、连贯和统一。"理思路→明结构→归主旨"是文章"遵路识真"的一条捷径。

"超原形阅读"是从阅读理解的高级标准"重构新义"的角度着眼,强调阅读思维对写作思维的超越,要求张扬读者个性,走出文本,跳出商兑。阅读思路随着不同的阅读目标、过程、方法而自由变化。或超越文本原形的思维轨迹,按读者选择的局部或方面向纵深处多角度地发掘;或超越文本作者的写作意图,转移重点,反思匡正,做出新的阐释和评价;或超越读者"旧我"的读前成见,在知识、智能、情志上自我提升。达到这"三超越",就进入阅读创造的佳境。

三、了解阅读能力的结构,掌握阅读的基本技能

(一)阅读能力的构成要素

阅读能力是纵横交错的立体结构,其构成要素可进行多层次、多侧面的分解,又必须完成优化整合。阅读的选择、思考、想象、迁移、时效,形成阅读能力的横向贯穿结构;阅读的感知、理解、鉴赏、迁移、创造,形成阅读能力的纵向层级结构。文章阅读的技能训练要顺应自然过程,以纵向结构为主导。

1.阅读感知力。指对字、词、句的识别能力,属于对作品语言形式的微观感受。文章认读技能至少有四项:能辨识白话和文言、中文和外文、自然语和人工语、普通话和专业语、精确语和模糊语;能了解词语在语境中的特定义;能靠语法辨析多样的句式;能辨识各种表达语体。它是读者必先跨过的语言门槛。

2.阅读理解力。指对段、章、篇的取义能力,属于对作品思想内容的宏观把握。文章理解的技能包括十项:辨识文体,理清思路,把握结构,抓住质料,归纳主旨,体会文情,揣摩写法,辨析修辞,贯通文气,体察文风。它渗透在阅读的各要素、各环节中,是读者知识和智力技能的集中体现和主要标志。

3.阅读鉴赏力。指"鉴别"和"欣赏"的合称,按进程先有"赏

读",后才有"评读"。阅读欣赏是深入文章思想内容和语言形式的情感体验和审美享受,阅读评价是对文章内容形式的是非、优劣、美丑的理性判断和价值评估。鉴赏实质是"沉入共鸣"和"跳出商兑"的统一体,是阅读大舞台的"重头戏"。

4.阅读迁移力。指运用阅读所得知识、技能和情志来解决新问题的"及物"能力。它是鉴赏后的读以致用,要求由"意化"转向"物化",由"输入"转向"输出",由"认识世界"转向"改造世界"。文章的阅读迁移技能可分六项:文事的类推,文理的演绎,文情的感奋,文序的模仿,文技的借鉴,文辞的活用。

5.阅读创造力。指读者在消费精神产品时运用创造思维对文本进行再生产的创新能力,属于阅读的最高境界。有创意的阅读必须做到"三超越":超越作者,超越作品,超越读者自我和他我。即"比作者自己更好地理解作者""提出高于个人以前的新看法""见前人和他人所未见,发前人和他人所未发"。

综上可见,感知以求读"通",理解以求读"懂",鉴赏以求读"化",迁移以求读"活",创造以求读"新"。阅读感知和理解能力属于基础层次,阅读欣赏和评价能力属于深化层次,阅读迁移和创造能力属于目的层次。它们组成系列,显示了阅读操作技能由低到高的发展过程。

(二)阅读技能的基本训练

阅读能力要靠各项技能的综合才会形成,阅读技能又要靠具体读法的历练方能养成。读法的优劣应以阅读效度的高低来检验。改革阅读训练必须突破"读法只有精读、略读两种"的旧传统,从"披文得意的详略度、音读的有无明暗度、信息摄取的时效度"三个维度来对阅读技法进行重新提炼和科学配伍。按照阅读能力结构的整体优化要求,对学生进行阅读的基本技能训练,先进的方略是"精读、略读、快读一条龙"。

1.用精读法追求阅读深度

精读法主要追求阅读深度,采用朗读、涵泳、研读等方式,要求每分钟读不超过250字,理解和记忆率达到90%以上。它是阅读技法训练的基础和主体。精读要全面理解文章的内容和形式,一字不漏,纤悉不遗,做到"字训其义,句贯其意,文寻其脉,篇会其旨"。精读必熟读精思,力求甚解,常用"朗诵沉入、默会潜入、图像映入、经验汇入、疑问攻入、多角切入、整体融入"等方法,借"表达阅读"和"迁移阅读"来落实其效果。

2. 用略读法扩展阅读广度

略读法主要追求阅读广度,采用默读、浏览等方式,要求每分钟读 250～600 字,理解和记忆率在 80% 左右。它是精读技法训练的补充和应用。叶圣陶说:"如果只注意精读,而忽略了略读,功夫便只做得一半。"略读可以略"次"而抓"要",略"小"而抓"大",常用"提纲挈领、不求甚解、搜寻猎读、扩散参读"等方法,来扩展知识面。如诸葛亮的"观其大要",陶渊明的"不求甚解",梁启超的"鸟瞰式"阅读,鲁迅的"随便翻翻",就是其具体运用。

3. 用快读法提高阅读速度

快读法主要追求阅读速度,采用视读、扫描、跳读等方式,要求每分钟读 600 字以上,理解和记忆率在 60% 以上。它是从读物中迅速提取有用信息的高效读书法,是可与精读、略读并列的第三阅读大法。快读只经历"文字信息→视觉分析器→大脑(信息领悟和加工)"的简捷过程,不以"音读"为中介,实行"眼脑直映",属于全脑阅读的语文教育高科技。快读要求"速度快、记忆快、理解快、反应快",能培养"高度专注、高度放松、高度自信、高度主动"的阅读情志。实验证明,采用"无声阅读、一目十行、循章归旨、意会神摄、思维导图"等方法,可以使阅读效率成倍地增长,达到每分钟读懂几千字。

阅读能力的立体开放结构,应以阅读智能为主干,以阅读知识为基础,以阅读情志为动力。激发读者渴求的心欲、乐观的情绪、专一的心力和坚韧的意志,磨炼这些非智力品质是阅读训练的能源开发。马克思说:"阅读和写作一样重要,因此,读者有够资格和不够资格的称号也是必要的。"在"文章阅读学"的指导下,培养最佳的阅读心理,掌握精读、略读、快读的整套技法,你就会成为一个

"够资格"的现代读者;否则,你就是一个"不够格"的低能读者。

4.本科语文教育

作为河南师范大学中文系(2003年改为河南师范大学文学院)的教师,曾祥芹担任过中文系写作教研室主任和党支部副书记,为本科生和研究生主讲"语文教育学""文章学""阅读学"等课程,多次被评为学校模范教师和优秀党员。特别是参与主编了《中学语文教育学》(高等教育出版社1991年12月出版,1992年再版),作为全国高师本科院校的通用教材。1991年他以12本学术论著晋升为河南师范大学文学院第一批教授(同时晋升的还有时任中文系副主任的吕友仁老师)。

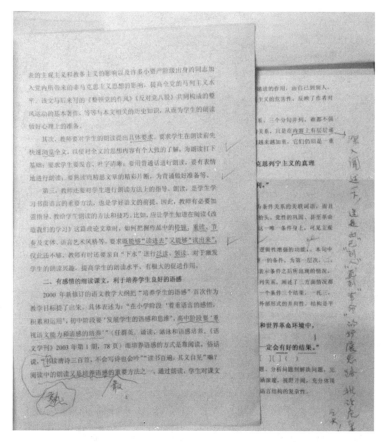

图2-8 曾祥芹为2002级硕士研究生批改作业

在本科教学中,曾祥芹注重创新,注重大学生阅读素养的培养。例如:在2005年曾祥芹给2003级本科生讲解契诃夫的小说《赌》的时候,专门设计了《同阅一卷书,各自领其奥——契诃夫小说〈赌〉的阅读学意义》的作业,让学生在阅读作品的基础上品读鉴赏作品,理解作品的深刻含义。

而今已经过去15年了,这些当年的丑小鸭在完成学士、硕士、博士论文写作后或许在职场上已是天鹅般的华丽登场,可是,在成长、成功的小憩中,你、我、他是否会想到自己的也许是处女作也许是敷衍一写的作业,曾老先生都视如至宝地保存在他的斗室之中?2018年9月我去拜见先生,当先生用颤抖的手交给我这些保存完好的作业时,我的心也震颤了……当我翻看这些已泛黄的作业,看到曾先生在每篇作业上的批注,甚至错别字都认真标注的时候,我不禁潸然泪下……

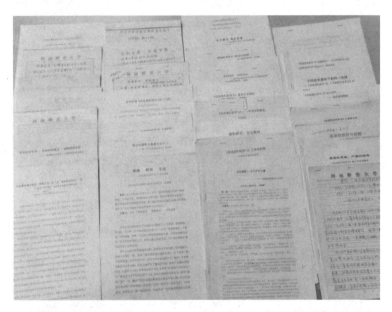

图2-9　曾祥芹保存的2002级硕士《改造我们的学习》作业

5. 研究生语文教育

把科学研究与教学改革结合起来,在教学中进行科研实战,在科研中进行教学。我们不妨家珍细数,如对教育硕士的"专题论著集团实战演习",召集研究生编著《阅读改变人生》《说文解章》等。

图 2-10　曾祥芹与 25 位参与《阅读改变人生》写作的硕士生合影于河
南师范大学图书馆前

参与《阅读改变人生》的有：周枫琳、窦爱君、王彩虹、苗德朝、粟海荣、陈爱玲、李辉、彭慧敏、袁迎春、石兰荣、王春勤、王惠英、刘巧莉、尚伟芳、刘冬艳、任耀民、张清河、单小泉、张功庆、祝学发、杜红章、李庆富、张延昭、李湘菊、袁辉。

图 2-11　曾祥芹与 25 位参与《说文解章》写作的硕士生合影于河南师
范大学图书馆前

参与《说文解章》的有：曹桂芹、曹洪彪、柴梅、陈端海、陈培霞、崔彦芳、甘琼、郭香丽、何楚红、梁焕敏、刘云旗、吕爱华、邱子然、师修武、宋顺有、汪为红、王芙蓉、王劲松、谢礼通、袁四零、张广顺、张合银、张世栋、张天明、郑许英。

曾祥芹 2003 年主编出版的《阅读改变人生》，计 32 万字，是先生作为硕士研究生导师与 25 个研究生的阅读学情结；曾先生 2005 年主编出版的《说文解章》，计 49 万字，是先生作为硕士研究生导师与 25 个研究生的文章学情结。经过科研写作培训的他们，得益于这种教、学、研三结合的方法，两届 50 位研究生理论水平与科研能力得到有效的提高与锻炼，在各自的工作岗位上做出了突出成就，如今已成长为各条战线上的闪亮珍珠。

曹洪彪，中学语文特级教师，获得国务院特殊津贴；中国新概念快速作文创始人，9 项教科研成果荣获国家级教学成果奖、全国教育科学研究成果一等奖和省教科研成果一等奖。在目前语文教育界尤其是作文教学方面有着一席之地。周枫琳，中学语文特级教师，河南省"名师"，河南省"十佳"班主任，河南省"中原名师"，河南省"百千万"工程"教育教学专家"，河南省中小学教材审定委员会委员。窦爱君，悦学青少年特训营导师，出版专著《天使魔法师》，为父母输送亲子沟通的法宝，为教师提供呵护学生心灵的秘籍，为心理咨询师带来专业启迪和方法参考。师修武，中学语文特级教师，河南省"名师"，省学术技术带头人。邱子然，广东省"名师"，广东作协会员，南边文艺第四届签约作家。张世栋，江苏省徐州市教学"名师"，中语会全国语文教学大赛一等奖，徐州市劳动模范、优秀教育工作者。梁焕敏，省级骨干教师，郑州市第一届"名师"，河南省教学标兵，获《语文教学通讯》第五届"语通杯"全国中语"十佳教改新星"称号。袁四零，河南省优秀教师，河南省教育厅学术带头人……还有很多"家珍"，都闪耀在全国各地的各条战线上。

6. 开辟高师语文与中小学语文教育的"绿色通道"

曾祥芹先生从语文基础教育第一线走上高师语文院系，又主动从高师语文院系下到中小学语文教育第一线去。他看到许多博士毕业而没有中小学语文教育经验的"语文课程与教学论"副教授、教授，习惯空搬国内外语文教育理论而脱离中小学语文教改动态和需求；同时，他在向中小学语文教师讲学过程中又常常碰到这样的反应："多传授语文教学操作的技能，少说些语文教改的新理念。""讲方法，欢迎！"面对这种语文教育理论与语文教育实践经常脱节甚至严重对抗的积弊，曾先生在原有的已经开展的 20 多场语文教改报告演示会的基础上，锐意开辟高师与中小学语文教育的"绿色通道"，凸显了语文教学理论和语文教改实验的紧密结合的宗旨。自 1990 年到 2013 年，曾祥芹先生与河南师范大学语文教育学学科接班人张正君，以及新乡市教育局语文教研员武镇北、穆鸿富等，又先后在河南省新乡市举办了几十场"语文教改报告演示会"（亦称"牧野语文百家论坛"），为深化中学语文教学改革，提高中学语文教师的素质，做出了很大的贡献。

表 2-1　曾祥芹于 1990—2013 年参与或主持的语坛教改名师新乡讲学一览表

时间	专家姓名	地址	报告题目	课题目	场址	参加人数
1990.10.17—18	宁鸿彬	北京 80 中学	要在语文教学中培养思维能力	带徒仪式：吕建新	辉县市大礼堂	1100
1990.10.17—18	高玉琛	北京朝阳区教育局	学校管理工作			1100
1990.10.17—18	王序良	北京教研中心	作文教学指导			1100
1991.4.6	宁鸿彬	北京 80 中学	教改报告演示会	带徒：李道军	获嘉县大礼堂	
1991.10.4	张建华	郑州市教育学院	语文高考指导		铁一中礼堂	200
1992.4.16	杨初春	湖南新邵一中	快速作文报告	示范课	755 礼堂	1500
1993.1.1	陈钟梁	上海市教研室	教育呼唤基础	背影	755 礼堂	1500
1994.4.8	陈钟梁	上海市教研室	语文教改的思考	中国石拱桥	755 礼堂	1500
1995.4.15—16	薛川东 刘福增 庄世群 张彬福	北京东城区教科研中心	张志公语文实验教材培训		原阳县礼堂	1200

续表2-1

时间	专家姓名	地址	报告题目	课题目	场址	参加人数
1995. 10. 29—11.1	刘 辉 刘学澍 冯起德 等	第六次全国目标教学探讨会26个省市目标教学专家参与	目标教学观摩课、播放录像课等40多节	荔枝蜜、孔乙己	755礼堂 760礼堂 军分区礼堂	4500（其中语老师1500多人）
1996.4.20	王继坤	山东德州教育学院	读写、双快演示会		755礼堂	820
1996.7.21	魏书生	盘锦实验中学	学校管理经验		新星剧场	1000
1996.10.6	杨初春	湖南新邵一中	快速写作		755礼堂	1200
1997.7.15	宁鸿彬	北京80中学	宁氏教学"三原则"和"口头作文"		755礼堂	1200
1998.4.8—10	宁鸿彬	北京80中学	为21世纪培养人才		755礼堂	1100
	钱梦龙	上海嘉定中学	"三主四式"语文教改报告			
	陈钟梁	上海市教研室	语文教学指导			
1999.4.24—25	洪镇涛	武汉市六中	语文教学要姓"语"	为学	河南师大礼堂	1700
	程 翔	北大附中	语文教学艺术	背影	河南师大礼堂	
2000.4.8—9	欧阳黛娜	鞍山十五中学	语文教学的"美育"		河南师大礼堂	
	宋志红	安阳市八中	语文朗诵教学			
2001.9.22	陈钟梁	上海市教研室	语文教改的瓶颈		755礼堂	1100

续表 2-1

时间	专家姓名	地址	报告题目	课题目	场址	参加人数
	甘其勋	河南省教研室	中考复习指导			
2002.4.20	李白坚	上海大学	快乐大作文		755 礼堂	1100
	甘其勋	河南省教研室	中考复习指导			
2003.3.6	程　翔	北大附中	语文课堂设计艺术	改造我们的学习	760 礼堂	1200
	甘其勋	河南省教研室	中考复习指导			
2004.3.20—21	韩　军	清华附中	我和新语文教育	大堰河——我的保姆	760 礼堂	1200
	甘其勋	河南省教研室	中考复习指导			
2005.9.17	赵谦翔	清华附中	教绿色语文		760 礼堂	1100
2006.4.8	程红兵	上海建平中学	语文研究性学习		760 礼堂	1100
2007.9.22	姜东瑞	深圳市南山教研中心	中学语文有效教学策略	星星变奏曲	燎原俱乐部	1300
2008.9.20	余映潮	湖北荆州教科院	阅读教学趣味课探析		燎原俱乐部	1300
	赵碧君	郑州 11 中	中考复习指导			
2008.11.1—2	李镇西	四川新教育实验学校	我的语文教学思想与实践	给女儿的一封信	燎原俱乐部	1300
	李卫东	北京教科院教研室	个性作文——让作文不再尴尬		760 俱乐部	1100
2009.9.9	余映潮	湖北荆州教科院	说"炼课"	济南的冬天	760 礼堂	1200
2010.9.6	陈钟梁	上海市教研室	语文阅读教学艺术		铁路文化宫	1100

续表2-1

时间	专家姓名	地址	报告题目	课题目	场址	参加人数
2011.9.12	洪镇涛	武汉市六中	我的教育思想和教学艺术	乡愁	铁路文化宫	1100
2012.9.22	李卫东	北京教科院教研室	阅读教学:教什么?怎么教?	《论语》十则	师大附中礼堂	750
2013.9.21	姜东瑞	深圳市南山区教科研中心	抓住文本特点,提高学生语文素质	白杨礼赞	师大附中礼堂	600

注:此表节选自穆鸿富《家史生平耐所思——穆鸿富晚霞回首》一书。

从表2-1可见,"新乡市语文教改报告演示会"几乎邀请遍了全国老生代、新生代语文教育家来讲学,为中小学语文教师更新教育理念、传授教学经验提供平台和渠道。例如于漪、钱梦龙、宁鸿彬、魏书生、欧阳黛娜、刘朏朏、顾德希、陈钟梁、洪镇涛、杨初春、程翔、韩军、程红兵、李镇西、赵谦翔、余映潮、李卫东、姜东瑞等特级教师,高原、张鸿苓、钟为永、冯起德、王继坤、李白坚、张建华、甘其勋等语文教育学专家,莅临新乡讲学。在这一文化交流平台上,名家荟萃之盛况(老生代、新生代、各流派代表全到),理念争鸣之热烈,示范引领之积极,时间持续之长久,听众受益之良多,在河南省是绝无仅有的,在全国也是罕见的。

7. 见缝插针的社会行业语文教育

也许您会好奇,什么叫"见缝插针的社会行业语文教育"呢?仅举一例,以窥全豹。

曾先生在2012年做左眼白内障手术时,曾在治疗的休息时间,见缝插针,给全体大夫、护士作过一次《眼睛与阅读》的演讲报告。抄录如下。

眼睛与阅读

(2012年12月20日下午于新乡市第一人民医院眼科办公室)

一、阅读需要一双明亮的眼睛,眼睛是阅读的第一感受器

1.视觉符号:读物的视觉符号有文字和图表。文字包括中文(如汉文)和外文(如英文);图表包括插图和表格。图书往往是图文并茂的。有竖排和横排,古代竖排,现代横排,已被全世界百分之九十的书籍应用。由原来的竖排变为现在的横排,看似简单,却经历了漫长的摸索与改进过程。竖排时人的眼睛随阅读上下移动,容易疲劳。横排书的文字编排与人类眼睛自然排列态势一致,都是左右同一水平线,使读物更好适应眼睛的活动,左右扫,视野宽,不容易疲劳。

2.光线传导:白纸黑字给了眼睛强烈的视觉冲击,通过光线传导,使眼睛感知。光线包括日光和灯光。

3.眼睛是感知书面文字符号的门户:文字符号通过透明的角膜,穿过瞳孔,经过房水和晶状体玻璃体折射,达到眼睛的感光系统——眼底视网膜。眼睛的折光系统透明度及晶状体的曲率改变,例如近视及角膜病变玻璃体混浊等,均会影响光线的传导,减慢阅读速度。

4.神经传导:视觉符号经过光线传导,到达眼睛的感光系统——视网膜及其黄斑区,转化为视神经的视觉传导信号。

5.眼脑通路:视信息在视网膜内形成视觉神经冲动,以三级神经元传递,即光感受器—双极细胞—神经节细胞。最后达到大脑枕叶皮质层。

6.口耳手脚协作:一篇文章用口朗读,使无声的文字变成有声的信息,用肢体语言使它声情并茂,声音发出后用耳朵听。阅读过程中我们有时要跑图书馆看,要动手记笔记,写书评。

以上六点可以看出,阅读调动了读者全身各个器官,形成了一条阅读链:动眼,动口,动脑,动耳,动手,动脚。在整个阅读过程中可以看出:脑子是整个阅读的统帅和灵魂,眼睛是阅读的第一感受器。

二、阅读卫生

1.选择环境:一个安静的环境,一个光线适足的环境,一个空气清新的环境,一个温度适宜的环境。在一个安静、空气清新的环境有利读书。光线强,刺激眼睛;光线弱,容易引起视力疲劳。温度高,容易让人头昏脑涨;温度低,不利于思考。科学家研究 16～18 ℃ 环境温度,适宜阅读思考。

2. 保护眼睛:眼睛与文本之间的距离究竟多远比较合适,这个问题国内外专家学者争论了几十年,基本达成协议,认为是 35～40 厘米,最多不超过 50 厘米,这个范围是比较科学的。不要在行进的车上看书,不要躺着看书,看书过程中要适当眨一下眼睛,目不转睛地看书的时间不宜过长,要适当地闭眼休息或向远处眺望,使眼得到休息。

3. 用脑卫生:阅读过程中,大脑是阅读的关键,要劳逸结合,变换内容。中学生上课时间一般为 45 分钟,每节之间变换科目,保护大脑。

4. 排除功能性阅读障碍。

(1)失读症:不懂文字含义,成为阅读的盲症。例如,孔子有一句话:"岁寒,然后知松柏之后凋也。"句中有两个"后",前一个"后"指时间先后,第二个"后"应理解为"不"的意思,指松柏不凋谢。

(2)塞读症:指口吃或嘴快,使阅读出现中断,重复,脱漏。

(3)唇读症:默读时出现唇动,形成内发声。小孩朗读时发出声音,等默读时大脑没转变过来,不发声,而嘴唇在动,这是一种阅读方式转变时的毛病。

(4)漫读症:阅读时注意力不集中,小孩容易出现。但现在成年人因为家庭因素或工作因素也出现了这种情况。

(5)怯读症:在阅读时自信心不足,总怕读不懂,疑虑重重。

(6)网痴症:青少年最常出现的"网虫"现象。

5. 克服不良的阅读习惯。阅读中出现的漫无选择、掬于一隅、空读泛说、食谷不化、迷信书本、多元无界、不动笔墨、不讲卫生,手指舔唾液,读前不洗手,指甲抠书页,随意折书角,这些都是不良的阅读习惯。陆游诗云:"纸上得来终觉浅,绝知此事要躬行。"周立诗云:"一语不能践,万卷徒空虚。"读以致用,这是阅读中最重要的一种良好习惯。

以上各点,意在说明,眼睛在阅读中的作用及阅读中讲卫生的重要性。

三、阅读可以培育一双心灵的眼睛

眼睛可以从生理和心理两个方面分为两种:一是观察世界的"肉眼";二是思考世界的"心眼"。从肉眼发展到心眼是很重要的。人的视力涉及很多方面,对待事物我们不仅要正视,还要反视;既要前思,还要后想;既要左顾,还要右盼;既要仰视,还要俯瞰;既要高瞻远瞩,也要明察秋毫。阅读可以培养人的心眼,我们在给患者看病时,不仅治好他们的眼病,还可以宣传讲解,让他们通过阅读,提升心眼。

1. 读物的分类:世界上的书可以分为三类,无字书、纸本书、电子书。无字书指自然和社会的万事万物之"理",它与人类几千年的文明史同步,文字历史有多久,阅读历史有多久。它取之不尽,用之不竭,叶圣陶说:"天地阅览室,万物皆书卷。"纸本书指简策和帛书后出现的纸印本书籍,自唐代开始距今有1300多年的历史,截至目前,我国出版物有15万种以上,居世界第一,这是中华读书大国的骄傲。电子书是信息时代由纸本形态转化成为电子形态,以磁带、光盘、软盘、网盘为载体的电子出版物。它几乎是"无所不在,无所不包"。其容量之大、传播之广、速度之快、种类之多、阅读之易,是无与伦比的。目前,由于电子书的广泛应用,人们不注意用眼卫生,缺乏自控,痴迷于网络、阅网时间过长等引起的视觉疲劳、屈光不正,成为视力下降的主要原因,青少年近视现象、视频终端综合征等逐年增多。所以我们要倡导科学阅读、保护眼睛、增强心智。

2. 读书的方法:我提出"精读、略读、快读一条龙"的口号。精读纸本书,可以提高纸本经典阅读的深度;快读电子书,可以拓宽网络阅读的广度;活读无字书,可以提高观察、洞察、体察自然、社会的眼力。读书、阅网、观景三结合,已成为现代公民学人的阅读新习惯。

3.读书的选择:我的口号是"择真而读、择善而读、择美而读"。

4.读书的意义:"黄金未是宝,学问胜珍珠",历代的劝学诗几乎说够了读书的作用。评价一个人的财富,过去有"五子登科"的说法,即有谷子、房子、金子、妻子、车子,样样富足;现在看一个人不能局限于物质财富,而主要看他是不是精神富翁。于是又有新的"五子登科"的说法,即有一双明丽的眼珠子,有一对聪慧的耳根子,有一张能说的嘴巴子,有过硬的笔杆子,特别是有一个灵敏的脑瓜子。

总之,眼睛与阅读之间的关系如鱼儿离不开水,眼睛是心灵的窗户,阅读可以培养人的眼力和心力。我们要从"诊治眼病"发展到"预防眼病",从"保健肉眼"发展到"锻炼心眼"。

1992年,曾祥芹先生从中文系调到《河南师范大学学报》任编辑部主任兼哲学社会科学版主编,虽公务繁忙,但曾先生始终没有脱离过中文系的教学工作,一直双肩挑,期期都有他的课。

1996年至今,是曾祥芹先生退而不休、治学养身的24年。

1996年秋,曾祥芹先生从《河南师范大学学报》编辑部主任和学报哲学社会科学版主编的位置上退休,即被当时的中文系主任黄果泉返聘,继续教授本科生、研究生、教育硕士、百千万工程、国培班等多层次班的语文课程与教学论、文章学、阅读学课,一直持续到2020年(84岁)为止。即使全退,依然笔耕不辍,讲学不断。

当颐养天年时,曾祥芹先生在语文教育学、文章学、阅读学三大领域都已有建树,墙里开花墙外香,持续多年一直被邀请到河南大学文学院担任文章学、语文课程与教学论的硕士研究生毕业论文答辩主席,并多次讲学;同时也被邀请在河南师范大学文学院担当语文课程与教学论、汉语国际教育等硕士研究生答辩主席。此外,还被南京大学、北京师范大学、首都师范大学、南京师范大学、河北师范大学等高校邀请给研究生上课,审改他们的硕士、博士学位论文。单是硕士、博士学位论文的审阅意见就写过350多份。我们不妨以2012年曾祥芹先生在河南师范大学老干部"老有所为"评选汇报时草拟的提纲为例。

图 2-12　曾祥芹(第一排左三)于河南师范大学参加老干部会议

"老有所为"评选汇报提纲

(2012 年 9 月 26 日上午于老干部处)

我想仿央视"数字十年"的方式汇报自己退休后 16 年的作为:

1. 1996 年退休时发现糖尿病,是休闲养身,还是奋斗养生? 我选择了第二种"活法",每天干 8 小时以上,算是"带病延年"。

2. 返聘到文学院,教"语文课程与教学论""文章学""阅读学""写作学"等课,当硕士生导师,为本科生、百千万工程、教育硕士、统招研究生、国培班上课,从 1996 年到 2011 年持续 15 年。

3. 16 年来(1996—2012)在几十家报刊发表论文 400 多篇,平均一年发 25 篇左右。

4. 16 年来主编出版《阅读学新论》《文章本体学》《文章阅读学》等 17 本书,达 600 万字(内含再版的书 160 万字)。

5. 16 年来独著出版《现代文章学引论》《汉文阅读学导论》《语文教育学别论》等 7 本书,达 362 万字。(独著、主编的书合计 962 万字)。

6. 领导一个有 500 多位学者的中国文章学研究会(任副会长 5

年,会长 10 年,名誉会长 1 年)。

7. 领导一个有 1000 余名学者的中国阅读学研究会(任副会长 2 年,常务副会长 2 年,会长 15 年,名誉会长 3 年)。

8. 开创河南省语文教育学专业委员会(任会长 4 年,名誉会长兼学术委员会主任 11 年)。

9. 兼任中国文章科学研究院院长 11 年;中国高等教育学会语文教育专业委员会学术委员会副主任 12 年,学术顾问 8 年;兼任中国图书馆学会科普与阅读推广委员会学术顾问 5 年;此外,还兼全国快速阅读联盟、全国快速作文研究中心名誉主任;中南六省语文教育研究中心主任;另兼 8 个学术团体的顾问,乃至内黄县一中名誉校长。

10. 连续 16 年赴河南大学担当研究生答辩委员会主席,加上校内主持答辩或充当答辩委员,鉴审学位论文达 300 多篇(单是今年就写了近 4 万字的评语)。

11. 16 年来为 62 位学者的书作序,达 42 万字。为外校(北京师范大学等)、外国(巴塞罗拉等)的博士、硕士审阅学位论文 30 多篇。

12. 16 年来应邀赴北京、香港、福州、深圳、武汉、西安、齐齐哈尔、喀什、海南等地讲学 180 多次。

13. 多次被评为优秀共产党员;为校图书馆捐献 44 种书 82 本。

14. 2010 年 10 月在河南师大举行了"曾祥芹学术思想国际研讨会",海内外 200 余名学者公认我是"中国文章学和阅读学的开创者和奠基人之一",是"著名的三栖学者";会上会后发行了高等教育出版社出版的《曾祥芹文选》三卷精装本,大象出版社出版的《曾祥芹学谊录》,以及河南人民出版社出版的《"三学"创新论》。

15. 北京超星数图信息技术有限公司为我拍摄"阅读学"和"文章学"的系列学术讲座(一次讲 100 分钟,预计 20 次),完成制作后将在影视和网络上向世界播放。

这份沉甸甸的汇报提纲,是曾祥芹先生"撸起袖子加油干"干出来的!

（二）在科研集体攻关中提升研究生素质

教书育人的同时，曾祥芹先生还很注重授人以渔，科研育人。此处仅举一例子：

2003年4月，为纪念毛泽东《改造我们的学习》发表62周年，曾祥芹在教授河南师范大学中文系2002级研究生文章学、阅读学课程时，精心设计了"经典文章的研究性阅读——为纪念毛泽东《改造我们的学习》发表62周年而作"（河南师范大学中文系2002级研究生文章学、阅读学综合考试题），让学生通过集体攻关搞科研来提升科研能力。考题设计之精、之细、之深，绝不是用语言能够描述的，几乎就是一部书的整体构思和目录，今照录如下。

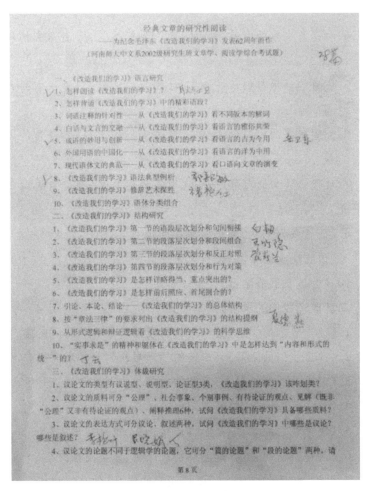

图2-13　曾祥芹为2002级硕士研究生设计的作业（部分）

经典文章的研究性阅读

——为纪念毛泽东《改造我们的学习》发表 62 周年而作

（河南师范大学中文系 2002 级研究生文章学、阅读学综合考试题）

一、《改造我们的学习》语言研究

1. 怎样朗读《改造我们的学习》?

2. 怎样背诵《改造我们的学习》中的精彩语段?

3. 词语注释的针对性——从《改造我们的学习》看不同版本的解词

4. 白话与文言的交融——从《改造我们的学习》看语言的雅俗共荣

5. 成语的妙用与创新——从《改造我们的学习》看语言的古为今用

6. 外国用语的中国化——从《改造我们的学习》看语言的洋为中用

7. 现代语体文的典范——从《改造我们的学习》看口语向文章的演变

8.《改造我们的学习》语法典型例析

9.《改造我们的学习》修辞艺术探胜

10.《改造我们的学习》语体分类组合

二、《改造我们的学习》结构研究

1.《改造我们的学习》第一节的语段层次划分和句间衔接

2.《改造我们的学习》第二节的段落层次划分和段间组合

3.《改造我们的学习》第三节的段落层次划分和反正对照

4.《改造我们的学习》第四节的段落层次划分和行为对策

5.《改造我们的学习》是怎样详略得当、重点突出的?

6.《改造我们的学习》是怎样前后照应、首尾圆合的?

7. 引论、本论、结论——《改造我们的学习》的总体结构

8. 按"章法三律"的要求列出《改造我们的学习》的结构提纲

9. 从形式逻辑和辩证逻辑看《改造我们的学习》的科学思维

10. "实事求是"的精神和躯体在《改造我们的学习》中是怎样达到"内容和形式的统一"的？

三、《改造我们的学习》体裁研究

1. 议论文的类型有议说型、说明型、论证型 3 类，《改造我们的学习》该咋分类？

2. 议论文的质料可分"公理"、社会事象、个别事例、有待论证的观点、见解(既非"公理"又非有待论证的观点)、阐释推理 6 种，试问《改造我们的学习》具备哪些质料？

3. 议论文的表达方式可分议论、叙述两种,试问《改造我们的学习》中哪些是议论？哪些是叙述？

4. 议论文的论题不同于逻辑学的论题,它分为"篇的论题"和"段的论题"两种,请分别指出《改造我们的学习》中的两种论题。

5. 议论文的论点可分中心论点和分论点、行为型论点和认识型论点两组,请问《改造我们的学习》中"中心论点、分论点、行为型论点、认识型论点"各在哪里？

6. 议论文的论据是用以论证论点的具有客观实在性的事实材料(包括言论性事实材料)。试问《改造我们的学习》中哪些是论据？作为推理前提的判断能否充当论据？分论点能否充当中心论点的论据？比喻论证中的喻体、类比论证中的类比项内容能否充当论据？

7. 议论文的论证方法有"运用论据论证、逻辑推理论证、运用事象论证"3 种,试问《改造我们的学习》中有几种论证方法？分别具体说明之。

8. 试谈《改造我们的学习》中的论证艺术,如比喻论证、类比论证、对比论证等。

9. "提出问题、分析问题、解决问题"在《改造我们的学习》中的妙用。

10.《改造我们的学习》在现代议论文中的广泛影响和历史地位。

四、《改造我们的学习》文气研究

1. 一篇意脉贯注、理足气畅的雄文

2. 内在逻辑力量——文气产生之源

3. 外在语言声调——文气挥发之流

五、《改造我们的学习》风格研究

1. 毛泽东议论文独特风格的鲜明体现

2. 从语体色彩、结构安排、信息系统看文章风格

3. 从运事达意、表现技巧、驾驭语言看文章风格

六、《改造我们的学习》文风研究

1. 准确真切,有的放矢

2. 旗帜鲜明,充实精悍

3. 生动活泼,新鲜有力

七、《改造我们的学习》美质研究

1. 文章信息(事料、意旨、情感)的美质

2. 文章体式(体裁、结构、语言)的美感

3. 文章内容和文章形式高度统一的和谐美

八、《改造我们的学习》思想研究

1. 《改造我们的学习》秀句集锦

2. 《改造我们的学习》——学习学的经典文献

3. 实事求是——毛泽东思想的灵魂

4. 《改造我们的学习》与《整顿党的作风》《反对党八股》比较阅读

5. 毛泽东《改造我们的学习》与邓小平《讲讲实事求是》比较阅读

6. 毛泽东《改造我们的学习》与江泽民《学习学习再学习》比较阅读

7. 为什么《改造我们的学习》是永放光芒的不朽的马列主义文献?

九、《改造我们的学习》阅读迁移研究

1. 文事的类推

2. 文理的演绎

3. 文情的感奋

4. 文路的模仿

5. 文技的借鉴

6. 文辞的活用

十、《改造我们的学习》阅读创造研究

1. 利用阅读期待:如"有的放矢"在社会主义建设时期的运用,给原文意义以补充。

2. 利用阅读反思:如"学习方法、学习制度、学习作风、学习态度"等基本概念的杂糅。

3. 利用阅读批评:如《苏联共产党(布)历史简要读本》是理论和实际相结合的唯一完全的典型吗?

说明:

1. 这份考题,不是让大家去死记一些原理条文,而是要求各位运用已学习过的文章学、阅读学理论,去具体应对一篇经典文章的阅读和写作,尝试"研究性阅读"的滋味,初步完成从理论到实践的一次飞跃。

2. 以上试题,有大纲和小目,用意是给各位展开研究思路以启发,运用的基本上是苏东坡的"八面受敌"读书法,即变换角度,"每次以一意求之",等到全方位地研究透了,就算精读了一篇经典文章。

3. 根据研究生班的人数,可以每人分担一个大题目,也可以每人承担两个以上的小题目。不论哪个题目,都要写成文章,有正标题和副标题,篇幅至少在 2000 字以上。如果能集体把所有的题目都拿下来,将是一次卓有成效的"研究性阅读"。可以搞一次集体汇报,展示成果。

4. 作为考试,一篇文章可以算一门课的成绩,就是说,每人写出自我满意的两篇,就有了两门课的成绩。

5. 作为研究,我希望每人以这份复合性试题为参照系,写出一小本长达几万字的"读书笔记"。这对于钻研语文教材、独立完成

课题都大有好处。

在录入过程中，我认真品读了曾先生的这份研究生试题，从中不仅仅得到"鱼"，也收获了"渔"。在惊叹先生教学态度之端正严谨、教学方法之科学先进的同时，深深折服于先生在三尺讲台之上、一份试题之中贯通语文教育学、文章学、阅读学的能力，特别是研究生导师对"政治领袖文章学"研究的先知先觉。

一分耕耘一分收获。曾祥芹先生探索了一条通过集体攻关搞科研来培训研究生的科研能力的研究生培养之路，在教学过程中谱写了一个导师与25个研究生精诚合作的著述华章，其教学和社会效果特别显著，建构了中国第一部阅读动力学——《阅读改变人生》，以及像语言学界许慎的《说文解字》那样地位的在文章学界的《说文解章》。两届研究生50人得益于科研实战训练打下的坚实基础，择业顺利，都在自己的工作岗位上有优秀的表现，至今依然前卫。

科研育人，不仅仅是培养教育训练本科生、研究生的科研能力，还有一批高校年轻教师，他们的教学和科研的成长，或多或少都受曾祥芹先生的影响和提携。

1993年，曾祥芹与时任校长王绍令联袂主编的《毛泽东与文章学》，带动河南大学、河南师范大学、河南财经学院、河南教育学院、河南省社科联等单位的17位年轻学者搞科研，亲自拟订全书构思提纲、提供参阅资料，经过多次研讨和修改，对年轻教师的科研品质进行培养，为他们以后的成长奠定基础。

2013年由大象出版社推出的《曾祥芹序跋集》116篇序和跋（参看《弁言》和《跋语》），加上2014年至2019年续写的18篇书序，这134篇书序更是曾祥芹先生以学术领军人的身份，对文章学、阅读学、语文教育学同人及晚辈科研育人的最典型的有力证明。一篇序言，一份学术情缘，饱含着曾祥芹奖掖后学的学术情思和期许，展现了曾祥芹广交学缘的学术魅力。

二、著书立说

曾祥芹先生的人生历程中，较为突出的贡献在于著书立说。迄今为止，他出版的有关论著多达 37 种,文章 700 多篇,共计有 1300 余万字。其中,独立著述的书籍 10 种,主编的书籍 24 种,参与主编书籍 3 种。

在河南师范大学的 31 年,是曾祥芹著书立说的辉煌时期。这段时间,曾祥芹在语文教育学、文章学、阅读学三大领域或拓荒开垦,或深耕细作,取得了傲人的成就。

(一)主编专业书籍的学术初衷

为培育和发展文章学、阅读学两门新学科的学术队伍,曾祥芹在有关书籍的主编工作中,从策划、构思、组班、审稿到出版,事必躬亲,投入了巨大的精力乃至财力。他期待借助这种群体合作的方式,培养一批中、青年学人,其中有的确实已经成长为有关领域的中坚和领军人才。举例如下。

"阅读学丛书"(曾祥芹、韩雪屏主编,河南教育出版社 1992 年版)的 5 种书目为:《阅读学原理》《阅读技法系统》《文体阅读法》《古代阅读论》《国外阅读研究》,160 万字,共有作者 37 位,覆盖全国 11 个省市的学人。

《文章学与语文教育》(曾祥芹主编,上海教育出版社 1995 年版),35 万字,共有作者 12 位,覆盖全国 5 个省市的学人。它架起了文章学与语文教育实践之间的第一座桥梁。

《文章学教程》(张会恩、曾祥芹主编,上海教育出版社 1995 年版),31 万字,共有作者 13 位,覆盖 8 个省的文章学会的学人,成为高校文科的通用教材。曾祥芹当年被中共河南省委、省政府授予"河南省优秀专家"荣誉称号。与王键吉一起代表河南师范大学出席在人民大会堂举行的河南全省优秀专家表彰大会。

图 2-14 《阅读学原理》封面

《阅读学新论》(曾祥芹主编,语文出版社 1999 年版),48 万字,共有作者 19 位,皆为中国阅读学研究会的学术精英,覆盖全国 11 个省市的学人。

《快读指导举隅》(曾祥芹、甘其勋主编,河南大学出版社 2002 年版),45 万字,共有作者 9 位,皆为大、中、小学的快读专家,邀集全国 5 个省市的学人。

《文章本体学》(曾祥芹主编,文心出版社 2007 年版),73 万字,共有作者 17 位,皆为中国文章学研究会的老、中、青学术精英,邀集全国 7 个省市的学人。

《毛泽东与文章学》(曾祥芹、王绍令主编,河南大学出版社 1993 年版),45 万字,带动河南大学、河南师范大学等单位的 17 位年轻学者参与其中。

《阅读改变人生》(曾祥芹主编,中国海洋大学出版社 2003 年版),32 万字,是曾祥芹作为硕士研究生导师与 25 个研究生的阅读学情结。

《说文解章》(曾祥芹主编,中国海洋大学出版社 2005 年版),49 万字,是曾祥芹作为硕士研究生导师与 25 个研究生的文章学情结。

《文章阅读学》(曾祥芹主编,大象出版社 2009 年版),54 万字,是曾祥芹与龙协涛的《文学阅读学》"唱对台戏",专门与陈才生等 4 位阅读学者组织编写的。

由上十例,足见曾祥芹带领学会同人、提携学术后秀的良苦用心。

(二)著述书籍的书目提要

曾祥芹先生在河南师范大学 31 年期间,独立著述的书籍有 10 种:

1.《文章学探索》(中州古籍出版社 1990 年版),30 万字。该书收集了曾祥芹十年来有关文章学的论文总结、专著评论、年会述要等,分为"文章学基础研究""古代文章学研究""现代文章学研究"和"当代文章学研究"四辑,是一部拓荒之作。

2.《历代读书诗》(中国文联出版社 2001 年版),35 万字。《历代读书诗》是由"绪论""汉晋六朝读书诗""唐代读书诗""宋代读书诗""辽·金·元读书诗""明代读书诗""清代读书诗""近代读书诗"和"后记"九部分组成的。众所周知,中国是"诗歌王国",但纵观几千年来的诗集和诗话,以"读书诗"为编辑宗旨的,《历代读书诗》可谓"前无古人"的独此一家。该书选辑了中国历代 221 位诗人的 543 首读书诗,所选诗篇的出处皆采用原作题目,各篇标题都由编著者着眼读书的体味和经验,从诗作中提取秀句而成。每首诗都是按常规编辑凡例,进行历时的逐人的分篇注释和点评,包括题目、作者、诗文、作者简介、注和评六部分。

3.《现代文章学引论》(中国文联出版社 2001 年版),53 万字。全书由"绪论""文章学地位研究""文章学基础研究""文章学应用研究""历代文章学研究""当代文章学研究""文章快读快写研究"和"作者文章学研究自述"等部分组成。

4.《汉文阅读学导论》(中央文献出版社 2004 年版),53 万字。全书共分"自序""历代读书经研究""阅读学总体研究""阅读客体研究""阅读介体研究""阅读主体研究""阅读本体研究""阅读学家研究""当代阅读学研究""汉文快读研究"和"附录"等 11 部分,是曾祥芹从事阅读学研究 20 多年的论文自选集。

5.《语文教育学别论》(中央文献出版社 2005 年版),56 万字。全书共分"语文教学方法论""语文课程开发论""语文教师教育论"和"附录"4 部分,是曾祥芹先生在语文教育学领域的别具一格的代表作之一。

6.《实用文章学研究》(高等教育出版社 2010 年版),55 万字。《实用文章学研究》是曾祥芹先生"学科创新三部曲"的第一部。它包括"实用文章学的学科地位研究""实用文章学的体系建构研究""文章本体的解剖和整合研究""实用文章学的古代传统研究""实用文章学的现代先驱研究""实用文章学的当代复兴研究""现代应用文写作和阅读研究""实用文章学丛书的工程建设"8 编,共 49 篇论文。

7.《汉文阅读学研究》(高等教育出版社 2010 年版),55 万字。《汉文阅读学研究》是曾祥芹先生"学科创新三部曲"的第二部。它包括"历代读书经研究""阅读学总体研究""阅读客体研究""阅读介体研究""阅读本体研究""阅读主体研究""汉文快速阅读研究""读书风气和书香社会建设研究"8 编,共 45 篇论文。

8.《语文教育学研究》(高等教育出版社 2010 年版),55 万字。《语文教育学研究》是曾祥芹先生"学科创新三部曲"的第三部。它包括"语文内容'三足鼎立'说""用文章学指导语文教学""用阅读学指导阅读教学""语文课程、教材、教法研究""《语文课程标准》研究""'快读快写比翼双飞'说""语文教师教育概说和例说"7 编,共 54 篇论文。

9.《曾祥芹序跋集》(大象出版社2013年版),71万字。《曾祥芹序跋集》是曾祥芹先生为自己和他人出版的图书所写的自序跋和他序的结集。《曾祥芹序跋集》共分为两大部分:甲辑,"言为可闻——自序跋部分",共42篇(如《语文教学的"十能"体系——〈语文教学能力论〉导论》《从"庖丁解牛"到"园丁解文"——〈说文解章〉跋》等);乙辑,"以文会友——他序部分",共74篇(如《狭义文章学派的中坚——张会恩〈文章学初论〉序》《依靠阅读科学,推动全民阅读——徐雁主编〈全民阅读推广手册〉序》等)。

图2-15 曾祥芹著作《曾子文章学》
(全两册)精装本封面

10.《曾子文章学》(商务印书馆2019年版)。曾子是华夏曾氏文章学的鼻祖,是儒学思想文化的第一传承人。曾子是孔门三千弟子中年龄较小、寿命较长、著述最多的一位大儒。他留下了《论语》《曾子》《孝经》《曾子问》《主言》《大学》等文章著述,使孔子之道得以实现跨越时空的传播,让自己成为儒学思想文化的第一传承人。曾子的文章实践很早发挥了治学、育人、济世、经国的功能,曾子的文章文化早就成为中华民族文化的血脉。

曾祥芹先生80多岁高龄开拓垦荒的洋洋洒洒的巨作《曾子文章学》,通过追寻宗圣公文化的先祖基因,还原孔、曾、孟儒学的历史真相,光复曾子的学道、士道、孝道和王道,期盼光复曾子的文章之道。他认为光复曾子的文章之道,应该视为实现中华民族伟大复兴的有机组成部分,对确立曾子在中外"孔子学院"的"首席教授"地位,增强我国的文化软实力和国际影响力,都将发挥积极的建设性作用,必将填补先秦文章学研究的空白。著作共150万字,2019年4月由商务印书馆正式出版。

2015年12月20日,安阳师范学院教授陈才生在审阅《曾子文章学》电子书稿后,写下一段评语:

巨著《曾子文章学》书稿毕数日之功拜读,有振聋发聩之感。

大著体系庞大,结构宏伟,考据缜密,雄辩滔滔,视野高远,蔚为大观。甚疑宗圣复归,文定再现,乃老师扛鼎之作也。真可谓:江山代有才人出,曾门圣贤次第来!此乃曾氏福田所蕴乎!天意所致乎!民心所向乎!世人当珍之爱之弘之扬之。

三、杂志主编

在"编辑学"领域,曾祥芹先生也有独特的创造。如亲自撰写《编辑学与阅读学》《察势·知音·选优·求精——文章编辑的基本规律》等文章,对自己从事编辑工作的经验和教训进行思考。

突出的科研和优秀的品质,受到学校领导和老师的一致赞许,更有早期主编过《殷都学刊》《高教园地》的成功经验,曾祥芹于1992年被学校任命担任《河南师范大学学报》(哲学社会科学版)主编,学报编辑部主任。

作为《河南师范大学学报》(哲学社会科学版)主编,在任期间,曾祥芹让学报上了两个台阶:一是季刊变双月刊;二是被评为河南高校优秀学报(另一家是《郑州大学学报》)。这两个台阶很重要,为《河南师范大学学报》(哲学社会科学版)进入中文核心期刊打下了坚实的基础。曾祥芹说:"质量是高校学报工作的永恒主题。而特色,又是使学报在众多同类刊物中脱颖而出的最有效途径。"

萧逊有一篇对时任《河南师范大学学报》主编曾祥芹的采访稿《质量和特色是学报赖以生存和发展的两大支柱——访问〈河南师范大学学报〉主编曾祥芹》,为我们刻画了曾祥芹的主编形象。特摘录如下:

"质量是高校学报工作的永恒主题。而特色,又是使学报在众多同类刊物中脱颖而出的最有效途径。所以,我们学报近年来主要在这两个方面狠下了一番功夫。"《河南师范大学学报》主编、中国阅读学研究会会长、省管优秀专家曾祥芹教授在谈到河南师范大学学报的成功经验时做了如上概括。

有耕耘,必有收获,1995年,一步一个脚印艰难跋涉过来的《河南师范大学学报》终于迎来了其历史上最值得骄傲的时光:在我省第四届社会科学类期刊评比中,被评为优秀期刊;在全省期刊评级中被定为一级期刊;在河南省学报评比中以总分第一的成绩获一等奖。

问及标志刊物质量的一个重要方面——转载率,这位主持过多家学术期刊的老编辑家如数家珍:据有关资料统计,我刊在全国2010种社会科学期刊中,转载率排在第64位,在全国高校学报中排序第18位,在全国师范大学(含学院)学报中排序第9位。可以说,《河南师范大学学报》已经稳步地踏入了其空前的成熟期,在全国学术界已经成为一只忽视不得的生力军。

质量问题一直是困扰学报界的一个大问题,随着职称评定工作的正常化和学术界浮躁风气的滋长,这个问题日益成为学报得以健康发展的契机。谈到质量问题,曾祥芹皱起了那双浓眉:"面对众多的关系稿、职称稿、人情稿,要永葆学报的质量魅力,并非易事,但我们上下一致,顶住来自各方面的压力,不怕冷眼,不怕骂娘,硬是把本学报在同类刊物中保持住了较高声誉,但同时也得罪了不少同事、熟人,有些同志因为评职称只差一篇文章,而正是这篇文章达不到我们要求而没有发表,以至于未能评上职称,对此,我也很内疚,感到很对不起他们。但如果发表出去,就会对所有的读者内疚,因此,我和我的同事们对我们所做的选择,绝不后悔。一般来说,读者和作者的利益关系是一致的,当两者发生矛盾时,我们就要向读者倾斜。发一篇低质量的稿子,某一位作者可能得到职称等多方面的实惠,但对于读者,他们的损失更大,人数也更多。"

不知不觉,两个小时已经过去了,这位健谈的文章学家又掰着指头总结出了《河南师范大学学报》质量持续提高的几个原因。

——领导重视,编辑勤劳。领导重视学报工作是河南师范大学的传统,现任校长王绍令教授亲自主管学报,由校长亲自主抓学报工作在全国也不多见。在经费、人事、职称、福利等多方面,校长和党委都给予了足够的重视,使编辑们能够安心编辑工作,编辑同志也任劳任怨。从编辑人员数量来讲,还是原来季刊的底子。现在办成双月刊,工作量自然是增加了不少,但他们从不计较个人的得失,这对于保证学报质量是至关重要的。

——建立健全管理体制及审稿制度。早在1990年,就在编辑部下设编辑室,理顺了工作关系,这在当时全国学报界也是罕见的。三审制一直是我们学报坚持的审稿制度,有些稿子甚至经过了五审、六审,这一方面杜绝了低劣的稿子见刊,另一方面也减少优秀稿子的被埋没。对于一些敏感的稿件,还要请宣传部长或党委书记来严把政治关。

——有一支素质高,敢打硬仗的编辑队伍。《河南师范大学学报》的编辑人员70%以上具有高级职称。他们在各自的研究领域和编辑学领域都多有建树,但他们又能甘为他人做嫁衣,勤勤恳恳,善打硬仗,敢打硬仗,每年总有那么几段时间是白天晚上连轴转,但他们从未表示过丝毫的抱怨。

说到这里,曾祥芹暂时打住话题,当笔者问还有没有其他因素时,他肯定地点点头:"当然还有许多方面,但主要是这几方面。"据笔者所知,《河南师范大学学报》近年来的发展如此迅速,是与他这位主编密不可分的,谈及《河南师范大学学报》,不能不谈到曾祥芹。曾祥芹是我国知名的文章学家、阅读学家和语文教育学家。担任中国阅读学研究会会长、中国文章学研究会副会长、全国语文教学法学术委员会副主任、河南省语文教育学研究会会长、河南省高校学报研究会副会长等多种社会职务,并担任硕士生导师,对学报工作,他倾注了更多的心血,从制定年度选题计划、策划重大课题争鸣,到版式设计、校对,自大到小,事必躬亲,更由于他担任过《殷都学刊》《高教园地》等刊物的领导工作,使其有丰富的编辑学理论积淀和丰富的编辑实践经验,才使得近年来的《河南师范大学学报》办得如此出色。

我们的采访几次被电话打断,都是谈文章学的稿子的,于是,我们的话题自然又转到了学报特色问题上。对特色问题,曾祥芹有一个形象的比喻——画龙点睛,这特色就好比"睛",有"睛"无"睛",这"睛"亮不亮,直接决定着刊物的知名度。近年来,《河南师范大学学报》陆续开辟了"中国经济思想史研究""文章学研究""赛珍珠研究""市场经济论苑""学科教育学研究"等专栏,都在各自的领域产生了良好的社会影响。只有先在各自领域树立起自己的形象,才能更进一步在整个学术界占有一席之地,善于打"组合拳",注意发挥"专栏效应",这是曾祥芹从多年编辑实践中提炼出来的最有效的办刊途径之一。

谈到将来,曾祥芹流露出并不轻松的表情:"获得第四届优秀期刊称号,只是对以往工作的肯定,获得荣誉难,保住荣誉更难。"但从他那迥然有神的眼睛中,我们看到了自信的光:

——注重一老一新。既要对一些基本理论课题予以足够重视,更要大力扶持新学科、新观点;既要依靠老专家,更要依靠青年作者。

——关注一大一小。对重大理论课题,学报要积极组织稿子参加争鸣。如1995年开展的社会科学是不是生产力的讨论,直接关系到邓小平科学技术是第一生产力的正确理解和我国社会科学研究的健康发展,今年这个讨论还要大力开展下去,同时对一些尖端的、极有深度、针对某一小问题的稿件,也要不惜版面安排发表。

——恪守一冷一热。即要冷眼热心。对作者要热心,千方百计地扶植新人,对稿子要冷,不为稿件质量以外的其他因素所动,坚持质量标准。

…………

告别时,我们通过与曾祥芹教授那有力的握手,深切感觉到这位主编的果敢、坚定、顽强,凭着这种精神,《河南师范大学学报》必定会有一个更加灿烂的未来。

的确,经过几代学报人的不懈努力,《河南师范大学学报》(哲学社会科学版)2000年以来,连续5次入选全国中文核心期刊;2007年以来,连续5次入选CSSCI来源期刊。

四、社会兼职

1992年,曾祥芹先生的工作调整到河南师范大学学报编辑部之后,先后被选为中国阅读学研究会常务副会长、会长,中国文章学研究会副会长、会长,中国教育学会语文教学法学术委员会副主任、顾问,河南省语文教育学专业委员会理事长、学术委员会主任,河南省高校学报研究会副理事长、中国高校学报研究会常务理事,在繁重的教书、编辑等工作中,还热心社会公益事业,积极从事社会工作,兼任中南六省语文教育研究中心副主任,全国快速阅读研究中心名誉主任,全国快速作文研究中心名誉主任,内黄县一中名誉校长等,为文章学、阅读学和语文教育学的发展鼓与呼。

基于曾祥芹的学术成就和人格魅力,他曾经多年一身兼两个国家级学术团体(文章学、阅读学)的会长和一个省级的学术团体(语文教育学)的会长,率领全国几千名学者开展文章学、阅读学和语文教育学的研究。并创造性地提出"学会建设的'十字理想'":要有自己的会(组织)、书(丛书)、刊(刊物)、报(报纸)、网(网站)、课(课程)、本(教材)、院(院校)、点(学位点)、业(产业)。他还为此主编出版了中国有史以来第一套"阅读学丛书";《毛泽东与文章学》开政治领袖文章学研究之先河;《文章学与语文教育》架设文章学与语文教育之间的第一座桥梁;《文章学教程》成为全国高校开辟"文章学课程"的第一部本科、专科的通用教材;《文章本体学》建构史无前例的第一部"文章本体学"完整体系;《阅读改变人生》开创中国第一部阅读动力学;《快读指导举隅》开创全国第一部最完备的快速阅读教材。如此等等,为语文教育学、文章学、阅读学的学科发展做出了突出贡献。

著名作家孟宪明在曾祥芹先生70寿庆会上宣读的寓言《珠峰之蛙》很形象生动地描摹了曾祥芹的学术大志和弘毅,其实这就是孔子"知其不可而为之"的精神再现,也正是习近平总书记所说的"山再高,往上攀,总能登顶;路再长,走下去,定能到达"的"梦想精神"的践行。

2010年10月16日在河南师范大学举行的"曾祥芹学术思想国际研讨会"上,与会的国内外200余名学者一致公认:曾祥芹是"一语双文"时代的呼唤者,是中国文章学、阅读学的开创者和奠基人。(详见《"三学"创新论》论文集)2010年10月17日,大河网(郑州)专门以"曾祥芹学术思想国际研讨会在河南师范大学召开"为题,报道了这场盛会。

图2-16　2010年10月16日曾祥芹学术思想国际研讨会在
河南师范大学党校教室召开时会场盛况

　　10月16日,由中国阅读学研究会、中国文章学研究会、中国高等教育学会语文教育专业委员会主办,河南师范大学承办的"曾祥芹学术思想国际研讨会"在河南师范大学隆重开幕。来自国内外文章学、阅读学、语文教育学等学科的知名专家学者和教育官员200余人齐聚河南师范大学,共同探讨中国文章学、阅读学、语文教育学的现状和发展方法与目标。这是国内外首次围绕曾祥芹学术思想进行的大型学术研讨会。研讨会为期三天,其间将举行三场来自国内外阅读学、文章学、语文教育学的专家学者们的学术研讨会和相关的文化考察活动。与会的包括美国纽约州立大学张健教授、中国高等教育学会语文专业委员会委员长周庆元在内的专家学者认为,曾祥芹教授用50多年时间所开拓的实用文章学、汉文阅读学、语文教育学在国内产生了巨大影响,对于传承中国传统文化和丰富汉语言教育等方面的贡献是一笔宝贵的精神财富。

国际阅读协会高度评价曾祥芹教授对于中文阅读的研究和对创立中国阅读研究会并在担任会长期间对世界阅读学界做出的卓越贡献,国际阅读协会现任主席 Patricia A. Edwards、中国写作学会、中国教育学会、曾氏宗亲联合总会等多家机构为大会发来贺信。中宣传部出版局副局长刘建生、国家行政学院社会文化教研部主任李树桥、河南省政府国有资产监管委主任萧新明等人出席了研讨会开幕仪式。

图 2-17 2010 年 10 月 16 日曾祥芹与国际阅读协会代表、美国纽约
州立大学教授张健在河南师范大学合影

在此次盛会上,部分专家学者称曾祥芹先生是阅读学、文章学和语文教育学三个学科跨领域研究的三栖著名学者;盛赞曾祥芹为开创文章学和阅读学两门新兴学科,呕心沥血、殚精竭虑的精神;赞赏曾祥芹在面对文章学和阅读学暂时处于"潜学"状态、没有学术"户口"、难以申报课题、得不到国家资助、享受不到"公养学者"的待遇、缺乏舆论阵地、受到"显学"的歧视等格外艰苦的现实时,在面对"选题难、经费难、出版难、评估难"的四大困难时,"耐得寂寞、忍住屈辱、屡败屡战的锲而不舍钢铁意志"。

尽管有许多朋友和学生奉劝曾祥芹:"凭您的学识、才力和韧劲,如果不搞文章学、阅读学这类'潜学',改换研究语言学、文艺学这类'显学',可能成果更多,早就是'博导'了。"然而,他不改初心,愈挫愈奋,受"曾子七十乃学,

名闻天下"的感染,直到83岁又推出个人专著《曾子文章学》。这是拓荒学者最可宝贵的品格,耐得住"在场的缺席"的尴尬和"体制外研究"的寂寞。

这正是孔子"知其不可而为之"的韧性奋斗精神。

"学高为师,德高为范。"

2019年8月笔者在河南师范大学遇见前来参加中国文章学研究会主办的"第34届中国文章学研究会暨《曾子文章学》专题研讨会"的曾祥芹的学生曹洪彪,他说的一句话,道出我们共同的心声:

"曾老师是我们今生最想遇见的老师。"

第三章

开拓创新的学术人生

1980 年,对于中国社会和曾祥芹来说,都是重要年份!

是年,曾祥芹从内黄县一中调到安阳师专工作。从此,曾祥芹的工作与生活,翻开了新的一页。当然,曾祥芹的学术长征是从内黄县一中起步的。曾祥芹在《安阳师专学报》1981 年第 1 期发表的《十九世纪没有产生无产阶级文学吗?》,就是萌芽于他在内黄县一中的 1961 年。所谓厚积才能薄发,22 年的中学语文教学经历为其学术研究打下了坚实的基础,提供了丰富的源泉。

1980 年始,曾祥芹在安阳师专、河南省教委、河南师范大学读书、教书、写书,不仅创造了两个人生奇迹:一是抗癌 37 年(1983 年春,曾祥芹患肾癌)的生命奇迹("以学术成果去赢得生命");二是"三学"创新(平均一年出一本书)的科研奇迹("让生命在治学中得到延伸")。而且,他的语文教育学的核心观点(一语双文论)创新和文章学、阅读学两门新学科的体系创新,都是高难度的尖端创新:从范围上看,是"发现新大陆"的别开洞天的创新;从程度上看,不是某一观点、材料、思路的局部创新,而是综合性的体系创新;从内涵上看,是包含"学"的原理、"术"的技法和"行"的工程的创新;从性质上看,是包含科学性和人文性的创新。

第一节 学科创新是开垦学术荒地的创新

一般而言,优秀的教师在长期的教学中都能注意并研究教学中的问题,也能总结一些解决问题的办法;但是由于各方面因素影响,这些教师大都止于解决一些琐碎的、表面的、常规性问题,仅有极少数人能够对教育问题进行系统的、全方位的、本质的研究。曾祥芹就是这样极少数的大家之一。他的研究不仅是系统的、全方位的、本质的,而且往往是具有开拓性的,他给自己在河南师范大学的书斋命名为"拓荒斋",从中可见一斑!

图3-1 曾祥芹在河南师范大学的书房"拓荒斋"内景

一、"我的科研性格是拓荒"

1999年《社会科学家》杂志第3期发表曾祥芹的《我的科研性格是拓荒》,是曾祥芹对开展语文教育学、文章学、阅读学研究生涯的心路历程的精彩总结:

> 科学研究需要激情,需要幻想,但又需要理智,需要耐得寂寞,需要坐冷板凳精神。
> 面对浩瀚的资料,犹如面对一架难以逾越的巨山,只有将理性的思维楔入几乎是无缝的岩壁,才能开凿出一条弯弯的山道,才能

看到山那边更加神奇而靓丽的风光。

勇于创新,开辟新学科,这是做学问的无穷乐趣;不拘泥传说,敢于向权威挑战,这是做学问的可贵性格。只有这样,才能把学术研究推向前进。

文章大国没有文章学,阅读大国没有阅读学,仿佛一座巨人戴一顶太小的礼帽,穿一件过窄的西装。这使我耿耿难眠。为改变这局面,"为伊消得人憔悴"也心甘,值得。

"我敬佩'孺子牛',更喜欢'拓荒牛'"为我们揭示了曾祥芹学术人生的特质。

二、发现学术荒原、荒山

曾祥芹在语文教育实践中发现两大"学术荒原",一是文章大国无文章学,二是读书大国无阅读学,故一生致力于开创这两门新学科。

图3-2 2013年曾祥芹(第一排左六)参加在上饶师范学院召开的中国文章学研究会暨第二十九次年会

(一)文章大国无文章学的荒原

曾祥芹从1980年发表《呼吁开展文章学的研究——语文教学科学化刍议》,打出"实用文章学"的旗帜开始,到1985年担任中国文章学研究会副会长,再到 2001 年担任中国文章学研究会会长,至今已艰难跋涉 40 年。2012年曾祥芹在"文章学 30 年会庆"上的学术交棒《文章学研究充满挑战,任重道远》(《焦作大学学报》,2012 年第 6 期)中,回顾征程,感慨万千:"副会长当了 16 年,会长当了 10 年,既感到自豪,又十分惭愧,其中的甘苦酸甜一言难尽。"在即将完成学术交棒的时刻,曾祥芹先生略去奋斗成就,着重反思文章学研究的种种问题:

> 文章大国至今没有"文章"的科学概念,没有"文章学"的"户口",大学没有"文章系、院"的专业设置,也没有"文章学"的课程体系和独立的硕士、博士学位点,学术界依然没有"文章学会"的一级学术团体,从中央到地方没有"文章研究院、所"的科研机构,文坛没有"文章读写"的专门报刊,没有"文章家"和"文章学家"的普遍称号,社会上更没有"文章社团""文章企业"和"文章病院"。我们为实用文章学的复兴奋斗了三十年,对这个"十无"现象有所抨击,有所改善,但谈不上根本改观。

针对文章学研究面临的问题,曾祥芹先生精心描绘了文章学的蓝图,提出未来文章学研究任重道远,文章学研究的未来任务主要是逐步实现文章学会建设的"十字理想":要有自己的会(组织)、书(丛书)、刊(刊物)、报(报纸)、网(网站)、课(课程)、本(教材)、院(院校)、点(学位点)、业(产业)。并对"十字理想"进行了详细阐释:

第一,宽口径地发展文章学会会员,力争三年内达到千人规模。要在没有文章学会会员的其他各省市区(尤其是西部)吸收新鲜血液;要在高校领域大力发展高等职业院校的文章学者为会员;要在中小学(尤其是中等职业学校)发展从事文章读写教学的教师为会员;要在党政机关和企事业单位积极发展会员。创造条件,实现先辈遗愿,努力使国家二级学术团体"中国文章学研究会"上升为国家一级学术团体"中国文章学会"。严要求地提高会员的学术品位,集结骨干,增强组织战斗力。

第二,创办文章报刊,建立文章网站,大造文章学舆论。

第三,开设文章课程,编著文章教材,强化文章教学,"让文章学走进大、中、小学课堂"。

第四，申报文章学研究方向和学位点，培养文章学硕士、博士研究生。这是文章学可持续发展的战略需要。

第五，创建文章研究院、所，开发文章文化产业。

第六，始终不渝地把文章学三级理论（基本原理、读写技术和校、社应用）体系的建设放在首要位置。

从现象到本质，从问题到办法，从点的分析到面的勾画，显示了大家风范！

（二）阅读大国无阅读学的荒野

曾祥芹先生不仅利用各种会议发言为阅读学摇旗呐喊，而且身体力行地为阅读学的学科构建献策建言。

图3-3　"2018华夏阅读论坛"暨全民阅读立法城乡共进研讨会在濮阳市图书馆新馆
召开，曾祥芹（第一排左十一）与部分与会代表合影

1996年1月，为纪念国际阅读协会（IRA）成立40周年，曾祥芹先生撰写《汉文阅读学在中国的崛起》，文章指出：在世界各国之中，中国的阅读历史经验是最丰富的，然而汉文阅读学却迟迟未能建立。直到1979年，上海辞书出版社出版的《辞海》中，还找不到"阅读"的词条，更不用说"阅读学"的概念了……

而环视五大洲，无论发达国家还是发展中国家，都先后认识到阅读对开发科技教育能源、增强民族文化素质的巨大作用，因为读书人的数量和素

质,标志着一个国家文明发展的水平。

2001年2月曾祥芹在香港大学讲学,介绍内地阅读学的发展态势。2005年10月在北京首次举办阅读学国际研讨会,曾祥芹又以"汉文阅读学在中国的发展"为题,从汉文阅读研究的历史使命、汉文阅读学在中国的崛起复兴、汉文阅读学的科学发展战略等方面向国内外阅读学同仁汇报阅读学研究概况和主张。文章指出:

汉文阅读学在中国(不包括港澳台地区)的崛起,是改革开放以后的事,大致经历了初创、形成、发展三个演进阶段。

20世纪80年代是汉文阅读学的初创期。1980年,张志公、张寿康、吴伯威在书信中认定:"阅读、写作既有规律可循,就应该也是一门学问。"1982年,韩雪屏、张春林、鲁宝元在《语文教学通讯》(第4期)上最早呼吁"应当建立一门阅读学"。

…………

20世纪90年代是汉文阅读学的形成期。1991年5月在重庆师院成立了"中国写作学会阅读学专业委员会",开始了有组织有计划的阅读研究。前5年标志阅读学形成的代表性著作,在现代化探索上有王继坤的《现代阅读学》、张必隐的《阅读心理学》、王松泉的《阅读教育学》、胡继武的《现代阅读学》和钟晨发的《读书学导论》;在系统化建构上有曾祥芹、韩雪屏主编的中国第一套"阅读学丛书"(《阅读学原理》《阅读技法系统》《文体阅读法》《古代阅读论》《国外阅读研究》);在阅读工具论研究上有王余光、徐雁主编的《中国读书大辞典》;在工程化实验上有高原、刘朏朏主编的《"朗读·研读·速读"三级训练课本》,李维鼎的《语文阅读法》,沈韬的《阅读教学论》和钱梦龙的《导读的艺术》;等等。

…………

21世纪初前5年是汉文阅读学的发展期。阅读学会提出了"十字"理想:要有自己的会(组织)、书(丛书)、刊(刊物)、报(报纸)、网(网站)、课(课程)、本(教材)、院(院校)、点(学位点)、店(产业)。目前已有会员900多名,会外阅读学者几千人,出版阅读学论著和教材400多本、阅读报刊20多种,30多所高校设置阅读学课,开始招收阅读学研究生,辟有10多家阅读网站,还有40多家阅读文化产业。

文章还指出:中国阅读学研究会的宗旨是"振兴阅读科技,强化阅读教育,培养'读书人口',营造'书香社会',为建设先进的阅读文化而奋斗"。围绕这个宗旨,同行学者经过多年的共同努力,取得了诸如阅读原理和技法的体系建构、阅读课程和教学的大力改革、社会读书活动的蓬勃开展等前所未有的举世瞩目的成就。并提出21世纪汉文阅读学研究的发展战略,必须要注意:阅读研究与写作研究的比翼双飞、母语阅读与外文阅读的携手并行、阅读科学性与人文性的统一追求、文章阅读与文学阅读的和谐发展、阅读流派与教学风格的异彩纷呈等几个方面,树立阅读的科学发展观。

图3-4　2003年9月26日曾祥芹与国际阅读协会主席埃伦Alan(左四)、秘书Melanie(右三)、香港阅读学学会会长梁长城(右四)及时任中国阅读学研究会副会长韩雪屏(右二)、甘其勋(右一)、徐雁(左一)、伍新春(左二)、王继坤(左三)等在常熟

图 3-5　2018 年 5 月 12 日中国阅读学研究会时任会长
徐雁教授(右二)专程拜访曾祥芹先生

2008 年曾祥芹从教 50 周年,他从事档案工作的女儿曾飞舟专门撰文
《文章学、阅读学、语文教育学的开拓创新者》对其时年 72 岁的父亲文章学
拓荒 30 年、阅读学开创 25 年、语文教育学探索 50 年的学术活动立档。此处
摘录如下。

　　曾祥芹长期致力于文章学、阅读学、语文教育学的研究,是三
门学科的开拓创新者。自 1980 年以来,已发表论文 200 余篇;自
1986 年以来,已出版 28 本书,达 1000 多万字,包括独著 4 本、主编
22 本、参与主编 2 本;此外,参编、主审或入选的书 25 本,为学者作
序的书 45 本,应邀赴北京、香港等各省市地讲学达 150 多次,入选
的辞书(如《世界名人录》《中国社会科学家大辞典》等)有 80 多
种,网上百度搜索点击"曾祥芹"有信息 10 500 多条。

　　1. 文章学拓荒 30 年

　　冲破广义文章学的藩篱,力主文章和文学的分野,复兴实用文
章学的传统,以普通文章(记叙文、说明文、议论文)和专业文章(新
闻文、史志文、应用文、学术文)以及变体文章(文学报告、文学传
记、科学小品、杂文等)为研究对象,建立"一体(文章本体)两翼

(文章写作、文章阅读)三层级(文章原理、文章技术、文章应用)"的现代文章学体系,与发达的文艺学(或文学学)分庭抗礼,是父亲投身"文论改革"30 年的一贯追求。2001 年由中国文联出版社出版的《现代文章学引论》(53 万字),是"曾氏文章学"的代表作。

(1)1977 年起草、1980 年发表在《安阳师专学报》第 1 期的《呼吁开展文章学的研究——语文教学科学化刍议》,与首都师范大学张寿康教授发表在《语文战线》1980 年第 8 期的《文章学古今谈》不谋而合,公开举起"狭义文章学"的旗帜,成为改革开放新时期"现代文章学复兴"最早的倡导者之一。

(2)1988 年主编《文章新潮》(44 万字,河南教育出版社 8 月出版),选文 70 余篇,选目 300 余条,是国内第一本文章学论文集。

(3)1990 年由中州古籍出版社出版独著的《文章学探索》,成为新时期继张寿康《文章学导论》、程福宁《文章学基础》之后的第三本狭义文章学个人专著。

(4)1993 年主编《毛泽东与文章学》(45 万字,河南大学出版社出版),当值毛泽东诞辰 100 周年之际,在河南师范大学举办了全国性"毛泽东文章思想研讨会"。

(5)1995 年与张会恩联袂主编《文章学教程》(31 万字,上海教育出版社出版),这是适应全国高校开设文章学课程的通用教材,至 2001 年已再版 4 次。

(6)1984 年担任《殷都学刊》副主编时,在全国高校学报系统率先开辟了《文章学探讨》专栏,继之成立了全国第二家文章学研究室;1992 年担任《河南师范大学学报》主编时,又开辟了"文章学研究"专栏,与《上饶师专学报》的"文章学"专栏南北对唱;从 1993 年起至 2008 年,在中文系本科班、语文教师培训班、硕士研究生班开设文章学选修课、必修课,断断续续长达 15 年之久。

(7)2004 年与甘其勋、刘真福合著《文章知识新视点》(27 万字,华东师大出版社 2005 年 10 月出版);2005 年带领 25 位研究生主编了《说文解章》(49 万字,中国海洋大学出版社 2005 年 9 月出版);2006 年邀集中国文章学会 16 位骨干学者主编了《文章本体学》(73 万字,文心出版社 2007 年 7 月出版)。这个关于文章本体开掘的逐级提升的三期工程,是他精心策划的中国文章学研究会第三套文章学丛书(《文章本体学》《文章写作学》《文章阅读学》《文章教育学》《中国文章史》)的核心著作,提炼了一整套前所未有的文章本体的概念体系。

(8)1981 年率先提出"毛泽东文章思想"是毛泽东思想的有机组成部分;1998 年率先提出"邓小平文章理论"是邓小平理论的有机组成部分,其论文《毛泽东文章思想的继承和发展——邓小平文章理论评说》(《中州学刊》2000 年第 2 期)荣获"优秀创新学术成果国际金奖";2006 年 8 月 5 日,当《江泽民文选》公开发行前夕,在襄樊年会上率先作了长达 2 万字的主旨报告《"文章科学发展观"初探——学习江泽民、胡锦涛的文章理论和文章实践》。"毛泽东文章思想、邓小平文章理论、文章科学发展观"这一系列科学概念的阐释,不但分别填补了毛泽东思想研究、邓小平理论研究、"三个代表"重要思想研究的空白,而且为"文章学"这门典型的社会科学技术的生存和发展确立了战略指导思想,显示了党员学者的风范。

2. 阅读学开创 25 年

打破历来"阅读无学"的思想桎梏,弘扬"读书大国"的优良传统,使阅读学与写作学比翼双飞,让"汉文阅读学"自立于世界阅读学术之林,是父亲在文章学"一体两翼"体系建构中开辟的又一新的语文技术学科。单是阅读学研究,从《文章阅读学发凡——评叶圣陶的〈文章例话〉》(《殷都学刊》1985 年第 3 期)开始至今,已发表论文 90 篇,出版论著 11 本,其独著《汉文阅读学导论》(53 万字,中央文献出版社 2004 年 8 月出版)是他在阅读学领域的代表作。

(1)1989 年主编《百家读书经》(16 万字,中原农民出版社 4 月出版),系统概括五四运动以来百余位名家学者的阅读经验。

(2)1987 年至 1990 年主编了中国有史以来第一套"阅读学丛书"(5 本,160 万字,河南教育出版社 1992 年 6 月初版,大象出版社 2002 年 10 月再版):第一本《阅读学原理》(曾祥芹、韩雪屏主编),建立了阅读学的"三体"理论框架,即"阅读本体是阅读主体与阅读客体的辩证统一"，是整个丛书的核心著作；第二本《阅读技法系统》（曾祥芹主编），建立了"四链、24术、108法"的阅读技法体系，是《阅读学原理》的第一尊柱石；第三本《文体阅读法》（曾祥芹、张复琮主编），回答了15类文章作品和5类文学作品怎样读的"适体阅读"问题，是《阅读学原理》的第二尊柱石；第四本《古代阅读论》（曾祥芹、张维坤、黄果泉编著），选录了自先秦至晚清2500余年来200多位名人学者的阅读箴言，并概述古代阅读理论发展的历史轮廓，是《阅读学原理》的第三尊柱石；第五本《国外阅读研究》（曾祥芹、韩雪屏主编），评

图3-6　《语文教学通讯》2000年第24期封底刊登"阅读学丛书"的推介文章，称赞"阅读学丛书"是"影响中国20世纪的教育大著"

介了美、欧、亚三洲美国、加拿大、英国、法国、德国、奥地利、俄罗斯、日本、朝鲜、新加坡等10个国家的阅读理论和阅读教学理论，是《阅读学原理》的第四尊柱石。

　　学者综评认为，这是"一座阅读学系统工程的里程碑"，核心期刊《语文教学通讯》封底广告为"影响中国20世纪的教育大著"，该书已传播世界五大洲，在国内国际产生了广泛影响。

　　（3）1997年策划构思"汉文阅读学书系"13种（《汉文阅读学》《现代阅读学教程》《汉文阅读心理学》《汉字教育学》《汉文阅读教育学》《汉文阅读学习学》《实用文章阅读学》《汉文快速阅读学》《汉文阅读测试学》《阅读创造学》《汉文阅读文化学》《比较阅读学》《中国阅读学史》）的跨世纪工程，组织阅读学会骨干学者集体攻关。1998年主编《阅读学新论》（48万字，语文出版社1999年9月初版，2000年5月再版），以"导论——建立民族化现代化的阅读学"统领三编："阅读客体编"5章；"阅读主体编"5章；"阅读本体

编"18 章,包括"阅读原理篇"6 章、"阅读技法篇"6 章、"阅读教学篇"6 章;最后以"史论——中国阅读学史略"结尾。该书作为中国阅读学研究会向中华人民共和国成立 50 周年的献礼,在《课程·教材·教法》等核心报刊发表 8 篇书评,《博览群书》誉之为"20 世纪中国阅读学研究的最高成果"。

(4)2001 年中国文联出版社连续出版《现代读书经》(24 万字)和《历代读书诗》(35 万字),前一本选录 20 世纪 144 位名人学者的读书箴言,撰写 40 则"读书专题短论";后一本选评了中国历代 221 位诗人的 543 首读书诗,从诗性文化的独特视角领略中华读书种子的阅读情怀和阅读哲理,在国内绝无仅有。

(5)2001 年邀集全国快读训练名师程汉杰、乐连珠、王学贤、潘意敏、王继坤等,与甘其勋联袂主编了《快读指导举隅》(45 万字,河南大学出版社 2002 年版),根据汉文快读科技原理,对小学、中学、大学、成人快读做了典型示范,该书确立了"精读、略读、快读一条龙"的"读法三分观",是对叶圣陶、朱自清《精读指导举隅》和《略读指导举隅》的继承和发展。

(6)2002 年带领 25 位研究生主编了《阅读改变人生》(32 万字,中国海洋大学出版社 2003 年版),全方位阐发了阅读的科学和人文价值。它比巴丹主编的语录体《阅读改变人生》(东方出版社 2004 年版)早一年问世,更富创造性。

(7)推进阅读学研究的国际接轨。新世纪初,率"中国阅读学研究会"(CRA)加入国际阅读协会(IRA),主要领导成员十余人都成为国际阅读协会会员;2005 年 5 月,在香港"地球村的多元读写能力"国际研讨会上发表演说《阅读的"外宇宙"和"内宇宙"》;同年 10 月,在北京 IDAC 亚洲读写教学改革国际学术研讨会上作主旨报告《汉文阅读学在中国的发展》(《图书与情报》2006 年第 2 期),宣讲了汉文阅读学研究的历史使命、空前成就和发展战略。

(8)实现阅读学研究的两级飞跃:一是从"普通阅读学"跃进到"汉文阅读学",走阅读学民族化的道路;二是从"文学阅读学"跃进到"文章阅读学",完成"广义阅读学"向"狭义阅读学"的深化,认为"文章阅读是文体阅读的'半边天',是人生阅读的主体,是人类阅读文化的主流"。2007年主编的《文章阅读学》(40万字,即将问世)就是与《文学阅读学》(龙协涛著,北京大学出版社2004年版)分庭抗礼、比翼齐飞之作,也是国内外阅读学研究填补空白之作。

3.语文教育学探索50年

从大学语言文学系毕业走上语文杏坛的1958年开始,在文章读写教学实践中早就发现,在语言学和文艺学之间,有一片辽阔的半开垦的"文章学"处女地,需要语文教研者去拓荒。批评"语文即语言和文学"的"百年偏见",确立"文章"在"语文"中的主体地位,促进语言、文章、文学三大语文素养的和谐发展,成为父亲在语文教育岗位奋战半个世纪的执着追求。其独著《语文教育学别论》(56万字,中央文献出版社2006年版)就是他在这个领域的代表作。

(1)1984年参与主编《初中语文教学法举隅》(38万字,云南民族出版社1986年版),建立了"九法"体系(语文教学备课法、课文阅读教学法、各类课文教学法、作文教学法、语文课外活动法、基础知识教学法、语文能力训练法、语文思想教育法、语文成绩考核法),被张寿康誉为"九串珍珠"。

(2)1986年主编《语文教学能力论》(28万字,河南大学出版社1987年版),建立了"十能"体系(语文教学听知能力、语文教学讲话能力、语文教学阅读能力、语文教学写作能力、语文教材驾驭能力、语文教法运用能力、语文教学组织能力、语文教学考核能力、语文教学自修能力、语文教学科研能力),该书"填补了国内外教师教学能力研究的空白"(朱绍禹序),被全国语文教学法研究会评为"十年科研展评优秀论著一等奖"。

(3)1990年参与主编《中学语文教育学》(35万字,高等教育出版社1992年版),建立了涵盖总体、客体、本体、主体研究的"五论"体系(语文课程论、语文教材论、语文教育论、语文教师论、语文学习论),该书较早地论述了语文课工具性和人文性的统一,作为全国高等本科师范院校的通用教材。

（4）1993年主编《文章学与语文教育》（35万字，上海教育出版社1995年版，1996年、1998年、2001年、2003年4次再版），架起文章学与语文教育之间的第一座"桥梁"，初步实现了"用文章学指导语文教育"的愿望。该出版社采纳"语言、文章、文学三足鼎立"的新语文观，与倪宝元主编的《语言学与语文教育》、王纪人主编的《文艺学与语文教育》构成"语文教师必读丛书"，开始形成了语文学涵盖语言学、文章学、文艺学三大分支学科的格局。

（5）1998年正式推出《"一语（语言）双文（文章、文学）"论——关于语文学科内容体系的新构想》（《长沙大学学报》1999年第3期），指出："语言、文章、文学并非三个平列的概念，而是两个层面的分类：语文大别为口头语言和书面语言，书面语言作品又区分为文章和文学两大文体。语言学、文章学、文艺学是'语文学'的三大理论支柱。"这个"一语双文"的新语文观，克服了"语文即语言文字"说的历史局限，摈弃了"语文即语言文学"说的现代偏见，吸取了"语文即语言文化"说的深刻思想，提高了叶圣陶"语文即语言文章"说的科学品位。学者杨文忠专文评论：曾氏的语文"三足鼎立"说具有划时代意义。

（6）世纪之交和新世纪初10年来，在《语文建设》《中学语文教学》《语文教学通讯》《中学语文教学参考》《语文学习》《中学语文》《现代语文》《应用写作》《图书与情报》《中华读书报》《中国教育报》《出版商务周报》《社会科学家》《中州学刊》《殷都学刊》《河南师范大学学报》《四川师范大学学报》《神州》《东方文化周刊》《中国大学教学》《中华基础教育》等报刊发表的90余篇论文，如《人类言语运动的五种速度》《加强阅读的科学性和人文性》《"新概念阅读教学"宣言》《新课标的阅读学阐释》《利用阅读期待，拓展思维空间》《鼓励阅读批判，张扬读者个姓》《弱化文章教育：语文新课标的偏失》《文章学：语文课程标准的理论支柱之一》《文章学研究的特殊使命》《语文新课标的阅读教学新概念》《语文教育焦点放谈》《快速作文的理论创新和实践创新》《高校开设阅读课必行可行》《语文课程与教学论教材的最新成果——评刘永康主编的〈语文教育学〉》《阅读的主体间对话和陌生感体验》《在"悦读"中享受人生》《"文本三分法"科学吗?》《个性化阅读要科学化,不要自由化》《划清个性化阅读和自由化阅读的界限》……这些"别论"几乎都是用文章学、阅读学、写作学指导语文教育的独特见解。

(7)从1980年参加全国语文教学法研究会成立大会,1984年参加中国文章学研究会年会开始,几十年不断投身学术活动。1990年创建河南省语文教育学专业委员会,1991年创建中国阅读学研究会,此后领导省级和国家级多个学术团体,开展地区性和全国性的学术交流和教改活动,推进高师语文课程与教学论的教材建设,尤其是推进基础教育的语文课程改革。例如,在新乡市每年组织千人以上的"语文课改报告演示会",持续十几年,先后邀请于漪、钱梦龙、欧阳代娜、宁鸿彬、魏书生、陈钟梁、洪镇涛、武镇北、甘其勋、王继坤、杨初春、程翔、程红兵、韩军、赵谦翔、姜东瑞、余映潮等国内名师莅临讲学、作课,开辟学术交流的"绿色通道",设置语文师资的"进修课堂",真正把基础教育当作高师教育的生命线,把一线师生当作消费专家学者精神产品的"上帝"。

父亲曾祥芹被学界同人赞誉为"语文教育的'拓荒牛'"。作为学者,一辈子能在文章学、阅读学两门新学科上有所建树,该是很够了。即使只能在一门新学科上有所创新,也已经是幸福的了。但是他很不满足,常常为文章学、阅读学两门"潜学"未能上升为"显学"而忧虑,因而继续呐喊着,探索着,坚信在百年之后的漫长岁月,总会有记起"一语双文论",再说"文章学、阅读学"的时候。

(三)"文章阅读学"是"文体阅读学"研究的"荒山"

针对只顾"文学阅读",忽略"文章阅读"(连"文章鉴赏"的概念都没有),曾祥芹先生与龙协涛唱了一出"对台戏","剧本"收录在2009年大象出版社出版的《文章阅读学》的《附录:建构〈文章阅读学〉的很好参照系——龙协涛〈文学阅读学〉读书札记》。

曾祥芹先生在《文章阅读学·附录》里,这样吐露自己的初心:

龙协涛的个人专著《文学阅读学》,33.8 万字,由北京大学出版社 2004 年 11 月出版。2005 年买来如获至宝,读第一遍后,就认定它是文体阅读学研究的学术精品;从 2006 年 2 月 21 日起,为了与《文学阅读学》唱对台戏,新著一本《文章阅读学》,又读第二、第三遍,着力比较文章阅读与文学阅读的共性和个性,充分借鉴,锐意超越,写下了 2.5 万字的读书札记;在此基础上于 2006 年 5 月下旬拟出了《"文章阅读学"的构思说明和著述要求》。我的学术密友认为,这类"读书札记"和"构思说明"具有治学方法论的意义,透露了著书的起因和内幕,所以作为"附录"权当读者评判全书的重要参考,更是"两学"(文章阅读学、文学阅读学)比翼双飞的历史见证。

曾先生还认为:

龙协涛著的《文学阅读学》一书以《概论》统领 11 章:文本对象与接受主体;语言潜能的释放;精神密码的破译;阅读想象的超验性;读解流程中的情感导向;文学阅读的心理定式;雅俗共赏——不同阅读层次的交汇;艺术符号的读解;文学接受是人的本质自我确证;接受主体的再创造永无止境;中国传统的文学读解理论。其宗旨一言以蔽之,就是"要把文学当作文学来读",那是"适体阅读"的系统工程之一。

《文章阅读学》统领 14 章:文章阅读传统论;文章言语感悟论;文章思维操练论;文章阅读时空论;文章读者类别论;文章阅读心理论;文章阅读过程论;文章阅读方法论;文章分体阅读论;文章职业阅读论;文章阅读鉴赏论;文章阅读创造论;文章误读病理论;文章跨体阅谈论。其宗旨一言以蔽之,就是"要把文章当作文章来读",这是"适体阅读"的系统工程之一。

三、勘察学术荒地、荒坡

(一)"文章思维"是文章读写研究的"荒地"

曾祥芹在"文章学"艰难跋涉的路途中,在文章读写研究的荒凉之地"文章思维的操练"处驻足,撰写《文章思维操练论》总结自己的"观察和思考"。文章指出:

与"文章言语感悟"相比,"文章思维操练"是一个深层次的阅读问题。

思维既是言语作品的核心,又是文本读写能力的核心。语文教育承担着通过文章和文学的言语实践(写和读)来实现思维操练的人学主题。文章和文学都是思维的结晶,而"思维"有"文章思维""文学思维""写作思维"和"阅读思维"之分。不同文体存在不同的思维规范和思维磁场,而阅读思维又是写作思维的逆向重现(披文得意)、顺向复归(以意照言)和多向超越(运思及物)。人们通常只看到它们之间的一致,很少去探究它们之间的差异。

为此,曾祥芹认为:文章是冶炼科学思维的大熔炉,经过"抽象思维和形象思维、灵感思维和社会思维、辩证思维和系统思维、战略思维和创造思维"的艰苦磨炼,在文章思维的"八卦炉"里,一定会练就一双智慧阅读文章的"火眼金睛"。

(二)"应用文阅读"是应用文研究的"荒坡"

曾祥芹先生自1958年起在中学从事语文教学的22年,为应对校内外的各种"文差",早就开始关注应用文的研究。在连续六次参加应用文国际研讨会的过程中,他敏锐提出:"应用文的动态研究不应局限于写作,还应延伸于阅读。"其论文《应用文阅读特质论——在现代应用文第三届国际研讨会上的发言》(发表在《安阳师专学报》1999年第1期)是他对应用文阅读这一学术"荒坡"进行"勘察"的"研究报告":

应用文的动态研究不应局限于写作,还应延伸于阅读。这是文章生产和传播和全流程所规范的,更是文章学"一体两翼"的科学体系所决定的。应用文写作处处受到读者的制约。应用文的社会价值只有通过阅读才能实现。现代写作学已经认定,写作过程的完成,不仅是作者察物、运思、行文过程的终结,还包括读者对文本的阅读、认可。然而不少人总认为:"应用文阅读像吃奶一样容易,不成什么问题,无须教学,也不必研究。"这种流行的偏见至今未能得到纠正,很不利于建立起完整的科学化、现代化的应用文章学体系。在现代文明人类的读书生活里,文章阅读要比文学阅读时间占得多,分量重得多,价值大得多。作为文章阅读的重要组成部分——应用文阅读,理应摆在应用文科研项目体系之中,占住"一翼"的位置。当前研究的重点是寻求应用文阅读和文艺文阅读的差异。

曾先生认为:应用文阅读研究不可忽视。与文艺阅读比较,应用文阅读有其自身的特质:①应用文读者有特定的指向性;②应用文的阅读目标在于把握内容、获取信息、指导行动;③应用文阅读的一般过程是"披文—得意—及物",起点是感言、辩体,重点是入情、会意,终点是致用、笃行;④应用文阅读释义只能一元化,不能误解、漏解和歧解;⑤应用文阅读的心智素养,注重情绪的自我控制和思维的有轨运行;⑥应用文阅读方法的运用,强调精读、略读、快读的互补效应;⑦电脑文化时代向应用文阅读提出新的技术挑战,必须学会印刷文本和电子文本的双向信息摄取。

在关注应用文阅读的基础上,曾祥芹先生对应用文的快写快读进行了深入的思考和研究。1999 年 6 月,在现代应用文第四届国际研讨会上发表《应用文快写快读论》的讲话,高瞻远瞩地提出:21 世纪,人类将进入以"无形资产"为主的知识经济时代,知识、信息的生产、分配和使用已成为社会经济长期增长的首要因素。这个已经到来或步步逼近的知识化、信息化社会,向现代应用文提出了许多新的要求,增添了许多新的内容。随着信息社会应用文使用范围越来越广泛,运用频率越来越高,随着经济全球化和国家民族文化交流的融合化,随着电脑的普及和电脑网络的使用,现代应用文的发展表现出社会化、国际化、电脑化的趋势。其社会化将大大提高应用文的文坛地位,其国际化将有力促进应用文的规范统一,其电脑化将深刻改变应用文传统的写作方式和阅读方式。

鉴于此,曾祥芹先生指出:应用文快读快写,是青少年、中老年最先进的学习方式,更是行政管理、科学研究、生产流通各部门的极重要的工作手段。快写快读的生理学基础(得心应手,眼脑直映)、快写快读的心理学基础(高度注意力,快速记忆力,快速想象力,快速思维力)、快写快读的语言学基础(意贯言接,形入心通)、快写快读的文章学基础(写读两翼,展翅高飞)等应用文快写快读的科学技术原理,昭示着提出应用文的快写快读论,并非出于"赶时髦"的浮躁心理,而是听从信息时代的无声命令,对文章写读现代化所做的科学思考。在列举应用文快写快读的教学实验成果后,有理有据地坚定我们树立"下笔千言不是梦,一目十行我也能"的信心,寄望我们早日获取通往信息高速公路的"通行证"。

四、寻找学术荒郊、荒沟、荒角

（一）"两栖文体集群"这个文章学与文艺学研究的"交汇区"是文体学研究的"荒郊"

古今文体始终沿着"分合兼济"的双向发展，一面衍生出众多的文章新体和文学新体，一面交叉出不少文章和文学的两栖文体。曾祥芹先生认为：

两栖文体是文章和文学两大文体之间的中介地带，属于体裁交融性"变体"……随着文章与文学辩证发展的和谐规律，两栖文体沿着记叙、说明、议论三类文体彼此交叉的道路前进，已经逐渐形成庞大的两栖文体集群：报告文学（文学报告）、传记文学（文学传记）、游记文学（文学游记）、纪实小说（小说纪实）、纪实散文（文艺性记叙文）、科学小品（文艺性说明文）、广告文学（文学广告）、杂文（文艺性议论文）、寓言（故事哲理）、笔记小说（文学随笔）、学术小说（科学演义）……

（二）"语段"这个语法学和章法学研究的"交界点"又是言语结构研究的"荒沟"

曾祥芹先生在对文章本体进行解剖和整合研究时，提出作为文章最小单位的"语段"，应是文章研究的逻辑起点。"语段不单纯是语法学、修辞学、逻辑学的问题，更重要的是文章学的问题。全面把握语段的规律，应视为文章微观研究的基本课题。"

为此，曾祥芹先生从 1982 年到 1983 年在《安阳师专学报》的 1982 年第 4 期，1983 年第 3、4 期连载《文章的微观研究》，从语段的构成形式、语段的划分标准、语段的多重性质、语段的多面分析四个方面进行研究，并且学以致用，指出：

关于"语段教学"，要善于选择那些基本的、实用的、规范的语段作为教材。教学中要兼顾语法、修辞、逻辑、章法四个方面的内容，其中，关键是句子之间的思路辨认。对于语段的阅读，可进行语段的划分、句子的连贯、中心语义的概括、深刻含义的阐发、表达语体的识别、章法功能的评析、思维形式的辨认、修辞技巧的鉴赏等训练；对于语段的写作，可进行听写、默写、组写、填写、仿写、限写、改写、创作等训练。

总而言之，曾祥芹先生认为："语段的读写训练，是培养读写能力的起始阶段。千里之行,始于足下。要想达到'读书破万卷,下笔如有神'的境界,必须从练好小小的语段起步。"

(三)"阅读病理"这个阅读正解和误读研究的"交界线",更是文体阅读学研究的"荒角"

"正解"与"误读"是文体阅读学中经常出现的是非之争,二者难解难分,又必解必分。在阅读正解和误读研究的"交界线"存在文体阅读学研究的"荒角",曾祥芹先生在考量:美国耶鲁大学哈罗德·布鲁姆教授的"一首新诗总是后辈诗人对前辈诗人及其伟大作品释读的结果。这是一种特殊的释读,它不在于对某一具体作品的释读实际发生与否,它实际上是指一种接受影响与打破影响、继承与创新的悖谬状态"、纪昀"郢书燕说,固未为无益"和钱钟书"作家原作叙事抒情本无彼意,然读者却在阅读中出现创造性的误解,悟出确有引人入胜的彼意,并为更多的读者所认可"三家所说的"特殊性释读""合理性误读""创造性误读"所指的读者释义是对作者原意的超越或对传统释读的突破后,提出对文体阅读学研究的"荒角"——"阅读病理"进行研究的必要。

曾祥芹先生认为:把不同于作者原意的多元阐释归入"误解"的范畴是不妥的,正就是正,误就是误,不必对误解分正反,不存在正确的"误解"。将"合理性误读"和"创造性误解"作为"假误读"的修辞来运用,未尝不可,但把"正误"作为阅读学的概念和常规就不够科学了。超越作者、超越文本的"增解""异解"和"批解"是典型的"个性化理解",不宜说成"正误",而应说成"正解""精解"或"圣解"。在文章和文学的个性化阅读中,必须严格区分错误解读和正确解读。真正的误读、曲解、歪批、胡吹算不得个性化阅读。

第二节　学科创新是尊重权威、"站在巨人肩上"的创新

曾祥芹先生在语文教育学、阅读学、文章学领域或辛勤耕耘,或艰难拓荒的过程中,既尊重权威"站在巨人肩上",又注重对传统文化的批判继承,在对权威和传统文化的继承中,成功进行"创造性转化"与"创新性发展"。

曾先生认为:治学必须承认权威,高度尊重历史上有重大贡献的学术权威。哪怕是存在缺点、犯有错误的学术权威,我们也要批判地继承他们正确

的东西。针对盲目移植"西学"陈货、绝对否定"中学"遗产的"胡吹"和"歪批"的学风,特别需要科学地解决"洋为中用""古为今用"的问题。①

一、语文教育学领域

破旧立新,首创"一语双文"语文观。

曾祥芹先生在语文教育学领域,博采众长,北有叶圣陶、吕叔湘、张志公、刘国正、王兆苍,东北有朱绍禹,东有顾黄初。认真学习前贤同人的语文教育理论的基础上,尊重但不盲从,扬弃"一语一文"旧语文观,创立"一语双文"新语文观。

2015 年《课程·教材·教法》(中文核心期刊,CSSCI 期刊)第 4 期刊登曾祥芹《论"一语双文"的语文内容结构观》的文章,他认为:

"语文"独立设科以来,对"语"和"文"的认识,"文"的纠葛较多:"语文即语言文字"观(以王力为代表);"语文即语言文学"观(以吕叔湘为代表);"语文即语言文章"观(以叶圣陶为代表);"语文即语言文化"观(以罗常培为代表),这四种观点均属"一语一文"的旧语文观。因为"语文即语言文字""语文即语言文学"两种说法以偏概全:用"文字"囊括"文章、文学"是不科学的,另外,文学之外,语文课程还包括大量的实用文章。"语文即语言文化"说失之笼统:语言是文化的符号,文化又是语言的"管轨"。但"文化"形式多样,内容无所不包,如果脱离"文章、文学"这个"书面文化"的轨道去谈一般的非文字的"文化",流于宽泛。"语文即语言文章"说融文字、文章、文学于一体,纠正了"语言文字"和"语言文学"说的偏颇,但是"广义文章观"未能解决文章和文学的分野问题,且与"广义文学观"自相矛盾,有进一步提炼使之科学化的必要。

"一语双文"将语文内容分为语言、文章、文学。三者呈现两个层级三种内容的状态:先把语言分为口头语和书面语,再把文字作品分为文章作品和文学作品。语言教育包括听、说;文章教育和文学教育着重读、写。语言学、文章学和文艺学三足鼎立,被称为"一语双文"。

---

① 曾祥芹.俯首甘为"拓荒牛":我的治学道路[M]//实用文章学研究.北京:高等教育出版社,2010:29.

"一语双文"语文内容结构观的确立,会引出一系列对语文概念的思考。曾祥芹先生对这个架构中出现的言语形态、言语作品、语文学科、言语文化、语文素养、语文知识、语文能力、语文课程、语文教材、语文教学法、语文教育、语文教育史、语文美学、语文学家等概念在继承传统基础上进行了创新性阐释。

"曾祥芹学术思想国际研讨会"上,曾祥芹被许多学者认为"是继叶圣陶、吕叔湘、张志公、朱绍禹、刘国正、顾黄初之后的著名语文教育家"。有根有据①。

二、文章学领域

开创与语言学、文艺学鼎立的实用文章学。

曾祥芹先生在文章学领域的创新也不例外。博采众长,广请学术顾问,北有张寿康,中有刘家骥,南有裴显生,在继承优秀传统、尊重权威的基础上,曾先生是最早举起实用文章学旗帜的学者之一。但在曾先生看来,其学术知己张寿康先生,是"现代文章学的开创者"和"实用文章学的奠基人"。

1980 年 8 月,北京师范学院张寿康先生在《语文战线》杂志上发表《文章学古今谈》。曾祥芹庆幸找到了学术知己,早在 1977 年,还以"待罪"之身在"牛棚"中备受煎熬的曾祥芹,就已写出初稿《呼吁开展文章学的研究——语文教学科学化刍议》。他俩未曾谋面就不谋而合,直到 1982 年曾祥芹开始与张寿康先生通信,或师或友,互相探讨文章学理论,共同筹划文章学研究事宜。可惜 1991 年 8 月张先生仙逝,曾祥芹失去了文章学研究领域志同道合的师友。1992 年 7 月,为了纪念张先生一周年忌辰,曾祥芹撰文《现代文章学的开创者》[发表在《北京师范学院学报(社会科学版)》1992 年第 4 期],概述张寿康先生在当代中国文章学复兴时期的五大功勋:高举文章学研究大旗,界定文章学研究对象,构筑文章学理论体系,首开文章学基础课程,建立文章学学术团体。并声言"拿出更加出色的文章学研究成果"来告慰旗手的英灵。

---

① 甘其勋."三学"创新论:曾祥芹学术思想国际研讨会文集[C].郑州:河南人民出版社,2011:363.

2001 年 5 月,在纪念张寿康先生逝世 10 周年之际,曾祥芹再次撰文《实用文章学的奠基人》。他在"再次拜读张先生有关文章学的 12 本著作"之后,"检阅改革开放 20 多年来文章学建设的众多成果,在张寿康的文章思想遗产里",创造性地总结出"可以作为新世纪中国实用文章学的支柱或基石":文章、文学分野论,文章学内容体系论,文章和文章学源流论,文章本体构成论,文章写作论,文章阅读论,文章教学论,文章学研究方法论等八大"柱石",丰富文章学理论,再次告慰前贤英灵,并表示:文章学后继者一定会"高扬实用文章学的旗帜,踏着先驱的足迹前进"。

三、阅读学领域

扎根本土,建构有中国特色的汉文阅读学。

曾祥芹先生在阅读学领域迈出的第一步是搜罗读书大国的历代读书经,编著出版《百家读书经》《古代阅读论》《现代读书经》《历代读书诗》等阅读学著作。

《百家读书经》,曾祥芹主编,中原农民出版社 1989 年 4 月出版。本书选辑了 120 位中国现代名人学者的读书箴言,传读书之道,授读书之业,解读书之惑,或谆谆,或娓娓,或发管弦之幽微,或震金石之声音,给您指点读书门径,帮您登堂入室,让书真正成为伴您一生的良师益友,使您一生受益匪浅。

《古代阅读论》,曾祥芹、张维坤、黄果泉编著,河南教育出版社 1992 年 6 月出版。本书由曾祥芹设计,提出编辑凡例和学者名单;由张维坤选编自先秦至南宋前三个时期的阅读理论,并撰写各期的《概述》;由黄果泉选编元、明、清时期的阅读理论,并撰写该期的《概述》;然后由曾祥芹统稿,1991 年 7 月送交北京"阅读学丛书审稿会"讨论,根据周振甫、张志公、张寿康、韩雪屏等的意见,又分头删补修订,最后由曾祥芹定稿。本书选录先秦至晚清二千五百余年的名人、学者有关阅读的种种论述,共分例言、目录、先秦时期阅读理论、秦汉至南北朝时期阅读理论、隋唐两宋时期阅读理论、元明清时期阅读理论、后记等部分,是从"阅读学"的视角来系统整理中国古代的阅读理论遗产的一项缺乏先例的、对我国的古代阅读理论进行批评继承的拓荒性工程。

《现代读书经》(曾祥芹、陈万珍编著,中国文联出版社2001年版)与《古代阅读论》相延续,是曾祥芹先生为了抵制"读书无用论"的恶流,弘扬读书大国的优良传统,总结现代学者的读书经验,建造辉煌的"中华书文化",在已有的《百家读书经》的基础上,选辑中国20世纪139位名人学者(包括谢世的和在世的,年老的和年青的)的读书箴言(包括经典性的和经验性的,成篇的和成段的),布列成读书的意义、动力、范围、战略、分类、原则、态度、方法、能力、习惯十个篇章,编撰成册,并一一加上"学者简介",特别是用千字文形式撰写的40则"读书专题短论",对百家的读书学说做了浓缩、连贯、比较和评价,使之构成系统。正如毛泽东所说:"庇千山之材而为一台,汇百家之说而成一学。"

《历代读书诗》(曾祥芹、刘苏义夫妇编著,中国文联出版社2001年版)是我国第一部比较全面编选和鉴赏中国古今历代读书诗作的集子,凡35万余字。《历代读书诗》是由"绪论""汉晋六朝读书诗""唐代读书诗""宋代读书诗""辽·金·元读书诗""明代读书诗""清代读书诗""近代读书诗"和"后记"九部分组成的。众所周知,中国是"诗歌王国",但纵观几千年来的诗集和诗话,以"读书诗"为编辑宗旨的,《历代读书诗》可谓"前无古人"的独此一家。本书选辑了中国历代221位诗人的543首读书诗,所选诗篇的出处皆采用原作题目,各篇标题都由编著者着眼读书的体味和经验,从诗作中提取秀句而成。每首诗都是按常规编辑凡例,进行逐篇注释和点评,包括题目、作者、诗文、作者简介、注和评六部分。《历代读书诗》所选的"读书诗",涵盖了骚体、乐府、歌行体、三言诗、四言诗、五言诗、七言诗、咏物诗、咏史诗、哲理诗、政治抒情诗、近体诗、白话诗、自由诗、杂文诗、散文诗等各类诗体,为我们全面展示了中华诗人的读书情结和阅读思想。

俞樾曾说"六经皆可注,不可注者诗。诗人化为土,千古存其辞。其辞虽可读,其义不可思"(《读经偶得》),道出了注诗评诗之难。而曾祥芹和刘苏义伉俪却"明知山有'虎',偏向'虎'山行":《历代读书诗》在每首诗后都加"评"语,对诗进行"阅读学"视角的阐释和解读,其释义之中肯、视角之独特,前所未有,该书开阅读学视域观照历代读书诗的先河,不啻为汉文阅读学研究的创新拓荒之作。

第三节　学科创新是挑战权威、阻挡逆流的创新

曾祥芹先生在学科创新的道路上,既尊重权威,"站在巨人肩上",又敢于反潮流,敢于挑战权威。他认为学科创新是挑战权威、阻挡逆流的创新。他说:"创新必须破旧,而破旧难免碰撞权威。在这方面,我吃够了苦头,当然也尝到了甜头。"

让我们来还原几个真实的历史片段。

一、19 世纪没有产生无产阶级文学吗?

1960 年时任中共中央宣传部副部长的林默涵同志说:"马克思恩格斯所处的时代是一个工人阶级已经登上历史舞台,但是无产阶级革命还没有成熟的时代。……这个时候,还没有出现什么真正的无产阶级作家。"针对这种说法,曾祥芹先生在 1961—1978 年,以欧仁·鲍狄埃的《国际歌》为例著文《十九世纪没有产生无产阶级文学吗?》进行反驳:马克思恩格斯时代到底有没有真正的无产阶级文学作品和作家呢? 怎样正确地揭示无产阶级文学形成的革命规律呢? 断言:《国际歌》是鲍狄埃成长为一个真正的无产阶级作家的权威的证据,是马克思恩格斯时代的无产阶级文学取得伟大胜利的鲜明的标志,是世界无产阶级文学史上(至少在诗歌方面)的第一座里程碑。真正的无产阶级文学作品和作家,在马克思恩格斯时代并非"绝无",不是"仅有"。

该文发表于《安阳师专学报》1981 年第 1 期,后被中国人民大学复印资料《外国文学研究》1981 年第 1 期全文复印,列为首篇。

二、"自反而缩,虽千万人,吾往矣"

1988 年第 2 期的《殷都学刊》上发表《论文章和文学的分野》,这是曾祥芹先生和张会恩联合执笔完成的一篇酝酿很久的"要为文章学的独立发展而斗争"的文章,文章指出:

在社会科学的丛林里,现在还没有文章学的立足之地。全国报刊书目中,长期找不到"文章学"的户籍。20 世纪 80 年代初卷起的文章学浪潮,波

及面还小,只有少数报刊开辟了文章学专栏,少数出版社发行了文章学专著;然而在权威的目录索引上,在社会舆论上,仍得不到承认。《全国报刊索引》1983年第6期,破天荒地出现了"文章学"栏目,眨眼又消失了。大批的破土而出的文章学论文,总是附属于这个"学"或那个"学",有的编入语言学、修辞学,有的编入文艺学、写作学,甚至归入图书馆学,真是不伦不类,一句话,没有独立席位。

该文对中国文坛上的长久以来对文章文学杂糅不清的怪现象进行了分析,列举这种怪象带来的弊端:文学侵吞文章,文章不能自立;文学理论代替文章理论,文章学不能自立;文学和文学理论的学习和研究者多,文章和文章理论的学习和研究者少;文学理论包含文章理论,但无法包容,有些文章理论又常用文学实例来说明,但又说明不了;文艺鉴赏学受到重视,早已建立学科,而文章阅读学严重忽视,至今未成学问;由学校(特别是高校)到社会,由群众到领导,已形成一种重文学、轻文章,重文学的教学与研究、轻文章的教学与研究,重文学教学科研的成果、轻文章教学科研的价值,重文学工作者的待遇与地位、轻文章工作者的地位与作用,等等一系列不良社会风气,这些弊端不可避免地要导致一场深刻的变革:文章和文学断然分野,各自独立。文章学自立门户势在必行。

三、对习以为是的"一语一文论"进行挑战

权威的语文学家的著作中,我们可以找到《现代汉语词典》释义的理论依据。如吕叔湘先生多次讲过:"'语文'有两个意义:①'语言'和'文字';②'语言文字'和'文学'。"①曾祥芹认为这把语文应有的"文章"含义阉割了。

然而,抱持这个世纪偏见的学者成千上万,其徒子徒孙绵绵不绝,统治文坛至今达百余年,凡批驳这个偏见的论文屡屡被封杀。曾祥芹先生继承"屡败屡战"的曾氏宗风,针对传统的"一语一文论",撰写《一语双文论——关于语文学科内容体系的新构想》(发表在《长沙大学学报》1999年第1期)进行辩驳:

---

① 吕叔湘.吕叔湘语文论集[M].北京:商务印书馆,1983:335.

我所说的"一语双文",不是指汉语的两种文字符号(简化文字和繁体文字),也不是指汉字的两种书写体(方块文字和拼音文字),更不是指汉语发展史上的两种语体(文言文和语体文),而是指言语作品的两种文体(文章和文学),或者说是语文内容的三足鼎立。语言、文章、文学,三者并非同一层次的划分,而是两个层次的基本类:(一)语言形态的一分为二:口语和书语。语言分别为有声的口头语言和有形的书面语言,口语简称"语",书语简称"文",合起来谓之"语文"。这已成语文界、文化界、教育界、科学界的常识。(二)文字作品的一分为二:文章和文学。作为书面语言的字一旦组成篇章结构,表达作者的主观思想和情感,反映客观事物的现象和本质,就成为文字作品,就通称精神产品,就用作社会思想交流的工具。它可以分别为不容虚构、旨在实用的文章和可以虚构、旨在审美的文学两大体裁:作为科学认识成果的文章作品,包括普通文章(记叙文、说明文、议论文和日常应用文)和专业文章(新闻文、史志文、学术文和专业应用文);作为艺术认识成果的文学作品,包括诗歌、散文、小说、剧本等。

四、文章学是典型的社会科学技术

曾祥芹先生在阅读《现代科学技术基础知识》一书时,发现"科学技术不包含社会科技在内"的论调,后来阅读《人民日报》发表的一篇文章,也有"社会科学不是生产力"的说法,他不惧权威,应《社会科学家》杂志之约撰文《文章学:典型的社会科学技术》进行反驳,依据邓小平"科学技术是第一生产力"的伟大命题,肯定社会科学的分支学科——文章学不但是典型的社会科学技术,而且是一种永不枯竭的精神生产力。对宋健和胡绳两位科学院院士的批评,充分显示了曾祥芹冲击权威、敢为天下先的胆略。

五、"弱化文章教育":语文"新课标"的偏失

21世纪初,教育部相继颁布《全日制义务教育语文课程标准》和《普通

高中语文课程标准》两个法规性文件,这是 20 世纪末语文教学大讨论标志性产物,也是此后语文教育纲领性文件。其中"以学生为本""个性化阅读"等提法对后来的语文教育影响深远。但曾祥芹认真研读后发现,这两个文件中都缺乏"加强语文课程的'文章素养'"这个理念,于是根据"后现代课程观"及时撰写两篇万言谏书《"弱化文章教育":语文"新课标"的偏失》和《文章学:语文课程标准的理论支柱之一》,有破有立地对国家课程标准提出了批判和建议,践行了陈寅恪"独立之人格,自由之思想"。对国家层面的课程标准进行纠偏。虽然该文不被持大文学观的语文课程标准编写专家所采纳,但曾先生心系语文的忠诚、直面法规文件《语文课程标准》的勇气,令人钦佩!

第四节　学科创新是在争鸣论辩过程中的创新

曾祥芹在语文教育学、实用文章学、汉文阅读学三个学科领域拓荒治学创新,经常会遇到持不同见解者,并与之展开论辩。思想的交锋常以争鸣论辩的形式展现,曾祥芹先生坚信"有争论才能前进",学术贵自由,思想重兼容。他说:"思想的交锋离不了'笔墨官司',打这种官司,输也好,赢也罢,千万不要失人格、丢人格。在百家争鸣的过程中,既要有学术海量,学会包容,善于妥协,存异求同,同时又要有学术骨气,学会坚持,不轻易放弃……"①《曾祥芹学谊录》的第五编收录了对曾先生的学术研究产生较大影响的四场"争鸣"②,我们不妨罗列出来,在透视曾先生与"诤友"的"战斗友谊"中,体味先生"一个人不能有傲气,但必须有傲骨"的善待诤友、外圆内方的品格。

一、接受权曙明、顾菊生关于"阅读客体"与"阅读介体"不分的批评

曾祥芹和韩雪屏联袂编著的中国第一套"阅读学丛书"问世以来,得到很多好评和关注。也有学者对其中的一些观点与曾祥芹进行商榷或者争

---

① 曾祥芹.俯首甘为"拓荒牛":我的治学道路[M].//实用文章学研究.北京:高等教育出版社,2010:34.

② 张灿华.曾祥芹学谊录[M].郑州:大象出版社,2010:408-466.

鸣,如1996年权曙明、顾菊生撰写《是阅读客体,还是阅读中介?——〈阅读学原理〉"三体"框架质疑》,质疑曾祥芹提出的阅读学"三体"框架的严谨性和科学性。曾祥芹欣然接受并表示感谢,专门撰文《辩清"阅读客体"和"阅读介体"——感谢权曙明、顾菊生两位诤友的斧正》,对两位诤友的六条批判逐一回复,认为权曙明、顾菊生两位诤友的质疑文章有理有节,令人信服,对阅读学"三体"框架发展为阅读学的"四体"(客体、介体、主体、本体)框架起了很大的促进作用。为了虚心接受诤友的正确批判,曾祥芹特意在主编的《河南师范大学学报》公开发表,表现了这位学报主编罕见的学术雅量和诚恳态度。

二、与杂文家毛志成关于"多余文化"的论战

1994年10月15日,首都师范大学杂文家毛志成在《光明日报》发表《应结束"多余文化"的生产》,他把文章学、写作学的大批著作宣判为"吃奶通论""赘文化""伪文化",扬言要"剪掉""停产"。曾祥芹撰文《关于文章学生存和发展的思考》,在文章学、写作学年会上作专题发言,进行辩证和反驳:精神生产中粗制滥造的书面文化垃圾确实存在,应该清除或者停产;然而,文章学、阅读学、写作学的"清洁生产"和"文明消费"绝不是"多余文化",而是亟待开发的社会精神生产力。

三、与林可夫关于"广义和狭义文章观"的论争

2002年12月,原中国写作学会副会长、福建师范大学文学院教授林可夫先生,临终前写了一篇近万字的论文《狭义文章学的理论窘境》①,其用意是奉劝"错入旁门,备受掣肘"的狭义文章学派"回到广义文章学的立场上来,为繁荣现代文章学、现代写作学或实用写作学做出自己的历史性贡献"。该文颇具火药味,可以视为广义文章学派下给狭义文章学派的"战书"。作者于临终前发表该文,足见态度之审慎,也可知中国学术批评开展之艰难。曾祥芹认真研读了这篇"奇文"后,认为:

---

① 林可夫.狭义文章学的理论窘境[M]//现代写作学:开拓与耕耘.南京:南京师范大学出版社,2002.

林先生的"奇文"就"奇"在它的二重性,既有对狭义文章学研究现状的切中肯綮的批判,又有对狭义文章学的蛮横粗暴的攻击。正确的批评自然要虚心接受,粗暴的攻击一定要自卫反击。

为此,曾祥芹先生写出 18 000 字的文章《迎接挑战,破难前进——读林可夫〈狭义文章学的理论窘境〉有话要说》,对林先生原文的具体批判逐一进行检讨和反驳,与同人进行商榷,在 2004 年 8 月 14 日中国文章学研究会第 20 届年会上曾祥芹作主旨报告,声言:"狭义文章学的研究对象主次有别,交界分明;理论话语古为今用,推陈出新;理论建构道法兼备,知行统一;与广义文章学应是'和而不同'的竞争伙伴关系。"文章学元老王德中特别感佩,专门撰文《文章学荒原上升起的一颗明星——略谈曾祥芹先生的文章学研究精神》,王德中认为"这篇文章是'被迫发出的吼声',集中体现了曾先生大无畏的挑战精神"。该文"'与亡灵对话''与同人商兑',是一场狭义文章学派与广义文章学派的'思想血战'"。"读完这篇酣畅淋漓的驳论文,我由衷地发出赞叹:曾先生真是'铁肩担道义,妙手著文章'(李大钊语)啊!"

在这场争鸣中,曾祥芹先生既体现了学术海量,又保持了学术骨气。

四、与程福宁关于"文章学建设"的论辩

程福宁先生是文章学元老之一。2009 年 6 月中国文章学研究会第 25 次学术年会召开之际,程先生因脑血管病在外休养不能亲临会议,特围绕会议主题撰写论文《关于现代文章学建设的几个重大问题》,慨叹已经走过 28 个年头的文章学依然没有自己的学术户口、对"在场的缺席者"的现状进行反思,提出六个问题。第一个问题:怎样尽快使自己的面目清晰起来? 第二个问题:怎样把握好研究对象的属性,给它下一个称得上是科学的定义? 第三个问题:要不要回到语言学的怀抱中去? 第四个问题:怎样建立我们学科的理论体系? 第五个问题:是不是应当改进一下我们的学术作风? 第六个问题:关于充实和健全文章学团体的问题。

曾祥芹先生感动于程福宁先生关爱文章学事业的一片赤诚之心,撰文《深入开展现代文章学建设问题的友善讨论——敬复文章学元老程福宁先生》,对程先生提出的问题进行"同志式的内部讨论",并逐一进行回应,给出答案。

第一个答案："现代文章学"的清晰面目就是"实用文章学"。

第二个答案:把握"实用文章"的本质属性,努力得出科学的定义。

第三个答案:坚持实用文章学的独立,采取投入多学科怀抱的生存策略。

第四个答案:宽视野、高起点、严要求地建立文章学理论体系。

第五个答案:提倡"严谨""严肃"的学术作风。

第六个答案:完成老中青接棒,充实和健全文章学团体。

这篇长文,曾先生只作为诤友之间的学术通信,没有公开发表。

借用《曾祥芹学谊录》第五编"编者按"①来总结这四场争鸣:

第一场,面对诤友关于"阅读客体"和"阅读中介"的批评,曾先生索性把批评文章直接发表在自己主编的刊物上,并撰文致谢,表现了罕见的学术海量和诚恳态度;第二、三场,面对"多余文化"论对自己研究方向和成果的全盘否定甚至恶意攻击,曾先生备足弹药,奋起抗争,理直气壮地予以自卫反击,表现了勇猛的斗士的风格;第四场,针对学术老友的"弃而不扬"论,曾先生则以坦诚的友善的态度进行内部讨论,表现了内外有别、与人为善而又不失原则的学术个性。

第五节　学科创新是广结人缘、协同攻关的创新

曾祥芹先生带领语文教育学、实用文章学、汉文阅读学学术领域的数百上千位科研工作者,筚路蓝缕,锐意拓荒,而今"头童齿豁"已过八旬的曾祥芹先生被学界称为"三栖著名学者"。

何以成就? 何能成就?

早在2011年,笔者曾经撰文《由〈曾祥芹学谊录〉所见的学术苦旅》(发表在《图书馆杂志》2011年第1期),对曾先生的学术成长和成就进行探讨,总结有以下几点。

一、先贤引路之谊:尊重权威,挑战权威,正确处理师承关系

正如曾祥芹先生在他的《曾祥芹文选·前言》中所写:先贤"曾参、曾巩、

---

① 张灿华.曾祥芹学谊录[M].郑州:大象出版社,2010.

曾国藩的道德文章像'三星高照',一直激励我献身文章学事业"。"1996 年农历正月初六,我 60 岁生日时在《曾氏九修族谱·序言》中又写道:曾氏历代不乏名门望族,如春秋鲁国的曾参家族,宋代南丰的曾巩家族,清代湘乡的曾国藩家族,均以诗书传家,尤以道德文章著称于世。宗圣公曾参主承孔子之道,著《孝经》,作《大学》,泽被后世……文定公曾巩主张'蓄道德而能文章'……树立了'文道合一'的正统。文正公曾国藩著述百数十卷,宗主孔孟程朱之道,倡导'中学为体,西学为用'之说,声言'文章之事,以读书多、积理富为要'……不愧为古代文章学大家。"

　　曾先生孩童时代与父亲在兴隆山自力小补班学习古文。当诵记李白的"阳春召我以烟景,大块假我以文章"(《春夜宴从弟桃李园序》)时,就幻化文章是"锦绣般的花纹图案。后来看到父亲书桌案头上的《写真》日记,才知道文章是生活经历的真实写照……我选择'文章学'作为毕生探索的专业,实启蒙于父亲的言传身教"。

　　曾氏宗亲的文章祖传和书香家庭的文章启蒙的确为曾祥芹开启的学术生涯做了丰厚的铺垫,而后,曾祥芹的"修行"与学术前辈的或直接或间接的"学术营养"的给予是密不可分的。精读《曾祥芹学谊录》第一编中的 19 篇"序言",我们可以发现曾祥芹在对先贤的理论和实践不断"扬弃"的文化苦旅中,与引路前贤结下的深厚学术友谊:研究中国现代文章学,通读百余部文章学论著,高扬鲁迅、毛泽东、叶圣陶;研究语文教育学,广涉百年来语文教育论著,推举叶圣陶、吕叔湘、张志公、朱绍虞、刘国正、顾黄初;研究古代阅读学,清理二百余位阅读学者读论,赞誉孔子、朱熹、梁启超。在权威面前,曾先生既高度尊重,又勇于挑战,且举例求证。张寿康先生是当代语言学家、语文教育家、当代文章学创始人之一,他在为曾祥芹先生的《文章学探索》所作的序言《研精覃思、富有创见的拓荒之作》中这样写道:

　　　曾祥芹先生的文章学师友甚多。张志公、周振甫、吴伯威、马积高、裴显生、刘家骥、刘溶等先生,他都请教过……然而,他探赜索隐,自有见地。对我在《文章学古今谈》(1980 年)中提出的"文章学是语言学的一个分支"的论点,他认为"会限制对文章的多维研究,会模糊文章学和语言学的界限,不利于文章学的独立发展。

如果换一个提法，'文章学是语文学的一个分支'，使文章学和语言学、文艺学并驾齐驱，共属于语文学的母系统，这样，可能更符合文章学的客观位置"。这种探讨是十分有益的。他还提出，文章表层结构不能以"文篇"封顶，而要延伸到书本，认为"提出'书本是文章的最大单位'"，对于文章学研究具有开拓意义……这些见解，均独具慧眼，成一家言。作者敢于同师辈提出不同的看法，也敢于突破成说。

二、同人声援之谊：集团作战，合作著书，正确处理同人关系

《曾祥芹学谊录》的第二编是由 37 篇书评组成的，书评内容涉及曾祥芹先生创新"三学"的多部著作，书评作者有备受曾先生推崇的"大家"，有与曾先生并肩作战的挚友，也有曾先生培养的学生，他们在对曾先生的著作进行客观评述的同时，对先生的人品、学品均给予了高度的赞扬和肯定。

泰勒预言："我们现在正跨入一个真正合作的时代，任何一个人，没有别人帮助而独立达到伟大成就的时期，快要消逝在未来的新时代里。"曾祥芹先生的"三学"代表作多部是集团作战的结晶。

曾祥芹与韩雪屏联袂主编的中国第一套"阅读学丛书"，集合了阅读学会内外 37 位学者；曾祥芹主编的《文章学与语文教育学》，集合了文章学与语文教育学两栖学者 12 位；曾祥芹与张会恩联袂主编的《文章学教程》，集合了文章学会的 13 位学者；曾祥芹与甘其勋联袂主编的《快读指导举隅》，集合了全国的快读学者 9 位。

诚然，在见仁见智的切磋琢磨撞击中的团队作战，有集思广益、异彩纷呈的优势，但不同层次之间的差异失衡的缺失也不可避免。曾先生是以怎样的方式来组织这个庞大的、被世俗认为"文人相轻"的团队，来进行"一年写一本书"的"攻坚战"，实现他"三学"创新夙愿的呢？

《曾祥芹学谊录》的编者张灿华在该书的"编后记"中，为我们录下了他21 年前参加曾先生主编的第一套"阅读学丛书"之三《文体阅读法》写作团队时的生产流程：

曾公作为"丛书"和本书主编（指《文体阅读法》主编），先就"阅读学丛书"进行总体策划，再就本书构思列纲，写出著述计划，包括全书主旨、纲目、体例，各章核心观点、参阅资料，然后根据每一作者特长分工执笔。通常核心的关键的不易驾驭的篇章（如"绪论"或"导论"，须从全局着眼），能胜任者寥寥，则由曾公直接执笔。此时的曾公，已不仅是主帅，而且是担任主攻的"先锋"了。执笔者分别起草完毕，再交主编修改定稿，而此时曾公又恢复其"主帅"的角色。由于作者水平不一，主编的修改任务也繁简有别……一般水平的作者……通常反复两三个回合才能定稿；而水平较差的作者，主编就要付出更多心血，补充材料，调整结构，甚至推倒重写。此时的曾公，已不是"主帅""先锋"，而是地地道道的"保姆"了……但无论付出多少心血，著作权属仍归执笔者。

三、诤友争鸣之谊：外圆内方，善待诤友，正确处理"战友"关系

"治学常处在意识形态领域的是非漩涡中，思想的交锋离不了'笔墨官司'，打这种官司，输也好，赢也罢，千万不要失人格、丢人格。在百家争鸣的过程中，既要有学术海量，学会包容，善于妥协，存异求同，同时又要有学术骨气，学会坚持，不轻易放弃……"[①]"一个人不能有傲气，但必须有傲骨"是曾先生与诤友相处的准则。学术是在不断的争论中前进的。曾祥芹先生的"三学"创新，也是在坎坷不平的文化苦旅中孕育而生。《曾祥芹文选》的前言《俯首甘为"拓荒牛"——我的治学道路》中，曾祥芹有这样一段话，我印象十分深刻：

凡治学皆有师承关系、同学关系、诤友关系、论敌关系。在坎坷不平的治学道路上，我遇到了八种人：引路人（指导者）、同路人（合作者）、开路人（约稿者）、铺路人（支持者）、修路人（纠偏者）、拦路人（阻挡者）、断路人（拆台者）、逃路人（离散者）。他们给我的人格修炼以各方面的启迪、教益和锻

---

① 曾祥芹.俯首甘为"拓荒牛"：我的治学道路［M］//实用文章学研究.北京：高等教育出版社,2010:34.

炼,无论哪路人我都衷心地感谢他们。

作为"拓荒斋"主人的曾祥芹先生曾经这样总结自己的治学经验:

1."咬定青山不放松。"当你根据社会的广远需要和个人的才学潜能选定了学术拓荒的目标之后,切忌见异思迁,中途转向,一定要矢志不移,终身以之,才会最后胜利。

2."百炼成钢绕指柔。"当你在治学的坎坷道路上遭遇各种磨难和挫折的时候,一定要迎难而上,愈挫愈奋,用"创商"去指挥"情商",用"情商"去提高"智商","三商"兼备,方成大器。

3."学海迷茫未有涯。"当你在学术长征中披荆斩棘,取得阶段性成果之后,一定要戒骄戒躁,反思得失,通过科学扬弃确立拓荒新标,让问题意识引导自己不断开拓前进。

我想这是曾祥芹"学术苦旅"的成功经验之谈,也是他对包括阅读学、文章学、语文教育学在内的所有学者和学子的期待了。

生命不息,笔耕不止。而今年过八旬的曾祥芹先生依然在语文原野上拓荒。

2019 年 4 月,学术扛鼎独著《曾子文章学》,由商务印书馆正式出版。

2019 年 8 月 16 日至 18 日,由河南师范大学文学院承办,中国文章学研究会主办的"第34届中国文章学研究会暨《曾子文章学》专题研讨会"在河南师范大学勤政楼举办。党委常委、副校长李雪山,中宣部出版局原副局长刘建生,中国文章学研究会会长崔应贤以及来自大陆和台湾的知名专家、学者50余人参加会议。

83 岁的曾祥芹先生,身穿粉色短袖,鹤发童颜、神采奕奕地在主席台就座,用带有浓浓的湘音的普通话,发表了《乃知千载后,坐可见南丰——还曾巩以文章学家的本来面目》的慷慨激昂的主题发言,分析曾巩文章学的核心思想,提出:"文章学家是曾巩的第一存在,是内塑的;文学家是曾巩的第二存在,是外部美容的。我们不要用西方的'纯文学'理论生搬硬套在中国古代的'杂文章'上,以免'方枘圆凿',而要纠偏,要转型,要用传统的'文章'话语来还曾巩以文章学家的本相。"他正式宣告自己日后几年的研究课题是《曾巩文章学》!

图3-7　2019年8月16日曾祥芹（第一排左七）与中国文章学研究会主办的"第34
届中国文章学研究会暨《曾子文章学》专题研讨会"部分代表于河南师范大
学合影

　　但，我们也很心疼曾先生。会议结束后，曾祥芹先生的血糖升至28.6，
医生让他住院治疗。可是奇迹总在曾祥芹先生身上出现，一天的住院治疗，
曾先生打电话给我"不要担心，已经降到7啦"，朗朗的笑声……脑补画面：
精神矍铄、行动敏捷、思维睿智的曾先生又将与《曾巩文章学》共度蜜月，而
那个即将与曾祥芹先生步入钻石婚的老伴又会和我们说"你们曾老师是和
汉字结婚的"……
　　我们期待"曾氏文章学"研究四部曲之二的《曾巩文章学》的问世！
　　我们祈祷曾祥芹先生的学术生涯青春永驻！

下 卷 学术平议

引 言

　　著名语文教育家王松泉认为:"思想家是学说的营造者。营造学说离不开思想体系,思想体系则是思想家及其所代表的一定社会集团的思想观点的总和。"①据此观点,被中国教育学会语文教育专业委员会前任会长周庆元称为"三栖学者"、被著名阅读学家甘其勋誉为"拓荒牛"的曾祥芹,就可以当之无愧地被称为语文教育思想家。语文教育家王伟认为:"曾祥芹教授是继叶圣陶、吕叔湘、张志公、朱绍禹、刘国正、顾黄初之后的著名语文教育家。"②

　　曾祥芹终身致力于语文教育研究,力耕语文教育学、实用文章学、汉文阅读学数十年,建构了宏大又不失精微、新颖而又科学的思想体系,即"一语双文"论,并且在学界产生一定影响。挖掘、整理、研究其学术思想,无论对于语文教育学理论还是指导语文教学实践,都有着莫大的意义。总体说来,目前学界对曾先生语文教学思想的介绍与研究相对繁盛,既有著名专家如顾黄初、周振甫、章熊等人的高论,也有中年学者如郑浩、徐雁、杨文忠、曹辛华等人的力作,更有曹洪彪、李银超、张敬燕、王静等青年学子稚嫩的声音;但这些研究大都从某一角度作点的分析,缺少全面和系统;至于体大思精、

---

　　① 王松泉.语文教苑的一位杰出思想家:曾祥芹学术思想体系初探[C]//甘其勋."三学"创新论:曾祥芹学术思想国际研讨会文集.郑州:河南人民出版社,2011:315.
　　② 王伟.论曾祥芹语文教育学科创新的鲜明特色[J].语文教学与研究,2013(11):72-73.

包举宏纤的研究更是阙如。即使有几篇较为全面深入的研究文章,如王松泉的《语文教苑的一位杰出思想家》、杨文忠的系列研究论文、崔应贤的《论曾祥芹先生的文章哲学思想》、曹辛华与王婵夫妇的《以"文章学"为中心展开"三学"创新——论曾祥芹先生的文章学贡献及其意义》、王静的《曾祥芹阅读思想研究》等,数量仍然太少,与曾祥芹宏富的学术思想很不相称。如果说曾先生语文教育思想是一座丰富的宝藏,那么这些研究文章只是打开了宝藏之一隅,给人们惊鸿之一瞥,未能展现其全貌。因此,本书下卷以整体的评述与细处的勾勒相结合的手法,尽可能地对曾祥芹先生语文教育思想加以全面介绍与评述,继续进行我们的寻宝之旅,如何?

这要从曾祥芹先生提出和创立"一语双文"论开始!

第四章

"一语双文"创立者

从1978年至2020年,我国改革开放走过了四十二年!

四十二年,不但是中国政治经济改革开放的四十二年,也是中国语文教育改革开放的四十二年。回首过去,中国的语文教育走过了一条不平凡之路,在这条不平凡之路上布满着荆棘,隐伏着蛇虫,深藏着陷阱。时而飞雪载途,时而风雨满路。就是在这条不平凡之路上,不时掠过奋进者的身影,回响着改革者的呐喊,留下探索者或深或浅的足印。然而多少人载浮载沉,最终归于沉寂;只有那些坚持初心、九死而未悔的斗士仍然前行。其功绩、影响,如空谷传音,久而弥响,至今仍在语文教育界低回萦绕,影响、感动、激励、引导着一代代语文学人奔向未竟的改革之途。正是这些醉心于语文教育事业改革者的一往直前,才探索出一条条路径,引导着后来者继续前行。

曾祥芹,河南师范大学教授,历任中国文章学研究会会长、中国阅读学研究会会长、中国高等教育学会语文教育专业委员会学术委员会副主任,一位为语文教育改革终身传经布道的教育学家与实践者!

第一节　提出和论证"一语双文"(1977—2020)

我国的语文教育问题有哪些,可以说是洪纤皆备,相互缠绕,互为因果;可谓"剪不断、理还乱"。然而不管问题如何盘根错节,千头万绪,根子还是在对语文学科性质及构成的认定上。纲举目张,只要抓住这个中心,其他问

题才能得到逐步解决。但是,大多数语文教育工作者尤其一线语文教师多把目光投放在具体而微的教材阐释、教法运用上,在一些细枝末节上止住了前行的脚步,由此也埋葬了多少壮志未酬者的激情与梦想。重应用轻研究,重实践轻理论,重形而下轻形而上,即实践性、操作性强的教材研究与教法研究多,理论性的教学思想研究少,这种情形可谓大多数教师尤其是中小学一线教师的真实写照!但是形而上的问题制约着形而下的问题,前者不解决或解决得不好,后者也不会得到圆满的解决。当然,这种问题不仅仅存在于一线语文教师,连语文教育学家都有此认识。新中国成立后语文教育界的"三老"之一的张志公就曾经说过如下的话:

> 探索语文教学的规律,逐步做到教学比较科学化一些,先决的是要有科学的态度,我曾谈过实事求是的问题。这里,我想再加上两点,连起来说就是从实际出发,实事求是,讲求实效。从实际出发,它的对立面就是从概念出发;实事求是,它的对立面就是不注意探索客观事物的规律,不尊重客观规律;讲求实效的对立面就是搞形式主义,走过场,做一些劳而少功,劳而无功或华而不实的事情。咱们的语文教学在这些方面不是没有问题的。比如,语文教学的性质、目的、任务问题,50年代末、60年代初就讨论了一气,现在又讨论起来了——语文课是"工具课"? 是"思想性很强的基础工具课"? 思想政治与语文训练二者并重吗? 如果不是并重,那么,又以哪个为主? 等等,众说纷纭。再比如,语文课的"语"是语言,"文"是什么呢? 有的说是文字,有的说是文学,有的说是文章,辩论得很热闹,我对这讨论兴趣不大,觉得偏于概念的性质多了点。①

对理论的东西(概念的性质)不感兴趣,张老的话很有代表性。
"不在沉默中爆发,便在沉默中灭亡!"

---

① 张志公.科学态度和科学研究[M]//张志公自选集:上册.北京:北京大学出版社,1998:223-224.

1997 年年底《北京文学》刊发的三篇读者来信引爆了关于语文教育的大讨论!

在这次语文大讨论中,人们对诸多问题进行深入的探讨,但最后仍归结到对语文观的认定上:语文学科的性质、内涵是什么,其学科体系是怎样构成的,等等。即所谓工具性和人文性之争的问题。表明经过长期的经历、反思、积累,人们已经认识到语文学科性质、内涵这类形而上问题的重要,开始超越以叶圣陶为代表的"实用语文"的狭隘。但这次大讨论没有像张志公所言的"劳而无功",而是功勋卓著,注定要名垂史册;即纯粹的工具性受到质疑与批评,人文性受到追捧,接着《语文课程标准》闪亮登场,于是就有了"语文是工具性与人文性的统一"这样对语文课程性质的界定。这一经典表述对后来的语文教育起到的规范、引领作用不言而喻;当然,这也是人们对长期以来语文"工具论""实用性"的反动。

不同于张老、超越张老的地方在于,曾祥芹早在改革开放之初,就已开始关注这个世纪性问题,即语文的性质、内涵、学科构成问题。他多次提出语文教育的首要问题、根本问题、重大问题就是语文观问题,为此进行深入研究并提出解决办法。在 20 世纪 70 年代末,曾祥芹就在其踏入语文教学研究之初的标志性文章《呼吁开展文章学的研究——语文教学科学化刍议》中,指出新中国成立后的语文课上成了政治课、文学课、语言课的问题后,一针见血地指出其根源,"以上三种偏向,究其根源,是忽略了文章的本质,没抓住语文教学的主要矛盾"[①]。

从此以后,一发而不可收!

在随后的 40 多年中,曾祥芹发表了关于该观点的一系列论文。在这些文章里,曾祥芹认为语文学是由语言学、文章学与文艺学构成的,语文教育也相应是对学生进行语言学、文章学与文艺学的教育。并多次大声疾呼:在相当长时期里语文教育的问题是文章教育被弱化造成的,是对语文教育的性质与根本任务不明确造成的,即六十年如一日呐喊、践行的"一语双文"论!当然,随着研究的推进,曾祥芹对此问题的认识越来越深入、清晰。例

---

① 曾祥芹.呼吁开展文章学的研究:语文教学科学化刍议[J].安阳师专学报,1980(1):37-43+48.

如他在 1995 年出版的《文章学与语文教育》"导论"中更尖锐指出:"这三种偏向,究其根源,是不明确语文科(语文学科)的工具性和人文性双重特质。"在 2018 年发表论文中的阐释更加具体明了:

> 讨论语文教育改革的首要问题、根本问题、核心问题是树立科学的语文观。因为,语文学科研探、语文课程建构、语文教材选编、语文教学改革、语文教师修养,等等大小事项,都要建筑在科学语文观的基础之上。如果对"语文何物"的解答还固守"一语一文"的旧传统,不接受"一语双文"的新理念,那么语文教育的系列改革必将偏失目标,仍走歪路,难有真正的创新。①

曾祥芹提出了他为之奋斗一生的"一语双文"论!

为了这个观点,曾祥芹探讨、研究了 43 年,发表了关于该观点的一系列论文 70 余篇,其中代表性论文有 10 余篇。这些论文,从提出"一语双文"论之雏形,到不断深化,以至日臻完善,是曾祥芹 43 年来呐喊、抗争的印记!

一、《呼吁开展文章学的研究》:实用文章学的独立宣言, "一语双文"论的先声

1980 年,一个充满激情与幻想的年份!

经过 30 年政治运动的风吹雨打,古老的中国重新焕发出新的青春与活力。如何清除旧的影响,还语文本来面目,如何教才是真语文,这是当时新老语文教育工作者必须面临的一个问题。而要解决这些问题就牵涉对语文教育的核心、语文的性质与内涵的理解。作为把自己的一生与热血都奉献给了语文教育,历经磨难,"虽九死其犹未悔"的曾祥芹自然也有着自己独特的感悟;他不甘人后,在经过长时间的思考后,撰写了《呼吁开展文章学的研究——语文教学科学化刍议》一文,几经周折最终发表于 1980 年第 1 期的《安阳师专学报》上。在这篇文章里,曾祥芹首先指出:"人们重视用文艺学、

语言学指导语文教学,这是好的。但是,不重视用文章学指导语文教学,确是个大缺陷。"接着深入分析了语文的内涵、本质与任务,即:"从教学目的与任务看,语文教学主要是培养学生读文章和写文章的能力。""从教学内容看,语文教材实际是优秀文章的集锦。""语文课的思想政治教育必须立足于文章教学。""语文课的文学教学必须服务于文章教学。""语文课的语言教学必须从属于文章教学。"最后得出结论:"文章学应成为一门独立的学科。"①在这篇文章里,曾祥芹把文章学与语言学、文艺学对举论证,初步形成了语言学、文章学与文艺学的三足鼎立。"三学鼎立"说,可以视作后来"一语双文"论的雏形。

阅读此文,我们似乎可以倾听到曾祥芹为文章学缺席而焦灼的心音,可以想象他为文章学独立而振臂高呼的身影。诚如安阳师范学院洪珉教授所言:"这是文章学界沉寂多年之后的一声呐喊。只要读读此文,便可以看出作者在文章学研究领域长期积累起来的那些思考和跃跃欲试的心情,就是拓荒者的憧憬和痴情。"②

其实,曾祥芹的这篇文章最早起草于1977年,直到他平反以后被安排到安阳师专任教后,该文才得以在《安阳师专学报》上发表,但这已经是三年之后1980年的事了。

1980年,也是一个充满希望的年头!

此值语文教育走出阴霾,面向灿烂的未来之际。是年,曾祥芹在一个不甚起眼的地方学报上发表了《呼吁开展文章学的研究——语文教学科学化刍议》一文,提出文章学在语文教育中的重要地位,呼吁开展文章学的研究,呼吁开展文章教育。可能很多人还沉浸在劫后余生的喜悦中,并没有意识到此文对后来的影响;但是一些语文学人能明白此文的内容及重要意义,杨文忠认为该文"可以视为中国文章学的独立宣言和建设当代文章学、实行语

---

① 如无特殊说明,本书所引文献资料皆出自本层标题中所引文献;再者,关于曾祥芹教育思想研究资料很多,2010年之前的论文大都收在张灿华《曾祥芹学谊录》,大象出版社2010年10月版;甘其勋《三学"创新论":曾祥芹学术思想国际研讨会文集》,河南人民出版社2011年4月版。

② 洪珉.拓荒之犁:评曾祥芹的《文章学探索》[J].写作,1991(7):35.

文教育的纲领性文献"①。笔者以为该文在中国文章学史与语文教育史上具有划时代的重大意义！它是中国现代文章学人的呐喊，是漫漫长夜里的第一声鸡啼，"是绯红的黎明正在喷薄"（舒婷《祖国啊，我亲爱的祖国》）。朱自清曾论"'诗言志'为中国诗论的'开山的纲领'"（《诗言志辨序》），那么笔者也这样认为，《呼吁开展文章学的研究——语文教学科学化刍议》是中国现代文章学的开山之作！

需要提出的是，20 世纪 80 年代，古老的中国骤然打开国门，学术环境日益自由开放，各种思想、理论、学派纷纷建立，这也是曾祥芹提出"一语双文"论、建立狭义文章学派的社会与时代原因。

二、《论文章和文学的分野》：中国文体学史上的空前之作，"一语双文"论的主要支柱

"一语双文"论，其重点是文章文学的分野问题。曾祥芹为此殚精竭虑近十年，终于和另一位文章学家张会恩教授联袂，用了一年时间撰写并反复打磨出了一篇在文章学史上非常有分量的文章《论文章和文学的分野》！其重大贡献就是作者以辛勤的汗水、非凡的勇气、高超的智慧，科学地解决了我国文体史上让人望而生畏的文章和文学的分野问题，其意义堪称空前！并在相当长的时期里无人超越。

直面现实！

这篇近两万字的文章首先表明对文章与文学区分的哲学旨归："研究对象的'纯化'，是任何一门学科得以建立科学体系的根本条件。为此，我们要在理论上划清文章学与语言学、文学学、写作学的界限。三项任务中最迫切最艰难的工作是完成文章和文学的分野，这是我国文论史上很早提出而又很久不能解决的重大课题。"②

铮铮誓言，掷地有声！

最重要的是，曾祥芹巧妙地解决了这个现实问题！

他指出文章、文学杂糅的历史存在的 6 种弊端。接着从科学概念、认识

---

① 杨文忠.谈"三足鼎立"说的划时代意义：文章学家曾祥芹研究之一[J].蒲峪学刊,1997(3):54-57.

② 曾祥芹,张会恩.论文章和文学的分野[J].殷都学刊,1988(2):32-45.

论与反映论、真实论与典型论、思维学与心理学、文体学与语体学、章法学与技法学、阅读学与鉴赏学、表现美学与接受美学、教育学与教学法、现代科学体系的构成层次 10 个方面来具体分析文章与文学的分野,包括各自内涵、特点、专用术语,以及相互区别与联系等。最后又以散文、报告文学、杂文为例,对文章文学的交叉地带即"两栖文体""交叉文体"的性质与属类进行论述,完成了文章文学分野的高难动作。作者采用分类论证,旁征博引,蔚为大观,令人心折口服。

文章文学的成功分野,意义非凡。洪珉在《拓荒之犁——评曾祥芹的〈文章学探索〉》一文中认为:"这样就有可能促成一个文章学科群的诞生,它必然导致现行教学课程体系的改革,使教学真正面向现代化。"①

曾祥芹对文章与文学两种文体的天才区分,是文章学独立的重要一步,大大提升了"一语双文"论的理论内涵,是"一语双文"论得以立足并取代"一语一文"论的重要支撑。如果没有对文章文学的科学区分,"一语双文"论也只能是一句口号、一具空壳、一幅愿景,一如水中月、镜中花,徒有其表,无法自圆其说。因为大文章观所持的一个依据即文章和文学无法分、不能分、分不清,而该文令人信服地证明了文章和文学可以分、能够分、分得清,从而使"一语双文"论有了坚实的立足之地。

不消说,此文使作者风光无限!悠悠历史,才俊何其多。但众多学者都在文章和文学分野问题上或视而不见、大而化之,或止步不前、语焉不详。这一历史重任责无旁贷地摆在现代学人面前,曾祥芹勇敢地接下这一历史交接棒,向着学术的终点奋力冲刺!此时此景,不禁让人心生感叹:

"江山代有才人出,各领风骚数百年!"

三、《文章学·语文学·语文教育学》:全面阐述文章学在语文教育学中的地位与作用,"一语双文"论向语文教育工程的转化

提出文章学是语文学的一个分支,就要阐明二者的相互关系。"科学的基本任务之一就在于区分。进行新的分类,划定新的范畴,使用新的概念,

---

① 洪珉. 拓荒之犁:评曾祥芹的《文章学探索》[J]. 写作,1991(7):35.

发现特殊规律,这是科学分类的神圣义务。"①恰逢上海教育出版社组织编撰"语文教师丛书",《文章学与语文教育》居其一,看到自己多年的呼吁得到回应,曾祥芹是多么兴奋! 但是,这项开拓性工作必然面临一系列困难。曾祥芹在该书"导论"中说:"这是前人未曾系统研究过的一个新课题,从语文教育科学化、民族化、现代化的需要来看,文章学、语文学、语文教育学,三者都是必修的基础工具学科。"因此,曾祥芹开宗明义,要厘清文章学与语文教育的关系。下面是曾祥芹在"导论"里给出的小标题,我们可以窥见作者的基本观点和思路。

一、文章学是语文学的主要分支

二、文章知识是语文知识的主体部分

(一)对语文知识流行提法的质疑

(二)文章本体知识的丰富

(三)文章知识是语文知识网络的主体

三、文章能力是语文智能的主导方面

(一)文章阅读能力是阅读能力的根本

(二)文章写作能力是写作能力的基础

(三)文章听说能力是听说能力的高标

(四)文章思维能力是语文智能的核心

四、文章教育是语文教育的主要任务

(一)典范文章是语文教材的主体部分

(二)语言文字教学要从属于文章教育

(三)语文思维训练要贯穿于文章教育

(四)文学教育要服务于文章教育

(五)语文德育要立足于文章教育

(六)语文美育要渗透于文章教育

五、文章学是指导语文教育的主干理论

(一)语文教育是语文学与教育学相结合的产物

---

① 曾祥芹,张会恩.论文章和文学的分野[J].殷都学刊,1988(2):32-45.

以上是"导论"部分的结构框架,给我们展示了"一语双文"论指导下文章学与语文学联系的整体图系。

　　不仅如此,曾祥芹还对每层内容做了精深论述。例如在第一部分中,他首先对语文学传统观念做了梳理与审视:语文学即语言文字之学、语文学即语言文学之学、语文学即语言文章之学等三种形态。并分析各个形态的狭隘与不足:语文学即语言文字之学局限于书面语言与语文工具性的研究。语文学即语言文学之学是片面的,"文学"是"语文"题中应有之义,"文学教育"是"语文教育"课中应尽之责;但是,"语文"不等于"语言文学","语文课"不等于"语言文学课"。语文学即语言文章之学是叶圣陶的提法,如果把文章理解为言语作品,那么叶老的提法最科学;这里的文章包括实用文章与审美文学,笔者认为这种大文章观有过于宽泛之弊;当然这正是曾祥芹所反对、欲提升的。

　　曾祥芹对语文传统的梳理与分析,切中了各种语文传统的弊端,令人信服。

　　在第二部分第二层里,曾祥芹指出了文章本体知识体系具有八个方面的内容:

　　（1）文章的本质（起源、特性、系统）;

　　（2）文章的规律（意贯律、言接律、得体律）;

　　（3）文章的信息（事料、意旨、情感、境界）;

　　（4）文章的体式（结构、语体、文体、技法）;

　　（5）文章的风貌（气势、风格、作风、美质）;

　　（6）文章的主体（作者、编者、读者）;

　　（7）文章的功能（认知价值、实用价值、审美价值）;

　　（8）文章的发展（古代文章史、现代文章史、当代文章史、外国文章史）。

　　不但如此,曾祥芹还对每项内容加以具体阐释,并水到渠成地得出结论:文章知识是语文知识的主体部分。然后根据科学的理论,依照基础科学、技术科学和工程科学三大层级,把文章学的含义和内容体系进行了如下

分析。

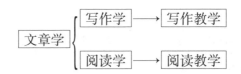

他认为文章学是语文学的分支学科,并配以如下图示。

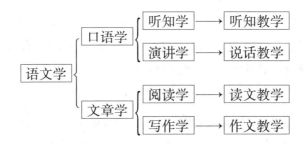

作者通过层层分析,让人们认识到文章学与语文教育的关系,认识到文章教育是语文教育的主要部分,同时也不得不叹服于曾祥芹课程理论的精深。

经过长时期的思考与酝酿,一个在语文教育学史上崭新的理论,如新出的朝阳,就要喷薄而出了!

四、《"一语双文"论——关于语文学科内容体系的新构想》:鲜明地举起"一语双文"论的旗帜

至 2020 年,曾祥芹发表了 700 多篇论文,但是在 1999 年《长沙大学学报》上发表的《"一语双文"论——关于语文学科内容体系的新构想》,绝对是其中最重要的文章之一,因为在这篇文章里曾祥芹鲜明地提出了他为之呼吁一生的观点,也是他成为语文教育家的标志性观点,即"一语双文"论!

在这篇文章里,曾祥芹对学界关于"语文"的释义及实践进行了综述:语文即语言文字,语文即语言文学,语文即语言文章,语文即语言文化。他由此得出对语文含义的分歧不在"语"而在"文"上的结论,即人们把"文"分别理解为文字、文章、文学与文化四种。接着分析上述理解的偏差与不足:第

一种"语文即语言文字",以偏概全。的确如此,简单的文字是难以覆盖广博的作品的。第二种"语文即语言文学"也是以偏概全,因为文学之外,还有更广泛的文章。并指出中国自古以来都是以文章为正宗,"五四"以来出现了文学侵吞文章的现象,使语文教育走向狭隘。第三种"语文即语言文章",以叶圣陶为代表。曾祥芹认为这种说法较科学,但错误在于把狭义的文章与文学混为一谈,既不利于文章学的研究,更不利于语文学科的研究与发展。第四种"语文即语言文化"。从学科内涵上自有其合理的一面,但曾祥芹认为"语文文化"过于宽泛,最重要的是不具有独立的实体性内涵。

笔者认为对上述任何一种既有其历史传统又有现实基础的语文观提出批评,既需要勇气,又需要学养支撑。以"语文即语言文字和文学"说为例,其代表人物就是著名的语文教育家,被誉为语文界"三老"之一的吕叔湘。再看"语文文化",此观点既有传统的根源,又有现实的诉求。中国有讲求"文以载道"的传统;加上20世纪八九十年代语文深受工具论的束缚,人们出于对此的反动,高扬了人文性的大旗,提倡文化语文遂成一时之潮流。要对学术泰斗、传统定见加以批评,没有很大的勇气与学养是很难做到的。

"不畏浮云遮望眼,只缘身在最高层!"

曾祥芹硬是不惧困难,迎难而上,对四种语文观进行了辩证的扬弃;特别是在批判、借鉴叶圣陶"语言文章"的前提下,提出了终其一生为之奋斗的学术主张——"一语双文"论,即语文的内涵或分支学科为"一语"(语言)、"双文"(文章、文学)。

"一语双文"论之内涵有两个层次的基本分类:一是根据叶圣陶"口头为语、书面为文"的说法把语言文本分为口语与书语;二是曾祥芹的分法,他把文字文本之"文"分为文章与文学。可以说,这一术语言浅义深,气象万千。且看曾祥芹对这一观点的深刻理解:

(1)"一语双文"说坚持了对"语文"逐层一分为二的辩证法。

(2)"双文"的提法,既包容着文字(文章和文学均为组成篇章的书面语言),又渗透着"文化"(文章是软文化的第一载体,文学是软文化的第二载体),它融文字、文章、文学、文化于一体,全面兼顾,最有概括力。

（3）"一语双文"说既克服了"语言文字"说的历史局限，又摒弃了"语言文学"说的现代偏见；既吸取了"语言文化"说的深刻思想，又提高了"语言文章"说的科学品位。

（4）"双文"的提法，解决了"侵吞文章的文学正统观"和"包容文学的广义文章观"的矛盾，从而使文章和文学各自独立，协同发展。浸透"文学正统观"的人常把带文学性的文章归入"散文""杂文"或"报告文学"，包括不了时又侈用"非文学作品"来指称实用文章；坚持"广义文章观"的人在进行文体分类时常把"文学作品"划为"文章"的一大类，或者习用"常用文体""一般文章"来指称实用文章。许多文人兼有"文学正统观"和"广义文章观"，他们的著作中的"文章""文学"概念搅揉不清，自相矛盾，混沌一团。如果我们在承认中介性"两栖文体"存在的条件下，坚持文章和文学的分野，就可以使文章和文学相对独立，泾渭分明，彼此平等，并驾齐驱。这样，我们就可以改变传统的文学正统观和广义文章观，反过来用"非文章"来指称"文学作品"，同时不再说"文学作品也是文章"的老话了。

上面是曾祥芹对"一语双文"论内涵的理解与论证。

就是这一段寥寥文字，从1980年发表《呼吁开展文章学的研究——语文教学科学化刍议》产生萌芽，至1988年《论文章和文学的分野》提出文章与文学的分野，1992年《文章学与语文教育·导论》中对文章学内容的建构，再到1999年"一语双文"论的正式提出，曾祥芹酝酿、探究了近20年。

20年！

20年的思考与酝酿，20年的冬寒夏火，呕心沥血，曾祥芹提出了自己一生为之坚守的"一语双文"论，科学地阐释了语文学的内涵及学科构成，对语文学科的理论研究与实践教学都有着重要的指导意义；也是其成为"继叶圣陶、吕叔湘、张志公、朱绍禹、刘国正、顾黄初之后的著名语文教育家"的重要标志。

五、《文章学:典型的社会科学技术》:论证文章读写是精神生产的元生产力,是"一语双文"论向社会科学技术的升华

该文是曾祥芹不满时任中国科学技术委员会主任宋健漠视社会科技的观点和中国社会科学院院长胡绳的一番话而写的,现实针对性极强。宋健在为提高全国县级以上领导的科学文化素质而主编的科技教材《现代科学技术基础知识》一书中,仅解说各类自然科学技术,而缺少社会科学技术。胡绳在《人民日报》发表文章认为"社会科学不属于生产力范畴,社会科学的确很重要,但其重要性不能用科学技术是第一生产力的原理来说明"。曾祥芹应《社会科学家》杂志之约撰写《文章学:典型的社会科学技术》并于1999年发表。

本文采用自问自答的方式,设计了四个问题:

第一个问题:科学技术包括社会科学技术吗?

对于这个问题,曾祥芹引用马克思的话:"一般的社会知识、学问已经在多么大的程度上变成了直接的生产力?"接着引用江泽民于1995年5月26日在全国科学技术大会上的讲话"科学当然包括社会科学"。两处引用论证无可辩驳地说明社会科学属于科学的一部分。接着又举例论证:"作为毛泽东思想新发展的邓小平理论所产生的社会生产力功能,远非一项或多项自然科技发明成果所能比拟。"有力地论证了论点。

第二个问题:文章学是一种社会科学技术吗?

曾祥芹根据自己此前对学科内容涵盖基础工程、技术工程与应用工程的分析,认为文章学包含文章本体论、文章读写论、文章应用论三个层级理论,接着逐层分析其内涵,都是与社会生产密切相关的。最后自然而然地得出结论:"文章学是一门'学'而兼'术'的、'知''行'合一的、应用性很强的科学理论和生产技术。有关文章生成和发展的内部规律和外部规律,可归入文章的科学领域;有关文章生产和再生产的写作规律和阅读规律,可归入文章的'技术'领域。据此,文章学列为社会科学技术之一种,是条件完备的,是语言学、文艺学、新闻学、秘书学等相邻学科难以代替的。"

第三个问题:文章学可视为精神生产力吗?

作者分两个方面回答上述问题:"作为知识形态的文章基础科学,属于

潜在的、精神的、扩大意义上的生产力。""作为技能形态的文章读写技术,属于现实的、行为的、本来意义上的生产力。"既有深入的理论论证,又有例证,很有说服力。例如在第二层中他写道:

> 写文章是精神产品的生产,可以创造出有使用价值的信息交流工具;读文章是精神产品的消费和再生产,不但能汲取精神营养,而且能增长知识和智能,锻炼思想和美感,提高读者的文化素质。又如,一目十行、过目成诵的快速阅读能力和下笔千言、倚马可待的快速写作能力,至今已经不是神童才子的事,而是每个智力正常的公民应该而且可能训练出来的本领,是 21 世纪的主人迈向信息高速公路的"通行证",掌握了这个文章的"高科技",就可以大大提高生产的效率,从而实现杜甫"读书破万卷,下笔如有神"的理想。

在这一段里,作者引用杜诗,举快读、快写的例子,深入论证了论点。

第四个问题:文章学何以发挥生产力功能?

对此,曾祥芹认为:"作为社会科学技术的文章学,其生产力功能的发挥,是凭借自身的特性来实现其价值的。""文章学的生产力功能通常表现在社会知识、信息的交流过程中。""文章学的生产力功能更加深刻地表现在智力劳动者的素质提高上。"

通过上面四部分论述,曾祥芹最后感叹道,文章学在有广大的社会需求、有巨大的经济效益的情况下,该学科从中央到各省研究院以及各院校却没有其应有的地位。最后呼吁人们解放思想,高举邓小平理论的伟大旗帜,精神生产力也要和物质生产力一起获得解放,呼唤文章学独立时代尽快到来,深情地描绘了一幅文章学兴旺发达,发挥其生产力巨大作用的宏伟蓝图。

在曾祥芹 700 多篇论文中,该文在价值、影响力、代表性等方面都是数一数二的。在自然科学大行其道,社会科学屡遭冷遇的情况下,文中所高扬的"社会科学也是生产力"的观点就具有强烈的现实意义,它以无可辩驳的事实、缜密的论证,让人们认识到社会科学的巨大作用,对长期以来人们重理轻文的意识起到一定的纠偏作用。它不仅为文章学张目,而且为社会科学摇旗呐喊,其影响已超出文章学领域的狭小范围,扩展到整个社会科学领域,获得了社会科学界的普遍认同和广泛反响。最值得称道的还是作者不惧"官"威,不盲从定说的学术勇气,以及超远的学术洞见、异于常人的学术坚守、丰富的学术理论。正是由此,曾祥芹才能写出如此大气磅礴、酣畅淋漓的文章。

六、《提高文章素养:亟须强化的语文教学理念》:阐发文章素养的丰富内涵与文章教育的重要性能,"一语双文"论对语文核心素养的充实

在学科理论"基础学科、技术学科、应用学科"三者之中,"应用学科"是目的与归宿,任何理论的、技法的研究都是为应用服务的;曾祥芹十分重视应用学科的研究,他一直关注教学的最新动态。新世纪初,《全日制义务教育语文课程标准》(包括实验稿和修订稿)颁布,与此前显著不同就是"前言"部分提出了"语文素养"的新理念。一直秉持"一语双文"的曾祥芹就敏锐地发现"前言"部分在谈到"语文素养"时,没有把"文章素养"与"语言素养""文学素养"并提,接着一针见血地指出是传统的"语文即语言文字和文学"的狭隘语文观在作怪。在此基础上,曾祥芹提出:

"语文教师要成为语文学家,必须同时是语言学、文章学、文艺学的行家。这种'行家'不是纯知识型的,而是智能型、人格型的。"接着就文章素养进行论述,认为文章素养包括文章情志素养(文章情感蓄积、文章科学态度、文章价值取向),文章知识素养(文章本体知识、文章主体知识、文章客体知识),文章智能素养(文章阅读素养、文章写作素养、文章听说素养、文章思维素养)。最后提出"提高学生的文章素养,必先加强语文教师的文章学修养"。[①]

这一结论击中问题的症结所在。按照曾祥芹的观点,文章不仅是语言与文学的中介物,更是语言与文学不可替代的学科内容,文章素养缺失的语

---

① 曾祥芹. 提高文章素养:亟须强化的语文教学理念[J]. 中学语文教学,2008(9):4-7.

文素养是不全面的。因此,该文所提出的文章素养是对语文核心素养的充实与完善。

七、《"一语双文"时代渐行渐近》①:对"一语双文"新时代的 呼唤与展望

在该文开头,曾祥芹仍是一如既往地对"一语双文"论的内涵加以阐释,指出此观点虽已得到学界的积极回应,但仍未获得广泛认同。接着具体论证"一语双文"论是对四种"一语一文"观的辩证否定:"语文即语言文字"说、"语文即语言文学"说以偏概全,前者说法中的文字包含不了文章与文学;后一种说法中文学包含不了实用的文章。"语文即语言文章"说坚持了广义文章观,但文章包含不了文学。"语文即语言文化"说有过于宽泛之弊,且无实体学科之内涵,属于美丽的空中楼阁,教学中难以操作。然后水到渠成地提出"'一语双文'论是对'六老'语文观的继承和发展","是对《语文课程标准》的建设性批评","是对全球化语境下语文教育改革趋势的适应和拨正","是树立语文教育的科学发展观的根本"。这是对"一语双文"论的理论自信,也是对"一语双文"论胜利的展望和一声声的热情呼唤!

八、《重申文章知识,强化文章教育》②:再论文章知识在语文知 识中的主干地位,强调文章教育在语文教育中的中坚作用

该文是曾祥芹晚年的作品,是其精思熟虑的结果。全文近万字,洋洋洒洒、蔚为大观。作者首先历数语文设科100多年来,文章及文章学始终没有被学界承认的史实,特别列举魏书生"语文知识树"、上海师大郑桂华教授对语文本体知识阐释的论文在文章教育方面的缺失,指出没有文章知识的语文知识是残缺不全的。接着根据文章的基础科学、操作技术和工程应用的理论,从文章本体知识、文章读写知识和文章教学知识等方面,全面而具体地分析了文章知识。之后提出"在文章母体中学习各项语言知识","在普通文章知识基础上熟悉文学学识","在'言语文化'中张扬'文章文化'知识",

① 曾祥芹."一语双文"时代渐行渐近:全球化语境下语文内容结构改革的必然趋势[J].语文建设,2009(11):4-8.
② 曾祥芹.重申文章知识,强化文章教育[J].中学语文教学,2014(11):4-9.

"继承用文章学指导语文教育的优良传统"。最后警告世人,"如果对当今的中学生不传授鲜活的文章知识,不训练过硬的文章基本功,那么他们未来成为栋梁之材时撰写的经国济世文章仍可能送进社会的'文章医院'"。这话是针对主持制定语文新课标的栋梁之材说的,真可谓醍醐灌顶,振聋发聩!

该文不但结构宏伟,议论雄博,开合自如;而且有一些观点让人耳目一新。例如"语文教育本体是'语用'教育","语文课程的实践活动应以语文知识为先导、为中介、为后辅,它贯穿读写听说的全过程。只关顾知识的后辅和中介作用,而取消知识的先导作用,是语文课改初期的严重教训"。特别是语文姓"语"名"文"的观点,说明只知"姓"不知"名"是找不到真人的;由此类推,只知"语"不知"文",只知"一文"不知"双文",是决然不解"语文"的。它既批评了语文姓"语"说的浅狭,又澄清了"真语文"讨论的科学内涵,这是此前曾文所没有的,是曾祥芹语文观的新阐释。

九、《论"一语双文"的语文内容结构观》①:简示"语文学"内容结构的多层呈现

曾祥芹提出的"一语双文"论,是对四种"一语一文"论的总结与超越,是对语文学科性质与内涵的最科学解释,对语文教学有着积极的指导作用。但是提出一种理论易,如何构建其内容体系难。如果只提出理论而不能构建理论体系,那么该理论只能是种"假说"。在《论"一语双文"的语文内容结构观》这篇文章里,曾祥芹显示了其大家风范,他首先指出四种"一语一文论"的不足及缺陷,或以偏概全("语文即语言文字""语文即语言文学"),或失之笼统("语文即语言文化"),或自相矛盾("语文即语言文章")。接着对"一语双文"结构观进行详细的解说,使之分为 14 个大类共 42 个小类,向人们呈现出逻辑严密、内容丰富的结构体系,令人瞠目!

文章结尾又着重提出:

第一,"语文"教育,以"文"为主。第二,"语言、文章、文学"三

---

① 曾祥芹.论"一语双文"的语文内容结构观[J].课程・教材・教法,2015(4):57–59+28.

者,"文"处于中坚地位。"双文"教育必以语言教育为根基,遵循"普及第一、提高第二"的方针,又要坚持"文章第一,文学第二"的原则,先熟悉言语的科学规则,后才有希望去把握言语的艺术技巧。要按照"语言—文章—文学"的发展程序去提高语文的各项素养。

总之,"一语双文"论反映了语文本体的客观存在和自身的发展规律,其宗旨是建立完整的语文内容结构,是希望语言、文章、文学的和谐自然发展,科学的语文教育发展观应该是语言教育、文章教育、文学教育三足鼎立、携手共进。当然,超越和告别四种"一语一文"观,需要痛苦的反省和科学的扬弃。

十、《语文教育的"供给侧结构性改革"》①:从社会语文需求的 广度论证语文教育体制的全面改革

机会总是留给有准备的人,此言不虚!

正是因为对开展文章学研究的终身追求,曾祥芹才能总是抓住许多人忽略的机会,别出心裁地宣扬其教育主张。近年,习近平总书记发出了"供给侧结构性改革"的号召。"供给侧结构性改革"原是一经济学术语,是指物质的生产要以满足人民的需要为前提与旨归,在此基础上调整经济结构,优化要素配置,提升经济水平。曾祥芹敏锐地观察到这一时机,成功地对这一术语加以化用,撰写论文《语文教育的"供给侧结构性改革"》,揭示了语文教育供给与需求的矛盾,指出了语文教育的问题所在:"语文教育的结构性问题主要表现在语文要素配置扭曲、语文教育产业结构失衡、语文供给和需求不对应、增长语文动力结构残缺、语文人才引进分配结构错位等方面。"通俗地说,就是在语文教学中,出现教师教的文学知识在工作中用不上,用上的文章知识教师不教的悖谬。并给出具体办法:首先,"大学语文教育的供给要适应中小学语文教学和社会语文应用的需求"。具体说就是"大学语文教

---

① 曾祥芹.语文教育的"供给侧结构性改革"[J].语文教学通讯(B),2017(11):8-12+7.

育要落实'一语双文'观,补齐'文章学'"这块语文学科的短板。其次,建构"语言、文章、文学三足鼎立的语文课本体系"。再次,调整语文教师的素养结构,"获得语言学、文章学、文艺学的全面智能素养"。

读了曾祥芹这篇《语文教育的"供给侧结构性改革"》的文章,笔者不禁想起两千多年前的庄子曾经讲过一个"痀偻者承蜩"(《庄子·达生》)的寓言:一个驼背老人长时间地练习抓知了,最后达到不见天地,唯见蜩翼的境界,以致抓知了就像在地上拾取一样简单。由于长期关注语文教育,醉心语文教育的根本问题,曾祥芹总能把与语文教育似乎毫无关联的事物联系起来,从党中央发出"供给侧结构性改革"的口号中信手拈来,把文章教育与语文教育的关系比作"供给侧",来论证语文教学要落实"一语双文"观,满足语文教育的需要。这一理论的化用,新颖别致,形象生动。这也又一次印证,庄子所讲的寓言并非虚言也!

十一、《扬弃"一语一文"旧语文观,普及"一语双文"新语文观》[①]:破立分明的语文内容结构的立体观照

该文是曾祥芹多年对"一语双文"观思考的结果,是对该理论最深入、最成熟与最新颖的阐释。曾祥芹从言语形态、言语作品、语文知识、语文能力、语文素养、语文学科、语文课程、语文教材、语文教学法、语文教育、语文教育史、言语文化、语文美学、语文学家14个不同方位、不同层面对语文"三足鼎立"说进行解读,也为文章学与语文教育补充了15个文章基本范畴:文章语言、文章作品、文章知识、文章读写能力、文章素养、文章学科、文章课程、文章教材、文章教学法、文章教育、文章教育史、文章文化、文章美学、文章家、文章学家。14种角度、15个基本概念、14个理论层面,曾祥芹向人们描述了实用文章学的理论根系,又生动展现了语文教育学的理论图谱。

该文宏大而不失精细,奇思而又言之有据,是曾祥芹对系统论的又一次成功运用与生动演示!

笔者初读即为作者深邃的思想所震撼!反复品读,不禁惊为天人!

---

① 曾祥芹.扬弃"一语一文"旧语文观,普及"一语双文"新语文观[J].殷都学刊,2018(3):94—99.

当然，该文仍是贯穿了曾祥芹奉行始终的"一语双文"论！

多年来，曾祥芹著书立说，笔耕不辍，大力推广这一教育理念。例如2001由巢宗祺主持的《语文课程标准》公布以后，曾祥芹于2002年撰写发表文章《语文新课标的偏失》，直指其中文章学的缺失。2003年巢宗祺主持颁布《普通高中语文课程标准》后，曾祥芹撰写了《文章学：语文新课标的理论支柱之一——对语文课程加强"文章素养"的建议》。2008年《义务教育课程标准》颁布后，曾祥芹应《中学语文教学》主编张蕾约稿撰写《提高"文章素养"：亟须强化的语文教学理念》。2014年实验修订稿后，又在《中学语文教学》当年第11期发表《重申文章知识，强化文章教育》，对语文知识、文章知识进行分类，并提出"在文章母体中学习各项语言知识，在普通文章知识基础上熟悉文学常识，在'言语文化'中张扬'文章文化'知识"。

不但著书立言，曾祥芹还在会议发言、通信、私下谈话中力推其"一语双文"论，大力呼吁重视文章教育。有时据理力争，有时参与论战。尤其值得一提的是2017年在北京师大召开的"教师阅读与基础教育"会议，本会可称得上中国语文阅读学的"华山论剑"，与会的皆是中国教育界的知名专家，例如，分别是语文新课标的第一、二、三版主持人的语言学家巢宗祺、中国现当代文学家温儒敏、语言学家王宁。曾老师在会上会下当着三个人的面直言语文新课标文章要素的缺失，三人笑而不言。

四十春秋倏然过，"一语双文"付一生！

"一语双文"论是曾祥芹一生奉行的核心语文教育理念，是他继叶圣陶、吕叔湘、张志公、朱绍禹、刘国正、顾黄初"六老"之后的著名语文教育学家的重要标志！因此，这一观点自提出以来，立即受到学界较多的关注与好评。中国高等教育学会语文教育专业研究会原会长周庆元在《曾祥芹文选》下卷《语文教育学研究》序二《一生开拓"五论"创新——浅谈曾祥芹教授对语文教育学研究的杰出贡献》中进行热情洋溢的赞颂："果如其愿，则善莫大焉，势必确保中小学生语文素养的全面提高，进而有效地促进全民族整体素质的增强，为实现中华民族的伟大复兴做出不可低估的贡献。"河南师范大学崔应贤教授从哲学的高度论述道："力主文本中文章文学的分野，充分地体现了他的分析哲学的意识观念……提倡对形而上学和辩证法两大方法的共用，特别是对形而上学方法的强调，则更是具备了他的完全自觉的文章哲学意识,不但对哲学本体的方法论有重新评判的价值,也对用哲学方法指导文章学研究指明了正确方向。"①王松泉教授撰写长文给予高度评价:"'一语双文'论反映了语文本体的客观存在和自身的发展规律,是对语文学科内容结构的整体概括,是对'六老'语文观的继承和发展。"②西南大学的李先锋博士在对国际语文课程改革的梳理后指出:"国际语文课程改革趋势是与'一语双文'论思想贯通的。无论是其文本系统的文学、信息文本二分趋向,还是信息文本角色的演进;抑或信息文章素养在读写领域中的比重变化,都自发呼应了'一语双文'论的'双文教育,实用文章素养第一'的核心思想。因此,曾先生的'一语双文'思想不仅有望矫正我国'三缺一'的语文观与语文教育观,同时对全球语文教育改革现象也具有很强的解释力,具有很高的理论前瞻性。因此,以'一语双文'为指导,全面提高学生语文素养,无疑是我国语文课程改革深化与教学创新的新思路。"③从理论与实践层面都给予了高度评价。

笔者常常想,曾祥芹何以能够在狭义文章学园地硕果累累,何以成为文章学界的灵魂,何以获得学界的普遍的钦敬? 经历、机缘、能力、学养等,都是不可或缺的;但笔者以为首要的是其坚定的学术志向与立场。根据笔者十多年的了解,奉行狭义文章观最坚决、力耕文章学园地最劳苦功高的当属曾祥芹无疑! 他是最坚定、最优秀的狭义文章学家! 笔者曾记得在参与曾祥芹主编的《说文解章》第二十九章"文章伦理"(文德)的撰写时,为了论证我国优秀作品"伤善"与"歧视妇女"的观点,分别举了《水浒传》中武松、李逵滥杀无辜和《三国演义》中轻视妇女的例子,曾祥芹反馈的批语是:"又是举文学的例子?"不满与批评,非常强烈! 我的室友张世栋同学看了则说道:"挨批了吧! 你还不知道,曾老师是坚定信奉狭义文章观!"当时的一幕深深地印在脑海里。

① 崔应贤.论曾祥芹先生的文章哲学思想[C]//甘其勋."三学"创新论:曾祥芹学术思想国际研讨会文集.郑州:河南人民出版社,2010:111.
② 王松泉.语文教苑的一位杰出思想家:曾祥芹学术思想体系初探[C]//甘其勋."三学"创新论:曾祥芹学术思想国际研讨会文集.郑州:河南人民出版社,2011:312.
③ 李先锋."一语双文":语文课程改革与教学创新的新思路:基于全球语文教育进展研究[C]//甘其勋."三学"创新论.河南人民出版社,2011:329.

行文至此,笔者想到了清代郑燮的《竹石》:

咬定青山不放松,立根原在破岩中。

千磨万击还坚劲,任尔东西南北风。

这是一首托物言志诗,借对竹子的描写,表达了自己面对种种艰难困苦宁折不弯,决不屈服的品格。推物及人,曾祥芹一如诗中的竹子一样,咬定了"一语双文"论,不怕流言,不惧蜚语,耐得寂寞,不改初心。

笔者有诗赞曰:

教苑有祥芹,欣然思不群。双文归一语,风采世间闻。(一)

再究一文观,偏颇欠细研;双文加一语,默默四十年。(二)

第二节 对四种"一语一文"说的辩证否定

不同于一般的语文教学专家注重具体而微的问题,曾祥芹思考问题善于透过现象看本质,抓主要矛盾。面对语文教育众多问题,他多次谈话或撰文,认为根本问题是语文学科的性质问题,这是解决一切问题的关键。该观点可谓击中肯綮!他对中国语文教育史料尤其分科以来相关资料进行了梳理与研究,认为对于语文之"语"的内涵理解,学界观点较统一,是指语言,分歧的关键在于对"文"的理解上。曾祥芹归纳出学界的四种指代,分别是"文字""文学""文章"与"文化"。曾祥芹在多篇文章、多个学术会议或私下场合都提到这四种说法,并进行了深入的分析与批评。例如《"一语双文"时代渐行渐近——全球化语境下语文内容结构改革的必然趋势》(《语文建设》,2009 年第 11 期,人大复印资料《高中语文教与学》2010 年第 4 期全文转载),《"一语双文"论——关于语文学科内容体系的新构想》(《长沙大学学报》,1999 年第 1 期),《重申文章知识,强化文章教育》(《中学语文教学》2014 年第 11 期),等等。曾祥芹认为此"四论"要么以偏概全,要么高深玄虚,要么秉持大文章观;然而都对文章与文学的分野视而不见。

一、"语文即语言文字"说(以王力为代表)以偏概全

王力是中国现当代语言学界的权威,中国现代语言学的奠基人之一,著作甚丰。其编著的《古代汉语》《现代汉语》几十年以来一直是大学中文专业

的通用教科书,对学界、教育界影响深远。曾祥芹把其观点概括为"语文即语言文字"说,认为语文是以语言和文字为内容的学科。在该理论指导下,语文学习就是进行单纯的语言、文字训练。对此观点曾祥芹在多篇文章、多个场合都旗帜鲜明地加以反对,认为其以偏概全。曾祥芹在《"一语双文"论——关于语文学科内容体系的新构想》以"1998 年高考语文考试说明"为例加以分析,指出其中关于语文考试内容规定为五部分:①语言知识和运用,②文学常识和文学鉴赏,③文言文阅读,④现代文阅读,⑤写作。其中阅读能力主要指文章阅读,也包括文学阅读,写作能力则纯指文章写作,这是完全正确的;但所列的语文知识仍限于语言和文学两项,似乎只有文章读写技能可考,而无文章知识可言、可考……

众所周知,考试说明是中国教育行政部门颁布的行政法规,对学校教育的影响可以说是刚性的。在其指导下,学界研究也不可能置身事外。曾祥芹在这篇文章里特举北京的《中国语文》杂志,认为该刊物就是持这种狭隘观的代表。这本杂志贯以"语文"之名,就应有语文之实,但"其内容仅限于语言本体发展及语言文字应用的基本规律的研究;其成果形式几乎是清一色的文章,却极少文章读写的研究;其个例不乏文学作品,却极少文学鉴赏和创作的研究;其视野扩展到汉字文化,却极少涉及汉语文章、汉语文学所综合体现的中华书文化研究"。接着曾老师揶揄道:"按其内容专职,改为中国语言文字倒名副其实。"不但《中国语文》杂志,《语文建设》《中学语文》等杂志,其办刊理念与《中国语文》杂志大同小异,在此不再赘述。再就是魏书生的语文知识树在 20 世纪中后期名极一时,很是吸引眼球。笔者当时正在中学求学,对其略知一二,那时主要从学生的角度来理解语文,对其内容设计的缺陷并没有考虑,当然也从没有想到它会有缺陷,即其只列出语言知识与文学知识,忽略文章知识。当然其缺陷还不仅仅于此,它把知识看成一个既定的、封闭的系统,无视其不定性与开放性,等等。在此略而不谈。

如果从学科理论看,文字仅是语言学研究的一个方面,语言学尚不能涵盖语文学的全部,还枉论文字?从质料分析看,文字仅仅是语言学、文章学、文学的构成部件,用一个部件来概括所有的言语作品,岂不荒唐!

理论的悖谬必然带来实践的盲目与可笑!

语文即语言文字这种观点,可以称为"语言工具论"。可以这样说,该观点影响和左右中国语文教育四十年。出于培养掌握一技之长的接班人的需要,语文教学主要是对学生进行语文知识的灌输,在实际教学中则变成了枯燥的言语训练,整篇作品被肢解,活生生的语言形式被当作僵死的字句加以讲解,语文教学成了单纯的技艺之学,语文试题变成了玩弄文字游戏,教师成为按图索骥的匠人,学生沦为教鞭下的僵尸!往深层次说,这些外在的教学行为只是表象,而其背后的教学理论即"语文即语言文字"说才是问题的根源与实质。因此,"语言文字"说的枷锁不除,上述变态可笑、枯燥乏味的教学行为就不会改变。结果,这种被称为"语言工具论"的语文观在 20 世纪末成为人人喊打的过街之鼠,遭人厌弃,最终被工具性与人文性的统一所替代,一度迷失的中国语文教学翻开了新的一页!

当然,时至今日,语文新课标对语文性质"工具性与人文性的统一"的定性,也存在这样或那样的问题而遭人质疑。不过,应该认识到,任何一种理论都是对前一种理论的修正与补充,有其正确的一面,但也可能存在新的问题,不能以其存在的问题来否定其价值与作用。因此,语文新课标对语文性质表述,其作用毋庸置疑。

二、"语文即语言文学"说(以吕叔湘为代表)也是以偏概全

这种观点由来已久,特别是语文分科以来尤甚,其中吕叔湘多次提到这种观点。吕叔湘是中国语文教育界的"三老"(叶圣陶、张志公、吕叔湘)和"六老"(叶圣陶、张志公、吕叔湘、朱绍禹、刘国正、顾黄初)之一,因而其"语文即语言文学"说对语文教育产生长期影响。对此,曾祥芹不惧权威,在多篇文章里曾公开反驳,"语文即语言文学"说(以吕叔湘为代表)也是以偏概全。因为文学之外,还有更为广泛的文章。他在《"一语双文"论——关于语文学科内容体系的新构想》这篇文章里首先回顾了文章、文学两文体分合的历史,指出"五四"以前,基本上是文章包含文学,"五四"之后文学勃兴,文学侵吞文章的现象日益严重。新中国成立后多次的语文教学大纲、考试说明对语文知识与能力的表述基本上都是语言与文学知识。"这类语文教育'指挥棒'依旧固守着'语言即语言文学'的偏狭观念。这种流行的偏狭语文观来源于高校,培养语文教师的大学中文专业长期被称为'汉语言文学',文章学没有自己的合理地位。如今,大学中文系纷纷升级为'‘文学院’,‘文学

不但继续吞并着'文章',而且使'语言'学科附属于'文学'。这种'文学称霸'的局面把语文的发展引向歧途"。中华人民共和国成立后,中央语文教学问题委员会1954年《关于改进中小学语文教学的报告》干脆将"语文"界定为"语言文学"。不少学者也就堂皇无忌地加以阐发:"语文课是进行语言教育和文学教育的语言文学课。"(《"一语双文"论——关于语文学科内容体系的新构想》)

曾祥芹没有指出的是,在20世纪末语言标准的大讨论之后,尤其是2001年《语文课程标准》颁布之后,语文的"语言文字"观受人唾弃,代之而起的是"文学"观与"文化"观。出于对流行已久的"语言文字"观的反动,"文学"观与"文化"观的出现着实让语文教育界欢欣鼓舞,教材编入了一批文质兼美的诗歌、散文、戏剧与小说等文学作品,特别是教育部给出的中学生课外阅读书目清一色的都是文学名著,成了当时语文教育一道道绚丽的风景。但是,让人始料不及的是,语文课变成了生动活泼的文学欣赏课之后,其培养学生感知祖国言语作品的能力被单一的培养文学审美能力替代,扎扎实实的语文听说读写能力培养成为空谈。课堂气氛活泼了,真实的语言感知却落空了;学生兴趣提高了,学生的语文素养却下降了。套用《荷塘月色》中的话就是,"课堂是热闹了,但热闹的只是课堂,我们什么也没有"。究根结底,理论的漠视必然导致实践操作上的低效与落空。于是,语文课堂开始呼唤回归,回归到培养学生语文素养上来。因此,用文学取代形式多样的文章是不足取的,也是取代不了的!

特别需要指出的是,四种"一语一文"论里这种观点最为普遍,流弊最大,至今仍有着根深蒂固的影响。

三、"语文即语言文化"说(以罗常培为代表)较为高深,但失于笼统

与前两种不同的是,"语文即语言文化"比较重视语文的"文化"内涵。该理论有着深远的历史传统,可以追溯到孔子的"诗教"观、《诗大序》的"教化"观。但是历史上的"诗教"观、"教化"观有其特定的历史背景与需求,不宜盲目照搬。对于现行的"语文即语言文化"观,曾祥芹也给予简要批评。笔者在曾祥芹基本观点的基础上,结合自己的理解对此加以展开论述。

(一)理论上大而无当

"语文即语言文化"说虽有其深度但缺少具体的学科支撑。它切合了语文内涵的广泛性、学科的杂糅性以及文化的厚重性之特点,便于加强学生理想教育,培养良好的道德品质,濡染性情,以及传承、创新文化等。这种观点的合理性在于,一是从教学目的看,教育总是要完成一定的文化任务,达到一定的文化旨归;二是从教材选文看,入选教材的文本总是一种文化载体,有其鲜明的文化特征;三是从教育主体看,师生在语文教学中总是接受一定的文化教育,传承特定的文化传统,语文教育的任务之一即是对被教育者实施文化教育等。但是文化是一个内涵丰富、外延非常宽泛的概念,它包容很多学科内容,与很多学科都有交叉点,无法明确某一学科,大而无当,犯了笼统之弊。

(二)有其历史传统但难以符合现实需求

"语文即语言文化"说历史悠久,中国教育自古以来都提倡"文以载道"甚至"文便是道"的观点,且有其许多代表人物、代表性团体,这里略举几个当代的例子:当代语文教育界元老、中华人民共和国成立初期的语言学家、语言教育家罗常培,其《语言和文化》在新中国成立初期出版,以后多次再版,为中国语文教育代表作,影响深远。再如,华中师大教授邢福义,其代表作《文化语言学》认为:"语言是文化的符号,文化是语言的管轨。"①再如"语言文化协会",其宗旨是语言文化学。如此等等。这种观点如果放在科举时代其弊端尚不明显,因为当时学科不分,就一门读经学,范围再大也不会与其他学科交叉雷同。但是在分科越来越细的今天,再持"语文即语言文化"观就会与其他很多学科撞车。

(三)实践上带来文化的泛化

此观点从文化角度来阐释语文,有其深度,但也淡化了文学文化,消解了文章文化,为语文课标实验阶段的"泛语文""泛人文""泛文化"倾向的始作俑者。

对于"语言文化"说,曾祥芹从理论上发表了独到的见解:

---

① 邢福义.文化语言学[M].武汉:湖北教育出版社,2000:1.

"'语言文化'说不具有独立的实体性内涵,它总是通过语言文字、语言文章、语言文学等具体语文形态体现出来。况且,对于语文折射出来的人文内涵,至今尚未得到充分、系统的发掘。鉴于文章和文学均属于观念性的软文化形态,仅仅是民族文化的一小部分,难以涵盖活文化和硬文化形态,用'语言文化'来概括'语文'的内涵,过于宽泛,有失笼统。"——《"一语双文"论——关于语文学科内容体系的新构想》(《长沙大学学报》,1999 年第 1 期)

"'语言文化'说不具有独立的实体性内涵。""用'语言文化'来概括'语文'的内涵,过于宽泛,有失笼统。"至哉斯言!新课改以来,由于对语文学科的"人文性"与"文化载体"观理解的偏误,我们的课堂上得五花八门,上成了政治课、历史课、美术课、音乐课等,唯独不是语文课。这一情形很受教育界人士的不满与诟病,斥之为"假语文""伪语文","种了别人的地,荒了自己的田"。其根源就是这种"语言文化"论。于是一批"真语文""本色语文"等与之相对立的语文教育理念应运而生,成为目前语文界最流行的理念。

除了曾祥芹所举的以上三点外,笔者运用分类学的方法认为,"语文即语言文化"说把语言与文化并列不合理。这里的语言指语言学科,而文化是一种意识形态,两者不是同位概念。再者文章文学是相并列的两种文体,于实践教学上具有可操作性!

通过对曾祥芹关于"语文即语言文化"说的品评,我们可以看到语文学本体研究的复杂与艰难。不但要遵行语文教育的必然规律,还要呼应人们的应然要求,又要照顾到现实的已然限定。

难哉,语文!

四、"语文即语言文章"说(以叶圣陶为代表)较为圆通

叶圣陶是中国现当代语文教育学家,"六老"之首。他力耕语文教育多年,著作等身,对语文教育有着重大影响作用。对于他的"语文即语言文章"说,曾祥芹表示:"'语文即语言文章',这种释义较为科学,以叶圣陶为代表。"接着曾祥芹较为详细地介绍了叶圣陶"语文即语言文章"说的是非曲直:

他(指叶圣陶)多次写道:"语文一名:始用于 1949 年之中小学语文课本。当时想法,口头为语,笔下为文,合成一词,就称'语文'。自此推想,似以语言文章为较切。文谓文字,似指一个个的字。不甚惬当。文谓文学,又不能包容文学以外之文章。"他十分明确地指出:中华人民共和国成立后有人将"语文"释为"语言文字",有人释为"语言文学",两种说法"皆非立此名之原意"。因为书面之"文"既不局限于单个的"文字",也不尽属于美的"文学",还有实用的各体"文章"。如果要对"语文"内涵做出总体概括,则"以语言文章为较切"。叶圣陶继承中国古代传统的广义文章观,一面用"成篇之书面语"(即文章)来囊括"文字",一面用广义的文章概念来包容"文学"。这种"语文即语言文章"说纠正了"语言文字"说和"语言文学"说的偏颇,融文字、文章、文学于一体,较为概括,颇为全面,但未能彻底完成文章和文学的分野。包容文学的广义文章观,与侵吞文章的文学正统观,在理论上是自相矛盾、混沌模糊的,在实践上是彼此牵制、互碍发展的。所以,"语文即语言文章"的观点还不尽完善,还需进一步提炼,使之科学化。——《"一语双文"论——关于语文学科内容体系的新构想》(《长沙大学学报》,1999 年第 1 期)。

对于叶圣陶的观点,曾祥芹在肯定相较于前面三种"一语一文"论较为圆通的合理性之后,又指出其缺点,即其所秉持的广义文章观,未能很好地解决文章与文学的分野问题,用文章来包含文学,与"语文即语言文学"说中用文学侵吞文章的做法一样偏颇。广义文章观在中国有悠久的历史,但是在古代学科分类简单的情况下衍生的问题还不十分突出;在当今学科发展细密,学科理论研究日趋复杂的情况下,大文章观的弊病就越发明显,其直接问题就是相关学科术语雷同、范畴模糊,甚至相互抵牾,给一些问题的解决带来无法克服的困难,不利于对学科的深入研究,其结果影响或抑制了学科的创新与发展。

因此可以说,由于主客观因素的制约与影响,四种"一语一文"论是旧的,是因为它们是片面的、落后的,我们应理所当然地加以扬弃。

总之,曾祥芹以卓越的识见、超凡的勇气、深厚的学养,犀角烛怪,从现象到本质,层层剥茧,从纷繁复杂的教学现象中分析四种或以偏概全,或失之于笼统的"一语一文"论。曾祥芹在完成了对"一语一文"论批判的同时,一种新的理论——"一语双文"论就要产生了。著名语文教育家王松泉引用曾祥芹的话,高度赞赏"一语双文"论:"'一语双文'论既克服了'语言文字'说的历史局限,又摒弃了'语言文学'说的现代偏见,既吸收了'语言文化'说的深刻思想,又提高了'语言文章'说的科学品位!"①

从上述曾祥芹对四种"一语一文"论的批判中,我们可以知道,识见、勇气与学养是曾祥芹有所建树的因素,因为对上述任何一种权威观点的质疑都是非常艰难的;尤其是批评关心、提携过自己的张志公先生。"吾爱吾师,吾更真理!"曾祥芹捍卫并践行了这一真理! 潘新和在其著作《语文:表现与存在》"自序"中写道:"从某种意义上说,一切的思想都是供批判用的。有了批判与被批判、超越与被超越,才有思想与生命的生生不息。"②这段话可以说是对"批判"一词极富意义的阐释。

但是,笔者认为这一行为最难得、最关键的是,要有学术担当与历史责任感! 曾祥芹此举与刘勰创作《文心雕龙》何其相似乃尔! 刘勰有感于历代文论"并未能振叶以寻根,观澜而索源。不述先哲之诰,无益后生之虑"的弊端,立下了"君子处世,树德建言"的宏愿,于是才有了一部旷古烁今的文论巨著横空出世。再就是元代大诗人元好问创作著名的《论诗三十首》,以诗论诗,对古今诗人诗作进行梳理与评价,在中国文论史上有其特殊地位,影响非常巨大。其动因可以在其诗中找到答案:

汉谣魏什久纷纭,正体无人与细论。

谁是诗中疏凿手? 暂教泾渭各清浑。

元好问开宗明义,在第一首诗中就亮明了自己创作《论诗三十首》的动因、目的和诗学主张。他面对宋金诗坛流行的奇险之弊和"伪体"之风,自问

---

① 王松泉.语文教苑的一位杰出思想家:曾祥芹学术思想体系初探[C]//"三学"创新论:曾祥芹学术思想国际研讨会文集.郑州:河南人民出版社,2011:312.

② 潘新和.语文:表现与存在[M].福州:福建人民出版社,2011.

自答,高调宣布自己要以天下为己任,勇当"诗中疏凿手",要对诗歌这一流传数千年的文学正宗正本清源,分明泾渭,疏通诗歌创作与前进的航道,使之得到正确、健康的发展。其直面现实的态度、舍我其谁的历史担当与自信,令人感佩!因此,元好问也无可争议地在中国诗歌发展史上有着不可或缺的地位与影响。当然毋庸说《论诗三十首》洞察的深刻性、品人论诗的公允性、语言自然朴素性等艺术成就,笔者觉得这倒还在其次。

历史发展总演绎着惊人的相似性!

新中国成立后的语文教育一波三折,忽而是政治课,忽而是语言课;近年又上成文学课、文化课;就是不像语文课,不是语文课所该有的语言训练、文章读写训练与文学鉴赏训练,其效果可想而知。说到此,我们大都会想到"吕叔湘之问"。早在1978年3月16日,著名的语文教育家吕叔湘先生在《人民日报》上发表的《当前语文教学中两个迫切问题》文章上说:"十年的时间,二千七百多课时,用来学本国语文,却是大多数不过关,岂非咄咄怪事!"堪称世纪之问。在20世纪末的语文教学大讨论中,学界内外对语文教学的批判更是达到前所未有的高度。在大讨论中多是任性的抱怨,少有冷静的分析;多的是现象的描述,少有深入的思考;多是毁灭性的批评,少有系统性的学科建构。

曾祥芹则是其中少数冷静的、进行深入思考与系统学科建构者之一!

作为20世纪50年代大学毕业生和教育工作者,作为在中国语文教育界奋斗60余年的老一辈教育家,曾祥芹经历了共和国所有的政治运动和风风雨雨,他自然对中国语文教育的酸甜苦辣有深刻的体味,对其中的弊病更是了然于胸。当然,经历与了解中国语文教育方方面面内容的老师和学者也远不止曾祥芹一人,所不同的是其他人在抱怨声中慢慢归顺、臣服甚至于不自觉地维护权威与习惯,以至于最终泯然众人矣!而曾祥芹有着湖南人特有的血性与执拗,不畏权威、不唯定论、不从众说、敢于批判。几十年如一日,痴心不改,其历史责任、学术担当堪与元好问媲美!

有诗为赞:

一语一文论,何其缺误多;

双文归两类,教苑少蹉跎。

第三节 "一语双文"新语文观的简要图示和重大贡献

一、"一语双文"新语文观图示

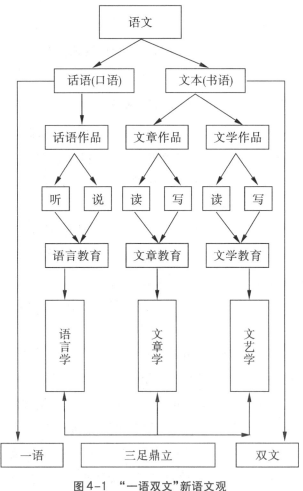

图4-1 "一语双文"新语文观

该图示载于曾祥芹论文《论"一语双文"的语文内容结构观》(《课程·教材·教法》2015年第4期),把"一语双文"观的内涵以及各要素之间的复杂关系生动、清晰地表现出来,给人以形象、直观的感受。据曾祥芹介绍,该图是他费了相当时间与心血构思、反复修改才完成的。

二、"一语双文"论的重大贡献:科学综合"语文"的四个义项（语言文字、语言文章、语言文学、语言文化）

在 1980 年《安阳师专学报》上发表的《呼吁开展文章学的研究——语文教学科学化刍议》，曾祥芹开始提出在语文学科范畴中，语言学、文章学与文艺学的三足鼎立的设想，可以认为是"一语双文"论的雏形。在此后的 40 多年里，曾祥芹发表相关文章 70 余篇，对该理论逐步丰富、加深与完善，形成了观点新颖、内容丰富、论证合理、结构完备，既有理论支撑又有实践基础的宏大体系，"是一种符合历史进步要求和社会发展需要的重大科学理论"①。

（一）克服"语文即语言文字"说的历史局限

"语文即语言文字"说有其悠久的传统，在我国古代语文又称"小学"，指识音认字之学，主要以书面语言为对象，对文字对象的训诂与考证，涉及现代所谓的音韵学、文字学、文献学、考据学甚至金石学等。该理论重视文字的教学，自有其合理的一面，但其缺陷则是毋庸置疑的。"语文即语言文字"是把语文局限于"语言和文字"为内容的狭隘范围内，重在正音、释义、考证等微观研究。教学中忽视篇章的存在，把整篇文章和文学作品肢解成零碎的语言、文字加以机械地训练，使语文教育成为单纯的技艺之学、匠人之学。这种做法一般发生在思想统治比较严酷的时代。由于统治阶级大兴"文字狱"，文人只能寻章摘句，训诂释字，而不敢对篇章之义加以解读，更不要说挖掘其微言大义了。甚至改革开放之后的八九十年代，作为各种"运动"冲击最大的教师已是惊弓之鸟，"语文即语言文字"说有其适合的土壤。

当然随着改革的逐步深入，学术气氛的日益宽松，"语文即语言文字"说开始冰雪消融，那种弃整个篇章之义而不顾，机械地进行单个文字分析、牵强的文字训练越发不合时宜，"语言工具"说受到质疑，"语文文化"说日益深入人心。于是要求改变语文教学的呼声日益高涨起来，逐渐成为一时之潮流，终于在 20 世纪末产生了语文教育的大讨论，也终于有了《语文课程标准》的隆重出台。

---

① 杨文忠.谈"三足鼎立"说的划时代意义:文章学家曾祥芹研究之一[J].蒲峪学刊,1997(3):54-57.

其实,在改革开放前夜的 1976 年,尚在"牛棚"劳动的曾祥芹就已注意到并撰文直指"语文即语言文字"说的缺陷,提出加强文章教育,语言、文章与文学三足鼎立的设想,以后逐步丰富、拓展、完善为著名的"一语双文"论,就是对"语文即语言文字"说的反驳。当然"一语双文"论并不排斥语言,只不过是把个别的语言置于整篇文章和文学作品中来加以理解与感悟。这样就克服了"语文即语言文字"说的历史局限,拓宽了语文学科的内容。

(二)摒弃"语文即语言文学"说的现代偏见

了解我国文体发展史可以知道,最初文章是文体的正宗,包含所有文字作品。曹丕在《典论·论文》里提出"夫文章,经国之大业,不朽之盛事"的著名论断,这里的文章主要是指实用为主的文章,当然也包括文学。因为"经国之大业,不朽之盛事"只能是政府政令、文书、奏议之类的文章,绝不是笑傲风月的文学,这也从该文下面提到的"奏议、书论、铭诔、诗赋"八类文体中可以看出。八种文体至少前六种是实用文体,只有后两种"诗赋"属文学文体,并且当时的赋还承载着"讽喻"的实用目的,不能完全以文学论之。随着社会的发展,尤其是两宋以后工商业的发展,市民阶层的壮大,用以满足市民审美需要的文学文体逐步丰富、发达,尤其是戏曲、小说的出现,极大地丰富了文学的内容,争取到了越来越多的读者尤其是中下层读者。这样文学逐渐地繁荣起来,直至"五四"之后终于后来居上,占据文体的主流,并逐步侵吞实用文章的领地。在语文教育领域,文学文体也在攻城拔寨、开疆拓土,最后登堂入室,以至于出现"语文即语言文学"说一统天下的局面;语文大纲、考试说明、教材随处可见的都是文学知识,尤其是新世纪以来,语文教学更是成为文学的天下,教材的编订者也顺理成章地由原来的语言学家让位于文学家或文学研究家,如语文新课标的第二位主持人温濡敏等。

而曾祥芹提出的"一语双文论",一方面承认文学是语文的课程内容,承认文学在语文教育中的合法地位;另一方面他的"一语双文论"提出语言、文章与文学鼎立的态势,特别提出要重视文章与文章教育,并认为社会主要需要的是文章人才,语文教育主要是文章读写的教育,这就摒弃了"语言文学"说的现代偏见,打破了"语言文学"的垄断地位。难怪曾祥芹激情地赞美说:"文学专家出身而不带文学偏见的温儒敏尖锐指出:'语文课不等于文学课,语文教育不是文人教育,而是人文教育。'"

（三）吸收"语文即语言文化"说的深刻思想

"语文即语言文化"说，以罗常培为代表，这种说法虽失之于笼统，但自有其不可忽视的价值，更有值得汲取的东西：它承认了语文学科的文化内涵，承认语文课载道的作用，有其深刻性。"一语双文"论就是吸收"语文即语言文化"说的深刻思想提出的。"一语双文"论认为，语文学科包含"双文"指"文章"与"文学"，就暗指了文化有了载道的工具——"文章"与"文学"。

"文章"与"文学"乃是一个时代人类所创造的精神产品，打上了特定时代的文化烙印，深刻地反映了当时社会的政治风云、典章制度、风俗习惯、审美趣味等。贯彻"一语双文"论，开展文章的读写训练与文学的鉴赏创作活动，在潜移默化中就完成了文化的濡染与熏陶。有了文章与文学这两个重要载体，语文的文化内涵就有了具体的学科依归，有了重要保证，而非"语文即语言文化"说的虚无缥缈，无所依附。而"一语双文"论主张文章文学并立，吸收了"语文即语言文化"说的深刻思想，使语文学科的文化教育有了学科依归。

但是另一方面，承认语文教育有其文化特征并不是说语文教育就囊括文化学科，更不能肆意对其文化加码，这方面我们有着惨痛的教训。中华人民共和国成立后至改革开放的三十年里，我们经常用语文进行思想政治教育、道德教育，于是政治课代替了语文课，或者说语文课代替了政治课。语文课承受了无法承受之重，其结果是损害了语文教育。

（四）提高"语文即语言文章"说的科学品位

曾祥芹"一语双文"论是对叶圣陶"语文即语言文章"说的汲取与提升。

对于叶圣陶的"语文即语言文章"说，曾祥芹进行过专门研究。据他本人透露，他曾与其大学同学张复琼联袂撰写了几十篇关于"叶圣陶与文章学"的系列论文，并计划结集出版，但后来由于各种原因未能成书。上述系列论文的基本观点基本上是从理论分析、实践应用与历史发展三个层面上展开的。在理论层面上，"一语双文"论承认叶圣陶"语文即语言文章"说的圆通性，又指出其科学品位不高的弊端。叶圣陶的"语文即语言文章"说尽管有普通文与文艺文的浅层次区分，然而总体上他持广义文章观，没有完成"文本大别为文章和文学"深度分野的任务，也没有反复亮出文章和文学的融合发展趋向,科学上欠准确,陷入"一语一文"论的窠臼。在应用层面上,由于理论上的缺陷在实践中带来诸多无法克服的困难,"广义文学观"和"广义文章观"这两只饕餮彼此吞噬、混沌一团的劣根,解决不了文章和文学的系列差异,在教学中则会出现文章涵盖文学但又涵盖不了的情形。从历史的纵向发展层面上,在社会分工越来越细,文体分类日益复杂的情况下,叶圣陶依然秉持大文章观,即便与前人旧说诸如"四科八类""文笔之分"相比也是一种倒退,与科学发展趋势相悖。而曾祥芹在叶圣陶"语文即语言文章"说的基础上提出的"一语双文"论,把"文章"与"文学"并立,很好地解决了"文章"与"文学"的分界问题,在教学实践中一些"语文即语言文章"说所面临的问题可以迎刃而解。这样,无论从理论的科学性、应用的可操作性、历史发展的先进性方面,"一语双文"论都超越了叶圣陶"语文即语言文章"说,大大提高了其科学品位。

对此,王松泉撰文指出:"'一语双文'论之所以是精辟的,是因为它坚持了对'语文'逐层一分为二的辩证法,尖锐地批评了'三缺一'的世纪性语文思想流弊,辩证地扬弃了四种'一语一文'说,全方位、全流程地阐发了语文基础科学、语文技术科学和语文工程科学的内容框架。"①该评论是非常有见地的。

三、宣告"一语一文"旧语文观的终结

"一语双文"观的提出彰显了"一语一文"旧语文观的偏颇与悖理,或以偏概全但又不能概全;或大而无当,缺乏学科支撑;或未能解决文章与文学的分野问题,带来理论上的涌乱与操作上的困难。在对四种"一语一文"旧语文观批驳的同时,"一语双文"论又全面揭示了语文学科的内涵,避免偏颇之弊,提升了语文学科的文化含量;并且正确处理了语文教育中文章教育的问题,具有可操作性。一言以蔽之:"一语双文"的提出彰显了"一语一文"旧语文观的落后性,宣告了"一语一文"旧时代的终结!②

---

① 王松泉.语文教苑的一位杰出思想家:曾祥芹学术思想体系初探[C]//甘其勋."三学"创新论:曾祥芹学术思想国际研讨会文集.郑州:河南人民出版社,2011:312.
② 杨文忠."三足鼎立"说的划时代意义:文章学家曾祥芹研究之一[J].蒲峪学刊,1997(3):54-57.

四、呼唤"一语双文"新语文观的诞生

按曾祥芹的说法,"五四"前的漫长中国文体史,广义文章观占统治地位,文章吞并文学;"五四"之后,天翻地覆,广义文学观占统治地位,文学吞并文章。从"五四"至今一百余年,这一百余年是文学的饕餮盛宴,虽然因政治运动而时有起伏;但总的来说,文学在语文学、在语文教育史中绝对占统治地位,文学研究在语文教研中始终是显学。而曾祥芹"一语双文"论在对四种"一语一文"旧语文观,尤其是对文学一统天下批判的同时,宣告了"一语双文"新语文观的诞生!

在《"一语双文"时代渐行渐近——全球化语境下内容结构改革的必然趋势》①这篇论文里,曾祥芹再次对"一语双文"新语文观的合理性进行阐释,"是对四种'一语一文'观的辩证否定","是对'六老'语文观的继承和发展","是对《语文课程标准》的建设性批评","是对全球化语境下语文教育改革趋势的适应和拨正","是树立'语文教育科学发展'的根本"。在文中,曾祥芹既对"一语双文"新语文观进行了热情讴歌与展望,又对现实有着清醒的认识。"'一语双文'论不只是一家之言,在中国文章学研究会已形成了一个实用文章学派,得到了学界不少同人的有力声援。但是,它在整个语文教育界和科学文化界还没有获得广泛的认同。"辩证唯物主义认为,任何一种新事物代替旧事物,都要经历一个曲折甚至反复的过程;但是新事物最终是不可战胜的。"青山遮不住,毕竟东流去。"我们相信,"一语双文"也如滔滔江水一样,万折必东,最终定会汇聚成浩瀚的海洋。

五、在语文学和语文教育历史上具有划时代意义

曾祥芹提出的"一语双文"论,在理论上是一种建树,在实践上具有强烈的指导作用,具有划时代的双重意义。

(一)在语文学史上具有划时代意义

在实际的语文教育研究与实践中,语文学相当阙如,它只存在于词典、

---

① 曾祥芹."一语双文"时代渐行渐近:全球化语境下语文内容结构改革的必然趋势[J].语文建设,2009(11).人大复印资料《高中语文教与学》2010年第4期全文复印。

辞海中;语文无"学"的事实让一些语文教育学家耿耿于怀,寝食难安;当然,许多教师一般不会关注这个"无用"的问题。"语文学",百度百科有专门词条:"语文学又叫传统语言学,用于指19世纪历史比较语言学产生之前的语言研究。"这里把语文学等同于传统语言学是非常不科学的,从中可以看出主流教育对语文学内涵理解的传统偏见。在曾祥芹所提出的"一语双文"观之前的数年里,语文学中"一语一文"观盛行,其中"语言与文字"说由来已久,"语言与文学"说后来居上,又有"语言与文化"说根深蒂固,中间又杂有"语言与文章"说。对此曾祥芹提出"一语双文"论,提出语言、文章与文学三分天下,这种观点具有划时代的意义,它逐渐引起学界的关注。星星之火,定成燎原之势;相信不久的将来,"一语双文"论必将在语文学中大行其道。

(二)在语文教育史上具有划时代意义

科学发展史告诉我们,理论在实践中诞生,反过来又指导实践并在实践中得到丰富、完善与发展。每一种新的理论的出现,必将引起业界的革命,"一语双文"论也是如此。它不仅仅是一种理论,它在教材编写、课堂教学等实践层面已得到初步实施,其影响业已显现。当然,这种影响是渐进的,从理论的产生到实践的施行是逐步的,有时是曲折甚至会反复的。不过笔者深信,在语文教育史上,"一语双文"论具有划时代的意义,它必将终结"一语一文"的教育旧时代,宣告"一语双文"教育新时代的到来!对此,我国当前快速作文派的代表人物曹洪彪认为:"'一语一文'论哪一天不退出语文教坛的主宰地位,'一语双文'论的划时代意义就存在一天;只有当'一语双文'论主导语文教学改革时,其划时代意义才会消失。20年后的今天之所以再强调曾祥芹文章学对语文教改的重要指导作用和划时代意义,是因为国内国际语文教育发展总趋势,越来越显示出经济社会文章比文学的需求更切,用场更大,由此越来越感悟到中国实用文章学在世界语文教坛的领先优势和推广必要。"①笔者有诗云:

> 默默有祥芹,耕耘几度春。
>
> 双文归一语,付与世人论。

---

① 曹洪彪.曾祥芹文章学对语文教改的划时代意义[J].语文教学通讯,2017(11):12-15.

第四节 "一语双文"论的重点在于认同"双文论"

对于语文之"语"的内涵,学界已成定论,指"语言";分歧在于对"文"的理解上,曾祥芹"一语双文"论的重点在于统一人们对"双文"的认识上。

一、立足哲学史高度对"七科之学"的"文科"提出"文本二分法"

从古代"四部之学"(经、史、子、集)到近代"七科之学"(文、理、法、商、农、医、工),再到曾祥芹的二分法即"文科"的一分为二(文章、文学),语言形态的一分为二——口语和书语(已成不刊之论),文字作品的一分为二——文章和文学。文体的发展与分类,注定是一条曲折的风雨之途。

曾祥芹"一语双文"论所涵盖的语言、文章、文学等学科并非同一层次而是两个层次的基本分类:语言形态的一分为二——口语和书语;文字作品的一分为二——文章和文学。前一层次的分类,即叶圣陶的"口头为语,书面为文"说,早已获得学界认同;后一层次的分类即曾祥芹的"文本二分法",仍处在与广义文学观、广义散文观、广义文章观、"文本三分法"等观点的激烈博弈中。中国哲学发展的历史,经历了从古代"经史子集"的"四部之学"跃进到近现当代的"七科之学"(文、理、法、商、农、医、工)。曾祥芹正是站在哲学历史的高度,才有一分为二的"双文"观,他多次提到,文字作品大别为文章、文学。

然而,中国自古以来要么是"大文章"观,要么是"大文学观",两种观点相互饕餮,含混不清,其表现又有不同情形,曾祥芹都与这些观点进行了交锋与批判。

二、"双文论"宣判现有的"中国文学史""中国散文史"几乎都是文章和文学混为一谈的历史

"一语双文"论的重点在于"双文"观,即把书面语言作品分为文章、文学两种形态。以此为参照来看,曾祥芹认为:"现有的中国古代文学史几乎都是文学和文章混为一谈的历史。春秋前,甲骨刻辞、吉金铭文、《尚书》是文

章的雏形阶段。春秋后,《论语》《孟子》《左传》《国语》《战国策》《庄子》《墨子》《荀子》《韩非子》以及《周礼》《仪礼》,是文章的演进阶段。秦汉时期,有《谏逐客书》《过秦论》《论贵粟疏》《盐铁论》《淮南子》《论衡》《白虎通义》《史记》《汉书》等名篇巨著。魏晋南北朝,有《水经注》《洛阳伽蓝记》《文心雕龙》《昭明文选》《颜氏家训》《世说新语》等。唐宋至明清,更有唐宋八大家,《史通》《梦溪笔谈》《徐霞客游记》《天工开物》《家政全书》《本草纲目》《明夷待访录》《日知录》以及桐城派的文章。"

同样,一部"中国散文史"几乎都是文章和文学混为一谈的历史。

"文学理论代替文章理论,文章学不能自立。历来的中国文学批评史,是文章理论和文学理论的混编史。如郭绍虞编的《中国古代文论选》四册、《中国文学批评史》,就把文艺论和文章论混在一起。先秦的《尚书》《论语》《墨子》《荀子》,两汉的《史记·太史公自序》《论衡·超奇》,魏晋南北朝的《典论·论文》《文赋》《文心雕龙》,唐宋的《与元九书》《答李翊书》《答韦中立论师道书》《答吴充秀才书》《上人书》,明清的《雪涛阁集序》《论文偶记》,这些文论多以文章论为主,理应编入中国文章学史,但一股脑儿放进了文学理论史,许多文章理论由于不合文学理论的口吻受到贬抑。像《文章缘起》《颜氏家训·文章篇》《史通》《文则》《文章精义》《古文关键》《文章轨范》《文章薪火》《文章指南》《文章一贯》《文史通义》《古文笔法百篇》《文概》《读书作文谱》等文章理论,没有得到系统总结,被无端地闲置起来。"①

三、"双文论"与广义文学观、广义散文观的论辩

从古到今,"大文章观"一直大行其道。及至近现代尤其"五四"以来,广义文学观独领风骚,对当今学人有着根深蒂固的影响。曾祥芹提倡的"双文论"及其所代表的狭义文章学派不可避免地遭到广义文章学派的非难,有些学者暗里反对明里不说,有些公开反对但未形诸笔墨,极个别者发表文章公开叫板;大多数学者虽然没有明确其主张,但在著书撰文中施行之,中国长期以来的文学史编撰者大多遵照这个办法。曾祥芹请教过持广义散文观的中国散文学会会长林非,二人有过精彩的辩论。事实上,曾祥芹的"双文论"

---

① 曾祥芹,张会恩.论文章和文学的分野[J].殷都学刊,1988(2):32-45.

遇到的最大阻力是目前流行的广义文学观、广义散文观,他经常批判的对象也是该观点。

四、"双文论"与广义文章观的论辩

广义文章观由来已久,是中国几千年以来的惯例,在中国学术界占统治地位,影响广泛。古代的不说,近现代像胡适、鲁迅、毛泽东、叶圣陶等大家都持有此观点。当然叶圣陶提到了"文艺文""普通文"这一涉及文学、文章分界的模糊的、粗浅的概念,但他缺少清晰的、精深的表述,反映了其非坚定的、持久的、明确的学科分野意识。广义文章观至今依然没有大的改变,把所有的文字作品统称为文章。

对此,深受具有融通性的中原文化影响下的曾祥芹采取"和而不同"的策略,既主张不同的学派共生共长,又直面挑战,奋力反驳。他曾多次用"人是广义的'动物'"这句错误的判断句来类比"文学是广义的文章",用以凸显其逻辑的滑稽可笑。这里特举曾祥芹与林可夫论战一事。已故的中国写作学会副会长、杂文家,持广义文章观与广义文学观的福建师范大学教授林可夫,于去世前发表了一篇反对狭义文章观的长文《狭义文章学的理论窘境》①。这篇火药味很浓的文章除了在局部诸如史料的挖掘等方面肯定狭义文章派的贡献外,在宏观及大方向上对狭义文章派及观点进行全盘否定和抹杀。这篇近万言的文章语言极其尖刻严厉,近乎诬蔑和攻击。林先生先从概念、范畴、规律与理论上攻击狭义文章学派:"经过近 20 年苦心孤诣的经营,如今著书立说仍不得不借助乃至搬用被自己当作批判对象的那一套'传统文章观念'的理论话语。""这样的一词两解、一名双义,既与传统文章学争名分,又给当今读者造麻烦,只会为原本并不景气的文章学添乱。狭义论者这种执意攀附文章之名,实则篡改文章之实的行为,不能不使人产生'借古瓶贩私酒'的狐疑。"对狭义文章观的范畴,林先生讥讽道:"狭义的耕耘,结出的却是广义的果实,这样的尴尬恐怕是作者始料未及的,却又是冷观者能够预料到的。"对于狭义文章派所归纳的实用文章规律,林先生评判

① 林可夫.狭义文章学的理论窘境[M]//现代写作学:开拓与耕耘.南京:南京师范大学出版社,2002:105.

为："结网而无纲,无举无张,奈何!""单纯的演绎乃至稀释一般规律,如同'陈醋兑白水',量虽增加了,质并无变异,反而淡化了。"批评狭义文章学派的理论建构大而无当："残缺的半文章观无法解释诸多复杂的文章现象,更难以实现文章理论的自洽,致使狭义论者不得不背离传统、脱离现实、违拗约定俗成,硬立立不住之论,硬分分不清之文,硬除除不尽之词,硬树树不成之说。"最后总结说："狭义文章学之所以陷入与文章学争名争分、与文学学争范围,与写作学等独立学科争主位的四面树敌的理论窘境,究其根由是因为原初学术导向上的失误,把文章内部的差异性强调到极端、极致之后转化对自我的报复;否定文章传统的结果是自身离开了传统文章学的理念话语便寸步难行,开除文学的报应是摧残了文章孤立了自身,否认存在边缘文体的代价是疆界纷争无休止……"

对于林可夫几近羞辱的挑战,曾祥芹表现出一位学术宗师应有的风范。他对林文总的评价为："既有对狭义文章学研究现状的切中肯綮的批评,又有对狭义文章学的蛮横粗暴的攻击。"表示接受有益的批评,回击粗野的攻击。为此他思索了一年时间,写出了《迎接挑战,破难前进——读林可夫〈狭义文章学的理论窘境〉有话要说》这篇有理有据、有节有度的一万多字的长文。对于林文攻击狭义文章学派提出的概念、范畴模糊不清,无法自洽的问题,曾文认为："研究狭义文章学适当地引用文艺学中与文章学相辅相映相融相通的理论是应该允许的,这不叫'套用',叫'公用';研究狭义文章学适当地引用一些两栖交叉文体的例文也是不应该遭到反对的,这不叫'挪用',叫'自用'。"对于林先生攻击狭义文章学派"与传统文章学争名分,又给当今读者造麻烦",曾祥芹在梳理了文学附庸于文章的文体发展史的基础上回击道："这(指文学)才是真正的'攀附文章之名,篡改文章之实'。"并从正面立论,指出狭义文章观的目的："为了改变实用文章读写研究不景气的局面,我们主张狭义文章要从广义文章中分离出来。"针对林先生攻击狭义学派著作《文章学史论》中归纳的 14 个文章范畴多是广义文章学概念,曾祥芹一方面承认林先生之言的合理性,另一方面认为："范畴作为最大的概念是可以多学科采用的。凭什么限定'言意''质文'这类范畴只能用于文学,不能用于文章? 或只能用于广义文章,不能用于狭义文章?"对于规律方面的批评,曾祥芹回击道："对于林先生批评我们现在还没有系统发掘出狭义文章的特殊

规律,我们诚恳接受;但是如果以为狭义文章的特殊规律是不存在的,是永远发掘不出来的,由此断定狭义文章学是没有必要也不可能独立的,我们则坚决反对,努力抗争,这辈子探索不成,下辈子再探索。"对林可夫在两栖文体方面的攻击曾先生做了有力回击:"林先生指责我们'完全无视交叉'文体集群的存在,这是瞪眼说瞎话,是不顾事实的诬蔑。"并引其与张会恩合著的《论文章和文学的分野》中的一段话加以反驳:"两栖交叉文体的存在并不妨碍我们对文字作品的一分为二;文章和文学的分野也并不排斥文章和文学的会通。"

笔者仔细研读二人的文章,并进行了较为深入的思考。抛开观点对错不论,笔者觉得林文感情宣泄多于理智分析,人身攻击多于学术探讨,对狭义文章派问题的罗列缺乏学理依据。笔者揣测其根源在于作者以名门正派自居,站在正统的制高点上对狭义文章学派这类的"旁门左道"充满了轻蔑甚至仇恨,语言尖酸刻薄,必欲置之死地而后快!可能也有对自身学派正统地位受到威胁的恐惧使然!当然也可以从林可夫的杂文家身份找到答案。杂文家一般是对社会中假、恶、丑等不正常的现象进行揭露与批判,是战斗的檄文,是投枪,是匕首。语言不尖刻不快人意,不骂人不显其长。所谓嬉笑怒骂皆成文章!林先生错以杂文家而不是一个研究者的身份参与学术论争。

而曾文针锋相对,逐条反驳。但总的来说不失君子之风,摆事实,讲道理,旁征博引,娓娓道来。语言上寓刚于柔,委婉中见坚决,平凡中显峥嵘。这场"思想血战"①程度之激烈,乃笔者近年所仅见。把两文对照阅读,看二人隔空过招,既增长了文体、辩难等方面的知识,使人受益匪浅;又享受了语言博弈所带来的快感。当然最重要的是,曾祥芹通过与林可夫的论战,高扬了"双文"观,澄清了一些模糊甚至错误的认识,使"一语双文论"日益深入人心。不但让一些狭义文章学者坚定了信念,而且使一些广义文章学者转变了观念。时任中国写作学会会长的裴显生阅读两人的雄文后,竟毅然决然地放弃了自己坚持已久的广义文章观,开始赞同狭义文章学的主张:"我这

---

① 王德中.文章学荒原上升起的一颗明星:略谈曾祥芹先生的文章学研究精神[C]//甘其勋."三学"创新论:曾祥芹学术思想国际研讨会文集.郑州:河南人民出版社,2011:456.

个主张广义文章的人,也赞同他这一解决办法。……实用文章学的路子也会越宽,不会像有些同志(指林可夫)所说的'陷入理论窘境'。"(《实用文章学研究·序言》)

五、"双文论"批评普通高中语文课标的"文本三分法"

《普通高中语文课程标准(实验)》(以下简称《标准》)"必修课程"部分有这样一句话涉及文体分类问题:"能阅读论述类、实用类、文学类等多种文本。"①秉持文章文学"双文"观的曾祥芹敏锐地捕捉到这一文体分类信息,发现其中的问题并撰文《"文本三分法"科学吗?——〈普通高中语文课程标准实验〉文本分类法质疑》②,指出把文本文体分为论述类、实用类、文学类三类不科学,并强调文章文学二分法的主张。

曾祥芹根据逻辑学知识认为:"'论述'的对应面是'叙说','实用'的对应面是'审美','文学'的对应面是'科学',根据逻辑思维规律的要求,我们在进行思维的过程中总要始终保持自己思维的确定性,即概念的同一性、无矛盾性、明确性。在《标准》对文本的划分中,'论述类'的区分着眼于文本的'表达','实用类'的区分着眼于文本的'功能','文学类'的区分着眼于文本的'文体',三者分类的标准不一致,造成逻辑上的混乱,违背了科学分类的包举性、对等性原则。"接着水到渠成地提出其一贯的文体划分标准即二分法,将文字作品分为狭义文章与狭义文学两大文体,文学包括诗词、剧本、小说等虚构文体,狭义的文章包括记叙文、议论文、说明文三大普通文体,与新闻、史传、公文等"专业文章"。

对于散文、杂文等两栖类文体,按虚构与否分别归入文章与文学文体中。对待难以确定归属的几篇课文,曾祥芹也进行了划分:

《在马克思墓前的讲话》《我有一个梦想》《在庆祝北京大学建校一百周年大会上的讲话》《我的呼呼》等演讲词,按照"文本二分法"都应该被归入"文章"类,而《人生的境界》《人是什么》《庄子:在我无路可走的时候》《孔

---

① 语文课程标准研制组.《普通高中语文课程标准实验》解读[M].武汉:湖北教育出版社,2004:95.

② 曾祥芹,李银超."文本三分法"科学吗?:《普通高中语文课程标准(实验)》文本分类法质疑[J],语文建设,2006(9):4-5,32-33.

孟》均以论述为主,属于科学地反映生活的作品,按照"事物的主要矛盾的主要方面决定事物的性质"这一原理,也应归入"文章"。其他文本的分类亦可通过这一理论得到科学的解决。

在此后 2006 年出版的专著《语文教育学别论》中,曾祥芹从三个方面尖锐批评"文本三分法"的非科学性,"经不起事实的验证""不合形式逻辑和辩证逻辑""分类标准不统一"①。在"分类标准不统一"这一层里,曾祥芹认为:

"论述类"的区分着眼"表达","实用类"的区分着眼"功能","文学类"的区分着眼"文体",三者分类的标准不一致。我们应该综合"思维""表达"和"功能"来分类。实际上,"论述类""实用类"乃至"应用文"这些文本小类均属于"文章"大类,只有侧重于抽象思维的"文章"大类才可以与侧重于形象思维的"文学"大类并列,而创造性思维是文学和文章共有的。

对比《标准》与曾祥芹对文体的划分来看,我们还是服膺于曾祥芹的"二分法"的科学性;特别是对于"交叉文体"的看法以及对教材编写方面的建议,则显得非常艺术,灵活巧妙。

六、《文章文学差异论》回答文章和文学分野提出的 39 个问题

(一)"双文论"的重点是文章与文学的分野问题

文章与文学的分野问题是"双文论"的重点与关键,是该理论得以自洽自立的前提。曾祥芹在《论文章和文学的分野》(《殷都学刊》1988 年第 2 期)中明确指出:"三项任务中最迫切、最艰难的工作是完成文章与文学的分野,这是我国文论史上很早提出而又很久不能解决的重大问题。"确乎如此,在我国文章和文学同根同源,都是人们生产劳动的产物,是人们观念的反映。在相当长的时期里相通相融相交,异同莫辨。后来随着社会的发展,人们认识到其内涵、特点与功能的区别,二者出现分流。最著名的当属"文""笔"之分。所谓"有韵者文,无韵者笔"。这是早期人们据音韵为标准对两种文体的简单区分,粗糙之处显而易见。因此它无法科学厘定二者的区别,两种文体纠缠不清的情形贯穿了整个中国学术史。

---

① 曾祥芹.语文教育学别论[M].北京:中央文献出版社,2006:434-435.

理论的粗疏带来的必然是实际操作的混乱！在语文教育方面则是二者缠杂不清，对于教材编写、文本解读、写作训练等方面有着不可克服的困难。

正本方能清源！

要解决这个问题首先就要区分二者的异同，厘清其各自内涵、边界、特点，以及各自特有的理论范畴与学术话语。但是解决这个历史问题不能仅靠胆略与勇气，它更需要知识的广度、理论的高度与分析的深度。也许正因为此，从古至今，这一问题无人敢于问津，遂成历史悬案。

历史问题与现实的责任感，把曾祥芹推到了台前，他勇敢地接过了这一历史的交接棒，开始了历代学人未竟的事业。他指出："科学的基本任务之一就在于区分。进行新的分类，划定新的范畴，使用新的概念，发现特殊规律，这是科学分类的神圣义务。"（《论文章和文学的分野》）

第一次读到这句话，笔者就受到极大的震撼，对曾祥芹何以几十年如一日高喊狭义文章论有了更深的理解，以后每读到此，更有新的体悟与理解，可知这是曾祥芹主张狭义文章论的理论动因。从 1980 年发表《呼吁开展文章学的研究——语文教学科学化刍议》，直到 1988 年的《论文章和文学的分野》，再到 2005 年中国文章学研究会第 21 次学术年会的召开，曾祥芹硬是经过近 30 年的思考、酝酿，隆重推出了大会主旨报告——《文章文学差异论》这篇极有分量的理论文章，也可以看出这一问题的繁难程度与曾祥芹的审慎态度。

在《论文章和文学的分野》这篇文章里，曾祥芹首先指出文章、文学杂糅的历史存在，并分析这种情形的六种弊端：其一是文学侵吞了文章，文章不能自立。其二是文学理论代替了文章理论，文章学不能自立。其三是文学和文学理论的学习和研究者多，文章和文章理论的学习和研究者少。其四是文学理论包含文章理论，但无法包容；有些文章理论又常用文学实例来说明，但又说明不了。其五是文艺鉴赏受到重视，早已建立学科，而文章阅读学被严重忽视，至今未成学问。其六是由学校到社会，由群众到领导，已形成一种重文学、轻文章，重文学的教学与研究、轻文章的教学与研究，重文学的科研成果、轻文章的科研价值，重文学工作者的待遇与地位、轻文章工作者的地位和作用等一系列不良社会风气。这段分析可谓字字带血、句句见肉，不平之气溢于笔端！接着他从科学概念、认识论、反映论，真实论、典型

论,思维学、心理学,文体学、语体学,章法学、技法学,阅读学、鉴赏学,表现美学、接受美学,教育学、教学法,现代科学体系的构成层次等10个方面来具体分析文章与文学的分野,包括各自内涵、特点、专用术语,以及相互区别与联系等。作者采用分类论证,全面系统,洋洋大观,极见功力。因为该部分篇幅较长,为了让读者观其全貌,笔者对论文内容加以概括,并用表格的形式尽可能地加以还原。

表4-1 《论文章和文学的分野》主要观点

分类角度		文章	文学
科学概念	从内容看	文章反映的是整个客观事物,不一定都是社会意识	文学反映的是社会生活,属于特殊的社会意识形态
	从形式看	文章语言只能是书面语言。结构上只要是独自成篇的书面语言,均算文章	文学语言一般是书面语言,特殊是口头语言。结构上必须用语言塑造出形象,才成文学
	从功能看	文章是靠提炼典型对客观事物直接反映。直接为社会服务。主实用。掌握人数多	文学是靠塑造典型对社会现象曲折反映。社会感化的手段,重审美。掌握人数少
认识论、反映论		科学认识。认识的对象是整个客观世界,反映的面比文学广得多	艺术认识。反映的内容主要是以人为中心的社会生活,反映面比文章小
真实论、典型论		文章真实具有双重品格,不仅要求体现历史的必然性,而且要求具有客观实在性。质料真实,非虚构性	文学真实只要求体现历史必然性,不要求具有客观实在性。不要求质料真实,虚构性
思维学、心理学		以抽象思维为主,形象思维、灵感思维为辅。如实反映客观,准确表达主观	以形象思维、灵感思维为主,以抽象思维为基础。想象虚构、典型塑造,形象概括
文体学、语体学		文体学(略)。以政论语体、科技语体、公文语体为主,文艺语体为次	文体学(略)。文艺语体为主,其他语体为次

续表 4-1

分类角度	文章	文学
章法学、技法学	有固定格式。多用白描、阐明、分说、合叙等。技法运用限于局部	最忌刻板的格式。多用比喻、渲染、移觉、含蓄、幽默。技法运用能从局部延展到篇
阅读学、鉴赏学	获得信息为主。侧重实用功能的评价	获得美感为主。侧重审美创造的判断
表现美学、接受美学	实在美、哲理美	意境美
教育学、教学法	性质:普及性基础教育 目的:侧重思想教育 任务:读文章、写文章 程序:文章是文学教育的基础 作用:文章教育是直接的	性质:提高性的专业教育 目的:侧重审美教育 任务:读文章 程序:文学以文章教育为前提 作用:文章教育是间接的
构成层次	基础理论:文章学概论 技术科学:文章阅读 工程科学:文章教学法	基础理论:文学概论 技术科学:文学阅读 工程科学:文学教学法

  表 4-1 是笔者对论文内容的简要展示。从表格内容看,分类非常详尽,表明作者研究之深入。

  该文另一处创造性贡献就是对交叉文体或"两栖文体"的认识与把握,分别对散文、杂文、报告文学等为代表的交叉文体进行分析。作者根据"本质是事物的主要矛盾和主要矛盾方面"的原理,把非虚构的或不以虚构为主的写实散文、杂文、报告文学归入文章,把以虚构为主的文艺散文归入文学。这种分类方法无疑具有正确性。

  "不畏浮云遮望眼,只缘身在最高层!"

  曾祥芹正是站在理论的高度,不为芜杂的现象所迷惑,抓住了语文本质这个纲,根据"本质是事物的主要矛盾和主要矛盾方面"的原理来划分文体,因此分析中肯,结论公允。当然该文对分野的论述有一些雷同之处。不过瑕不掩瑜,能把文章文学的分野论述得如此丰富,已非常不易。对此王松泉

评论道:"文本一分二的'双文观'是文论史上的重大变革,不仅具有国内的创新意义,而且具有国际的开创意义。其新颖而独特就在于举世无双。"①

分清文章与文学两种文体的内涵与外延,是文章学独立的重要一步,它为"一语双文"论奠定了坚实的理论基础。

(二)文章与文学 39 处差异

《论文章和文学的分野》从 10 个方面分析文章与文学的分野问题,无可辩驳地说明二者可以分、能够分、分得清,有力地回击了广义文章观所认为的二者不可分、不能分、分不清的陈词滥调,为狭义文章学的自立提供了坚实的理论基础。它就像一座高峰巍然屹立于中国文体史上,标志着有史以来文章文学相互侵吞、缭绕不清的局面终结,我们完全可以说曾祥芹立功至伟。但是,他的可贵之处就是认定一个方向,持久用力。这样就有了《文章文学差异论》这篇重型论文的诞生。

《文章文学差异论》是在《论文章和文学的分野》基础上的进一步拓展与深化。该文提出了文章和文学分野的 39 个问题,大多给出了答案;有的只是提出看法,供同人参考;有的仅提出问题以引人思考。(见《曾祥芹文选·实用文章学》)该文中的 39 个问题涵盖了文章文学差异的 39 个点,39 个点连成面,全面系统地论述了文章与文学的差异问题,可谓"文本二分法"的集成,是双文论的建设的高峰。由于在每个点上作者没有像原来行文时使用警言秀名,笔者就试图根据其论述内容来加以概括,当然尽可能用原文中有代表性的语句,并用图表的形式加以展现,使读者对此有一个明晰的印象。

表 4-2 《文章文学差异论》主要观点

	问题	文章	文学
1	文学起源早还是文章起源早	口头文章早于口头文学	书面文学借鉴书面文章产生
2	文章本源与文学本源有何差异	文章反映客观事物,文章属于社会现象	文学只反映社会生活,文学属于社会现象

① 王松泉.语文教苑的一位杰出思想家:曾祥芹学术思想体系初探[C]//甘其勋.
"三学"创新论:曾祥芹学术思想国际研讨会文集.郑州:河南人民出版社,2011:313.

续表 4-2

	问题	文章	文学
3	文章真实与文学真实有何不同	追求双重真实:本质真实与本原真实	只求本质真实。(文中没有论述,笔者加以填补)
4	文章典型与文学典型有何不同	……	……
5	文章思维与文学思维有何不同	抽象思维为主,形象思维为辅	形象思维为主,抽象思维为辅
6	文章灵感与文学灵感有何差异	……	……
7	文章逻辑与文学逻辑有什么差异	显逻辑:提出问题、分析问题、解决问题	隐逻辑
8	文章功用与文学功用有什么差异	实用	审美
9	文章规律与文学规律有什么差异	内部规律(层次律、衔接律、统一律、合体律),外部规律(称物律、达意律、适读律、致用律)	未加论述
10	文章用心与文学用心有何不同	……	……
11	文章意旨与文学主题有什么差异	先于性(意在笔先)、明确性、直接性、一元性	终于性(意在笔后)、模糊性、间接性、多元性
12	文章情感与文学情感有什么差异	情感层级类别:深层情感(笔者建议:"隐性情感")。情感社会内容:理智情感。激发缘由:务实性、功利性	情感层级类别:表层情感(笔者建议:"显性情感")。情感社会内容:道德情感、审美情感。激发缘由:诗意性、消遣性
13	文章事料与文学题材有什么差异	真实,不容虚构	本质真实,容许虚构
14	文章境界与文学意境有什么差异	实境界、实在美	空境界、空灵美

续表4-2

	问题	文章	文学
15	文章媒体与文学媒体有什么差异	……	……
16	文章语体与文学语体有什么差异	应用性语体为主,以科学反映见长	文艺性语体为主,以艺术再现取胜
17	文章类别与文学类别有什么差异	有普通与专业之别,主要按内容、表达与功用分类	有通俗与高雅之分,主要按艺术形象模式和审美功能分类
18	文章模体与文学模体有什么差异	讲究规范的模式、稳定的结构,文章模体改变慢	最忌固定的格式,追求结构的翻新与独创。文学模体改变快
19	文章变体与文学变体有什么差异	……	……
20	文章语汇与文学语汇有什么差异	有专门术语,适用文言词汇,忌用方言,指称性强	少用术语与文言词汇,多用方言口语,指称性弱
21	文章语法与文学语法有什么差异	注重实用性、简洁性、规范性。语法运用"五部曲":炼秀句,写精段,就妙章,构名篇,铸异书	破格特异、模糊多义、含蓄委婉
22	文章修辞与文学修辞有什么差异	科学修辞格:多用引用、设问、反问、排比、对比、层递、反复、警策、呼告、顶针等辞格	艺术修辞格:多用比喻、比拟、象征、夸张、对偶、反语、错综、通感、借代等辞格
23	文章章法与文学章法有什么区别	线性结构	非线性结构
24	文章技法与文学技法有什么区别	旨在写实显意	旨在虚构形象
25	文章声韵与文学声韵有什么差异	多属自由型音律、综合型音律,局部押韵、篇中押韵,声韵是隐性的、内在的	多属固定型音律,整体押韵,声韵是显性的、外在的

续表4-2

	问题	文章	文学
26	文章气势与文学气势有什么区别	以理胜,重理势。多志气、豪气。思辨力、战斗力强	以情胜,重情势。多灵气、秀气。感染力、亲和力强
27	文章神采与文学神采有什么差异	以质采见长,重形采	以情采取胜,重声采
28	文章疾病与文学疾病有什么差异	病种:多在体裁、结构、语言等形式方面	病种:多在题材、人物、主题等内容方面
29	文章作风与文学作风有什么差异	受时代风气影响较深,多通过思想整风和文风斗争来促进	受个人文风影响较大,需要民主科学的文化氛围以及作家修养来培育
30	文章风格与文学风格有什么差异	多呈现"独家个性"	多呈现"群体个性"
31	文章美质与文学美质有什么差异	以科学美见长:事料美、意旨美、情感美铸成的境界美	以艺术美取胜:景物美、意象美、情韵美融成的意境美
32	文章历史与文学历史有什么区别	以下仅提出问题,没有给出答案	……
33	文章伦理与文学伦理有什么差异	……	……
34	文章法纪与文学法纪有什么差异	……	……
35	文章经济与文学经济有什么差异	……	……
36	文章文化与文学文化有差异	……	……
37	文章写作与文学写作有何不同	……	……
38	文章真实与文学真实有何区别	……	……
39	文章阅读与文学阅读有何区别	……	……

注:表中4,6,10,15,19,34~39处,曾祥芹没有具体谈二者的区别,仅指出分析二者不同的切入点,或提出一些启发性语言,所以表中对此略而不述。

以上 39 处,指出了文章与文学的差异问题,展示了对于文章文学差异的多层次、多角度思考。其不凡之处有二:一是 39 个问题代表 39 处差异并且连接一起,点点成面,宏观勾勒,给人以整体感知,发人之未发,想人之不敢想。二是大多问题都进行了深入的探讨,且由浅入深、由外及内,微观精准,令人叹为观止! 至于有些细处的比较,或因为篇幅问题,或因为有的已在其他论文中已经阐发,只是点到为止,用以抛砖引玉之作用。

对于"双文"的成功划分,学界给予高度评价。王松泉评论道:"'双文'的提法既包容着'文字',又渗透着'文化',它融文字、文章、文学、文化于一体,全面兼顾,最有概括力,解决了'侵吞文章的文学正统观'和'包容文学的广义文章观'的矛盾,从而使文章和文学各自独立,协同发展。"①极为中肯。笔者品读该文之后,顿起"此曲只应天上有,人间难得几回闻"之感!

第五节 "一语双文"论的难点在于处理好"两栖文体"

唯物辩证法告诉我们,矛盾具有普遍性与特殊性之分。文本二分法遵从矛盾的普遍性。但是文体分类还具有特殊性,即"交叉文体"的存在,这也是一些广义文章论者反对曾祥芹文本二分法的主要依据。因此,如何处理好"交叉文体"是"一语双文"论实施之难点与关键。对此,曾祥芹殚精竭虑,昧昧以思,终于攻克了这一历史性难题,提升了"一语双文"理论的科学性。他既坚持文章文学相分相别这一普遍规律,又承认二者相通相融的特殊规律,即存在"交叉文体"的事实,并提出这个特殊领域可由广义文章学者和狭义文章学者共同开发的伟大创见! 当然这一创见的提出经历了一个较长的思考与发展过程,其雏形最早出自《论文章和文学的分野》②,在以后又在"文章体裁分类论"③里加以丰富与完善。

---

① 王松泉.语文教苑的一位杰出思想家:曾祥芹学术思想体系初探[C]//甘其勋."三学"创新论:曾祥芹学术思想国际研讨会文集.郑州:河南人民出版社,2010:312.

② 曾祥芹,张会恩.论文章和文学的分野[J].殷都学刊,1988(2):32-45.

③ 曾祥芹.实用文章学研究[M].北京:高等教育出版社,2010:185-204.

一、吸取写作学的"文体三分法"

对于现代文体的宏观分类,有两种"文体三分法":一是现行《普通高中语文课程标准》(2003 年颁布)搬用美国斯滕伯格的"思维三分法"(分析性思维、实用性思维、创造性思维)形成的"文本三分法"——论述类、实用类、文学类。曾祥芹认为这种分类"经不起事实的验证","又不符合形式逻辑和辩证逻辑","且分类标准不统一"①。二是中国写作学会会长裴显生的"文体三分法":实用文体、文学文体、边缘文体。这种分类的重大价值在于它发现了在实用文体和文学文体这两大文体之间,客观地存在一个相通相交的交叉文体集群。它不但抛弃了"文学独尊"的陈腐观念,而且关注了彼此融合现象,揭示了文体分类的一般性与独特性规律,在理论与实践上都有着重大意义。裴显生是中国写作学会会长,在学术界有着广泛影响。作为曾祥芹多年的益友,他提出的"文体三分法"不能不对曾祥芹产生影响。事实上正是在此"文体三分法"基础上,曾祥芹提出了"文本二分法"即文本分为文章、文学两种文体。只不过裴显生的"文体三分法"是把边缘文体(相当于曾祥芹所说的"变体文章")与"实用文体""文学文体"相并列,而曾祥芹只是视其为特殊文体在大类中不提而已。

二、确立文章学的"文体三分法"(普通文章、专业文章、变体文章)

在文体大类上,曾祥芹认为"文本二分法"(文章、文学)是大类,一级类别,因此他没有把"两栖文体"放在与文章、文学相并列的地位,而是视其为文章或文学内部一个小的类别。他在既坚持"文本二分法"(文章和文学),又统筹"文章三分法"的基础上,把实用文章分为以下三类:普通文章——教学文体、专业文章——实用文体、变体文章——两栖文体。

(一)普通文章——教学文体,包括记叙文、说明文、议论文与日常应用文。

(二)专业文章——实用文体:①专业记叙文,即新闻、传记、方志;②专业说明文,即公文、课本;③专业议论文,即论文、论著。

---

① 曾祥芹.语文教育学别论[M].北京:中央文献出版社,2005:434-435.

（三）变体文章——两栖文体：①记叙类变体文章，即文艺性记叙文（纪实散文）、文学报告（报告文学）、小说新闻、文学传记、文学游记；②说明类变体文章，即文艺性说明文（科学小品）、文学广告（广告文学）、学术小说、文学随笔；③议论类变体文章，即文艺性论文（文艺性散文）、文艺性杂感（杂文）、断议型议论文（议论型抒情散文）、叙议型议论文（叙述性议论散文）。①

以上是曾祥芹关于文章"文体三分法"的基本内容。笔者认为该分类合理，概念清晰，内容全面。当然曾祥芹"文体三分法"不是一蹴而就的，而是逐步发展、丰富和完善的，尤其对于"变体文章"部分。曾祥芹在关注与成功处理文章与文学的分野之时，就注意到了文章文学两者相通相融相连的特殊情形，即对交叉文体或"两栖文体"的认识与把握，并且对该文体产生、发展的机理进行了探讨。这一点在《论文章和文学的分野》《文章本体学·文章的变体》《实用文章学研究·文章体裁分类论》等论文或论著里都有涉及。文章学博士侯吉永对此评论道："文章的变体理论很早，但对文章变体作系统的整理和论述，曾祥芹应该说是先行者。他融会贯通，打通了古今的界限，不仅与古人的论述实现了对接，还让传统的理论资源实现了当下性。"②

"一语双文"论的难点在于对"边缘文体"或"两栖文体"的分类与处理上。这在中国文体研究史上都是难点。刘勰在《文心雕龙·通变》中说"变文之数无方"，说出了"变文"即"边缘文体"或"两栖文体"的变化特点，但用语寥寥；而曾祥芹则进行深入探讨，很好地解决了该问题。他按照"主要矛盾和矛盾的主要方面是决定事物发展变化的因素"这一哲学理论，认为对于这类文体就要抓住"虚构的多少"或"虚构是否占文本的主要方面"这个标准来区分。虚构多于写实就归入文学，反之归入文章。在《论文章和文学的分野》里，曾祥芹就把散文这类两栖文体分为文艺性散文与写实性散文两种，前者属文学，后者属文章。以此标准把杂文、报告文学等交叉文体归入文章。例如他对杂文的归类进行了分析：

　　杂文，具有说理性和文学性两种特征，它把议论和形象结合在

---

① 曾祥芹.实用文章研究[M].北京:高等教育出版社,2010:185-204.

② 侯吉永.简论曾祥芹的文章变体理论及其方法论意义[J].宁波大学学报(人文科学版),2011,24(6):26-29.

一起,往往议论是透辟的、机智的、隽永的,形象是片断的、类型化的、传神的。文学理论都把它看作特定的文学样式。我们认为,杂文属于文艺性论文,它是用文学的笔法处理评论性内容的文章样式,其手段是文学,其目的是说理。根据"本质是事物的主要矛盾和主要矛盾方面"的原理,杂文划归文章更为科学。

接下来对报告文学他作了如下分析:

> 报告文学既有报告性,又有文学性。它允许艺术加工,合理想象,诸如为结构故事而想象,为衬托人物而想象,为渲染气氛而想象,为"搭桥""蓄势"而想象,等等。但这种艺术加工、合理想象,决不能改变生活中的客体原貌,"报告"中质料必须"人有户口,事有见证",这是一条铁则,是报告文学生命力之所在。报告文学的"文学性"必须从属于"新闻性""报告性"。正因为非虚构性是矛盾的主要方面,是基本特性,我们主张将它划归文章,属于文艺性记叙文,可改称"文学报告"。同样的道理,传记文学的"文学性"必须从属于"历史性""传记性",也应划归文章,可改称"文学传记"。中心语的换位,表明了各自的范畴。

曾祥芹对交叉文体、边缘文体的界定有其哲学基础,分析合理,结论允当。科学地解决了文章文学分野的难题,说明二者不是不能分、不可分、分不清,而是能够分、可以分、分得清,最终为"一语双文"论的确立扫除了障碍。文章学博士侯吉永在其文章《简论曾祥芹的文章变体理论及其方法论意义》给予高度评价:"曾祥芹的文章变体理论,既是'作历史的描述和思考',同时也具有方法论的价值。……不仅拓宽了当下文章学研究的学术空间,也以其方法论价值丰富了文艺学、文体学的理论资源。"[①]

---

① 侯吉永.简论曾祥芹的文章变体理论及其方法论意义[J].宁波大学学报(人文科学版),2011,24(6):26-29.

三、建立语文教材的"文体平衡机制"（文章、两栖文体、文学）

理论不是束之高阁的高头讲章，也不是时无所用的屠龙之术。理论来源于实践，最终又指导实践。曾祥芹提出"一语双文"论就是以解决语文教学实践中文章学知识能力培养缺席为旨归的。但是现行高校中文系课程设置极其不合理，表现之一是文章学严重"缺席"，文学学课程与语言学课程占比分别是 70%、20%；公共课程占 10%；文章学课程为 0。文学学课程与语言学课程占比奇高，严重侵占了文章学课程的生存空间，与社会需要极不相称。其根源就在于背后"一语一文"理论的严重缺陷。对此，曾祥芹应《中学语文教学》主编张蕾之约，连续在该刊发文，一再强调："师范院校的培养目标，不是文学家、文学评论家，而是文章家、文章学家、文章读写教育家。提高全社会、全民族的文章读写水平，加强文章读写理论、规律的研究，是当前整个中小学语文教学改革的迫切需要。"他根据"一语双文论"提出建议"文章学学科群进入中文专业的课程之后，同样可以设置若干必修课和选修课，上述的第二组技术学科群、第三组应用学科群以及第一组对文章内部规律的探讨研究，可为必修课；而第一组的关于文章史学、文章外部规律考察的学科则可为选修课"①。

曾祥芹在批评现在教材知识布列严重失衡的同时，提出了合理的建议。他认为具体的比例为：文章课文 30%；两栖文体 40%；文学课文 30%。这样，在文章学家和文艺学家看来，各自都占 70%，平分秋色。该观点曾祥芹在多篇文章中提出，尤其是应《中学语文教学》主编张蕾之约连续发文加以表达。

唯物辩证法认为，矛盾有其普遍性与特殊性，思考问题既要总览其普遍性又要兼顾特殊性。既不能不分主从，胡子眉毛一把抓；又不能一叶障目，不见森林。如果说文章文学分野问题属于普遍性情况的话，两栖文体或交叉文体即属于特殊规律，文章文学分野论或"一语双文"论的高难动作即是对这类文体的处理问题。曾祥芹慧眼如炬，大匠运斤。他在注意到文章文学有其各自独立的地位这一普遍规律情况下，又直面两栖文体这一特殊现

---

① 曾祥芹,张会恩.论文章和文学的分野[J].殷都学刊,1988(2):32-45.

象,成功进行关于文章变体的论述与处理,较为圆融地解决了文章文学的分野的问题,堵住了一些持大文章观学者的汹汹之口,也消弭了文章学与文艺学对"两栖文体集群"的争夺战(变体文章与杂文学的共同开发),深化了他的文章文学"双文观",使其越发丰富、深刻、合理,也为其"一语双文"论理论大厦的构建奠定了有力的基石,更为教学、科研实践提供指导。

毫无疑问,曾祥芹关于"交叉文体"的分类,意义空前。对此,侯吉永给予高度评价:"'变体'是我国自古至今的文章史上一个普遍而又重要的现象,古人的'文话'里经常提及,可是向来缺乏全面系统的梳理和研究。直到曾祥芹先生的大著《文章本体学》《曾祥芹文选·实用文章学研究》问世,专章讨论'文章的变体'现象,这个局面才终于有了改观。"①

值得提出的是,侯吉永不但对曾祥芹关于"交叉文体"的理论及意义的把握极为精准,而且资料引用翔实,理论分析透彻,于一些看法上极有见地,语言极具学理性又无生涩之弊。笔者曾仔细研读,很受启发,更为作者才华折服。但是,天不佑人,该文作者侯吉永博士不幸英年早逝!这是文章学事业的一大损失。曾祥芹几次提到他,都深以为憾,并叹息良久:"侯吉永的文章学硕士论文,是我在河南大学文学院担当答辩委员会主席通过的;侯吉永考上南京师范大学应用文体学博士,也是我向该博士点领班、中国文章学研究会常务副会长丁晓昌教授举荐的。他是难得的文章学后秀,学术潜力很大,只可惜病魔扼杀了这位高才……"此情此景,让我想起孔子痛哭颜渊的情形,更加深了心中的叹惋之情;联系到狭义文章学队伍后继乏人的局面,也更加理解了曾祥芹内心的忧虑、寂寞之情!

第六节 "语言、文章、文学三足鼎立"说的课程化和教材化

教研从教学中来,最终要回到教学中去。教研的初衷与目的是服务于教学,因此对实际教学指导作用的大小是衡量教研成果优劣高下的唯一标准。曾祥芹提出并为之奔走呼告的"一语双文"论,因其理论的科学合理逐

---

① 侯吉永.简论曾祥芹的文章变体理论及其方法论意义[J].宁波大学学报(人文科学版),2011,24(6):26-29.

渐为学界所接受，并在一些语文教材、丛书的知识体系建构中得到应用，曾祥芹多年所奉行的学说终于付诸教学实际，这标志着"一语双文"论的初步胜利。

一、参与主编《初中语文教学法举隅》：新创语文教学的"九法体系"，为语文教学"法师"固本

《初中语文教学法举隅》——九串珍珠，粒粒莹目！

《初中语文教学法举隅》是由萧士栋为主编、曾祥芹为副主编，集中相关专家合作编撰的，1986 年由云南民族出版社出版的中学语文教学法教材。从书名上看该书是仿拟叶圣陶和朱自清两位语文教育家的《精读指导举隅》《略读指导举隅》两书之体式，或是受其启发，或是见贤而思齐。该书除具有张寿康所言"红线穿珠"（《序言》）之特点外，最明显的就是内容安排上贯穿了现代狭义文章观的理念。在第三章"各类课文教学法"把普通文章教学与文学作品教学法分开编排，普通文章教学分为"记叙文教学法""说明文教学法""议论文教学法"三部分，文学作品教学法又分为"诗歌教学法""小说教学法""散文教学法"三部分，这样安排充分体现出编者所秉持的文章文学分野的观点。

关于该书的研究资料主要是前两篇序，一是张寿康的《九串珍珠，粒粒莹目——〈初中语文教学法举隅〉序言一》，一是王兆苍《构建语文教学法体系的创举——〈初中语文教学法举隅〉序言二》。张序首先描述了改革开放后语文教学研究日趋繁荣之势，继而指出语文教师的困难，称赞该书起到了聚积精华、红线穿珠之功。认为该书所遵循的教学规律与方法论（备课、上课、考核）把全书内容联结起来，宛如"一线穿九珠"。评价该体系是对实践的归纳与总结，是实用而非空洞的体系。认为该书表达方面"做到了实例丰富而选择极严，内容扼要而言简意赅"。在教育思想方面，该书"明确地体现出强调自学、重视导读的思想；体现出既重知识的自得又重能力的培养的思想；体现出教是为了不需要教的思想。这是既符合面向现代化、面向世界、面向未来的方向，又符合培养创造型人才的需要的"。认为第三章"是符合教材结构的，既符合文章学规律又适合文艺学规律的妥当做法"。该序从宏观到微观都给该书以积极的评价。王序认为该书"是一本很有研究和使用

价值的书";并论述以下几个明显特色,"一种新语文教学法体系","整理和吸收了语文教学实践的新鲜经验","把理论和实践有机地结合起来","看得见,摸得着,用得上"。评价全面而公允。

二、主编《语文教学能力论》:首创语文教学的"十能体系",为语文教师的业务修养立标

本书源于曾祥芹关于教师能力的论述。"曾祥芹与廖高群(洛阳大学,现为洛阳理工学院)合写了论文《关于建立'语文教学能力训练体系'的设想》。1984年12月在昆明召开的全国语文教学法第三次年会上,曾祥芹发言介绍了语文教学的十能体系,引起了与会者的重视。中国教育学会1985年第2期简报中,对本书体系做了充分的肯定。"在多方面好评与鼓励下,曾祥芹以"十能"体系为主干,与其挚友、周口师专(现为周口师院)的萧士栋一起,率领中国教育学会语文教学法研究会会员赵星景(河南汲县师范)、冯守仲(山东泰安师专)、王严平(河南新乡师专)、李景仁(河南焦作市教育局)、陈明侬(湖北黄石教师进修学校)等人一起编撰了该书,并由著名语文教育家朱绍禹作序,河南大学出版社于1987年出版。

(一)该书内容

把教师教育能力分为语文教学的基本能力(听、说、读、写):语文教学听知能力,语文教学讲话能力,语文教学阅读能力,语文教学写作能力,语文教材驾驭能力,语文教法运用能力,语文教学组织能力,语文教学考核能力,语文教学自修能力,语文教学科研能力,等等,这十种能力,几乎涵盖了教师能力的所有内容,较之当时多数研究者仅从某一侧面、某一方面谈及该问题无疑是全面而深刻的。因此,曾祥芹及编者进行了可贵的探索工作,为后来的研究奠定了基础。关于教师能力的体系,诚如桑建中所言,该书"从教师教学的基本功谈起,再到具体的教学能力,再到高一层次的教学科研本领,从而构成了系统严密、完整周详的训练体系"①。

---

① 聿心.合格语文教师的必修科目:《语文教学能力论》评介[J].语文教学通讯,1988(4):62+6.此文后收入《曾祥芹学谊录》。

(二)该书价值

该书在教育教学改革全面启动之际,顺应了时代的要求,笔者非常赞同桑建中"一部适时之作"的看法!

一是适时开拓了语文教育研究的新领域。20 世纪 80 年代,改革大潮涌动。1983 年 10 月 1 日,邓小平为北京景山学校题词:教育要面向现代化,面向世界,面向未来。1985 年,《中共中央关于教育体制改革的决定》发布。从上到下,我国的教育改革全面启动。但改革的关键在教师,改革的瓶颈也是教师。在理论研究层面,教材、教法方面的研究也取得了相对丰硕的成果,然而要进一步推动语文教学的深入开展与研究,必定是对教育主体,即教师与学生的研究。但是正如朱绍禹坦言:"在国外,有关材料表明,对教师行为和能力进行专门研究的,并不多见。……在我国,一个时期以来,我们的精力似乎多花在一篇篇教材的研究上,而对运用教材的教师自身能力及其培养,却从来未给过足够的关注,以致至今这还是一直没有开拓的领域。"(《语文教学能力论·序》)因此,该书对教师能力的全面探讨,开拓了语文教育研究的新天地。正如朱序所指出的那样:"它预示着与此课题相联结的另一个研究课题——学生学习能力课题的重要性和迫切性。"当然,这项任务重要性和迫切性——重视学生与重视学生的研究,或者说"以学生为本"现象的真正出现,只有在 20 世纪末"语文教学大讨论"之后了。从这个角度而言,该书可谓开风气之先。另外,我们也不禁膺服于朱老的先见之明。

二是适时地研究了语文教育的难点。之所以说是"难点",是因为科学研究的目的是应用,教学研究的目的是服务于教学实践;但这不是纯学院式的理论研究所能解决的。之所以说是"难点",还因为教师研究不同于教材、教法等静态研究,它需要深入教学实际,搜集、分析教育主体之一的教师的教学动态,而教师的个体行为是千差万别的。正如朱绍禹为该书所作序中所言:"这是开拓一个难度较大的领域。一方面,它要包含个人的心理特质,分析不同教师间的差异,以适应个性特征,满足其不同的需求。……另一方面,探求其共同性,就要归纳概括,以把握其规律,为教师寻求一种或几种可以遵循的教学模式,以及为教师培养方案提供某种标准。这就使这一课题的研究不能不具有另一方面的难度。"之所以说"适时",是因为教育的本质是"人的教育",重点是人的素质的提升。在经过对人的摧残的浩劫之后,对

"人"本身的重视开始显现。该书对教师能力进行研究,符合时代潮流,或者说该书的确是"时代的产儿"。

三是适时地满足了广大语文教师及教育主管部门之需要。教师是教育的主体,是教育成败的关键;但在当时恰恰这方面不能令人如愿。在教师培训、考核、管理,建立一支合格的教师队伍上遇到太多的困难。王兆苍坦陈"各地第一线语文教师队伍中最多只有三分之一是合格的,进行教改和科研的人员绝大多数都是年龄较老的"(《语文教学能力论·序言二》)。另外广大教师迫切需要补课,需要对自身能力构成、能力提高的方法有所了解,该书适时地满足了这种需求。特别是该书编者大都有非常丰富的实践经历与经验,他们所总结的理论、方法都是从实践中产生的,使得该书对于广大一线语文教师具有较强的适用性。时值教育管理部门和整个社会对教师能力加以关注之时,该书的问世无疑是一场"及时雨"。

(三)相关研究资料

关于该书的研究资料目前看到的主要有:时任全国语文教学法研究会理事长朱绍禹和全国语文教学法研究会理事长王兆苍为该书所写的"序",以及聿心的一篇书评。

(1)朱绍禹的"序"认为该书的价值在三个方面:首先在于开拓了新的、有价值的领域,"教师是影响教学过程的决定性因素之一,对他的研究和对教材的研究,对学生的研究有着同等的重要性"。其次在于该书进行了难度很大的研究,一方面要分析教师的个性差异,另一方面探求共性。最后在于"它预示着与此课题相联结的另一个研究课题——学生学习能力课题的重要性和迫切性"。该序全面并极有深度,尤其是其精准的预见性令人惊异!

(2)王兆苍的"序"首先结合自己的文章《"中学语文教学法"目的任务琐议》,对当时语文改革的一些想法:"语文教学改革实在是一个老、大、难的课题。难关终究是能够攻克的。"认为曾祥芹的教师的"十能"体系"科学地系统地阐述了一个培养语文教师的纲领……虽然是从语文教师应具备的能力角度论述的,但它应该是语文教师论中的主要内容"。并认为"这本书填补了这个空白,这是迄今没有的详细论述语文教师能力的一本书"。该序从当时语文教学实际娓娓道来,直指语文教学之弊,平凡中见奇崛,敦厚中显峥嵘。

(3)聿心的书评《合格语文教师的必修科目——〈语文教学能力论〉评介》①,从四个方面评价该书:"首先在于它为我们语文教师提出了一个新的课题。""其次,这部力著的价值还体现于它构筑的语文教学能力训练体系的合理性和科学性。……作为一种体系来讲,它就不是单向的、平面的、静态的,而是多向的、立体的、动态的。一句话是错综复杂、多维交织的。""再次,这部力著向我们预示了对与此相关的更广、更深、更新领域研究的重要性与迫切性。"还有对学生学习的研究,"力著所述十种能力中的前四种:听、说、读、写能力既是对教师的要求,也是对学生的要求"。"最后是对语文教师其他能力的研究。"该文全面分析了该书的特点与价值,结论公允,无溢美过誉之言。

把理论转化成实践,这是学术研究的难点。然而曾祥芹迎难而上,完成了该书的编撰工作,在理论与实践层面均有着重要意义。该书曾获中国教育学会语文教学法研究会十年科研总评一等奖。确是实至名归!

笔者认为,如果以曾祥芹后来的结构化、系统化的理论构架为标准看,该书以"教师十能体系"来建构框架,似乎有点扁平化,于系统化、立体化有所歉焉。譬如可以按照教师基本能力、教师发展能力来对全书 10 个章节重新构建。

三、主编《萧士栋语文教育文集》《萧士栋文集》:为当代文章学家、语文教育家树旗

有"豫东才子"之称的语文教育家、文章学家萧士栋,绝对是一位奇人。奇人自有奇事,首先他以中师文凭执教于大学,被誉为"豫东三杰"之一。其次,他"20 年劳改,10 年拼命,以致累死"②。最后,在兴起种种"进城热"之时,他提出"教学法下乡",关注农村教育问题。但是,天不佑人,遭受 20 年的身心迫害和"10 年当 30 年用"的严重身体透支,于 60 岁上英年早逝,令人嘘唏不已。然而最心绪难平的当数曾祥芹,共同的炼狱经历、共同的狭义文

---

① 聿心.合格语文教师的必修科目:《语文教学能力论》评介[J].语文教学通讯,1988(4):62+6.后被收入《曾祥芹学谊录》。

② 裴显生写给曾祥芹信中的话.曾祥芹.魂牵梦绕至交情:写在萧士栋先生二十年忌辰之际[C]//张春沛,张灿华.捧着一颗心来.郑州:中州古籍出版社,2009:38-39.

章观、共同的"要当教育家,不要当教书匠"理想,早已视萧为知己,惺惺相惜。萧士栋曾经多次说"曾祥芹就是我,我就是曾祥芹"(《捧着一颗心来》,第18页),于中可见一斑。因此,为怀念同道,激励后者,在萧士栋逝世一周年之际,曾祥芹任主编,出版了《萧士栋语文教育文集》(河南大学出版社1990年版);在其廿年忌辰暨八十诞辰之际,曾祥芹又分别以主编与顾问身份参与《萧士栋文集》(上、下册)和《捧着一颗心来》(中州古籍出版社2009年版)的编写,尤其是《魂牵梦绕至交情》这篇如泣如诉的文章,足见二人友谊之深厚。

当然,曾祥芹最为现实的考虑可能还是为现代文章学发展计。为文章学家萧士栋树碑立传,其目的是为现代文章学研究树旗,对文章学队伍建设、文章学研究树立一面可以效法的标杆。这从他撰写的一篇祭文《文章学家萧士栋》中的各个小标题上可以领略一二:"文章阅读的方家""文章写作的高手""文章编辑的总裁""文章教学的法师""文章科研的领班。"[①]以此观之,其用心何其良苦!

四、参与主编《中学语文教育学》:破天荒发布了"一语双文"新语文观,为全国高师语文课程教材通用

该书由教育部指派东北师范大学的于亚中、陕西师范大学的鱼浦江主编,曾祥芹参与主编,35万字,高等教育出版社1992年6月出版。其最大特色就是凸显了"一语双文"观。曾祥芹针对"字、词、句、篇、语、修、逻、文"这个不科学的"八字宪法",正式提出"语言、文章、文学三足鼎立的语文知识结构观",从而确立了文章学在语文课中的合理位置。

曾祥芹在"绪论"中略论当时学界对语文内涵的不同理解,他写道:"语文即口头语言和书面语言的合称,尽管现在对'文'已有'文字''文章''文学''文化'四种解释,且各有道理,但我们可以取"文章"为代表将四者统一起来。因为文章既是成篇的文字,又可包括文学作品在内,还充当文化的主要载体,把语文理解为'话语和文章'是简明而概括的,语文科的本质特性可

---

① 曾祥芹.文章学家萧士栋[M]//实用文章学研究.北京:高等教育出版社,2010:450-457.

以而且应该从话语和文章的性能中阐发出来。"用文章来总括"文字、文章、文学与文化",可以看作是"双文"论的发展过渡阶段。

该书的"中学语文学科的性质""中学语文教师修养"两章由曾祥芹执笔。在第二章"中学语文学科的性质"中,曾祥芹首先阐述了语文性质界定的重要意义与作用:

> 语文教育观念呈现群体性态,它包括性质观、目的观、任务观、教材观、过程观、原则观、方法观、师生观、质量观等等。这些基本观念又派生出各种各样的具体观念。在这个观念体系中,语文教育性质观居于首位,成为统帅全局的核心。各种基本观念和具体观念都从性质观中引发来,与性质观一脉相承。语文教育界的一切重要论争,都可从性质观中找到分歧的根由。全套中学语文教育理论都得建立在性质观基石之上。要成为一个清醒自觉的语文教师,必须首先树立科学的语文教育性质观。

该认识抓住了问题的关键!

曾祥芹认为中学语文学科的本质特性是基础工具性和思想教育性,由此得出"中学语文科的基础工具性决定语文基础知识教学要以文章知识为主,语文基本能力训练要以文章读写为主。因为文章是文学的基础,应把文章教学摆在第一位,把文学放在第二位。在中学,文学教学只培养初步的阅读鉴赏能力,不承担训练文学创作的任务,要把文学作品当作普通文章来教。当然应该发挥文学作品在情感教育和审美教育中的优势,但这只是局部的;从总体看,文学教学要服从于文章教学,起好培养一般文章读写能力的作用"。

在语文工具性甚嚣尘上的20世纪80年代,曾祥芹指出语文学科的本质属性是工具性与思想教育性,而思想教育性包括"语文是载道明理的工具,富有思想性";"语文是表情达意的工具,富有情意性";"语文是审美创美的工具,富有美感性"。笔者以为这番对语文性质的描述,比后来的"语文新课标"所阐述的"语文是工具性与人文性的统一"更具体、更深入。

除此之外,曾祥芹还在其负责撰写的该书第十六章"中学语文教师修养"第二节"学业知识结构"中,把语文专业知识分为语言学知识、文字学知识、文章学知识、文艺学知识与美学知识。把文章学知识与语言学知识、文学知识、文艺学知识相提并论,表明一种新的语文观应该在语文教育中得到应用。

曾祥芹按照"语言、文章、文学三足鼎立的语文知识结构观",对语文知识进行了类的划分,界限清晰,分类科学,且易于操作。不但如此,他提出了书本是文章的最大单位,这就大大拓展了语文知识的范围,对语文教学及其全社会开展阅读整本书活动提供了理论基础,其意义无法估量。

五、主编《文章学与语文教育》:"一语双文"论在语文教育落地生根的标志

该书是 1991 年在江西上饶三清山举行的文章学研讨会上,时任会长的张寿康教授亲自部署的《文章学教程》《文章学与语文教育》《文章学辞典》《文章学与秘书工作》四部著作之一;也是 1995 年上海教育出版社郑重推出,由资深编审韩焕昌策划的"语文教师必读三部曲"——倪宝元主编的《语言学与语文教育》、曾祥芹主编的《文章学与语文教育》、工纪人主编的《文艺学与语文教育》之一。这是我国第一套"语言学、文章学、文艺学"三足鼎立的语文教材,是"一语双文"论在语文教育的真正运用,标志"一语双文"论的又一胜利。此书再版 4 次,在语文教育界广为传播,已成为我国高师院校语文课程与教学论专业的本科生、硕士生、博士生的必读书目。曾祥芹主编的《文章学与语文教育》是这套书中的一本,体现了以下特色。

(一) 对旧的语文知识观"八字宪法"欠科学的问题以及"一语双文"论进行深入探讨

语文知识包括哪些内容? 流行的简括说法是"字、词、句、篇、语、修、逻、文",号称"八字宪法"。如果我们仔细推敲,就会发现"八字体系"是不科学的。"字、词、句、篇"着眼于语言的结构形式,依小大排次;"语、修、逻、文"着眼于语言的运用法则,按性能分类。前四字和后四字的角度不一,并列不当。再说,"八字"之间存在着歧义、重复和交叉的问题。以其中的"文"而言,现已出现过"文字、文章、文学、文化"四种解释。如理解为"文字",则与"字"相重复;如理解为"文章"或"文学",则分别与"篇"相交叉。由于"语文

即语言文学"这个传统观念的影响,人们通常将"文"释为"文学",而把"文章"遗漏在语文知识之外。显然,用"字、词、句、篇、语、修、逻、文"来简括语文知识体系是不周密的。

非常明显,旧的"八字宪法"所规定的语文知识内容大部分属于语言学的范畴,是"语言和文字"说在语文知识方面的反映。曾祥芹在对其批判的同时,建构了语文知识的新内容,即在"一语双文"论下确立文章知识在语文知识体系中的合理地位。至于文章知识,曾祥芹给出了丰富而准确的描述:

(1)文章的本质(起源、特性、系统)。

(2)文章的规律(常贯律、言接律、得体律)。

(3)文章的信息(事料、意旨、情感、境界)。

(4)文章的体式(结构、语体、文体、技法)。

(5)文章的风貌(气势、风格、作风、美质)。

(6)文章的主体(作者、编者、读者)。

(7)文章的功能(认知价值、实用价值、审美价值)。

(8)文章的发展(古代文章史、现代文章史、当代文章史、外国文章史)。

对于能力方面,曾祥芹从"文章能力是语文智能的主导方面"加以展开论述:文章阅读能力是阅读能力的根本,文章写作能力是写作能力的基础,文章听说能力是听说能力的高标,文章思维能力是思维能力的核心。

虽然说曾祥芹只是负责本丛书中《文章学与语文教育》的编写工作,但曾祥芹因架构该书的内容获得了出版社专家的称道。据曾祥芹回忆,因为另两本书的内容设计没有通过编审而导致主编易人。最后,出版社专家评审组要求另两本的内容结构也要以《文章学与语文教育》为蓝本才获通过,由此可以看出"一语双文"论已获学界初步认可。

(二)该书科学界定了语文教育的内涵,阐明了文章教育在语文教育中的地位与任务

该书阐述了文章学与语文教育的关系,洋洋洒洒数万言,核心观点只有一个:文章学是语文教育的主要内容,文章学是指导语文教育的主干理论,这是曾祥芹在书前导论中反复提到的观点。也许是受编辑工作的影响,曾祥芹著书有一个显著特点,就是非常重视书前的导论或绪论,他总是把自己的核心观点或重要内容放在导论或绪论里,起到提纲挈领之作用,类似于新闻文体的导语部分,称为"导论"名副其实。让读者仅浏览该部分就能对该书的编著意图、主要观点、内容结构有一个宏观的了解与把握。该书也是如此,其主要观点在导论里得到清晰呈现,尤其是导论的名称《导论:文章学·语文学·语文教育学》起到画龙点睛的作用:"文章学是语文学的主要部分,也是语文教育的主要内容。"这也是曾祥芹一以贯之的观点。为了说明这个道理,在导论里,曾祥芹用五个分论点进行论证,即"文章学是语文学的主要分支""文章知识是语文知识的主体部分""文章能力是语文智能的主导方面""文章教育是语文教育的主要任务""文章学是指导语文教育的主干理论"。仅仅阅读这篇导论,我们就可以对文章学与语文学的关系有一个初步的印象。该书主体部分,曾祥芹根据"文章学是语文学的主要部分,也是语文教育的主要内容"这句话布列十四个章节,全面论述文章学与语文教育的关系:

第一章　文章学与中国语文教育传统

第二章　文章学与国外母语教育趋势

第三章　文章学与语文知识教学(上)

第四章　文章学与语文知识教学(下)

第五章　文章学与语文智能训练(上)

第六章　文章学与语文智能训练(下)

第七章　文章学与语文思想教育

第八章　文章学与语文审美教育

第九章　文章学与语文教材建设(上)

第十章　文章学与语文教材建设(下)

第十一章　文章学与语文教法改革

第十二章　文章学与语文教育评价

第十三章　文章学与语文课程设置

第十四章　文章学与语文教师修养

仅从上述目录中,我们可以看出文章学在语文学中的重要地位,并对"一语双文"论有了认同感,同时也证明了曾祥芹对文章学与语文教育的认

识,相当全面而独到。

(三)该书对此前所提的"语文学"概念进行了深入研究

语文分科百年来,一直在"经验"的层面上存在与发展,缺乏相应的学科理论、学科范畴、学术话语。语文教学有"教"无"学"的尴尬处境,令许多语文人痛心疾首。潘新和就在其代表作《语文:表现与存在》(绪论)里曾说:

在百年现代语文教育中,语文学科已有初步的理论积累,这种积累主要是在白话文教育兴起之初取得的,理论家底并不富裕。之后,由于各种外部的和研究者自身的原因,学科理论研究长期停滞不前,致使基础理论研究相对贫瘠,缺乏严密系统的理论话语和丰富多元的思想积淀。因此,严格说来,语文学科尚属前科学范畴,其教育"范式"还只能算是一种猜想式的、经验型的"范式"。①

因此,改革开放以来,要求建立"语文教育学"或"语文学"的呼声渐起,学界也做出了一些研究,曾祥芹就是其中的佼佼者。他最初提到"语文学"是在其《论文章和文学的分野》这篇文章中,可以说是与其提出关于文章学的研究同步而行。在这篇文章里,曾祥芹对"语文学"这一概念内涵以及与文章学的关系进行了初步论证:

现代语文学不同于传统语文学,不能只局限在音韵学、训诂学、校勘学、文字学狭小的范围内,而要研究言语活动的一切现象,包括言语环境(时间、地点、对象、目的)、言语过程、言语方式、言语效果等。简言之,语文学,即言语学,大分为口头言语和书面语言两部分,其中,书面语言又分文字学、文章学、文学学三个门类。据此,文章学是语文学的一个子系统。长期以来,人们对书面语言的研究只注重文字学和文学学,而忽视甚至取消文章学。千年以前,文字和文学从"语文"中分出去了,百年以前,语言学也从"语文"中分出去了,唯独文章学的内容没有从"语文"中分出去。

当然,曾祥芹仅在论及文章学缺位情况下顺带提及"语文学"这一概念,

---

① 潘新和.语文:表现与存在[M].福州:福建人民出版社,2011.

而在《文章学与语文教育》一书"导论"里,他就旗帜鲜明地提出建立"语文学"这一学科:"语文教育科学化,首先要求得对教育内容——'语文'的科学认识,即建立科学的语文学。"并对"语文学"这一概念的来源、人们对其的三种理解进行了审视。接着运用现代学科理论分析"一门独立完整的语文学必须包括语文知识、语文智能和语文教育三大层级,它是一个多要素、多层次、多序列的学科大系",并进一步深入分析其具体内容,最后指出语文学与文章学的关系。

从该书"导论"中可以看出,"语文学"是指研究语文这一课程内涵、性质、学科构成和发展规律的学科。但是从 20 世纪 80 年代中期开始呼吁至今,这一概念尚未引起学界的足够重视。笔者在维普网搜索"语文学"一词,只显示寥寥几篇。之所以如此,笔者推测可能是与国人重实际应用、轻理论探讨,重"术"的微观研究、轻"道"的宏观建构有关。人们或许以为没有"语文学"这一术语,也不妨碍开展语文的教学与研究。其实不然,"名不正,则言不顺"。有了"语文学"这一术语会大大推动语文教学的开展与研究,否则会有意想不到的困难。因此,笔者不揣冒昧,在此力挺曾祥芹建立"语文学"的呼吁,学界要开展相关研究,以此形成语文教学与研究的繁荣局面。

笔者根据自己十五年的中学语文教学实践来考察,该书的不足还是应用性不够。书名以"文章学与语文教育"冠之,就应该在"教育"二字上倾注笔墨,重点论述如何开展文章教育。但该书理论研究有余,方法探讨不够。如第三章第一节谈"文章音韵和语音知识教学",分为四层,依次是"中国文章具有音韵美的传统""汉语拼音为文章读写架起便桥""'注音识字'促使文章读写提前起步""加强普通话诵读,体现文章的音韵美"。四层里仅最末一层是教学的具体运用,略显单薄。难道语音教学只有加强普通话诵读?再如第四章第四节"文章章法和结构知识教学",理论探讨多,如何展开教学少。

(四)相关研究资料

对于该书的研究资料比较丰富。仅《曾祥芹学谊录》一书里就收载了 4 篇,现分别介绍一下:

(1)王松泉的《新世纪文章教育的宣言——评曾祥芹〈文章学与语文教育〉》(原载《河南师范大学学报》,1996 年第 4 期)认为该书所提出的语言、文章、文学"三足鼎立观"在理论上"为语文教育及其主体——文章教育做出了不容忽视的重大贡献";在实践上"既呼唤文章教育的回归,又提出了文章教育回归后的操作化设想";在科研上"它不光填补了语文教育研究中文章教育理论研究的空白,更在于它本着教育科研为教育现实服务的精神……这就使本书不但成为文章教育课程结构理论的奠基石,而且成为我国语文教育学科大系中一门重要的分支学科——文章教育学的奠基之作"。该评论可谓犀角烛怪,发人之未发。

(2)程福宁的《不懂文章学,不足以言语文教育:〈文章学与语文教育〉评介》(原载《中国教育报》,1996年6月16日)。程先生写道:"这样的一种文章学理论,的确是指导语文教育的重要理论。"他在这篇文章里还提到责编韩焕昌先生给曾祥芹的信中说:"只有靠文章学的理论,才能更好地解决语文教育中的诸种问题。"对狭义文章学的作用给予了很高评价。

(3)河南教育学院王钦韶教授从实践应用层面出发认为:"在文章学与语文教育之间架起第一座'桥梁',为文章学与语文教育的比翼双飞提供了理论基础和具有可操作性的模式……这是一部立足现代、大胆探索、眼光恢宏、论证细密,值得广大语文教师阅读的著作。""该书的突出特点之一是很少出现抽象的逻辑推理,更加注重对语文教育现状进行实实在在的考察与分析。"[1]该评论一语中的,指出了该书的实践应用价值,这也正是曾祥芹的动机所在。

(4)河南师范大学学者尚九从以下三方面评论该书。一、体系:视野开阔。二、观点:新见迭出。三、价值:影响深远。[2] 评论可谓精准。

当然,由于该书是第一次全面落实"一语双文"论,理论建构还尚在草创阶段,出现一些问题也是可以理解的。再就是该书编者大多是高校研究人员,他们虽然有着丰富的实践经验,但毕竟已经远离了一线,对中学语文教学的实际情况则相对隔膜。

特别提出的是,张寿康会长没能看到该书的出版,在部署该项任务回京

---

① 王钦韶.可贵的桥梁:评曾祥芹教授主编的《文章学与语文教育》[J].中学语文,1996(7):46.

② 尚九.视野开阔,新见迭出:评《文章学与语文教育》[J].六安师专学报,1995(4):50—54.

后的第四天,就在首都师大的家中阒然长逝。该书编写人员在曾祥芹主编的领导下,怀着对老会长的思念,克服诸多困难,完成了该书的撰写工作,努力以最真挚的"祭品"呈现于逝者的灵前!

六、《语文教育学别论》彰显"曾祥芹语文教育思想"的个性

该书之所以取名"语文教育学别论",诚如曾祥芹在书前"自序"里所言,主要是有别于其他研究者,从文章学和阅读的视角来观察、研究语文教育,并把文章学和阅读的知识与理论运用到语文教育工作中去,一也;二是由于与当时流行的"语文工具论"不同,该书所收论文高扬"语文是工具性与人文性的统一"的观念;三是该书最大特色,即主张文章文学分野论,认为文章学是语文教育的主要部分。因此,该书名之为"别论"。

该书分上、中、下三编,其中中编的"语文课程开发论",下编的"语文教师教育论",是以"一语双文"论作为理论基础布列的。在"语文工具论"盛行的 20 世纪 80 年代,曾祥芹就在该书里多次强调:中学语文科的本质特性是工具性与人文性的统一。无疑可以看作后来学界高扬人文性,乃至语文新课标所提出的"语文是工具性与人文性的统一"新理念的先声。在语文知识构建方面,针对旧"八字宪法"语文知识体系,曾祥芹提出了"语言、文章、文学"三足鼎立的语文知识结构观,指出了"文章知识是语文知识的主干部分"的论断,建构了语素→词→短语→句子→句群→段落→章节→文篇→书本等表层知识体系,并不断地做出修正、丰富与深化。当然,这部分仍是把批判"语文即语言文学"观、力主文章文学分野作为重点,并收录了数篇文章,如《"弱化文章教育":语文"新课标"的偏失》《文章学:语文课标的理论支柱之一》《文章学研究的特殊使命》《迎接挑战,破难前进》《文章和文学的差异有哪些?》《汉文阅读学在中国的发展》等。

七、《语文教育学研究》——"教师能力"论的集成

该书是"曾祥片教育思想国际研讨会"的成果《曾祥芹文选》三部之一。全书共 7 编,收录曾祥芹论文、会议报告、书序等 54 篇,书前有饶杰腾、周庆元作序,后有后记,共 530 页。高等教育出版社,2010 年出版。

该书所收文章最大特色就是高举"一语双文"的旗帜,突出文章学与文

章教育在语文教育中的重要地位。第一编"语文内容'三足鼎立'说"，包括《"一语双文"论——关于语文学科内容体系的新构想》《双文教育：文章第一，文学第二》《提高文章素养：亟须强化的语文教学理念》。从收录文章题目可以看出，这是全书的总纲，也是本书的理论基础，即作者为之奋斗一生的"一语双文"论，尤其是加强文章教育的理念。第二编"用文章学指导语文教学"、第三编"用文章学指导阅读教学"是上述理念的具体化。第四、五编的理论研究部分也是以"一语双文"论为旨归的。

《语文教育学研究》的研究资料主要有书前的两篇序。一是饶杰腾的《学术与教育的汇流点》，二是周庆元的《一生开拓，"五论"创新——浅谈曾祥芹教授对语文教育学研究的杰出贡献》。饶文没有从正面对该书进行评价，而是用了相当长的篇幅大段摘引《林砺儒教育文选》中的话来旁观该书，"曾祥芹对于文章学、阅读学范域研究所得的'法则'，是对语文教育重要原理的深入探求"。用语寥寥，引人思索。周文则中规中矩，全面系统地评价了该书。他提纯了该书五个核心内容并以此作为曾祥芹语文教育思想的精华进行评价："一语双文"论、"两学指导"论、文章课程论、双快比翼论、教师能力论，确是精准。他评论曾祥芹"一语双文"论是"前无古人的，是对语文教育学研究的独特贡献"，"是提高中华民族整体素质所必需的"。"果如其愿，则善莫大焉，势必确保中小学生语文素养的全面提高，进而有效地促进全民族整体素质的增强，为实现中华民族的伟大复兴做出不可低估的贡献。"上升到国家大业、民族复兴，评价至伟；但有理有据。对"两学指导"论（用文章学指导语文教学，用阅读学指导阅读）的评价，认为是"先生学术人生的得意之笔……具有鲜明的学术原创性"。对于"两学指导"论，周先生首先回顾曾祥芹的研究之旅，细数其学术成果，然后提出令人深思的问题："可惜，一二十年过去了，至今仍未引起足够重视，更不见实际改革意向。是文章学课程并不重要吗？是曾先生的论述缺乏说服力吗？恐怕都不是，这似乎值得思考，对于下层的民间科研成果，与合理化献策，我们上头的语文课程建设、改革与发展的决策人有没有去认真地吸纳、提炼，努力将其转化为精神生产力？"直抒胸臆，怨刺上政，"文胆"形象俨然矣！对于"双快比翼"论，周文认为曾祥芹"在我国学界最早提出'快读快写比翼双飞'的战略发展主张……是时代感很强的语文教学理论"。对于"教师能力论"，周庆元先是历数曾先生的教师教育之旅,从学术研究与培养年青教师两方面评价其贡献。"曾先生既在实际上培育新人、奖掖后进;又在理论上著书立说、开拓创新。其'语文教学能力论'独树一帜,丰富了语文教师教育学研究的理论宝库。"首开曾祥芹"三栖学者"之说的周庆元的上述看法是相当透辟的。

特别指出的是曾祥芹分别于2006年、2010年独著的《语文教育学别论》《语文教育学研究》两部著作,展示了别具一格的语文教育思想,是曾祥芹成为中国现当代语文教育学八大家(叶、吕、张、朱、刘、顾、曾、韩)之一的重要标志!

以上即"一语双文"论转化为教材的具体实践,是曾祥芹"语言、文章、文学三足鼎立"说转化为语文课程和教材的阶段性胜利。但是应该看到,虽然取得了这些"小胜",但总的看来,"一语双文"论在与旧的"一语一文"观的争斗中还未取得决定性、全面性胜利,其丰富的内容、先进的理念与其应在语文教育园地的地位还很不相称。因此,在新旧语文观鏖战时刻,我们应当对那些"不惮于前驱,依然前行"的教育前辈们致以最崇高的敬意! 其中,曾祥芹是其中的优秀代表。40年来(1977—2020),为了共和国教育,为着"一语双文"论能在语文教学这块热土上生根发芽、开花结果,曾祥芹悉心耕耘,孜孜不倦,与志同道合者共同拓荒而殚精竭虑,默默奉献,也多次与广义文章派和广义文学派针锋相对,激烈论战。每当这一理念在教学中得以小小的实践,都令曾祥芹欢欣鼓舞。作为曾祥芹的弟子,笔者曾目睹其为文章学在语文教学中的缺失打抱不平,也聆听过他为此的耐心讲解。当然,每当他与同人有所斩获时,他高兴得手舞足蹈,就像一个孩子! 回想这些情景,笔者就想到明末思想家李贽的"童心"说,曾老师就是李贽所说的具有"童心"的真人!

笔者又想到唐代罗隐有诗《蜂》:

不论平地与山尖,无限风光尽被占。

采得百花成蜜后,为谁辛苦为谁甜。

对于该诗的内涵,历来有不同的理解。但诗中以蜂寓人,歌颂劳动者的辛苦是非常明显的。想到曾祥芹呼吁多年的观点终于有了回应,笔者就想起这首诗,觉得曾祥芹就像诗中的蜜蜂一样,辛苦了自己,甘甜了他人!

第七节 "语言、文章、文学三足鼎立"说
全方位多层次的拓展

关于"语言、文章、文学三足鼎立"说的内涵阐释,历经多个阶段。曾祥芹从中国现代文章学的开山之作——《呼吁开展文章学的研究——语文教学科学化刍议》开始酝酿,到《"一语双文"论——关于语文学科内容体系的新构想》中鲜明地提出,再到多次争鸣、辩论,一直在丰富、完善中,直至论文《论"一语双文"的语文内容结构观》①,从 14 点全方位多层次地拓展。特别值得提出的是,论文《扬弃"一语一文"旧语文观,普及"一语双文"新语文观》②又对"一语双文"新语文观加以丰富和深耕,是曾祥芹晚年的得意之作,代表了曾祥芹关于该理论最深入、最成熟、最新颖的思考。

一、对"三足鼎立"说的全方位、多层次拓展,展现语文教育学的理论图谱,描述实用文章学的理论根系

(一)生动展现了语文教育学的理论图谱

作为教育学的一个分支的语文教育学,其理论框架应该是相当丰富的。当然,持不同的语文观可以建构不同的框架内容,例如语文特级教师魏书生就用"知识树"的形式描绘了语文知识结构图。而曾祥芹先生根据多年的实践与思考,在文章《扬弃"一语一文"旧语文观,普及"一语双文"新语文观》中,对"一语双文"论观照下的语文教育的内涵与外延进行了天才的想象与分析,绘制了一幅生动的语文教育学的理论图谱。

(1)言语形态:生活语言、文章语言、文学语言。

(2)言语作品:话语作品、文章作品、文学作品。

(3)语文知识:语言知识、文章知识、文学知识。

(4)语文能力:口语听说能力、文章读写能力、文学读写能力。

---

①　曾祥芹.论"一语双文"的语文内容结构观[J].课程教材教法,2015(4):57-59.

②　曾祥芹.扬弃"一语一文"旧语文观,普及"一语双文"新语文观[J].殷都学刊,2018(3):94-99.

(5)语文素养:语言素养、文章素养、文学素养。

(6)语文学科:语言学、文章学、文艺学。

(7)语文课程:语言课程、文章课程、文学课程。

(8)语文教材:话语教材、文章教材、文学教材。

(9)语文教学法:语言教学法、文章教学法、文学教学法。

(10)语文教育:语言教育、文章教育、文学教育。

(11)语文教育史:语言教育史、文章教育史、文学教育史。

(12)言语文化:语言文化、文章文化、文学文化。

(13)语文美学:语言美学、文章美学、文学美学。

(14)语文学家:演说家、文章家、文学家。

曾祥芹从14个方面描述了语文教育的理论图谱,也是他心目中"一语双文"观的理论谱系。该图谱既从宏观角度建构了语文教育的理论框架,又从微观视角揭示了语文教育学的内涵。14个方面从小到大,从理论到实践,从批判到重构,由文本内部结构到文本外部教学,由空间维度到时间维度,由教学到教材编写再到教学研究,从知识的传授到对人的培养,涵盖极广。堪称体大思精,宏纤包举,令人称奇。

(二)描述了实用文章学的理论根系

一门学科的自立必定要有其发展根系,即初始基础内容以及由此基础之上的发展内容,学科理论的建构就要把这种内容描述出来。作为献身狭义文章学研究的曾祥芹也毫不例外地对文章学的根系进行了研究与描述。在这篇文章里,曾祥芹以言语作品为根系,以语文教育为枝,以培养语文学家为叶,描绘出了实用文章学的根系,提出了文章学理论的14种概念范畴:文章语言、文章作品、文章知识、文章读写能力、文章素养、文章学、文章课程、文章教材、文章教学法、文章教育、文章教育史、文章文化、文章美学、文章家。当然,尉为大观的理论概念不是一蹴而就的,而是经历了一个酝酿产生、修正、丰富与逐步完善的过程。这从最初的《呼吁开展文章学的研究——语文教学科学化刍议》(开)始,就已经显露。如该文所提出的"按文章规律办事,就应以文章读写为主线建立语文教学体系","按文章规律办事,就应以文章体裁为单元编排语文教学课本","按文章规律办事,还要以多练精练为途径改进语文教学方法"。到了后来的《论文章和文学的分野》

《文章文学差异论》两篇巨文对文章、文学从理论范畴到教学实践具体厘定，再到《论"一语双文"的语文内容结构观》《扬弃"一语一文"旧语文观，普及"一语双文"新语文观》，就精粹为"语文知识：语言知识、文章知识、文学知识"，"语文能力：口语听说能力、文章读写能力、文学读写能力"，"语文教材：话语教材、文章教材、文学教材"，"语文教学法：语言教学法、文章教学法、文学教学法"，等等。

二、为文章学的自立打下纵横捭阖的坚实基础，为语文教育学的研究与实施指出"语言、文章、文学和谐发展"的通途

曾祥芹从 14 个方面对"一语双文"论进行天才般的构想与设计，其意义重大，影响深远。有些业已显现，例如对狭义文章学的自立问题，有些定会在不久的将来显露。

(一) 为文章学的自立打下了纵横捭阖的坚实基础

如果说此前的《论文章和文学的分野》《"一语双文"论——关于语文学科内容体系的新构想》是狭义文章学自立的奠基工程，《文章文学差异论》就是狭义文章学自立的主体建构，那么《论"一语双文"的语文内容结构观》《扬弃"一语一文"旧语文观，普及"一语双文"新语文观》从 14 点全方位多层次拓展，则标志着狭义文章学自立的完美收官！

广义文章学派有其悠久的历史渊源，也有其深厚的现实基础。在国人思安求稳心态的影响下，狭义文章学派想要取而代之，其难度无法想象。仅在理论的自洽上，狭义文章学派就有很多困难。例如持广义文章观的林可夫就从学科"范畴"上攻击狭义文章学派陷入理论的尴尬境地，学科族系不合逻辑，违约违俗①。而曾祥芹对文章学范畴的描绘丰富了狭义文章学的理论范畴，无可辩驳地说明了狭义文章学派具有其理论的自立性，为文章学的自立打下了纵横捭阖的坚实基础。

---

① 林可夫.狭义文章学的理论窘境[M]//现代写作学：开拓与耕耘.南京：南京师范大学出版社,2002：105.

(二)为语文教育学的研究与实施指出了"语言、文章、文学和谐发展"的通途

曾祥芹对"一语双文"论的创造性开拓,对语文教育学美好愿景的描绘,在理论上具有深刻、丰富、开创性特点。当然,最为重要的是在实践上,对于语文教学、对于语文学人不无指导作用。

语文教育学有哪些内涵,有哪些能力要求,曾祥芹用"一语双文"论的拓展给出了一份精彩的答卷。更重要的是,它对语文教育的实践具有全面性的指导作用。主要有以下几点:一是教材编写上要语言学、文章学、文艺学并立,改变原来文学一统天下的局面。二是教师教学,不但要注意言语作品、文学作品,还要注意文章作品;不但要培养学生的语言知识与分析能力,文学知识与欣赏能力,还要培养学生的文章读写知识与能力;不但要培养学生的语言、文学素养,而且要培养学生的文章素养;不但要着眼于文学家的培养还更要着眼于文章学家的培养。三是对于教师学习及培训,不但要培养其语言、文学能力,还要培养其文章能力。四是对于学界研究,不但要关注语言学、文艺学的研究,还要关注并进行文章学研究。五是课程设置上,不但要在高师培养上设置文学课程,也要设置文章课程……这样,曾祥芹就为语文教学的具体开展指明了方向。

曾祥芹"一语双文"论的意义与作用,学界好评如潮。中国教学研究会前会长、湖南师范大学周庆元教授给予高度评价:

> "一语双文"论是对四种"一语一文"论的辩证否定,是对"六老"(叶、吕、张、朱、刘、顾)语文观的继承和发展,是对语文课程标准的建设性批评,是对全球化语境下语文内容结构改革的适应和拨正,是树立"语文教育科学发展观"的根本。曾先生提出的语文本体内容"三足鼎立"说是"前无古人"的,是他对语文教育学研究的独特贡献。①

---

① 周庆元.一生开拓,"五论"创新:浅谈曾祥芹教授对语文教育学研究的杰出贡献 [M]//曾祥芹.语文教育学研究.北京:高等教育出版社,2010:19.

河南师范大学耿红卫、李献宝的长文《曾氏文章学是叶氏文章学的继承和发展》，全面评价了曾祥芹在语文学科构成论、文章本体论、文章阅读学、文章写作、文章教育论等诸方面对叶圣陶的继承与发展，是一篇较全面评述曾祥芹学术理论的巨文。它对曾祥芹"一语双文"论评论道："从叶圣陶的'语文即语言文章'到曾祥芹的'语文即语言、文章、文学'说，即从'一语一文'旧时代到'一语双文'新时代。"①评价甚高。

笔者初读该谱系，即为此宏大结构所震撼，继而不解曾祥芹这么瘦小的身躯，又处在耄耋之年，竟然迸发出如此巨大的学术能量！终而悟，有的学者取得一些成就，斩获一些荣誉后，大都乐享其成去了。而曾祥芹搞研究，始终在路上。这就是他直到现在仍然奋斗不止、硕果不断的原因，也是我辈学人肃然起敬之处！

第八节 "一语双文"新语文观的意义与展望

如果从 1980 年发表的《呼吁开展文章学的研究——语文教学科学化刍议》孕育雏形始，"一语双文"论从提出到今天已 40 年，已届不惑。站在 2020 年的岁首，回望曾祥芹所提出并不断完善的"一语双文"论，笔者感慨良多。几十年来，这一观点已在学界产生了影响，一些持广义文章观的人（如裴显生）开始信奉并坚守这一观点；但总的说来该观点还没有获得普遍认可，尤其是广大中小学语文教师对此仍比较隔膜。在当前语文教学改革逐步走向深入之际，无论是为了更好地推广这一观点考虑，还是为了鼓励同人计，都有必要对这一观点加以总结，特别要找出其未能获得学界广泛共识的原因，并对其前景进行展望。先来看看"一语双文"论的价值所在。

一、"一语双文"论提出的价值：前所未有、便于实践

由于学界对"语文"之"语"认识一致，那么关键则是对"文"的理解有相当大的分歧。对此，"一语双文"论持"双文"观，即文本大别文学与文章。这

---

① 耿红卫，李献宝.曾氏文章学是叶氏文章学的继承和发展[J].焦作大学学报，2013（1）：5-11.

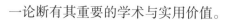

一论断有其重要的学术与实用价值。

（一）学术价值

对文本体裁科学分类的标志之一就是有着不同层级的划分，并且遵循着大小不同的类别能使每一种文体归入不同层级、不同标准的"类"中。但细考中国文体史，古今学者对此始终未能进行出色的研究。其缺点之一是划分一般仅止于一级分类，例如《诗大序》把诗分为"风""雅""颂"三类，陆机《文赋》则分为十大类，曹丕在《典论·论文》中把当时的文体分为"四科八类"。这种二级分类看似深入，但分类过简，且边界交叉模糊。值得一提的是魏晋出现"文、笔之辨"（笔者以为此乃"文的自觉"在文体上的表现），所谓"有韵者文，无韵者笔"。把"韵调"作为文体一级分类的标准，显示其科学性。刘勰在《文心雕龙》中即按该标准把涉及的34类文体进行布列。但这种分类仅把文体分为"文""笔"两大类，没有处理二者中的交叉文体；且分类杂芜。缺点之二是即使有着"文""笔"两大类的科学划分，但两大类几乎一直混同混用、互相包涵。根据曾祥芹的考证，先秦、汉魏至南北朝时期出现二者通用、倒用的情况。有宋以来，商品经济出现，市民阶层逐渐壮大，以悦目怡情的文学勃兴，在诗歌这一古老体裁的基础上，词、话本、戏剧、小说相继出现；但总的说来文学仍然沦为经学附庸，文章仍居正统地位，文章包涵文学。"五四"以降，文学获得"井喷"式发展，并逐步取代文章而一统天下，时至今日，这种局面仍未改观。虽然在1934年，叶圣陶提出"文艺文"与"普通文"的概念，但他坚持"广义文章"观，用文章代替包含文学，表现出比较模糊的文体意识。可以说从古至今，对于文体的划分一直没人完成，包括曹丕、钟嵘、刘勰等文论大家，也包括叶圣陶、朱自清、郭绍虞等教育家。其结果是中国都没有树立文本大别文学与文章的观念，而只在少数学者中存在。而受此影响，"不必分""不能分""分不清"的说法在学界很有市场。

曾祥芹"一语双文"论的突出贡献是在"双文"上！曾祥芹继承了中国文体史上的"文""笔"之论，旗帜鲜明地提出了"文学""文章"二分法的观点；更为重要的是他承认并肃清了存在二者之间的"交叉文体"，并按"虚构的多少"或"虚构是否占文本的主要方面"这个标准来区分。写实多于虚构就归入文章，反之归入文学。例如把散文这类两栖文体分为文艺性散文与写实性散文两种，前者属文学，后者属文章。以此标准把杂文、报告文学等交叉

文体归入文章。这是他特别超出前人之处，几千年中国文体史未有此明确清晰的划分，此属空前之举。

(二) 实践价值

曾祥芹主编的《文章本体学》这本书里，谈到文体分类的作用有"便于识文""便于读文""便于写文""便于教文"①四个方面，指出了文体分类在教学实践中的重要作用。一句话，"双文"是语文教学的主干内容，其作用笔者归纳如下。

其一，便于编。"双文"既然是语文教学的主干内容，首先在教材编写上就可以贯彻，防止出现文体模糊的局面；其次选文编排都要遵循一定的顺序，呈现其一定的规律性。但当前的语文教材选文就其局部而言，有其较合理的顺序，譬如诗歌单元、小说单元等。但就整本书尤其整套书而言则顺序比较混乱，有按文学史顺序编排的，有按现代文、古文编排的。特别是与文学作品系列相对的实用文体系列，则因"大文章观"或"大文学观"的影响，存在问题更多。或者文体意识不明，或者两种文体比例失调。编者文体意识的缺失将直接影响教学的实施。而如果贯彻"双文"观，把文章、文学体裁按合理的比例布列，教材选文的顺序就会显得非常清晰，给教师教、学生学创造有利条件。

其二，便于教。贯彻"双文"观，教师在教学中就有了明确的文体意识，便于合理地展开教学。诸如教学目标的设置、教学重点及难点的把握等。例如中学语文教材选入鲁迅的系列小说《孔乙己》《故乡》《社戏》等，其中一个难点就是文中的"我"是不是鲁迅本人。如果教师能从体裁角度着眼，明确这类小说中的人物是塑造的结果，其答案不言自明；否则会费很大劲也不一定能讲明白。再如作文教学，当前作文教学中实用文体的写作被弱化，很多教师以为实用文体有固定的格式要求，一看便知，创新空间不大，不愿意教；学生也觉得实用文体没有文学文体写得惬意，因此也不愿意练。结果在日后对学生大有用处的实用文体的写作得不到有效的训练。如果"双文"论能得以贯彻，教师心中有着较严格的体裁要求，并在作文训练中得到施行，教学效果就会得到提高。

---

① 曾祥芹. 文章本体学[M]. 郑州：文心出版社，2007：216-223.

其三,便于学。一是阅读赏析文本。面对一篇或一本读物,如何展开学习、从哪个角度鉴赏确非易事。这方面刘勰早给我们指点迷津:"将阅文情,先标六观:一观位体,二观置辞,三观通变,四观奇正,五观事义,六观宫商。斯术既形,则优劣见矣。"刘勰提出的第一个办法就是要从"位体"即体裁方面着眼,也就是曾祥芹经常强调的要有"文体意识";否则可能会误读文本。有学生读《愚公移山》读出了破坏生态平衡的笑话,就是缺乏文体意识造成的,不明白神话的虚构性质,按实用文章的特点来阅读。二是便于写作文。当前学生作文的一大怪现象是缺乏严格的文体意识与要求,一味地猎奇,一味地天马行空,结果把作文写成了"四不像",真正的作文技巧得不到有效的锻炼。

其四,便于研。如果说文学与文章混沌不分在教学方面的消极影响比较显性的话,其在研究领域的消极影响则比较隐性。"遵路识其真",不仅适用于阅读而且也适用于理论研究。缺乏严格的、清晰的体裁意识,采用大文学观和大文章观进行研究就有可能发生抵牾甚至谬误。百家讲坛上的某位专家探轶《红楼梦》背后的原型故事,惊得听众目瞪口呆,遭遇学界内外几乎一致反感,原因之一就是他把一部虚构小说硬往政治人物上靠,模糊了文学与文章的界限,机械地把虚构之文学与现实画等号。而认真地贯彻"双文"论,就能很好地克服此弊。

二、疑窦:"一语双文"论为何仍是学派之言

经过40年的寒冬酷暑,曾祥芹提出"一语双文"论,成果宏富,论证翔实,结论明了。研究队伍也前赴后继,蔚为壮观。然而,"一语双文"论仅仅在学界点燃了星星之火,在官方机构、广大的语文一线教学阵地仍未形成燎原之势;个中原因究竟为何,这是一些学者尤其文章学研究者百思不得其解的问题。然而对此又一关涉"主义"之问题,学界仍未研究。曾祥芹本人在私下交谈、会议发言、撰文著述中一律归结为传统习惯使然。何种"习惯",如何"使然",曾祥芹并未深入探究。笔者一直在思考,既然"一语双文"论是"一种符合历史进步要求和社会发展需要的重大科学理论",为何没能在实际教学中产生应有的影响?学界就应该直面这个严肃而尴尬的问题;这不但是一个关涉学术勇气而且也是关涉学术态度的问题,对此问题的研究有

时可能比悲壮的誓言、激动人心的口号更有用,特别在当前一些文章学者热血渐冷,由踊跃参与到犹疑观望、退却跑路,文章学队伍后继乏人的情况下尤其如此。但是笔者仅见到河南大学杨文忠教授的一篇文章分析到该问题,真是太少了。杨文忠教授在提到文章学为什么未能独立时指出两个方面原因:"文章学自身的建设存在问题"和"社会环境不利于文章学获得独立"。后者又包括"广义文章观统治研究者的头脑"和"语文教师和文章理论工作者缺乏文章学意识",以及"一些人不承认文章学的存在"①。杨文忠确是从微观层面指出了问题的症结所在,但笔者欲从这一问题产生的历史的、文化的宏观方面,也兼从曾祥芹所言的"传统习惯"方面加以分析。

(一)混沌的思维方式

由于宗法制度的长期实行,国人以家国、群体为本位,形成了独特的整体思维、混沌思维方式。考虑问题多从全局出发,注重整体性,强调事物之间的联系、主体和环境之间的和谐以及相互间的影响,等等。整体思维的重要特点是混沌性与模糊性,缺乏具体的细节分析,影响到研究领域也是如此。福建师范大学的赖瑞云教授曾写过一本《混沌阅读》②的专著,系统地表述了整体阅读、混沌阅读的优点与抽象、分析阅读的弊端,就是这方面的代表。在体裁分类上更是如此,可以说从古至今,中国学者更喜欢、更善于视文本为一个大的文章或文学体裁,不愿、不作更具体的体裁分类。

(二)积习难返

"习"是习惯。习惯是指积久养成的习俗、观念、道德、思想等。习惯有其强大的惰性与持久性,很难改变。中国几千年来一直是"大文章"或"大文学"观,形成了一种约定俗成的意识,深深地烙在国人的心理上,成为"集体无意识"。长久以来,人们依从它、沿用它而心安理得,即使有所不妥也不自知,不会更不愿改变。笔者作为曾祥芹的弟子,在初次接触其狭义文章观时,觉得有些不以为然,何必非要把文章、文学截然分开呢? 并在这种体裁意识不太强烈与分明的情况下参与了曾祥芹主编的《说文解章》一书,表现

---

① 杨文忠.曾祥芹及其独立文章学的研究[J].海南大学学报(人文社会科学版),2000(1):89-93+109.

② 赖瑞云.混沌阅读[M].福州:福建教育出版社,2010.

在初稿里就是文章文学的例子兼有,记得曾祥芹给出的批语:"又是文学的例子?"不满与责怪,溢于言表。随着对"一语双文"论了解的逐步加深,越发感到曾祥芹鲜明的体裁主张及文本二分法的科学。无独有偶,中国写作学会原会长、南京大学裴显生教授原本持广义文章观,并认同原中国写作学会原副会长林可夫《狭义文章学的理论窘境》一文中的"文章文学不能分无法分"的观点,但在接触到曾祥芹的系列论文,尤其是反击林可夫的文章《迎接挑战,破难前进——读林可夫〈狭义文章学的理论窘境〉有话要说》后也被折服,"我这个主张广义文章的人,也赞同这一解决办法"。并反对林可夫的看法:"实用文章学的路子也会越宽,不会像有些同志(指林可夫)所说的陷入'理论窘境'。"(《实用文章学研究·序》)

(三)对"舶来"的产物需要时间消化

鸦片战争后,门户洞开。西方学术思想在中国逐渐占据主流地位。而西方学界一直用"纯文学"来观察文字作品,文学等于文本,西方没有文章学。语文分科以来的百年间,正是国人大力引进西方学术文化的时期。受此影响,国人用文学代替文本,文学包含文章遂成必然。相形之下,文章学是中国的古老而年轻的"国学",是中国的特产。从这个角度上讲,"双文"观具有了中国特色。曾祥芹提出"双文"观不但要在古老中国叫响,而且要走出国门,推向世界。当然,这需要时间来完成。

(四)"问题"多于"主义"

由于缺乏宗教等诸多因素的影响,讲实用、避玄远成为中国文化的一大特色,1919年胡适曾发表《多研究些问题,少谈些"主义"!》一文,劝人们多谈些实际问题,少谈些玄远的东西,引起学界激烈的论争。一百年倏然而过,今年是2020年,当年的问题并未尘埃落定,又出现在了当今语文教苑。与当年公案不同的是,今天的问题是一场比较纯粹的学术问题。具体地说就是当前语文教育工作者多从微观角度谈具体而微的教育问题,诸如教案的设计、教材的处理、教法的使用、学生成绩的提高等问题,鲜有从宏观角度去关注语文课的性质问题、语文知识的学科构成问题、语文教育的终极目的等问题。至于文本的体裁分类这样与学习成绩关系不大的玄远"主义"不受重视,就是自然而然的事了。

三、展望:"一语双文"论渐行渐近

抚今思昔,不是发怀古之幽情,而是检视自己,找出不足;鼓励队伍,整装待发,更是为了面向未来,接受挑战。在语文教育改革走向深水区,在狭义文章学还未被官方、学界广泛接受与应用之际,这一点显得尤其必要。展望未来,我们认为"一语双文"论之前景是光明的,道路是曲折的。阳光与风雨兼具,希望与困难并存。

(一)"一语双文"论必将大行其道

唯物辩证法告诉我们,代表历史发展方向的新事物,其产生、发展总是不以人的意志而转移的,是任何力量都阻挡不了的。"青山遮不住,毕竟东流去。"我们对"一语双文"论日后广阔前景深信不疑,是因为它是一种科学的世界观。从理论层面上说,它反映了语文学的客观真实。按照崔应贤教授的说法,"科学,通俗地讲,就是分科之学"[①]。长期以来混沌模糊的大文章、大文学观是不科学的,而"一语双文"论则在吸取古今中外理论营养的前提下,对语文学的内容进行了合理的分科。王松泉教授精辟地指出:"'一语双文论'反映了语文本体的客观存在和自身的发展规律,是对语文学科内容结构的整体概括……'一语双文论'之所以是客观的,是因为它据实揭示了语文内涵的三大要素,反映了语文本体及语文教育本体的客观存在,是对语文独立设科前后的经验和教训的总结,因而具有客观的真实性。"[②]从实践层面上讲,"一语双文"论适应了社会发展日渐复杂、学科分类渐细的形势。一句话,它适应了社会对人才的需要。正如傅炳熙认为"首先它反映了语文学科的完整体系,其次它反映了社会对语文的普遍要求,再次它反映了学生学习语文的心理顺序"[③]。一言以蔽之,"一语双文"论是科学的世界观,前途定是光明的。华中师范大学杨道麟教授则自豪地说:"文章学的研究对象已经

① 崔应贤.曾祥芹先生的文章哲学思想[C]//甘其勋."三学"创新论:曾祥芹学术思想国际研讨会文集.郑州:河南人民出版社,2010:102.

② 王松泉.语文教苑的一位杰出思想家:曾祥芹学术思想体系初探[C]//甘其勋."三学"创新论:曾祥芹学术思想国际研讨会文集.郑州:河南人民出版社,2011:312.

③ 傅炳熙.曾祥芹对语文课程建设的贡献[C]//甘其勋."三学"创新论:曾祥芹学术思想国际研讨会文集.郑州:河南人民出版社,2010:358.

明确,概念界定渐趋清晰,学科体系日渐细密,研究前景相当广阔。在 21 世纪的语文理论中,曾祥芹先生开创的文章学已充分显示出与语言学、文艺学相抗衡的态势。"①他在另一篇文章中写道:"可以自豪地说,文章学的研究是既有时代气息又独具民族特色的……在 21 世纪的语文世界中,文章学必将同语言学、文艺学全面携手,与时俱进!"②

对于"一语双文"论的前景,曾祥芹本人也进行过充满乐观的设想,这仅从他在 2010 年发表在《语文建设》上的论文《"一语双文"时代渐行渐近——全球化语境下语文内容结构改革的必然趋势》题目上就可看出。在该文中他又对"一语双文"论的范畴、意义做了深度开掘,这样写道:"'一语双文'论反映了语文本体的客观存在和自身的发展规律,其宗旨是建立完整的语文内容结构,是希望语言、文章、文学的和谐自然发展。科学的语文教育发展观应该是语言教育、文章教育、文学教育三足鼎立、携手共进。告别四种'一语一文'观需要痛苦的反省和科学的扬弃。不管有多大的思想阻力,不管有多长的奋斗路程,我们坚信'一语双文'时代渐行渐近。"

(二)"一语双文"论的推广之路将是曲折而漫长的

辩证法告诉我们,新事物的发展道路不是平坦的,而是曲折的。作为仅四十年的"双文"论,与几千年的文章文学不分的混沌史相比,确是"新"事物无疑,它在提出、发展的过程中,肯定会遭受种种因素的制约与责难。包括传统习惯、现代偏见,以及人们的惰性、缺乏较真的态度等。曾祥芹甚至包括笔者有生之年可能无法看到该理论大行其道的情景,对此,曾祥芹本人有着充分的认识,他在 2010 年召开的"曾祥芹学术思想国际研讨会"的"答谢辞"中说道:"也许一代不行,两代;两代不行,三代,像愚公移山那样,子子孙孙,代代接棒。"悲痛、悲壮、悲情,溢于言表!

此时此景,笔者浮想联翩。当年孔子为宣扬自己的主张,四处奔走,席不暇暖;但处处碰壁,惶惶如丧家之犬! 但令孔子不曾想到的是,他在死后地位日隆,高与天齐,受到后人不尽的顶礼膜拜;其理论成为两千多年的社

---

① 杨道麟.曾氏文章学对语文教育的独特贡献[C]//甘其勋."三学"创新论:曾祥芹学术思想国际研讨会文集.郑州:河南人民出版社,2010:339.

② 杨道麟.语文学科应当树立文章学意识[J].《语文教学与研究》(教研天地),2007(8):78-79.

会统治思想,受到一代又一代人们始终不渝的追寻!是不是曾祥芹及其"一语双文"论也有着如此宿命?……

笔者有诗赞曰:

一语一文需琢磨,泥沙俱下奈谁何。

误人子弟难穷尽,贻害教师易险颇。

独看祥芹文似剑,更听曾氏字如歌。

学人唯美功奇俊,谁解艰辛有几多?

第五章

"实用文章学"领导者

　　"一语双文"论的关键就是文章文学的分野问题,分野的关键则是狭义文章学的自立问题,就是要建立其独立的研究对象,并研究其本质特征、发展规律,以及相应的学科范畴、话语,等等。一言以蔽之,就是要对狭义文章学开展研究。当时即20世纪80年代初,也涌现出一批颇有成就的文章学人,例如被曾祥芹称为"现代文章学事业的开创者"①、中国文章学研究会首任会长、首都师大教授张寿康先生;再如对当代文章学研究比较有成就的西藏民族学院的程福宁教授,其于1987年由湖南大学出版社出版的《文章学基础》,阐明了文章的性质、特点、规律和文章读写的指导原则,受到了学术界赞许。然而由于张寿康、程福宁文章学元老的过早仙逝,曾祥芹无可争议地成为文章学队伍的领军人物与灵魂! 当然,这主要还是由于他最早呼吁开展狭义文章学研究且著作等身。他在提出"一语双文"论的同时,就开始现代文章学即"狭义文章学"这项工程的建设问题。他于1977年写作的、在《安阳师专学报》1980年第1期发表的《呼吁开展文章学的研究——语文教学科学化刍议》,与张寿康在《语文战线》1980年第8期发表的《文章学古今谈》,堪称改革开放之初最早飘扬在狭义文章学领域的旗帜。曾祥芹又是继中国文章学研究会首任会长张寿康之后的文章学领军人物,自1985年起就

---

① 曾祥芹.实用文章学研究[M].北京:高等教育出版社,2010:406.

担任副会长,2001年至2012年担当第三任会长12年,之后退为名誉会长,还兼任全国快速作文研究中心和全国快速阅读研究中心的两个名誉主任20多年。学界公认他是中国实用文章学的开创者和奠基人、"文章学大师";学会原秘书长魏超教授公开宣称曾祥芹会长为"文章学会的精神领袖"。

第一节 《文章新潮》:文章学进军的集结号

学科研究一般从三个方面入手,一是理论的研究,对本学科的研究对象,包括对本学科的基本范畴、规律、特点等进行研究;二是实践应用的研究,探索本学科应具备的操作技能及其教育教学问题;三是学科史的梳理,梳理本学科发展的历史,从中总结出有价值的理论、范畴与技法。显然,对学科史的研究是前两者研究的基础,如欲在本学科研究中有大的建树,必先做好史料的搜集与整理工作,然后在此基础上归纳、比较、分析与提炼,总结出本学科的基本范畴与规律,这是治学的一般路径,否则难有大的成就。但这种"拙"法需要研究者爬梳剔抉、提要钩玄,需要十年磨一剑的积累;很多人往往耐不住如此的冷清与寂寞,而直达形而上的理论研究。但这种走"捷径"、用"巧劲"的研究常常带来基础不牢、后劲不足的弊端,很可能风光不久便江郎才尽,湮没无闻。而只有扎根学科史料研究的沃土,不断汲取史料的营养,治学的大树才能枝繁叶茂、郁郁葱葱。这对于脱胎于广义文章学、并与之纠缠不清的狭义文章学研究更是如此。狭义文章学派开创者,六十年治学不辍,耄耋之年仍在为狭义文章学摇旗呐喊的曾祥芹正是走这种似拙实巧的路子,他的文章学研究是从梳理中国文章学史起步的。

在长期的语文教学与研究中,曾祥芹就注意到了文章教育的重大作用与意义,为此他很注重对传统的文章学理论与知识进行研究,如在1983年撰写的《〈文心雕龙〉章法论》①(本节所引文献凡入选该书的不再注明。仅在同页注释处标明原出处),从章法理论与结构艺术两个方面运用文章学知识与理论对《文心雕龙》进行分析;再如于1984年撰写的《现代文章学的奠基

---

① 曾祥芹.《文心雕龙》章法论[J].河南大学学报(哲学社会科学版),1984(5):64-68.

作——评叶圣陶的〈作文论〉》,对叶圣陶先生于 1924 年撰写并出版的《作文论》,从文风论、文源论、章法论、文体论、表达论、语言论 6 个方面进行较为深入论述①。又如 1986 年撰写的《甲骨卜辞——中国最早的文章形态》②,从篇章结构、表达体制、社会功能、历史地位等 4 个方面的文章学理论加以论述。特别是《〈道德经〉:文章学的元典》,洋洋洒洒 45 000 字,蔚为壮观。不仅如此,他还仔细研究过今人编著的文章史资料,如周振甫的《中国文章学史》、程福宁的《中国文章史要略》、张会恩的《文章学史论》、贺汪泽的《先秦文章史稿》、陈良运的《中国历代文章学论著选》等,并以此修正、拓展、丰富、完善自己的理论观点与范畴。程福宁先生曾说:"对古代文章认识得越全面越深入,对现代文章学概念范畴的提炼就越丰富越精确。"诚如斯言,曾先生在《文章本体学》中建立的 30 个概念体系,大都可以从上述史料、史论中找到渊源。

非常明显的是,曾祥芹所编撰的著作,大都有对史的研究,也有对文本的研究。例如该书专列第十四章"文章发展简史",对文章发展的历史资料加以梳理。再如《文章新潮》对当时散见于各种书刊上的文章学资料加以梳理。

除了对史料、史论著作作重点的钩沉之外,曾祥芹还对当时散见于报章杂志上的关乎文章学的散珠碎玉加以撷取,含英咀华,并写出每年的文章学研究的年度述评。《文章新潮》即是对 1980 年至 1985 年年底发表的文章学论文精选而成的。该书由河南教育出版社于 1988 年 8 月出版,44 万字。

一、书名:大匠运斤,一石三鸟

该书书名为"文章新潮",从中可以看出编撰者的用心。"文章"一词很明显表明入书论文之内容与标准。"新"即指该书以全新的面貌出现,包括新的内容、新的观点等,这一点下面重点论述。再说"潮"字,指浪潮、潮头,寓指编撰者所希望和证明的文章学研究的大潮汹涌而来,势不可挡。如是

---

① 张复琮,曾祥芹. 现代文章学的奠基作:评叶圣陶的《作文论》[J]. 殷都学刊,1984(3):41-45.
② 王章焕,曾祥芹. 甲骨卜辞:中国最早的文章形态[J]. 殷都学刊,1986(3):20-27.

该书书名深层含义有三:一是热情地讴歌了文章学研究的大好局面,描绘了文章学的美好愿景;二是竭力地鼓舞了文章学研究者的士气,振作精神;三是对怀疑甚至否定狭义文章学的守旧派进行有力的回应。一词三义,一石三鸟,着实了得。

二、编选形式:全文收录、节选或摘要、目录索引

该书精选了1980年至1985年年底发表的文章学72篇论文。前有两序,分别由时任中国文章学研究会会长、首都师大张寿康教授,中国写作学会会长、南京大学裴显生教授两人撰写;有后记,由该书编者曾祥芹、洪珉撰写,用以介绍该书的编撰动机、原则、结构及选文办法。编者抱汇编资料、指以津梁之目的,尽可能收录创见之作。选录方式有全文收录、节选或摘要、目录索引三种形式。

三、结构内容:总体研究→理论研究→技术研究→应用研究→史料研究

该书是一部论文选集,但曾祥芹并不是简单地把论文入选了事,而是把入选论文别出心裁地按主题分为"文章学体系研究""文章基础理论研究""文章技术学科研究""文章读写教学研究""文章学历史研究"5个部分。5部分基本按总体研究、理论研究、技术研究、应用研究与史料研究布列。除此之外,对于没有入选的论文书后附有题目索引以供研究者备查,另外还附有1984年、1985年文章学研究述评。因此,论文既有关乎文章学体系、理论的宏观研究,也有对文章学某方面、某一特点的微观探索;既有对现实的建言,也有关于史料的钩沉。点、线、面结合,观点纷呈,高论峰起;风格多样,百花齐放;是新中国第一本文章学论文集,较全面反映了当时文章学研究的新成果,裴显生在序言中评论该书是当代文章学研究的突破性进展,是曾祥芹呈现给文章读者和研究者的一份厚礼!

四、该书特点:新

该书特点凸显,但笔者认为其最突出之处在于"新",表现为新号召、新观点、新理论、新结构、新的研究手法。

(一)发出新号召:向文章学进军!

即使当今,对于文章学的独立问题,仍有人持怀疑甚至否定态度,何况是在 20 世纪 80 年代初。对此,就要理直气壮地表明态度,做出明确回答。这方面较早的当数张寿康与曾祥芹。当时在人们对文章学的确立有所疑虑甚至反对的情况下,张寿康认为"汉语文章学是为社会服务的,研究它是为了全社会的需要","是大专学校写作课的教学需要","为了提高中小学语文教学质量","为了继承文章传统的需要"①。理直气壮地进行了回应。稍早些时候,曾祥芹在《呼吁开展文章学的研究——语文教学科学化刍议》一文中也发出同样的呼声。该文完稿于 1977 年,发表于 1980 年 1 月,可以说是"狭义文章学"的开山之作。文中写道,"开展文章学势在必行","建立文章学完全可能","研究文章学大有可为","创立文章学条件已备",呼吁人们向文章学这块处女地挺进,可谓在学界最早发起了开展文章学研究的号召。但遗憾的是张寿康教授过早仙逝,没能最大限度地发挥其领导与影响作用。因此曾祥芹历史地成为文章学派创立者、引领者。再如河南省写作研究会会长、郑州大学中文系刘家骥教授的《"文章学"的研究应当提到日程上来》,从高校写作课程不受重视谈起,呼吁"文章学"的研究应当提到日程上来。

(二)提出新观点

该书以"新潮"命名,用以表明书中所选文章都是当时文章学研究的最新成果。"凡能代表一个独立方面、有创见的论文,尽可能保留;填补空白点的,尽管稚态可掬,亦在入选之列。"张寿康的《汉语文章学简论》提出"我们赞成文学作品的教学,这是不可少的,但是不希望搞文学的人反对文章学。我们不反对从文章学的角度去讲小说、诗歌、曲艺、戏剧"。这种观点在当时可谓石破天惊。所谓英雄所见略同,这与曾祥芹在《呼吁开展文章学研究——语文教学科学化刍议》中的看法不谋而合,这些应该是曾祥芹后来提出"跨体阅读"法的滥觞。曾祥芹认为"刘勰的《文心雕龙》是一部古代文章学专著"②,贺绥世认为"《文心雕龙》研究的不是单一的文学理论,而主要的是文章学"。这在当时都是闻所未闻的。刘家骥所说的"文章学也可以分为

---

① 张寿康.汉语文章学简论[J].克山师专学报,1982(2):3.
② 曾祥芹.《文心雕龙》章法论[J].河南大学学报(哲学社会科学学报),1984(5).

一般常用文体与文学体裁两大门类",即秉持广义的文章观。大连师范学院中文系王正春副教授主张"把写作课改称为文章学",可以看出当时学界仍把文章学与写作学混在一起。王兴华提出"创建文章病理学刍议"①,让人闻所未闻。张寿康认为的"文章三律论即语言合体律、观点材料统一律、层次律",程福宁的"文章四律论即主谓律、衔接律、明晰律、得体律"②,很可能对曾祥芹界定的文章"内外七律"有启发作用。当然,既然突出创新,有些观点可能不太周严,也有相左的观点,这些曾祥芹尽可能地入选,供资料研究者辨别、遴选。例如张寿康认为"文章学应当是语言学的一个分支,因为文章是组成篇章的书面语言"③,这种观点是不对的,因为照此类推,很多学科的外在形式都是书面语言,但是我们不能说是语言学的分支。对此马积高先生就不认同④。

(三)构建新体系

学科体系是学科研究的重要任务,它在一定程度上决定和影响着学科研究的内容、方法及趋向。该书第一部分即"文章体系研究"共 19 篇文章,可谓蔚为壮观。如胡熙绩认为"文章学应当包含五个部分:导论、文章概论、文体论、写作论、文章的分析鉴赏"⑤,不但描述了文章学的新体系,勾画出了宏伟愿景,而且对具体细节进行了较为深入的阐述。就文章学研究的内容与范围问题,马积高指出了方向:体裁、创作过程、作家风格、流派、历史发展等⑥。王兴华则认为是文章阅读、文章写作、文章原理、文章体制等⑦。当然,也有同志提出不必忙于建设一种体系。韩雪屏运用系统论把文章结构分为五个要素三个层级,很有理论深度⑧。当然也有别样的声音,张寿康认为"文

---

① 王兴华.创建文章病理学刍议[J].语文导报,1985(2).

② 程福宁.关于文章学规律的问题[J].西藏民族学院学报,1982(4):99-102+64.

③ 张寿康.文章学古今谈[J].语文战线,1980(8).

④ 马积高.漫谈文章学的研究与文章的教学[J].湖南师院学报(哲学社会科学版),1982(3):109-115.

⑤ 胡熙绩.关于"文章学"的学科体系[J].写作,1982(2).

⑥ 马积高.漫谈文章学的研究与文章的教学[J].湖南师院学报(哲学社会科学版),1982(3):109-115.

⑦ 王兴华.文章学的研究范围[J].写作,1982(3).

⑧ 韩雪屏.文章结构的系统观念[J].包头师专学报,1984(增刊).

章学的建立,可以有而且应该有不同的体系"①。马积高则主张从小处做起,稳扎稳打,"不要忙于建立一个体系,我不赞成一讲建立一个什么'学',一开始就要摆开阵势,讲'文章是意识形态'之类的大道理"。

(四)提出新问题

最为显著的问题是文章与文学的关系问题,多篇文章提到这个问题,看起来在当时解决这一问题是多么迫切,例如王兴华的《文学学与文章学》提出了文学与文章的异同问题并做了简单的回答。裴显生提出"文章学还是写作学"的问题在当时很有代表性与普遍性,说明当时对于该问题的认识还相当粗浅。刘家骥提出"建设文章学,当前要做哪些工作"引人思考。张会恩提出"文章学研究的对象究竟是什么"并认为应是狭义文章。这个问题触及文章学派的宗旨问题,也是后来曾祥芹反复强调和论证的问题。裴显生对于文章学的建设问题则提出"关键在于有一支坚强的队伍"②,可谓一语中的,切中肯綮。还有就是有几篇文章谈了写作的问题,彭建明的《关于建立写作学理论体系的一个问题》,赵兴明、刘绍本的《文见于此,起义在彼——浅谈虚实笔法》,等等。

值得一提的是韩雪屏、张春林、鲁宝元合著的《应当建立一门阅读学》,提出"为了有效地提高全面的阅读能力,就要认真地研究那难以捉摸的阅读,科学地分析阅读活动的性质、阅读过程的特点、阅读能力的构成和发展规律等等问题,建立一门科学的阅读学"。这是中国学人最早发出的关于建立阅读学的号召,其意义非凡!再就是王兴华《创建文章病理学刍议》用大量篇幅对文章病理研究的历史加以梳理,只是结尾一段简单讲了研究文章病理的方法,"既要重视学生的整体病例,又要关注学生的个体病例。应创条件,建立学生作文'病例档案',积累'临床经验',对学生作文的疑难病例,可进行'会诊',还可以搞疗程试验"。要言不烦,很有启发作用。

(五)试用新方法

刘忠惠的《模糊控制论与文章的形式》运用模糊数学中的"模糊自动控制"理论,从心理学角度,揭示文章形成过程,包括积累材料、理解材料、组织

---

① 张寿康.汉语文章学简论[J].克山师专学报,1982(2).
② 裴显生.再谈现代文章学的建设问题[J].殷都学刊,1985(4):30-36.

材料三个阶段中人脑的活动和心理反应。赵星景运用信息论来研究文章写作,"输入信息要博采","贮存信息要厚积","处理信息要慎思","输出信息要多改"①。很有启发意义。王兴华提出从文章病理学角度研究文章,"既要重视学生的整体病例,又要关注学生的个体病例。应创条件,建立学生作文的'病例档案',积累'临床经验',对学生作文的疑难病例,可进行'会诊',还可搞疗程实验"。让人耳目一新。王兴华、张国权《试谈文章分析学》,提出文章分析的基本方法是"逻辑分析法、心理分析法、美感分析法"等。

五、价值与作用:新中国第一本文章学论文集

(一)展示新成果

该书精选 1980 年至 1985 年年底发表的文章学 72 篇论文,有的是对文章学体系的宏伟勾画,例如胡熙绩的《关于"文章学"的学科体系》,王兴华的《文章学的研究范围》;有的是对具体问题的探索,如徐江、丽中的《疏密论》,洪珉的《文气的实质》,张盛彬的《略论写作能力的构成及训练》等;也有的是对历史资料的整理归纳,曾祥芹把此作为第五部分"文章学历史研究"共 13 篇文章,特别是对《文心雕龙》《文心》的研究最具分量。该书所收论文涉及文章学领域的诸多方面,是当时一个时期文章学研究的最新成果,昭示了文章学研究的新局面。值得注意的是该书收录一篇美国人安德鲁·豪威特发表在《写作》1982 年第 2 期的文章《美国的文章结构教学法》,是唯一收录的域外研究文章。与中国同行文章关注宏观着眼不同,该文章从微观入手,通过举几个具体的练习来详细叙述文章结构教学法的流程与方法,特别具体细致,具有较强的操作性。

(二)检阅文章学队伍

该书入选论文作者有名满天下的著名教育家,如张志公、张寿康等,也有名不见经传的学苑新秀;既有老一辈硕德耆宿,也有年富力强的中年学者,更有意气风发的青年才俊。有道是"文如其人",所选论文大都属于文章学范畴,或豪放,或蕴藉,或端庄典雅,或自然通俗,千姿百态、风格各异。尽管笔者对论文作者大都无缘相识,但读其文便遥想其人。读张志公的《谈文

---

① 赵星景.写作学与信息论[J].殷都学刊,1985(3):42-45.

章之学——〈文章学概论序言〉》,可以知道"张老"既有古代文论知识,又有西学素养。张寿康的《文章学古今谈》说古道今,旁征博引,学识宏富,作者应该是一个勤于治学、知识广博的宿儒。裴显生的《现代文章学建设中的几个问题》,不疾不徐,娓娓道来,让人感觉到其温柔敦厚的长者形象。读程福宁的《我所理解的文章学理论体系》,可以悬想程老既具有全局视野,又不失科学严谨之风。看胡熙绩《关于〈文章学〉的学科体系》,全面系统又具体深入,作者应该是一位既有实践经验又目光远大的一线教师! 马积高《漫谈文章学的研究与文章教学》主张不要急于宏观的理论构建,而要集中精力研究具体问题,他可能是一位严谨务实、长于微观研究而拙于宏观理论的实践者吧! 韩雪屏的《文章结构的系统观念》结构井然,逻辑严密,论证精微,很有理论深度,作者可能严谨持中,具有深厚的哲学素养与西学基础。不一而足。

因此,本书的编撰,着实是把分散于全国各地的文章学研究者以特殊的形式联系起来、集中起来,是该领域研究专家的一次集体亮相,是对文章学研究队伍的一次大检阅,为以后文章学集团作战打下了智力基础。从这个方面讲该书起到了建立人才库的作用,便于曾祥芹作为文章学领袖运筹帷幄、调兵遣将,完成一个又一个的协同作战工程。该书所收录的许多论文作者的大名在以后的文章学合著作中会经常出现。

(三)提供了新的研究资料

该书的编辑出版,为各类读者提供了一部珍贵的参考资料。"不仅文章学研究者需要它,高等学校文章学、大学语文、写作等课程可以作为教学参考书,而且广大青年自学者亦可以从中学到很多宝贵的东西。"(裴显生《序》)张寿康也认为此书"诚为学习者的舟楫,研究者之津梁"(张寿康《序》)。最起码的是,通过该书的编写,曾祥芹得到了一次难得的学习与提升的机会,为他融汇诸家之说于一体提供了机遇,也为他形成"大师"级教育学家起了一次推动作用。书中很多观点极有参考价值。且看胡熙绩关于文章学结构的分析:

> "在导论里,首先要指明文章学的对象、任务和方法","文章概
> 论这一部分主要是论述构成文章的诸要素,即主题、主题思想、题

材、体裁、结构、表达方式、语言、风格等";"文体论这一部分是分别研究各种文章体裁的起源、流变、特性、写作方法和要求";"写作论,这一部分包括三个方面的内容。第一方面是具体研究写作过程中的各个环节:观察体验、收集题材、分析研究、确立主题、剪裁布局、编拟提纲、起草修改。第二方面是综合研究各类文章写作中的种种技巧和手法,诸如构思、剪裁、穿插、照应、模拟、联想、对比、辩证、铺垫、抑扬、映衬、烘托、情调、氛围、情与景的融合、虚与实的交错等等";"文章的分析鉴赏这一部分则是对上述种种理论知识的运用"。①

上面关于文章学体系的论述,既有宏观的勾勒又有微观的分析,具体翔实,极具操作性。阅读此后曾祥芹关于文章学的论著,可以看出它对曾祥芹的文章学研究的启发作用是巨大的:宏观思维、层层构思、术语运用等,在曾祥芹后来的文章中经常出现。

特别值得一提的是,曾祥芹与张复琮合著的论文《文章阅读学发凡——评叶圣陶的〈文章例话〉》中,单列一层"把文学作品当作普通文章来读",并引用叶圣陶在《文章例话·序》中的一段:"为了切近少年的意趣和观感,我只选现代人的文章,这许多文章中间有些是文艺作品,但我也把它们看作普通文章。"②这可以说是其日后创立"跨体阅读"的雏形!

(四)推动了文章学研究的开展

该书的编撰出版,把全国各地文章研究的星星之火集中起来,形成燎原之势。对于已入选论文的作者会有激励作用,对于仅收书目和未入选论文的作者也是一种引领、鞭策作用。在语文学研究界形成一种研究文章学的氛围,推动文章学研究更快更好地发展。

其他还有诸如总结经验、交流学习的作用也是不言而喻的。"嘤其鸣矣,求其友声!"张寿康就引用这句诗表明该书所起到的这方面的作用。(张

---

① 胡熙绩.关于《文章学》的学科体系[J].写作,1982(2).
② 曾祥芹,张复琮.文章阅读学发凡:评叶圣陶的《文章例话》[J].殷都学刊,1985
(3).

寿康《序》)

对于曾祥芹个人而言,该书的编撰出版,开阔了视野,积累了资料,结交了许多良师益友,聚集了一批学界同人,促使了他从文章学研究的虎将向学术领袖的转变。通过研读该论文集,可以发现入选论文有相当部分是发表在当时曾祥芹主编的安阳师专学报《殷都学刊》上的,曾祥芹在该刊物开辟有"文章学探讨"专栏,使之成为名副其实的文章学研究的"井冈山",他自己也成为文章学研究的领导者,这一点在以后的学术活动中日益显现。

该书的不足是难免的。最大问题是学科纯度不够,有些论文还不属于纯粹的文章学范畴,有些与写作学、阅读学缠绕不清。二是囿于当时的情况,一些观点、看法还很肤浅、偏颇,例如《漫谈文章学的研究与文章的教学》反对宏观的理论构建的看法。三是限于篇幅,大多论文作了节选,难以领略其全貌。

六、相关研究资料

研究该书的专论主要有两篇,即收在该书中张寿康、裴显生所作的序。

作为中国文章学研究会会长的张寿康,首先对中国现当代以来关于文章学的著作及研究资料进行点评,只在末尾一段对该书加以评论:"选文有代表性,博而举要,百花纷呈,多方收集,堪称丰腴,诚为学习者的舟楫,研究者之津梁,为文章学课程和攻读文章学的研究生提供了参考资料,也为文章学的建设做出了巨大贡献。"可谓要言不烦,一字千金,高度评价了该书在科研及教学两方面的价值,显示了时任中国文章学研究会领军人物的大将风度与文采。

裴显生教授认为作为一本论文集,从编排体系的角度该书让"我们不仅可以看到当代文章学研究的状况,而且可以看到一个完整的理论框架"。接着对该书内容进行梳理,并逐层评价。最后认为"力图以最小的篇幅传递最大的信息量,使读者在较短的时间里,了解当代文章学研究的状况和成果",并评价其作用:"不仅文章学研究者需要它,高等学校文章学、大学语文、写作等课程可以作为教学参考书,而且广大青年自学者亦可以从中学到很多宝贵的东西。"评论具体、深入、中肯。

另外,一些对曾祥芹学术评论文章也涉及该书。例如李建东的论文《笔路蓝缕,以启山林——曾祥芹教授文章学研究述略》(《牧野论坛》1993年第1期),他在评述曾祥芹对语文教育的贡献时提到该书:"在那里,我们不仅可以看到当代文章学研究的状况,而且可以看到一个完整的理论框架。他把文章学看成一个学科群,其内部划分为基础科学、技术科学、工程科学三个层次。全书分为三个单元,构成一个严密的整体。……特别是第五单元'文章学历史研究',更是体现了作为文章大国的中国,其文章理论研究也有着悠久的历史。"该评论持论公允,无丝毫溢美之词。

总之,该书的出版,吹响了向文章学进军的集结号,每篇文章如一面面猎猎战旗,迎风飘扬,召唤着文章学队伍踏上新的征程!

第二节 《文章学探索》:曾祥芹第一本文章学个人专著

十年拓荒路漫漫,物换星移几回回!

十年时光转瞬即逝!

曾祥芹从1977年撰写,1980年发表的第一篇文章学论文《呼吁开展文章学的研究——语文教学科学化刍议》,开始了为之奋斗一生的狭义文章学研究,至1990年,已是十个年头。十年里他抱着把过去在"牛棚"里耽误的时间夺回来的信念,和病魔抢时间(1983年因患癌切除左肾,医生预言活十年左右),在文章学领域多个方面展开研究,并有独到的发现,发表论文87篇。《文章学探索》即是择其要者编辑而成的,主体部分共四辑,分别是:文章学基础研究、古代文章学研究、现代文章学研究、当代文章学研究。所收论文既有"狭义文章学"开山之作的(《呼吁开展文章学的研究——语文教学科学化刍议》),也有"狭义文章学"的高难度动作(《论文章和文学的分野》);既有宏观的理论阐述,也有具体的诸如语段、技法、课文例析;既有对文章学大家宏著"重点"剖析,也有对文章学史的"红线"串接,更有对文章学研究"全景"勾勒。全书看似一部彼此独立、结构松散的论文集,其实是红线穿珠、自成体系。书前有首任中国文章学研究会会长张寿康撰写的序言,对该书的内容、特点及意义贡献做一精要评价。有后记,介绍撰写该书的缘起、动机、成书经过等情况。

一、该书特点:拓荒之犁

该书乃曾祥芹十年间在狭义文章学这块半开垦处女地的拓荒成果,因此被洪珉喻为"拓荒之犁"①。但洪珉没有展开论述,笔者拟从"拓荒"一词着眼展开具体评述。与其他研究资料相比,该书所收论文在研究的广度、深度、厚度、高度上均有拓展。下面结合所选论文加以评述。

(一)《论文章和文学的分野》:开掘了理论深度

对于文章学理论的研究达到了相当的深度。例如曾祥芹认为:"语文课的文学教学必须服务于文章教学。像小说要根据体裁特点教会怎样读,但不必大讲创作方法,做高深的形象分析,而要从文章的双基教学着眼,面向学生的读写实际,把小说当成复杂的记叙文去学,从中选取范例,训练记叙的基本。"(《呼吁开展文章学的研究——语文教学科学化刍议》,《殷都学刊》1980 年第 1 期)这段话可谓"跨体阅读"的滥觞。

该书最有深度的还是曾祥芹与张会恩合作完成的论文《论文章和文学的分野》。该文鸿篇巨制,首先指出文章文学杂糅的历史及六种弊端,用以证明文章文学必须分;接着从十种视角分析文章文学的不同,用以证明二者可以分;最后从语文学的建立和发展、文化学的建立和发展、科学学的建立和发展三个方面,指出文章文学应该分②。该文运用多种学科理论,内容宏富。结构上层层深入,环环相扣,极有理论深度。因此,该文被中国文章学研究会首任会长张寿康教授称为"全书中带有纲领性的佳作"(《文章学探索·序》)。

该书所收论文的理论深度不但体现在对学科体系的宏观构建上,还体现在微观层面的探索。例如对文章阅读方法的探讨,结合具体篇目作文章学分析,对语段做微观研究,等等。

(二)《"遵命文章"的生命力——以鲁迅杂文为证》:攀登了政治高度

20 世纪 80 年代初,文化界出于对极"左"路线中"遵命文章"观的拒斥,提出"创作不能遵命,遵命就没有自由了,遵命文章是短命的"观点。对这种

---

① 洪珉. 拓荒之犁:评曾祥芹的《文章学探索》[J]. 写作,1991(7):35.
② 如无特殊说明,本书所引文献资料皆出自本层标题中所列文献。

观点,曾祥芹在《"遵命文章"的生命力——以鲁迅杂文为证》就文章与政治的关系问题展开论证,提出了"遵命而命短的文章确实存在,但不遵命的文章实在难找,遵命而长寿的文章也难否定"。客观地说,"遵命文学"短命的多,确实产生消极甚至恶劣影响,出现"人人喊打"的局面,但"遵命文章"是在思想政治斗争中产生和发展的,是意识形态领域的常规武器。完全否定"遵命文章"的存在与价值,是从一个极端走向另一个极端。曾祥芹结合鲁迅杂文这种文艺性论文科学分析了文章中革命性和科学性、政治性和艺术性、暴露和歌颂的辩证关系,提出"遵命文章生命力的有无,关键看遵什么命,如何遵命"。该论相当公允,很有政治高度。

(三)学科史、阅读学、编辑学的研究:拓展了研究宽度

该书不仅开拓了理论深度,攀登了政治高度,而且拓展了研究的宽度,这主要表现在对学科史的研究上。第一辑属于文章学基础研究的论文,第二、三、四辑"古代文章学研究""现代文章学研究""当代文章学研究",属于文章学史的研究,因此该书就有文章学研究史的性质。从某种程度上说,它昭示着文章学研究的一个新方向,即对文章学研究史的研究。这样就大大拓宽了文章学研究的范围,为文章学者进行文章学研究指明了一条路径。当然,对史料的挖掘与整理,能够借以提炼本学科的理论、概念、范畴、术语等。例如在《〈文心雕龙〉章法论》这篇论文里,曾祥芹对《总术》篇中的章法进行分析:

> 细读《总术》篇,刘勰重点阐述的是"驭篇""断章"之术;"前驱""后援"是上下文的衔接问题;"少接""多删"是文章的繁简问题;"按部整伍,以待情会",讲文章要按逻辑安排层次,使上下文情自然会合;"因时顺机,动不失正"讲写作要顺应文思泉涌的时机,行文不可越出思路的正轨。

在后来撰写的《文章学教程》《文章本体学》《实用文章学研究》等著作中,曾祥芹把文章内部规律概括为"层次律、衔接律、统一律、合体律"等内容,我们是不是能够看到上文的影子呢?

需要特别提出的是,曾祥芹写下的《甲骨卜辞——中国最早的文章形

态》《〈文赋〉新解》《〈文心雕龙〉章法论》三篇文章,分别对甲骨文、《文赋》、《文心雕龙》三种古代文章进行解读。这三种文体字义的难度、内容的深度,是令多少研究者望而生畏的,从中也可以看出曾祥芹文字解读功夫非常人可比。

拓展研究宽度还表现在从阅读学、编辑学、秘书学角度研究文章学。根据曾祥芹后来形成的"一体两翼"论,写作学与阅读学是文章学的"两翼"。就像裴显生曾说过的话,"研究文章学忽视了阅读学,是缺了一条腿的文章学,是在叶圣陶的基础上后退了一步"(《曾祥芹文选·实用文章学研究·序》)。为此他从阅读学角度写了多篇论文,选入该书中题目含有"阅读"二字的就有五篇,在其他一些论文里也多次谈到阅读方面的问题。对这些问题曾祥芹不是泛泛而谈、坐而论道,而是深入地进行研究。在《阅读技巧说略》中对古今中外林林总总的阅读的方法,运用系统理论加以搜集、归纳、萃取,整合为四大系统:程序阅读链、完全阅读链、基础阅读链、应用阅读链。每个系统里又统领若干阅读法。包举宏纤,举重若轻。当然又为文章学研究开拓了一片新天地,为文章学者研究文章学指明了又一条路径。在《文体阅读谈概》中,提出"强化文体意识""明确阅读目标""理清阅读思路""掌握阅读方法"四方面内容,并就如何操作进行了深入的研究。这两篇谈阅读的文章可以看作曾祥芹后来主编的中国第一套"阅读学丛书"中的《阅读技法系统》《文体阅读法》的先声。或许自此始,曾祥芹开拓了文章阅读学的研究方向,并做出突出贡献,为他日后创建的汉文阅读学系统工程的标志——中国第一套"阅读学丛书"的编撰做了准备工作,当之无愧地成为中国阅读学的奠基人与开创者之一。

如此一来,该书所收论文既有对史料做"纵"的梳理,也有对"两翼"做"横"的开拓;既表现了历史的厚重感,也有着积极的现实意义,纵横交织,浑然一体。

(四)《书本是文章的最大单位——文章表层结构论之二》《中国现代文章学的纲领性文献——纪念毛主席的〈反对党八股〉发表四十周年》:提高了创新度

因为是拓荒之作,就有很多开拓性贡献。时有警策之语,最著名莫过于

"文章学的最高单位是书本"①的论断了。据曾先生回忆,该文是针对程福宁"文章学研究对象以文篇封顶"而争辩的。《书本是文章的最大单位》一文的意义不仅在于拓宽了文章学的研究领域,更在于开阔了文章学者的视野,便于指导教学。后来曾祥芹在研究中经常提及,可谓其基本观点之一。《书本是文章的最大单位》一文被收录到 2001 年出版的《现代文章学引论》专著里。在 2005 年出版的《文章知识新视点》这本文章学教材里,曾祥芹具体指出了书本是文章的最大单位对于语文教学的重大意义,即"把训练读文扩展到训练读书""把训练作文扩展到尝试著书",可谓立意高远。该观点也受到学界的高度评价,在理论与实践教学中均有很大影响。再如,在一些人的不解中,指出"遵命文章"的生命力,观点辩证,发人之未发。《中国现代文章学的纲领性文献——纪念毛主席的〈反对党八股〉发表四十周年》提到"毛泽东同志是中国现代的文章大师",称《反对党八股》为"中国文章学的纲领性文献",等等,皆是如此。当然,既然是拓荒之作,一些观点、说法不可能十分周全,有些尚有值得商榷之处,这是难以避免的。

(五)应用类文章:攻克了研究的难度

学术研究的目的之一就是应用于教育教学,这也是文章学研究的难度之一。为此曾祥芹做了大量研究,写下了《普通文章学与初中语文教学法》《谈中学语文教师的知识结构》《和大学生谈文章学》《三谈文章学和语文教学的关系》等数篇应用性论文。在这些论文里,曾祥芹对于文章学教学进行了研究,既有理论研究,又有实践操作上的探索,有很强的操作性。例如对于"语段训练"提出:语段的划分、句子的连贯、概括语段的中心语义、阐发语段的深刻含义、识别语段的表达语体、评析语段的章法功能、辨析语段的思维形式等。

(六)《甲骨卜辞——中国最早的文章形态》:拓展了文章学研究的长度

安阳殷墟甲骨文是已知中国文字的起源,曾祥芹身处中国古文字的圣地,自然深受其吸引与熏陶,也毫无例外地从文章学的角度对甲骨文进行研究。曾先生自述:该文可以作为《中国文章史》的第一章。该研究的意义在于把文章学研究的源头与中国文字的起源连接起来,勾勒了"从文字发展到

---

① 曾祥芹.书本是文章的最大单位[J].克山师专学报,1987(2).

文章"的历程,从而丰富了中国文章史与文章学史,为文章学研究指明了方向。

二、该书的意义:总结、奠基、激励之用

(一)总结作用

该书可谓曾祥芹对自己开展文章学研究的阶段性总览,也是对全国文章学研究的总结。通过该书的出版,曾祥芹对自己十年来研究进行总结与反思,包括在新的时代文章学面临的目标、任务、难题,选用的方法,如何开拓文章学研究的新领域,如何带领团队作战,等等。在查找问题、整理思路中,曾祥芹描绘着狭义文章学的美丽蓝图,以便以更昂扬的姿态、更科学的方法,带领一批学人开展更艰巨、更宏大的研究工作。

(二)奠基作用

该书既是一部拓荒之作,其研究内容就有前无古人、后启来者之用,其开拓的一些观点、范畴就成为以后研究的基石或母体。最为显著的当属他在《呼吁开展文章学的研究——语文教学科学化刍议》中把文章学与语言学、文艺学并举,就成为后来著名的"一语双文"论之滥觞。在《章法四律——"叶圣陶与文章学"研究之八》中对叶氏关于文章四律即"层次律、连贯律、统一律、变化律"的归纳,就发展成为以后对文章内部规律的表述即"层次律、衔接律、统一律、合体律"。《〈文心雕龙〉章法论》以《文心雕龙》中的《总术》《神思》《熔裁》《章句》《通变》《附会》等文章为例,从整体到内部分析了其中的章法结构。再如对文章五级单位的划分——语段<段落<章节<文篇<书本等。这些都成为后来曾祥芹文章结构研究以及文章学结构研究的通识。既然书本是文章的最大单位,那么对于书本的研究就是文章学研究的一项重要内容。仅就曾祥芹研究而言,他对书本的研究就有《〈文心雕龙〉章法论》《〈国文百八课〉的文章学系统——评夏丏尊、叶圣陶的七十二篇〈文话〉》《现代文章学的奠基作——评叶圣陶的〈作文论〉》《现代文章学的历史丰碑——评夏丏尊、叶圣陶的〈文心〉》《曾子文章学》等。至于为现代学人所作的书评、书序、书跋更是难以尽数。在《谈中学语文教师的知识结构》中提到"文章教学成为中学语文教学的主要矛盾",后来发展为在语文教学中"文章第一、文学第二"的表述,以后又概括为文章、两栖文体、文学三

者在语文教育中所占比例为 3∶4∶3。当然,对于具体比例,可以探讨。

(三) 激励作用

首先,该书的出版,成果的呈现,对曾祥芹自己是一个激励。从最初《呼吁开展文章学的研究——语文教学科学化刍议》的艰难问世,到《论文章和文学的分野》横空出世,再有《甲骨卜辞——中国最早的文章形态》《〈文赋〉新解》《〈文心雕龙〉章法论》三篇文章的重磅推出,作为作者的曾祥芹其惊喜、兴奋之情是难以言说的。一次次地翻开书页,品读熟悉的文字,倾听自己的心音,一种舍我其谁的豪气,一种只争朝夕的紧迫感油然而生,一项项重大研究项目在心中酝酿! 于是有了后来研究成果的大量诞生。不但如此,该书的出版,对其他学人尤其对狭义文章学研究犹怀狐疑的人也是一个很大的激励:原来狭义文章学真的是一片神奇的土地,研究狭义文章学真的可以取得这么大的成绩! 正如《呼吁开展文章学的研究——语文教学科学化刍议》所说,"研究文章学大有可为","文章学是一个广阔的领域,它可以包括理论部分和实际部分"。这样就激励了团队斗志,鼓舞了团队士气,使文章学研究队伍壮大起来,形成了文章学研究欣欣向荣的局面!

三、相关研究资料

关于该书的研究资料,目前仅找到以下几篇,并都收录在《曾祥芹学谊录》里。

一是收录在该书前、时任中国文章学研究会会长张寿康教授为该书撰写的序。他从"旗帜鲜明,研精覃思""广为求师,富有创见""面向全国,勇于开拓"三个方面积极评价该书之价值:"研精覃思,富有创见的拓荒之作。"认为书中关于文章学与编辑学、秘书学关系的论文"正切合文章学与多学科横向渗透的特点,可以启迪我们建立文章学的广泛外部联系,探讨文章学与多学科的关系,突出文章学之网的网结,丰富文章学的网络"。高度评价书中所提出书本是文章的最大单位的看法,"独具只眼,成一家言"。对书中收录的"1984 年文章学研究述评""1985 年文章学研究的新进展"进行了高度评价:"作者充当着全国文章学研究评论员的角色,能站在现代化、科学化的宏伟高度,正确地评价学科建设的新成果,并指出学科发展的趋势,材料充实,视野宽广,很有分量,对全国的文章学研究起了推广和推动作用。""将是了解 80 年代中国文章学研究概况的必读材料。"等等,确是知人知言之论。该序点面结合,评出了该书的深度、广度与创新度。

二是洪珉的《拓荒之犁——评曾祥芹的〈文章学探索〉》①。该文认为"《文章学探索》的拓荒特色,更重要的是表现在它的内容、格局、深度和价值上"。接着具体而微地分析了《文章学探索》的价值,认为书中收录的《呼吁开展文章学的研究——语文教学科学化刍议》是"文章学界的沉寂多年之后的一声呐喊,可以看出作者在文章学研究领域长期积累起来的那些思考和跃跃欲试的心情,就是拓荒者的憧憬和痴情"。认为书中关于"书本是文章最大单位"之说"一语中的,慧眼独具"。认为《论文章和文学的分野》一文,提出了文章与文学有着各自不同的特性、品位和功用,因此,有可能也有必要把文章与文学断然分野,各自独立"。对于书中"对当代文章学研究的述评客观、敏锐,并有指导性的意义"。洪文评该书的特点,极有见地;尤其是关于"拓荒"的论断,直指三昧,对笔者评论此书有很大启发。

三是陈才生的《高瞻远瞩的文章学研究论文集——〈文章学探索〉评价》。认为"从宏观的鸟瞰到微观的管窥,涉及了文章学研究的方方面面,洞古察今,指点论坛,为人们提供了一份珍贵的当代文章学研究资料"。评价选文《论文章和文学的分野》,"向传统的广义文章观念展开了论战,从 10 个角度划清了文章、文学的界线,对争取文章学科的独立具有理论意义和推进作用"。评论该书中相关篇章对叶圣陶文章观的研究,"在当代文章学对叶圣陶的研究中堪称精品",该评价相当公允,令人服膺!

还有的学者对其中的某些篇章进行了研究。例如河南师范大学耿红卫、李献宝的《曾氏文章学是叶氏文章学的继承和发展》,是较为全面系统地对曾祥芹关于叶圣陶文章学研究的研究资料。全文从语文性质论、文章本体论、文章阅读学、文章写作学、文章教育论等角度,论述了曾祥芹对叶圣陶教育思想的继承和发展。文章最后评论道:"如果说叶氏文章学是中国现代广义文章学的首席代表,曾氏文章学就可以称为中国当代狭义文章学的杰出代表,二者是实现中华文章学复兴的两个典型个案,对建立民族化、现代化的文章学和开展有效的文章教育,有广泛的指导价值。"该文多层次、多角

---

① 洪珉. 拓荒之犁:评曾祥芹的《文章学探索》[J]. 写作,1991(7):35.

度展开论述,评论中肯公允。

《文章学探索》是曾祥芹出版的第一本文章学个人专著,它像一面镜子,照见了十年来他在文章学研究之路上的探索的身影和深深的足迹。当然,这部书只是对他辛苦探索之一瞬,远不是全部。该书的出版,仅是其研究生涯的一座里程碑,之后,他又朝着现代文章学研究的新目标迈出了匆匆的脚步,开始了新的探索。

第三节　《毛泽东与文章学》:首创"毛泽东文章思想"的新概念、开创毛泽东思想研究的新天地

"他山之石,可以攻玉。"

中国古代文论强调作者对作品的意义和作用,对作品的鉴赏也强调"知人论世"。因此,对于文章学家的研究也是文章学研究的内容之一。通过对文章学家的研究,借以汲取有益的观点、理论及实践模式等,达到为己所用之目的,这也是曾祥芹文章学研究的一个重要方面。曾祥芹对文章学家的研究重在古代,兼具现当代,纵跨古今,成果卓著。即使是对现当代文章家的研究,曾祥芹也取得非凡的成就,他曾与其大学同学张复琮联袂撰写了数十篇研究"叶圣陶与文章学"的系列论文,并计划结集出版,但后来由于各种原因未能成书。20 世纪至 90 年代末他已对叶圣陶的研究独著论文 10 余篇。不仅如此,曾祥芹内心一直有一种宏大的愿望,就是计划撰写一套 20 世纪著名文章家研究丛书:《文章泰斗周树人》《文章巨擘毛泽东》《文章大师叶圣陶》,标举"思想家的文章学、政治家的文章学、教育家的文章学",但由于特殊的客观条件影响,曾祥芹这个计划未能实现;随着传统文化的复兴,给研究带来了一线希望,但曾祥芹年事已高,且病体缠身,撰写"20 世纪文章大家三部曲"只能是一种美丽的愿景了。然而由于河南师范大学领导的支持,要搞《毛泽东与文章学》这样一项工程,这对于曾祥芹来说是一次难得的机遇。他为此部署了"1226 行动",排兵布阵,把全部精力投入到这一研究中去,并视此为撰写"20 世纪文章大家三部曲"的前奏与预演。

《毛泽东与文章学》,由曾祥芹、王绍令联袂主编,河南大学出版社 1993 年 12 月出版,近 50 万字。该书分为导论、上编、下编、后记。导论部分"毛泽

东——伟大的文章学家",下分三节,即毛泽东的文章生涯、毛泽东的文章思想、毛泽东文章学的价值,相当于全书的总纲。后记部分交代了该书编撰的动机、编撰过程、分工等。主体部分上、下编共21章。

一、编撰动机:献礼工程与遵命写作

关于该书的编撰动机,曾祥芹在"后记"中介绍道:"我们选取这个课题,基于双重目标:一面为学习毛泽东思想开辟新的天地——毛泽东文章思想;一面为建设中国现代文章学提供理论武器,树立光辉典范。"其实还有一些现实的因素,受时任河南师范大学校长王绍令的嘱托,通过此书把本省六所高校年轻学者带起来,培养新秀。

为了带动一些年轻学者,帮助他们尽快成长起来,因此参与编著该书的作者近20人。这样一来,《毛泽东与文章学》就成了典型的"遵命文章"了,当然也具有"遵命文章"的某些特点。

二、该书特点:引证丰富、体系完备

(一)资料详尽、引证丰富

该书编者对毛泽东作品进行了详尽的搜集与梳理。并且考证出毛泽东发表文章共2 138篇,其中诗词50首,文章2 088篇,二者比例1∶41。且引证详尽,总是拿具体文章做分析,避免了空泛之弊。例如为了论证毛泽东文章修辞具有推陈出新之特点,引用了他根据成语"任人唯贤"创造了"任人唯亲",根据"走马观花",创造了"下马观花",不但使行文生动活泼,又增强了说服力。譬如曾祥芹所负责编著的最后一个章节即二十一章"毛泽东的阅读创造",引文近30处,如果算上略去引文的文献则更多。

(二)纵横交织、体系完备

该书内容架构基本按照现代科学分类要求。第一大类,基础科学群,既有对文章本体包括对毛泽东文章本质、内容、结构、语言、文风、修辞等做纵的理论研究,也有对毛泽东关于各类文体的横的研究,包括第八到第十一章的"毛泽东的新闻写作""毛泽东的政论写作""毛泽东的公文写作""毛泽东的书信写作"四个章节。第二类技术科学群,是对文章阅读与写作进行的应用探讨,反映在该书内容上就是第六章"毛泽东的文章修改"以及下编的毛

泽东阅读章节,还有第八到第十一章的文体写作章节,既属于纵的也属于横的研究;这样一来,该书纵横交织,体系较为完备。

三、该书创新之处:开启"政治领袖文章学"研究之先河

(一)首创"毛泽东文章思想"的新概念

在对曾祥芹关于毛泽东思想的研究中,杨文忠教授认为:"曾祥芹做出了令人瞩目的贡献:首先提出了'毛泽东文章思想'的概念,并科学地证明毛泽东文章思想是毛泽东思想的有机组成部分,与毛泽东思想一样应该得到承认和重视,这在毛泽东思想研究史上具有不容低估的重要意义。"首提"毛泽东文章思想"的概念,可谓知人知言!在已知的研究中,"毛泽东政治思想""毛泽东军事思想""毛泽东文艺思想"等概念较早提出并得到充分研究,人们对此也耳熟能详;然而对于"毛泽东文章思想"的新概念的提出,学界尚属首次。当然这一提法不是一蹴而就的,而是有一个长期酝酿过程。完成于 1977 年、发表于 1980 年的《呼吁开展文章学的研究——语文教学科学化刍议》首次提道:"毛泽东同志的文章理论和文章实践,既具有毛泽东思想的高度,又富于中华民族的特色,而且初具体系,影响深广,堪称典范。"1978 年曾祥芹就辑录了《毛泽东论文章》9 本,1979 年他与张复琮合拟了《毛泽东文章学初探》编写提纲 1 本,1981 年他在《中国现代文章学的纲领性文献——纪念毛主席的〈反对党八股〉发表四十周年》中正式提出了"毛泽东文章思想"的概念,是"毛泽东思想"研究领域里的一项伟大创举!

(二)填补了毛泽东思想研究的一项空白

曾祥芹在"导论"中引用邓小平的话:"毛泽东思想不是在个别的方面,而是在许多领域发展了马克思列宁主义。毛泽东思想是个体系,是发展了的马克思列宁主义。所以我建议,除了做好毛泽东著作的整理出版工作之外,做理论工作的同志,要花相当多的工夫,从各个领域阐明毛泽东思想的体系。"这段话既说明该书的编撰初衷,也从政治高度论述了毛泽东思想是一个有着多层次、多侧面的立体的理论体系,涉及多方面内容,它是毛泽东及其当时共产党领导集体历经各个历史时期治国理政的理论总结,有着极其丰富的价值与意义,也有着惨痛的经验与教训;从正反两方面看都是一座有着多种开发价值的矿藏。曾祥芹及其编著者认为:"检阅毛泽东思想各个

领域研究的历史和现状,人们已先后开辟了哲学、科学社会主义、党建、政治工作、法学、军事、外资、经济、教育、科学技术、史学、语言文学、文艺、新闻等16个领域。然而至今没有开辟'文章思想'领域,更无人提出'毛泽东文章思想'的概念。这是56年来毛泽东思想研究史上长期留的一块荒地。"程福宁认为该书是"介绍与研究毛泽东读书与著文的集大成之作"①。

(三)开启"政治领袖文章学"研究之先河

对于文章学家的研究,涉及文坛众多的文章读写高手和文章理论精英,研究者有各种各样的选择,如政治家的文章学、思想家的文章学、教育家的文章学、文学家的文章学、史学家的文章学、哲学家的文章学、社会科学家的文章学、自然科学家的文章学、自由文人的文章学……选人范围异常广阔。其中,政治家的文章学研究难度很高,特别是成为政治领袖的文章学家的研究难度更高,风险也更大。曾祥芹从"文章,经国之大业,不朽之盛事"的高度,面对重新评价毛泽东的激战风波,迎难而上,以《关于建国以来党的若干历史问题的决议》为准绳,选择了毛泽东这位20世纪中国影响最大的文章学家来研究,确实是极富学术胆略的,开了"政治领袖文章学"研究之先河。

然而,提出一种观点易,建构该观点的理论体系难。为此,曾祥芹在其主编的《毛泽东与文章学》做了大量的工作,出色地完成了这一艰巨任务。该体系可以从目录中观其端倪:

第一章 文章是客观事物的反映——毛泽东的文章本质观

第二章 言必载物,实事求是,有的放矢——毛泽东的文章内容观

第三章 提出问题,分析问题,解决问题——毛泽东的文章结构观

第四章 为祖国语言的纯洁和健康而斗争——毛泽东的文章语言观

第五章 树立中国化的马列主义文风——毛泽东的文章作风观

第六章 只有反复研究,才能反映正确——毛泽东的文章修改

第七章 大匠运斤,自标灵采——毛泽东的文章修辞

第八章 无产阶级新闻史上的绚丽篇章——毛泽东的新闻写作

第九章 政治和艺术的高度统一——毛泽东的政论写作

① 程福宁.简论《毛泽东与文章学》的重大意义[J].河南师范大学学报(哲学社会科学版),1994(4):52.

……

上述目录几乎涵盖了"毛泽东文章学"体系的方方面面。

与毛泽东思想一样,毛泽东文章思想也是那个时代中共集体领导的产物,是集体文章思想的结晶。曾祥芹不但对毛泽东本人的文章理论进行研究,也对其他领导人的文章理论加以阐发,其中最为著名的当数对邓小平文章理论的研究了。曾祥芹在获国际学术金奖的文章《邓小平文章理论概说》中认为邓小平的讲话、文章"体现了建设社会主义精神文明的战略思想,尤其是将文章写读视为一种精神生产力,使毛泽东文章思想达到了历史的新高度"。通过对邓小平与八股文风做斗争坚持了半个多纪的史实梳理指出,"这不能不说是毛泽东文章思想的新发展,不能不说是邓小平文章理论的新贡献"。曾祥芹又考证了邓小平正确、坚定执行百花齐放、百家争鸣方针的史实,得出了邓小平文章理论"是对'双百'方针的丰富和完善,是对毛泽东文章思想的超越和发展"的科学结论。最后做出了"邓小平文章理论是毛泽东文章思想的继承与发展"的卓越判断。

除此之外,曾祥芹还对胡锦涛、习近平同志的文章观点做了初步的涉猎。在《文章发展的科学理念和实践要求——在中国文章学研究会第24次学术年会上的主旨报告》里,他用"科学发展观"来阐释、建构文章学理论。"科学发展观,第一要义是发展。""'科学发展观',核心是以人为本。文章的发展显然也要坚持'以人为本',这是文章科学发展观的本质和核心。"在受到习近平总书记的"供给侧改革"措施的启发下,他撰写了《语文教育的"供给侧结构性改革"》(《语文教学通讯》2017年第11期)一文,尝试从该角度剖析当前语文教学问题,提出从供给侧两个方面"语文生产要素投入""语文全要素生产效率提高"进行改革。在上述两文里,曾祥芹虽然只是假人之名,仅仅停留在"语用"的范畴,还没有真正对胡锦涛"科学发展观"、习近平"供给侧结构性改革"进行本体研究,但毕竟做了有益尝试,对后来的深入研究不无裨益。

第四节　《文章学教程》:设立高校文章学课程 和教材建设的里程碑

来源于教学实践的"一语双文"论与狭义文章学研究,最终还要服务于教学实践。因此,把科学研究转化成课程是推广研究成果的最重要形式,而教材则是课程的显性形式之一。

为了完成狭义文章学研究的课程转化,狭义文章学派做了艰苦卓绝的工作,之一便是完成《文章学教程》的编撰工作。该书是落实1991年8月在江西上饶三清山学术年会上的工作安排的成果,是在文章学研究会首任会长张寿康教授直接指定、关心之下完成的。曾祥芹与张会恩联袂主编,31万字,由上海教育出版社1995年5月出版。该书共15章,分别为:导论(第一章)、本体篇(第二、三、四章)、过程篇(第五、六、七章)、主体篇(第八、九、十章)、本质篇(第十一、十二、十三章)、史论(第十四、十五章)。

该书作为中国文章学研究会的代表性成果,是曾祥芹文章学理论在教育学领域的真正实施。

一、该书特点:科学性、合理性、新颖性、实用性

(一)精心安排了各部分内容,具有简明性

文章学的内容纷繁复杂,如何构建布列成为系统,又给人以明晰的印象,突出教材简明的特点,便于师生学习,这既反映著者的学术观点,也考验著者的学术智慧。全书涉及文章学的基本内容,全面系统而又要言不烦,各章节也基本删繁就简,简明突出。

(二)提炼出了文章学特有的内容、范畴,系统性强

文章学包括哪些内容,有哪些范畴、术语,这是文章学人必须回答的问题,该书对此给了较为完备的描述,全书15章有对文章本体内容做静态的论述,也有对文章发展史做动态的扫描;有对文章学不公平境遇进行冷静的分析,也有对文章学自立进行深情的展望;有对文章主体的绘像,也有对文章形成过程的探讨。

全书不但系统构建了文章学的内容,包括概念、范畴、术语等,而且在每

一个方面都进行了深入探讨。例如"本体篇"共 3 章 12 节,其中第二章"文章的信息"包括文章的事料、文章的意旨、文章的感情、文章的境界 4 节,第三章"文章的体式"包括文章的结构、文章的语体、文章的体裁、文章的技法 4 节,第四章"文章的风貌"包括文章的气势、文章的风格、文章的作风、文章的美质 4 节。这样就较全面地揭示了文章本体的内涵。再如"主体篇"部分,按文章作者、文章编者、文章读者三方面加以布列,基本涵盖了文章主体的所有内容。

曾祥芹之所以能够构建如此系统的文章学内容,既得益于他对文章学内容的熟稔,又得益于他对相关学科知识与理论的借鉴与运用。他"引进了语言学、思维学、心理学、社会学、编辑学、传播学等诸多学科的新成果,目的是为了吸取营养,强化文章学本体"(裴显生《应用写作·序言》)。

(三)吸纳了当时文章学研究的最新成果,具有新颖性

例如曾祥芹负责撰写的"本质篇"部分的第十三章"文章的规律",分为"文章的内外规律""文章的写作规律""文章的编辑规律""文章的阅读规律",均是新的研究成果,让人耳目一新。据笔者所知,曾祥芹提出"文章的内外规律"说,意图补正张寿康认为文章学只研究文章内部规律的偏颇。至于具体内容更是如此。他把"文章的内部规律"分为层次律、衔接律、统一律、合体律,把"文章的外部规律"分为称物律、达意律、适读律、致用律,这是前所未闻的。在后来的对文章规律研究中,都可以看到这些内容的影子。

(四)构建了适合教学的框架结构,具有实用性

该书不但具有形而上的"道"的性质,也有形而下的"术"的可操作性。既然是面向师生学习的教学用书,该书在撰写及编写过程中就体现了"教学"这一特色。每章前几百字的"本章要旨",对本章内容做一精准概括,便于学生迅速抓住该章重要内容。再就是章节后有数量不等的"思考练习题",这些习题是本书的重要组成部分,也是教学过程中不可或缺的重要环节。对该章知识点设问,既能够使学生回味反刍,加深印象,很好地掌握知识与理论,提高能力与情志;也可使教师很好地了解教情、学情。当然作为教材,这方面还有潜力可挖。

二、该书的意义：我国高校文章学课程和教材建设的里程碑

（一）全面展示了中国文章学研究会成立近十年的研究成果

中国文章学研究会于 1987 年正式成立，这是中国文章学研究的大事，它召唤、集中了一批醉心于文章学研究的有志之士，团结在自己的周围，团体协作，取长补短，强强联手，问难攻坚，极大地推动中国文章学研究与教学的深入开展。多年过去了，成效如何？该书的出版就是一次文章学人的深情展示，是为中国文章学研究会成立 8 年的献礼工程，它以丰富、新颖的成果交出了一份圆满的答卷！

（二）为文章学研究奠定基础

该书提炼出了文章学领域的一系列重要概念、理论、范畴，有些虽然失之粗疏与简单，从内涵及表述形式上尚需仔细推敲与打磨，但它为文章学者提供了诸多思考，为以后文章学的理论研究奠定了初步基础。

（三）为文章学教学提供指南

面对高校中文学科长期只开文艺学、语言学课，而不开文章学课的缺陷，编者为高校师生提供一本文章学知识学习教材，这是文章学理论在教育教学领域的一次真正实施。它在如何兼顾内容的普适性与新颖性，理论性与教学的可操作性，撰写者的个性特色与统一要求等方面，为后来的文章学同类书籍提供了借鉴。

三、不足之处

该书是文章学的成果第一次应用于高校教学，具有首创性质，因此不足之处是难免的。表现如下。

（一）结构安排方面稍有瑕疵

首先值得肯定的是，全书提出了全新的文章理论体系。作为主编的曾祥芹按导论、本体篇、过程篇、主体篇、本质篇、史论等几个部分进行构建，结构清晰，但仍有瑕疵。从哲学上讲，本体应该是与主体、客体并列的概念，但该书却按本体、过程、主体、本质等方面建构内容，于哲理不通。笔者认为，文章的性质、功能、规律属于文章本体范畴，本质篇应归入本体篇为宜，把二

者分开不当。

该书在一些小的布局方面也有些不当之处。例如第三章"文章的体式"部分,包含文章的结构、文章的语体、文章的体裁、文章的技法4节内容,但"文章的技法"这一节应该不属于文章的体式,它与其他三项不属于一类。

(二)教材的特点与功用仍有提高之处

前面提到因为是教学教材,该书在撰写及编写过程中就体现了"教学"这一特色,但该书只有章前的"本章要旨"和章节后的练习题,教材的特点不突出,无法充分发挥教材的作用。笔者认为可以加上"背景知识""重要概念""能力要点"等。还有每章后的练习题大都是简答题,太单调,可以加上诸如"名词解释""论述题"等。还有就是"实例分析"题太少,能力培养不足。例如第五章最后附有两个分析题就非常好,但是这样的例子太少,在全部例题中所占比例太小,不成气候。

四、相关研究资料综述

与学界对曾祥芹其他编著书籍的研究相比,对该书的研究不多,主要有两篇:

一是中国写作学会会长裴显生教授为该书作"序",从四个方面评述该书特色:"一是总结了80年代初期以来文章学研究的新成果,构建了一个严密、完整的理论框架,有较强的科学性……体现了90年代的新水平。""二是引进兄弟学科的最新成果,正确处理了广泛引进与强化本体的关系。""三是注意文章学作为基础科学的特点,重理论阐述,主要是授人以道,而不在授人以术。""四是在注重科学性的同时,突出了可教性与可学性,与一般学术著作区别开来。"该序既全面系统又简明扼要,持论精准、允当。

二是周楚汉认为"《教程》为文章学的自立打下了坚实的理论基础","《教程》呐喊文章文学分立,引进语言学、文艺学、思维学、心理学、社会学、编辑学等学科的新成果,建构了崭新的文章学概念理论体系,社会有什么理由不承认文章学的自立?"[①]该文从社会需要这一大前提出发,论证该书撰写与出版的意义,最后又以反问句作结,显示了文章学人想改变文章学研究窘

---

① 周楚汉.社会再也不能不承认文章学[N].湖南教育报,1995-9-15(03).

境的急迫心情。

笔者认为之所以出现对该书研究不丰的情形,可能与学界重理论建构轻实践应用有关,更与文章学尚未列入高校课程体系有关。没有需要何来研究? 从此也反映了文章学惨淡经营的窘境。

"不经一番风霜苦,怎得梅花扑鼻香!"该书与曾祥芹主编或独自撰写的其他书籍一样,费思劳神。曾祥芹在后来曾谈到,该书仅提纲就五易其稿,历时一年,其艰辛如此!

第五节 《现代文章学引论》:标举 "现代实用文章学"的旗帜

该书标举"现代实用文章学"的旗帜,锐意将狭义的实用文章学与古代广义的文章学相区别,批评当今的广义文章学著作仅仅是古代广义文章学的延续而缺乏现代的创造性。全书53万字,由中国文联出版社2001年6月出版,是曾祥芹继《文章学探索》之后的第二本文章学个人专著。

1990年,曾祥芹出版了他的第一本专著《文章学探索》,该书收录了从1980年至1990年的36篇论文。已故中国文章学研究会会长、首都师大张寿康教授在序言中评价《文章学探索》"研精覃思,富有创见的拓荒之作",它开拓了文章学及其教育的研究,可谓曾祥芹文章学研究的阶段性总结,也是全国文章学研究的总结,达到了当时的高度。

春风十载倏然过,书山万卷非等闲!

2001年,又一个十年悄然而过!

十年,它埋葬了多少庸碌者蹉跎岁月,抹去了几多空谈者空泛的誓言,也记录下了奋斗者勤奋的身影与收获的喜悦! 在这十年里,曾祥芹焚膏继晷,兀兀穷年,看书、写稿、改稿,终于又迎来了他教研生涯的第二部文章学研究专著——《现代文章学引论》的诞生!

一、该书特点:更上一层楼

湘潭大学刘业超有一篇评论该书的论文《从平凡中走向非凡》,他认为

该书有"认识角度之奇""现实针对性之奇""逻辑结构之奇""方法论之奇"①的特点,非常精辟。笔者反复阅读,颇有收获。受此启发,笔者试图从与此前的专著《文章学探索》及论文对比中,揭示该书所呈现的以下特点。

(一)观点更新颖

这一点鲜明地表现在该书对文章学提升到"元生产力"崇高地位的表述上。其中收录的论文《文章学是典型的社会科学技术》明确提出:"文章科学技术作为智力劳动的生产力,不只是一般意义上的精神生产力,而且是精神生产力的生产力,亦可称作精神生产力的'元生产力'。"其逻辑推理的过程是:既然包括文章读写技术在内的社会科学是生产力,文章学又"是研究如何进行文字精神产品的生产(写作)和再生产(阅读)的,是解决如何提高文章的产品质量及社会正面效益的"。那么文章学属于"元生产力"的观点就水到渠成了。刘业超对此高度评价"这是迄今为止对文章学的特殊功能和特殊本质所做出的最高概括"②。结合这一观点提出的背景及影响看,该评论相当中肯。

(二)内容更全面

从总体看,《文章学探索》分为"文章学基础研究""古代文章学研究""现代文章学研究""当代文章学研究"四部分,可以归纳为"文章学基础研究"与历代文章学研究两个部分。该书反映了文章学初创时期曾祥芹开拓性的工作,虽然研究具有开拓性,但毕竟失之于简单而粗疏。而《现代文章学引论》分为"绪论""文章学地位研究""文章学基础研究""文章学应用研究""历代文章学研究""当代文章学研究""文章快读快写研究""文章学研究自述"及附录9个部分。既有本体研究,也有对某一个案的具体分析;既有理论研究也有实践探究,更有对自己文章学研究生涯的回顾。该书犹如一面镜子,照见了曾祥芹十年来的活动轨迹,以及无所不涉的文章学研究内容,当然很多是开拓性内容。这也照见了其十年来的追求、坚持、困惑的心路历程。

(三)结构更严谨

该书虽然是一部内容不一、形式各异的论文集,但经过作者巧妙布局而

---

①② 刘业超.从平凡中走向非凡[N].湖南工人报·教育导刊,2002-8-15.

成为一部结构完整、前后基本贯通的整体。"绪论"部分摘录了堪称文章学研究的发凡之作《呼吁开展文章学的研究——语文教学科学化刍议》这篇文章,等于文章学研究的一声春雷、一声嘹亮的号角,具有先导作用。接下来的是"文章学地位研究",摘录了 1999 年刊于《长沙大学学报》上的文章《"一语双文"论——关于语文学科内容体系的新构想》,该文把文章学与语言学、文艺学并举,第一次鲜明地提出"一语双文"论的口号。它犹如一面猎猎战旗,从此高高飘扬。"文章学基础研究"相当于本体研究,较系统地论述了文章学本质、特征、规律等内容。"文章学应用研究""文章快读快写研究"相当于文章教学论,显示出已从理论到实践的转变,"文章学研究自述"相当于别论。全书从对文章学本体的静态论述到对文章史做动态考察,从理论研究到教学实践的探索,古今贯通,纵横交织。因此,《现代文章学引论》结构上较之《文章学探索》更加严谨。刘业超撰文指出:"《现代文章学引论》是一部体大虑周之作,涉及的内容极为复杂,但都能一毂统辐,杂而不越,从宏观、中观、微观的不同角度,构成一个全位沟通的逻辑网络,将方方面面的内容包容无遗……这种巨细并包的逻辑结构,在我国的文章学史中,也是不多见的。正是凭借这一独特的逻辑结构,作者将数十年中积累的几乎全部论文,道味相符,悬绪自接,凝聚成一个有门有户的整体,统归于现代文章学的范畴,而又天衣无缝,宛如一气呵成,达到了古人刘勰所标举的'理得而事明,心敏而词当'的境界。"①评论很有见地。

(四)研究更深入

整体而言,较之《文章学探索》,《现代文章学引论》研究内容更加全面系统。具体来说,研究更加深入,下面仅举几例。

(1)在《"一语双文"论——关于语文学科内容体系的新构想》这篇文章里,第一次正式提出"三足鼎立"说。文章首先亮出自己的核心观点即"一语双文"论,接着对四种"一语一文"说的缺陷进行系统分析,然后指出"一语双文"论是对四种"一语一文"说的修正、完善与超越,最后阐明了文章学、语言学、文艺学是语文理论的三大支柱,语文课程的"三足鼎立":文章课、语言课、文学课。

---

① 刘业超. 从平凡中习见走向非凡[N]. 湖南工人报·教育导刊,2002-8-15.

（2）应《社会科学家》之约，撰写并于 1999 年第 3 期发表的《文章学：典型的社会科学技术》这篇文章里提出"社会科学也是生产力"的观点，以此弥补原国家科委主任宋健为提高县以上干部科学知识而主编的《现代科学技术基础知识》遗漏"社会科学技术"的缺失，更是为了反驳中国社科院原院长胡绳的"社会科学技术不属于生产力"的观点。这篇文章对文章学的作用进行了深度挖掘，达到了前无古人的高度，因而也被多种书籍转载，影响很大。

（3）分析了广义文章观的六种弊端，从十种角度探讨了文章文学的分野问题，并按真实与否之标准对散文、杂文、报告文学等交叉文体的归属问题进行深入分析，较好地解决了文章文学分野这一历史难题。

（4）该书一大特点就是开辟了"文章快读快写研究"的新领域，用 13 个专题对快速读写理论与实践操作进行了探讨。这在《文章学探索》里完全没有涉及，但在《现代文章学引论》里则独立出来重点论述。尤其是在快速作文原理方面，总结出了共 8 条 64 字且押韵的箴言：致虚守静、进入意境；激发灵感、情急智生；神与物游、随物赋形；自我确定、求异创新；简化程序、快捷合分；意到笔随、心手相应；气盛言宜、一气呵成；积之平日、得之俄顷。

（5）探讨了文章学的系统规律。此前的《文章学探索》论述了文章的内部规律，即层次律、衔接律、统一律、合体律，而在《现代文章学引论》里则扩展到外部规律，即不仅提到文章内部"四律"，而且论述了文章的写作规律、编辑规律与阅读规律。（第 131～153 页）

（6）在对历代文章学研究中的一个突出贡献就是在研究《反对党八股》的基础上，指出毛泽东"是一位伟大的文章家"，"是读破万卷书的大学者"，"是驾驭各体文章的大手笔"，"是出版报刊图书的大编辑"，"是表述毛泽东思想的大作家"。这是对毛泽东文章学的价值进行了深入探讨后的结论。

（7）对当代文章学研究是该书一项重要内容，包括一系列论文、书序、会议发言、祭文、书评等。在上述文稿里或重申其一贯主张，或提出一些新观点，或褒奖某些文章学家的重要贡献，中心都离不开狭义文章观的话题。

（8）对文章学发展现状进行了反思。在中国文章学研究会第 15 次年会上，作为副会长的曾祥芹作了《关于文章学生存和发展的思考》的发言。分析了学会发展有诸多困难：一是作为民间团体的中国文章学研究会还是二级学会，要想成为一级学会的话，存在要有十人以上的著名学者、20 万元的活动经费、民政部的正式批准、要挂靠在国家教委等四难;二是文章学不在社会科学的名录;三是文章学没有挤进语文学科的课程体系;四是至今没有文章学学位点;五是没有独立报刊;六是文章学受到攻击,未能进行有力的自卫反击。对此提出三点要求:一是要集中主要精力搞学术专著和教材建设;二是要善于扩展自己的应用领域,不但要在各级学校建立自己的根据地,而且要在社会各界争取自己的领地;三是要加强文章学的宣传、组织工作。上述认识都达到了前所未有的高度,是《文章学探索》所无法企及的。

(五)理论更多样

把新的理论运用到文章学研究中去,并收到很好的效果,诸如心理学、写作学、阅读学、编辑学、文字学等。最为显著的是运用心理学,例如收录的《文章学与语文教育·序》中就用心理学来分析人的思维能力与感知、分析文章语言能力的关系,极具科学性。再就是分析了快速读写的心理基础与实践操作,为相应的教学提供了指导。多种理论的成功运用,不但提高了该书的科学品位,而且扩大了文章学的研究范围,增强了文章学的生命力,使狭义文章学在自洽自立之路上又迈下了坚实的一步。

(六)方法更科学

大凡新理论、新成果的产生总是伴随着一种或几种新工具、新方法的出现,抑或新理论、新成果总是在新工具、新方法运用下的结果。正如刘业超认为的:"《现代文章学引论》凭借的是一种高功率的现代思维工具:整体论分析、结构学分析、发生学分析、流变学分析等各种方法的总和。这些现代自然科学的思维方法的综合运用,将'现代'二字在文章科学的领域中凸显得格外鲜明,使现代思维方法的开掘优势得到了充分的发挥。"①

二、该书的意义:昭示成果,增强信念

(一)昭示了文章学研究的丰硕成果

该书既有基础研究,也有应用分析;既有史料的钩沉,也有对文章学本身处境的思考;既有文章学文本的研究,也有对文章学家的评判。该书几乎

---

① 刘业超.从平凡中走向非凡[N].湖南工人报·教育导刊,2002-8-15.

涉及文章学研究的方方面面,其广博、其丰富,令人咋舌! 不但内容全面,而且新见迭起。它全面反映了曾祥芹20世纪末的研究成果,更丰富了文章学的研究。

(二)增强了文章学会成员的信念

由于历史的惯性、人类的惰性,国人易满足于成说定见。学者们也难以置身事外,喜欢扎堆,一哄而上,不屑于搞冷门,不敢抗争定说。表现在文章学研究领域,就是一些文章学会的成员对狭义文章学的自立问题信心不足、热心不够、雄心不强、专心不深,随时都有掉队、离队的危险。而曾祥芹的《现代文章学引论》的出版让人们认识到有人在现代文章学领域力耕也能硕果累累。由此提高了信心,增加了热心,增强了雄心,加深了专心,引领文章学人向着文章学阵地进发。

三、不足:重复与粗疏

首先,有重复收录之弊。该书收录的一些文章在此前的《文章学探索》等书中已经出现过。有的原题目出现,例如《呼吁开展文章学的研究——语文教学科学化刍议》《中国现代文章学的纲领性文献——纪念毛主席的〈反对党八股〉发表四十周年》。有的仅改换题目,如在《文章学探索》这本书里收录了《文章四元——叶圣陶与文章学研究之一》,在《现代文章学引论》这本书里改为《文章本质特性论——叶圣陶与文章学研究之一》。如果说《呼吁开展文章学的研究——语文教学科学化刍议》这篇文章属于文章学的开山之作,再收录尚有情可原的话,那么后两篇仅属于史料的钩沉和个案研究,再收录就有点不合情理了。笔者建议可以十年为一时间段,《文章学探索》既然收录了1980年至1990年的作品,《现代文章学引论》最好收录1990年至2000年的作品,《曾祥芹文选·实用文章学研究》收录2000年至2010年的作品,已经收录的作品最好不要再次收录。

其次,该书多是作者选录自己文章学研究生涯中有代表性文章组合而成的,造成该书整体的周延上、结构的衔接上还不能算是尽善尽美。虽然前面提到全书经过作者巧妙布局而成为一部结构完整、前后基本贯通的整体,但仍存瑕疵。例如本书框架上分为9个部分,其中有些是可以合并的,例如"文章快读快写研究"也属于应用研究,应合并在"文章学应用研究"里,"当代文章学研究"可以合并在"历代文章学研究"里,"文章学研究自述"可以放在附录里,"文章学地位研究"可以归入"绪论"里。这样安排,从整体看更紧凑、更合理一些。再者,从称谓上看除了"基础研究"与"应用研究",一道一术、有一定的联系外,其他几个部分似乎缺乏必要的联系。例如,是否可用文道篇、文术篇、文用篇、文史篇、文外篇对全书结构加以重构? 当然这些仅供参考。

四、相关研究综述

相关研究综述主要有刘业超《从平凡中走向非凡》,这是一篇见解精深的书评文章。该文从"认识角度之奇""现实针对性之奇""逻辑结构之奇""方法论之奇"四个方面评价该书。对于书中的观点"文章科学技术作为智力劳动的生产力,不只是一般意义上的精神生产力,而且是精神生产力的生产力,变可称作精神生产的'元生产力'",刘业超认为这是迄今为止对文章学的特殊功能和特殊本质所做出的最高概括。"这一明确的概括,实际也就是对现代文章学与传统文章学之间最大区别的历史性概括,赋予它以时代的新质和现代科学的全部内涵,将文章学坚实有力地建立在现代科学基础之上。"该评论较为全面系统,特别是分析深入,用语精准。读后大受裨益。

该书装帧精美,翻开海蓝色的封面,书里的文字幻化成碧涛一样汹涌而来,震撼着读者,令人久久不能平静。全书的内容犹如大海深藏若虚,其洞见如海中世界奇异魔幻,其睿言妙语又如浪花一样隐约可见。如果说《文章学探索》就像离港的航船,跃跃欲试;那么《现代文章学引论》就已经是云帆高挂,驶向深蓝。这也预示着,最壮美的景观也将在眼前闪现。

第六章

"文章学"新视点

第一节 《文章知识新视点》:建构与文学知识
相区别的文章常识系统

《文章知识新视点》讲文章知识的 ABC,《说文解章》则扩张到文章本体知识的 XYZ 以及"文外"知识。曾祥芹开发文章本体论的"三部曲",依次为《文章知识新视点》《说文解章》《文章本体学》。

21 世纪初,《语文课程标准》公布,在语文教育界无疑掀起了一场革命,对教学理念、教材选编、教法运用、评价手段、教师培训等诸多方面产生了深刻的影响自不待言,而此时出现形式各异的语文课外读本教材就足以让人眼花缭乱、目不暇接。这类教材大都属于选文类,鲜有知识类。而我国第一个语文课程与教学论的博士生王荣生所组织编写的"新专题教程"系列教材,就是贯彻新课标新理念的语文知识类的代表。

语文教材建设中,有一难题始终困扰着学界,即语文知识地位如何,它与选文究竟以何种方式编排,是混合还是分开,大讨论之前前者居多。而《语文课程标准》公布之后,随着各类教材的出现,独立的语文知识类教材也开始涌现。但总的来说,语文课外教材还是选文式读物多,语文知识类读物少;即使是语文知识类教材也是应试类的、东拼西凑的东西多,素质类的、系统的新知识少。王荣生博士有感于此并锐意改变这种现状,于是就有了该系列教材的策划与问世。该系列教材是与语文教科书并行的一种语文知识类的课外辅助读物,力求以语文新课标为标准,对语文知识加以详解,并提炼相应的能力要求。该教材包括《初中·语言知识新视点》《初中·文章知识新视点》《初中·写作新视点》《初中·现代文阅读新视点》《初中·古诗文阅读新视点》《高中·文学知识新视点》《高中·口语交际新视点》《高中·写作新视点》《高中·现代文阅读新视点》《高中·古诗文阅读新视点》10本。其中《初中·文章知识新视点》这本书,王荣生博士就约请了曾祥芹负责编写。而为了优化队伍结构,曾祥芹特地约请了人民教育出版社的刘真福副编审合著,但曾先生刚拟好全书的提纲,准备分头撰写之时,却突患眼疾。为了践约,更为了文章学在语文教苑落地生根,就又约请河南省教委教研室教研员、阅读专家甘其勋共同参与,最终成书。该书27万字,华东师范大学出版社2005年10月出版。

一、该书的特点:新颖性、简明性、实用性

《文章知识新视点》《说文解章》《文章本体学》是曾祥芹开拓文章本体论三部曲,《文章知识新视点》是其中第一部。该书批评了魏书生的"语文知识树"没有"文章知识"的漏洞,填补了语文新课标没有"文章知识"的空白,建构与文学知识相区别的文章常识系统。具体而言,该书具有新颖性(新理念、新内容)、实用性(用于教、用于学)、简明性(言之有物、有序、有体、有文)三方面的特点。

(一)新颖性

该书在语言、文学知识统治中学语文教学的情况下,勇敢批评语文特级教师魏书生的"语文知识树",以及语文新课标只提语言知识和文学知识而不突出文章知识的毛病。力主把文章知识融入教材,填补语文知识的一大空白。

本书承袭了曾祥芹研究的一贯风格,在书前"绪论"里阐明语文知识的内涵即对于"语文知识观"的独特理解,从言语结构的独特形式、语言法则的运用、言语作品的发展等方面,论述了文章知识是语文知识的主干部分,得出"文章常识就是言之有物、有序、有体、有文",以及"在文章读写听说实践中掌握文章知识"的结论。

在当时语言学、文艺学一统教材编写的局面下,曾祥芹编撰的这本《文章知识新视点》,以其高举文章学知识的新理念,引人瞩目。

该书把学界最新成果吸收进来,例如第十章"电子文章:纸本文章新伙伴(文章媒体)",把文本内容由传统的纸本文章扩展到电子文章,显示了编者与时俱进的学术态度。再如第二十章"文章美蕴:事料美、情意美;体式美、语言美"中对朱自清散文《春》结尾三句话从美学角度分析其形式美、音韵美。又如对《荷塘月色》体式的分析,引入当时学界研究成果,认为该文呈现出一种圆形结构,作者出门经小径到荷塘复又归来,依空间顺序画了一次夏夜游;情感思绪从不静、求静、得静到出静,也呈现一个圆形,让人耳目一新。

该书之新颖性还表现在一些知识点上迥异他说。例如第二章中把情感视作文章的动力源并以此为章节题目,区分情感与意旨的概念等。第三章中把文章素材称事料,并与材料加以区分,相当精微。

当然,观点的新颖性并不是高山坠石,晴空惊雷,而是对原有观点的丰富与深化。如对于文章与文学的关系,在2001年版的《现代文章学引论》中,曾祥芹表述为"文学是文章发展的产物",而在《文章知识新视点》中则发展为"普通文章是文学作品的基础","普通文章是文学言语作品的初级形态,是普及性的","文学作品是言语作品的高级形态,是提高性的"。第五章把"文篇"的章法结构扩展到书本,并指出其教育学上的意义,一是"把训练读文扩展到读书",二是"把训练作文扩展到著书",进而分析了书本的三种形态,即单行本、上下册、多卷本丛书,以及疏密两种文篇结构形式。无论是在读经的旧时代,还是大力提倡素质教育的今天,该观点意义深远。但这一观点最初出现在他的文章《书本是文章的最大单位》(《克山师专学报》1987年第2期)。据笔者所知,曾祥芹是针对程福宁认为文章学的研究对象应限于"文篇"的偏狭观点而特意纠正的。

(二)简明性

文章学知识内容十分丰富,但曾祥芹化繁为简,把文章知识分为言之有物、有序、有体、有文四个方面,分别称之为言之有物(意旨、情感、事料)、言之有序(章法结构、思维结构)、言之有体(媒体、语体、文体)、言之有文(文术、文采、文脉、文品、文风、文美)。非常简明,让人一目了然。

简明性还表现在全书结构的安排上。一般的语文知识教材仅仅列举语文知识本体,挂一漏万,而该教材前九章属语文知识本体内容,第十章至二十章分文体布列语文知识内容,既有面的铺排,又有点的聚焦,点面结合,给人以明晰的印象。

(三)实用性

该书实用性较强,既便于教师教学,也便于学生学习。

首先表现在对知识内容的布列上,该教材先把丰富琐碎的文章本体知识按言之有物、言之有序、言之有体、言之有文四个方面加以呈现,然后按文体分述其文章知识,省去了师生对知识的梳理之功,提高了学习效率。不但知识形成系列,而且在每个章节甚至每个知识点上都形成由易到难、由理论到能力、由现象到本质的逻辑编排顺序。

其次表现在教学方式上,每章按"明确教学目标""实践训练与智能升级""习题"三个方面展开。先明确教学目标,让师生对本章教学任务有一个大致了解,然后以"问题定位与方法探究"的形式对知识内容进行布列。先给出本章知识要点,结合例子加以分析,让学生对知识内容有一个准确把握。接着进行"智能升级训练",给出例题与提示,每章结尾附有练习。这样由浅入深,由易到难,由陈述性知识到程序性知识、策略性知识的编排,让学生更深入地理解与把握所学知识,进而培养能力,濡染情志。

不但如此,对于具体的知识学习,该书也给出了较为详细的方法。例如第一章第二部分"阅读文章抓住意旨,有哪些要领?",举了以下办法:"关注标题,揣摩文意""浏览开头,扫视结尾""前看段首,后看段末""先看提要,后看正文""快读全文,总结印象"精读全文概括要点"参阅介绍,重视评语""查寻背景,知人论世""索隐探赜,领会真意"。笔者以十五年的中学语文教学经验来看,上述方法总的来看还是相当实用的。

当然,该书的实用性也正是该丛书主编所追求的目标,诚如丛书"总序"所希望的:

"如果你是一个学习成绩较好的学生,愿你在用了本丛书后,你的学习能更上一层楼。如果你是一个学习上存在一定困难的学生,愿本丛书能够有效地帮助你解决学习中的困难,提高你的学习成绩。如果你是一个毕业班的学生,愿本丛书能够成为你复习迎考的好帮手。愿,本丛书能满足你学习中的所有需要,能解决你学习中遇到的所有问题。"

二、该书的意义:第一次较系统地建构与文学知识相区别的文章常识系统

(一)该书是文章学理论的一次真正实践

文章学作为一种理论,终究要应用于教学实际。因此,该书的出版是该理论在实践中的一次应用。再者,作为中学语文课外知识辅助读物,该书填补了中学文章知识教材之空白,使文章学在中学语文园地落地生根。虽说此前有《文章学教程》的出版,但那毕竟是针对高校文科而言的,文章学理论的真正应用还是在中学语文教学方面。新课改以来,教材编撰与出版出现了百花齐放的局面,然而出于对长期以来"工具语文"的逆反与厌弃,选文教材独霸教苑,知识类教材阙如,更不要说文章学这样的单一学科知识类教材了。因此,作为中学语文知识类教材的该书的出版,填补了这一空白。

(二)为师生进行语文知识类教学提供了帮助

新课改以来,出于对长期以来语文工具论的反动,出现了矫枉过正的倾向。语文知识学习被淡化、弱化,语文学习重感悟、轻分析,重感性认识、轻知识的归纳与梳理。当然,重品读的感悟法是语文学习的重要方法,但不应该是唯一方法,适当的理论归纳与知识学习也是有益与必要的。曾祥芹多次简明扼要地说:知识不能专靠"习得",还要靠"学得";知识不但具有"后辅"作用,更具有"先导"作用。语文课改中的"去知识化"倾向必须纠正。语文知识在语文教材中已不见踪影,更不要说专著了。因此,该书专门从文章学角度,为广大中学生语文知识的学习提供了帮助。

(三)为文章学者撰写教材提供了极好的借鉴

理论从实践中产生,最后又要回到实践中去指导实践,并得到检验、丰富与发展。文章学理论也不例外,其归宿也是中学语文教育。但是对于文章学者而言,理论研究是其长,实践应用是其短。这种情形在其他研究领域皆然。因此,该教材为文章学者编写教材提供了有益的借鉴。

三、问题与不足:理论性有余、实践性不足

高校教师编写中学语文教材,有其优势也有其劣势。优势就是对知识

本身把握得准确、透彻,学理性强,少有偏差、浮浅之言。其劣势在于与中学语文教学实际有一定的隔膜。该教材也在一定程度上存在类似的问题。

首先,表现在理论探讨有余,方法指导不足。该书可能是有意区别于当时流行的"学习指南""考试必备"等应试类书籍,而着意打造素质教育类教材,因此适当突出其理论深度是可行的。但既然是为中学生提供学习的课外读物,应该在学习理解上加大力度,然而该书还是有一些不必要的理论说教。例如第六章谈"章法四律",就应该就如何运用进行设计,但本章却探讨起章法与语法、写法的区别,古今章法的区别及历史演变,章法四律与夏丏尊、叶圣陶所提出的"章法三律"的优劣区别,章法四律间的关系如何,等等。只用了很少的篇幅引导学生对章法四律加以理解。当然这种急于把自己的研究成果传播出去的心情可以理解。再如,第四章的"问题与方法"用4个部分探讨以下问题:

(1)语段与自然段、句群有何区别? 为什么说语段是文章的最小单位?

(2)把自然段看成文章的最小单位不是简便易行吗?

(3)许多人把自然段说成节合适吗? 如不合适,节用到哪个层次比较好?

(4)既然存在独句段,为什么不说句子是文章的最小单位呢?

用4个专题对语段进行理论探讨似无必要。

与之相应的是对学法的探讨不足。虽然该书在对知识学习方法上有相当完备的一套,但与学生学习实际相比还有一定距离。这里仍以第一章第二部分为例,书中给出9种办法,但是有些办法在教学中难以操作,学生也难以掌握,例如第9种"索隐探赜,领会真意",教师都难以运用,何况学生? 当然它作为一种方法可以列出,给学生指出一个方向。

其次,举例不足且欠典型。上面例子中的9点方法,仅在第一点上举了两个例子,第3与第4点各一例外,其余6点"问题和方法"的编写中无一例子,太不应该,这样就给学生学习带来一定难度。再看这第1点的两个例子,一个是选自海伦·凯勒《假如给我三天光明》中的一段,即作者向世人提出忠告部分。另一个选自贾祖璋《南州六月荔枝丹》中的一段。编者举这两例之用意或是从文体角度着眼,但笔者以为这两个例子太浅,深度不够,最好按表层与深层意旨来举例,可以分别举说明文与议论文的例子。

最后，一些说法还值得商榷。例如"普通文章是文学作品的基础"这句话读者还能接受，但是"普通文章是文学言语作品的初级形态，是普及性的"，"文学作品是言语作品的高级形态，是提高性的"，笔者认为文本只有形式之分，不宜有高低之别。

四、相关研究综述

"十年磨一剑，霜刃未曾试。今日把示君，谁有不平事！"（孟郊《剑客》）

笔者揣想曾祥芹当时受命著书时的情形，或许只有孟郊的这首《剑客》诗才能表达彼时欲展宏图的感奋之情。当接到王荣生博士的邀约时，当自己倾心研究的理论就要付诸实施时，一生为狭义文章学摇旗呐喊的曾祥芹该是如何兴奋！这既是答谢知遇之恩，也是理想实现之机，他立即暂缓手头上其他研究任务，全力投入到该书的编撰工作中去。在患眼疾的情况下调兵遣将，全程运筹；构思框架，打磨细节；撰稿、改稿、校对。虽是命题写作，然而编者撰写并不轻松。单是"言之有物、言之有序、言之有体、言之有文"，就是他读了50多本书加以提纯而成的。前两条源于《易经》，第三条来自王充的"章有体而成篇"，第四条出自孔子的"言之无文，行而不远"。"文章千古事，得失寸心知"，当16开本、朱红色封皮的《文章知识新视点》走进校园，特别是成为中学生必读之书时，作为主编的曾祥芹可能是"初闻涕泪满衣裳"，也或许是"漫卷'此'书喜欲狂"吧……

第二节　《说文解章》：一个导师与
25 个研究生的文章学情结

《说文解章》，曾祥芹主编，49 万字，由中国海洋大学出版社 2005 年 9 月出版。这是曾祥芹继《阅读改变人生》后又一次与 25 位研究生联袂之作，笔者时值在读硕士，有幸成为其中一员，参编了该书，撰写了第二十九章"文章伦理"部分，并负责撰写第八篇要旨，得以全过程、全方位经历与感受曾祥芹领导的该项学术研究工作，体味颇深。

该书的诞生有其广阔的大背景！

规模空前的世纪末语文教育大讨论仍在如火如荼进行中，《义务教育语文课程标准》《普通高中语文课程标准》已横空出世,但曾祥芹认为这个指导中国语文教育的纲领性法规文件仅有文章学陈述性知识(静态的),没有文章学的程序知识(动态的)与策略性知识(动静结合的)。文章学陈述性知识也仅有七项内容,即"文章的主要内容""文章的思想感情""文章的表达顺序""文章的表达方法""文章的表达方式""文体""文风"(《说文解章·序》)。这既不符合文章学丰富的本体知识内容,也不切合更不利于中学语文教学实际。为了弥补这个缺陷,丰富《语文课程标准》关于文章学知识的内容,曾祥芹在前人以及自己研究,特别是在主编《文章学教程》《文章知识新视点》的基础上,锐意重构文章本体知识的新内容。于是,他在教学中又一次尝试与学生联手,编著了这本用以阐述文章本体知识的著作。

该书的创意"来源于鲁迅的《自文字自文章》,'突破文字学,上升到文章学'。我们要在《说文解字》的基础上,启动《说文解章》的现代工程。即把单个的离散的文字的解说扩展到对群体的组成篇章的书面语言——文章的解说"(该书"序")。

在读统招文章学硕士、曾祥芹的弟子张敬燕女士的评论文章《曾祥芹主编〈说文解章〉读后》称得上一篇力作。该文从"在体系建构上严整与开放并行""在说解方法上思辨与实践并举""在理论开拓上宏观与微观并察""在文章学理上普及与提高并重"四个方面展开评论。正反对举,辩证分析,全面深入,但仍有未提及之处,有些观点大而化之,值得深入探讨。笔者见贤思齐,不揣冒昧,也尝试用这种方法对该书加以评述,对该文仅作续貂之意。

一、该书的特点:并用、并显、并进

(一)在内容的建构上重点探索文章学的内部规律,适当扩展其外部内容,内外并存

本体系哲学概念,指事物的基本内容。对本体内容的研究与揭示代表了学科自立自洽的程度。对文章学本体研究此前已有张寿康主编的《文章学概论》,初步提出了"源流、分类、要素、章法、技法、文风、风格"七项内容;张会恩、曾祥芹主编的《文章学教程》勾勒了文章的信息(事料、意旨、感情、境界)、文章的体式(结构、语体、体裁、技法)、文章的风貌(气势、风格、作风、美质),以及文章本质(性质、功能、规律)4类15点;曾祥芹、甘其勋、刘真福

主编的《文章知识新视点》按照"言之有物""言之有序""言之有体""言之有文"的结构,分别粹取了文章的意旨、情感、事料,章法结构、思维特征,媒体、语体、文体,文术、文采、文脉、文品、文风、文美等14项;等等。但总的来说,关于文章本体的理论研究仍落后于其他方面,尤其落后于文章主体与客体的研究,这在一定程度上影响了该学科自立自洽的程度,也引起学术界或建设性的批评或破坏性的嘲讽。中国写作学会原副会长林可夫就曾嘲笑狭义文章学在概念上"一词两解、一词多义",在学科范畴上"只能按照传统思路兼二者而有之,成了传统文论的翻版或演绎";总结的规律"各行其是,结网而无纲,无举无张"①。话虽片面、尖刻,但也部分地指出了狭义文章学本体研究不深、不实、不足之实。对于这种尖锐的批评或嘲讽,曾祥芹一是认真接受其合理建议,二是回击其不实、不当、不善之词,三是加强文章学的本体研究。其中第三点是最重要的工作,也是必要性的工作。那么本书也是这一背景的产物,正如曾祥芹在该书"序"中坦陈:"限于篇幅,本书专门谈文章的陈述性知识,集中讨论文章本体的内部规律,适当兼顾文章本体与文章主体、文章客体之间的外部规律。"

如此以来,该书分8篇,每篇涵盖4章,每章谈一个概念,这样该书就深掘出了32项内容。其中前7篇28项属于本体篇,分别是文章的本质篇(本源、特性、功用、规律),信息篇(事料、意旨、情感、境界),体式篇(媒体、模体、类体、变体),理法篇(章法、思路、技法、逻辑),语言篇(语音、语汇、语法、语体),修饰篇(疾病、辞规、辞格、辞采),风貌篇(气势、作风、风格、美质)。在对文章本体即内部规律研究的同时,又兼顾文章外部规律的研究,即本体与文章主体、客体相关联的内容:生态篇(伦理、法纪、经济、文化)。这样该书就从内至外,内外兼顾,形成一个内容丰富又井然有序,严密与开放并行的理论体系。对此,绍兴文理学院王松泉对此赞叹道:"这是何其重要、何其全面、何其完整的文章本体知识系统啊!"②

---

① 林可夫.狭义文章学的理论窘境[M]//现代写作学:开拓与耕耘.南京:南京师范大学出版社,2002:105.

② 王松泉.语文教苑的一位杰出思想家:曾祥芹学术思想体系初探[C]//甘其勋."三学"创新论:曾祥芹学术思想国际研讨会论文集.郑州:河南人民出版社,2011.

（二）在论证方法上理论思辨与实例解读兼顾，感性、知性与理性并用

一方面，既然是要建构文章本体，该书就要对中外文论史丰富的本体知识与理论加以研究，提纯出符合狭义文章学所特有的概念、范畴来。因此该书就要运用概念、判断、推理等逻辑思维，对这些概念、范畴做形而上的理论分析；另一方面该书是面向高校和中学的广大师生们的语文学习用书，以适用于其学习为标准，避免成为学院式的高头讲章，要求在内容上接近学生们的认知背景，采用生动的例子使学生有一个感性认识，再进行知性分析，最后达到理性认识的程度。曾祥芹提出最好采用当时教材中的实例，以此提高该书的普适性。这样一来本书学理性与实用性兼具。如师修武所撰写的第五章"文章事料"，引用了《纳谏与止谤》《黄鹂》《邹忌讽齐王纳谏》《谁是最可爱的人》《别了，司徒雷登》《谈骨气》《〈呐喊〉自序》《崇高的理想》《廉颇蔺相如列传》《荆轲刺秦王》等文章，皆选自当时高中语文教材，但在实际过程中则要兼顾一些尚未见于教材的名家名篇名事，如上述所言，师修武也在该章节中引用了沈括《梦溪笔谈》中所载欧阳修鉴赏古画之事和一篇新闻报道。

（三）在撰写标准上普遍性要求与个人的诗性发挥相结合，共性与个性并显

该书在撰写上有一些硬性标准，如无论说理或举例都要突显"狭义文章学"之范畴，但是在区分文章文学之异时可引用文学之例衬托、诠释文章学。读者群的定位上以广大中学师生为主，重在诠释内容，普及文章学知识与理论，用语晓畅，力避艰深生涩之语，但是具体到每个作者笔下则有高下、难易、深浅、雅俗之别。吕爱华所撰写的第一章"文章本源"，娓娓道来，如话家常；张广顺撰写的第二十八章"文章美质"，中规中矩，开合得宜；王劲松撰写的第二十七章"文章风格"则引经据典，姿态横生；25位作者时有新锐之言，如邱子然撰写"文章疾病"一章，引经据典，很有学理性。张世栋所撰写的第十二章"文章特性"，论据典型，论证严密，尤其是提出"文章的本质在于给出思想""文章的魅力在于抒写情感"，让人耳目一新。张合银撰写的第十九章"文章语法"，末尾写道："普遍的是抽象的，个别的是具体的。所谓有形的规则，无形的语法。"朴素中见奇崛，很有形而上的深度。

该书语言上或用笔平实，或语言俊美；或有睿言妙语，令人齿颊含香。如梁焕敏所撰写的第六章"文章意旨"，多用排比，气势如虹：

　　境界是文章之神、文章之韵。有境界的文章才能让我们如登
山巅,心旷神怡;有境界的文章才能让我们如临山泉,眼明心澈;有
境界的文章才能让我们如遇奇境,叹而不返;有境界的文章才会让
我们如饮醇酒,久而弥笃。

　　袁四零撰写的内容旁征博引,论证上开合自如,语言上不拘一格。特别
是本章开头一段:

　　葡萄架上,串串葡萄,汁液饱满,晶莹剔透,鲜艳欲滴。你可想
过,这一切都是由一根藤上长出来的? 在文章学这座百花园中,一
篇文章的意旨犹如一根藤,贯穿文章的始终,起着统帅全文的
作用。

　　用优美的语句做铺垫,引起下文,既含理趣,又不乏妙趣。再如师修武
所撰写的第五章"文章事料"中关于事料作用写道:"事料是文章写作的基
础,是写作灵感的触发点,又是构成文章的血肉。它是水的源,是炊妇的
米。"先提出观点,然后采用比喻论证,做到了理趣与机趣的完美统一。
　　如此一来形成了该书用语琳琅、风格各异之特点。

(四)在教育形式上采用项目教学,教、学、研并进

　　项目教学就是以实际应用为旨归,通过师生采用某一合作形式来共同
完成教学项目,而使学生获取知识、提高能力、培养情志的教学方法。这一
教学方式理应在我们高校中加以推广,但由于种种因素的制约与影响,我们
当前高校本科教学,甚至研究生教学基本上仍是采用传统的教学方式,与轰
轰烈烈基础教育教学改革不可同日而语,如此一来教育效果可想而知。而
作为把一生奉献给了教育的曾祥芹一直致力于教学探索与改革中,多次尝
试运用不同的教学形式展开教学。采用项目教学,带领研究生集体科研,作
文、著书即是非常成功的教学形式,值得广大教师借鉴。
　　在对文章学的基本知识讲授结束后,曾老师布置了作业,即把已建构好
的、体现在《说文解章》文章学知识点分 32 章,让我们大家自由选择其中一

章或两章加以撰写。曾祥芹主编,负责全书 32 章知识点的建构,负责统稿、改稿与定稿,撰写前序后跋。曹洪彪、张世栋作为副主编,除了撰写自己负责章节文稿的撰写工作外,还负责全书的改稿、联络等工作。8 篇 32 章,要求在 1 年内完成撰写任务,步骤是每人先在章下列出节次,一般要求不少于 3 节。方法是大量搜集相关文献,阅读、研究、梳理,从中提纯出相应的观念、范畴、术语,从而建构本章节大纲,然后同学间互相商讨、修正,之后经曾祥芹统一修正,反馈给每位作者。然后是节下分层,具体过程仍如前所述。最后就是在此基础上撰写初稿,再统一由曾祥芹阅读、修改,提出意见和建议,反馈给每位作者继续修改、完善。然后如是几次达到五六稿,有的 10 稿以上,最后由曾祥芹审阅、定稿。

之所以不厌其烦地叙写这一过程,就是为了说明如下事实:曾先生通过设定学生撰书这一目标展开教学,通过科研选题、内容框架的拟定、资料的查询,论文的撰写、修改,直至这一目标的达成即完稿,在这一过程中,教、学、研进行了深度融合,避免了传统教学中三者相分离的现象,开创了研究生教研的新模式。

二、问题与建议:学理性不足

(一)比较普遍的不足

本书多用举例、描写形象,叙述有余,逻辑思辨不够;语言欠严谨,学理性不足;这在一定程度上削弱了论证的深度。当然这也是作者多是中小学教师的缘故。

(二)本书每章名称可以更精练

本书每章名称采用四个字,高度概括了本章内容。但笔者以为可用两个字概括,一律采用"文×"形式,原名附后,这样使名称更精练,内容更集中。使整个目录宛如红线穿珠,给人以美不胜收之感。其实在每篇要旨里,编者偶尔也以两字名之,只不过没有在目录里以醒目的位置来呈现而已。笔者采用下面这种办法为全书章节重新命名并加以编排(前面是笔者命名,后者是原名):

第一章 文源(文章本源)

第二章 文性(文章特性)

这样较原来更优美,内容更凝练。

(三)从全书结构来看,笔者以为第八篇称为"文'联'"欠妥

"文'联'"是指与文章联系的内容,但这样的内容何其多也! 有直接联系的,有间接联系的。改为"文外"是否更合适? 因为前七篇是研究文章的内部问题,而第八篇是研究文章的外部规律,即制约文章产生发展的外部环境。具体到微观方面,第三十一章"文章经济"称为"文价",读者很容易理解为"文章价值""文章功用",这样又与第三章"文章功用"雷同,犯了泛化之嫌。因此"文章经济"称为"文经"是不是更具体明确些,也不会与"文用"雷同。

三、相关研究文献综述

直接以该书为研究对象的资料,除了张敬燕的《标异领新拓荒笔——评曾祥芹主编的〈说文解章〉》(《图书与情报》,2007 年第 1 期)之外,还有两篇文章:

一是方武《文章知识的新建构——曾祥芹教授主编的新著〈说文解章〉述评》(《曾祥芹学谊录》张灿华编,大象出版社,2010 年版)。作者从以下四个方面评述该书:一是面宽点精,体系宏大严密,精见迭出,妙论纷呈;二是着眼狭义文章,区分文章文学,立足语文教育,为文章知识教育服务,所提出的 32 个概念或分类型,或分类别,或分体类,或分层次,或分角度,或分步骤的分辨论析,无不既周详概括,又细致入微,精见妙论,迭出纷呈;三是对文章文学的区分"虽然还不能说都是无懈可击的,但大体上还是中肯的,颇有见地的,为学术界今后的进一步深入研究文章与文学的区分打下了坚实的基础";四是对文章知识"进行了较大规模的新建构,而且在结合具体问题的论述时,对文章知识体系教育问题不断给予直接关注"。评论中肯,实事求是。

二是李银超《为文章学固本立根——评曾祥芹主编的〈说文解章〉》(《殷都学刊》,2007 年第 1 期)。李文首先高度评价了该书在文章学本体研究方面的贡献,"深层次地挖掘文章本体的内部和外部规律","全书继承了我国古代文论以人体部件来比喻文体部件的优秀传统,通过对文章血肉(事料)、灵魂(意旨)、经络(情感)、骨架(结构)、形貌(体裁)、气脉(思路)、眼睛(文眼)的条分缕析,向我们展示了作者在对文章进行解剖时目视神遇、怡然自得、踌躇满志之情状,充分体现了曾氏文章学本体开掘、多光聚焦的研究方法";其次评价了该书在结构上的创新之处。总的来说李文分析精准,用语严密,显示出作者很深的理论素养。

除此之外,王松泉在《语文教苑的一位杰出思想家——曾祥芹学术思想体系初探》①全面论述曾祥芹学术思想体系时提到该书扩充文章学本体知识布列成 32 章,"是何其重要,何其全面又何其完整的文章本体知识系统啊!正是这种系统而逻辑的完整体系,产生了感召力,赢得了广大学者和教师的支持"。虽是顺带一笔,但是溢美之辞,溢于言表。

《说文解章》的撰写与出版,对文章学术体知识的丰富与完善,标志着曾祥芹对文章学本体研究向前大大推进了一步,也标志着曾祥芹不畏前贤、超越前贤的理想,即对许慎《说文解字》学科性跨越的宏愿得以实现。笔者常常想,《说文解章》与《说文解字》只一字之差,那么《说文解章》会是《说文解字》的姊妹篇吗? 这个问题只能留给读者评说了。或许这个问题已不重要,重要的是我们参与了这一过程,感受了这一过程。正如泰戈尔有诗云:

"天空中没有鸟的痕迹,但我已飞过!"

第三节 《文章本体学》:建构文章本体学的完整体系

该书由曾祥芹主编,73 万字,文心出版社 2007 年 7 月出版,是中国文章学研究会组织的第三套"现代文章学丛书"的核心之作。该书建立了文章学的 30 个基本概念,分"文章的本质特性""文章的信息内容""文章的体裁样式""文章的结构法则""文章的整体风貌"五大篇,从形式到内容,再到内容和形式的统一,建构了文章本体学的完整体系。它是对 20 世纪 80 年代《文章学概论》和 90 年代《文章学教程》的重大发展。

第一套文章学丛书 3 本,是由张寿康主编的《文章学概论》《文章选讲》和《现代文章学资料汇编》(先后由山东教育出版社出版);第二套文章学丛

---

① 王松泉.语文教苑的一位杰出思想家:曾祥芹学术思想体系初探[C]//甘其勋."三学"创新论:曾祥芹学术思想国际研讨会文集.郑州:河南人民出版社,2011.

书4本,包括《文章学教程》(核心之作,张会恩、曾祥芹主编)、《文章学与语文教育》(曾祥芹主编)、《文章学与秘书工作》(贾占清主编)、《文章学大辞典》(刘绍本、管金鳞主编),可惜后两本难产。

《文章知识新视点》《说文解章》《文章本体学》可谓曾祥芹关于文章本体开拓研究的三部曲。

笔者认为在学术研究系统中,资料的搜集与学科史的研究是基础,本体研究是重心,应用研究是难点。本体研究就是透过事物现象,运用逻辑推理即概念、判断、归纳、推理等方法,在对史料的梳理基础上,提纯出该学科特有的概念范畴、本质属性、内外规律等一系列理论范畴。它要求研究者具备较深的理论基础与科学的思维能力,熟稔该学科内容,既要有高屋建瓴的宏观视野又要有洞察入微的微观分析能力。因此,本体研究是科学研究的攻坚战,是考量一位学者学术水平的重要标尺。从学科建设角度看,本体研究的深浅关系着该学科的高低程度,是学科研究的重中之重。

而对于文章学本体的研究而言,狭义文章学派曾进行了一些研究。如张寿康在其主编的《文章学概论》一书中提出了"源流、分类、要素、章法、技法、文风、风格"七项内容;张会恩、曾祥芹主编的《文章学教程》勾勒了文章的信息(事料、意旨、感情、境界)、文章的体式(结构、语体、体裁、技法)、文章的风貌(气势、风格、作风、美质),以及文章本质(性质、功能、规律)4类15点。但这对文章学事业的发展与社会需要而言还很不够。

为此,曾祥芹倾注了大量心血!

可以说,他的文章学本体研究是与他的第一篇文章学论文《呼吁开展文章学的研究——语文教学科学化刍议》共生的。在这篇论文里,他认为文章是"反映客观事物、表达主观情思、组成篇章结构的书面语言";"介乎语言和文学之间的没有艺术虚构的狭义的实用文章,就构成了文章学特有的对象"。这是对文章内涵和文章学研究对象的初步看法,无疑属于文章本体研究的首要问题。后来的一系列文章,诸如《语段是文章的最小单位》《书本是文章的最大单位》《文章的微观研究》《论文章和文学的分野》等,都是从各个方面对文章本体进行的聚沙成塔、集腋成裘式的探索与构建。

他应语文课程与教学论新锐王荣生博士之邀,与甘其勋、刘真福二人联手完成《文章知识新视点》,是其三部曲的第一曲,是他进行本体研究的第一步。该书初步提出了"言之有物、言之有序、言之有体、言之有言"的文章本体论框架,建构了言之有物(意旨、情感、事料)、言之有序(章法结构、思维结构)、言之有体(媒体、语体、文体)、言之有文(文术、文采、文脉、文品、文风、文美)共 14 项内容体系。曾先生自称本书是"文章知识的 ABC"。

第二步是在此前研究的基础上,又带领曹洪彪、张世栋等 25 位研究生完成《说文解章》,勾画出文章本体 7 类 28 项要素。曾先生自认为本书不但涉及文章本体知识的 XYZ,而且扩展到文章本体和文章客体之间的外部联系。

雄关漫道真如铁,而今迈步从头越!

曾祥芹仍不满于前两步。他在前人和自己研究的基础上,开掘出了文章学本体学范畴的 30 个概念述评,建立了比以往同类研究更为丰富的文章本体理论体系。这是他对文章本体研究的第三步。研究工作是相当艰难的,《文章本体学》从 2003 年 7 月酝酿构思,到 2007 年 7 月出版,经过反复商讨、修改,历经 4 年,仅全书篇、章、节及每节的纲目就八易其稿,其情形可见一斑。据曾祥芹在回复程福宁的来信中说,他为了主编该书,四年里个人研读 100 多本书。数量之多,令人难以想象。这也保证该书获得了很大的成功。

一、该书特点:继承与创新相结合,宏观与微观并举,共性要求与个性弘扬相兼顾,严谨性与语言的情染性相统一,历时研究与共时研究互用,多学科的融合

(一)据于继承,锐意创新,继承与创新相结合

如前所述,本体研究是学科研究的重心,它是该学科独立性、成熟性的标志。此前文章学家虽然已做过大量工作,有诸多研究论文与论著问世,但作为狭义文章学领袖的曾祥芹并未满足于此,他深知本体研究对于文章学研究与文章学派的意义,为此他紧抓这个重心不放。从 2003 年开始动议,他博览群书,重视继承。"个人研读了 100 多本书"[①]。在继承旧说的基础上,决心再以文章本体建构为重心,调兵遣将,排兵布阵,锐意完成这项重点工

---

① 曾祥芹.深入开展现代文章学建设问题的友善讨论:敬复文章学元老程福宁先生[C]//张灿华.曾祥芹学谊录.郑州:大象出版社,2010:461.

程;这一点从该书书名《文章本体学》可见其匠心。构建全书框架时,更是反复打磨,思虑良多。"单是本书篇、章、节的纲目,就切磋琢磨,八易其稿"。在两千多年的文章学史上,还没有一本书是以"文章本体学"命名的,专把"文章本体"作为一门文章学分支学科来建构,至少在文章学基础理论建设上是先例,是特例,这显示了主编曾祥芹学术之创举。正是以这一创新精神为前提,才产生了该书。可以说《文章本体学》是创新的集成。该书处处有创新,从结构的拟定到概念的提炼,从观点的翻新到方法的运用,等等。该书30个概念中,许多是自创的,例如对文章作风与文章风格的提炼,就打破了许多人把二者等同起来的惯常思维。周楚汉在第七章"文章的意旨(文意)"里认为文章意旨的存在方式有"作者意旨、作品意旨、读者意旨",并对每个要素的含义及其相互关系进行辨析,发人之未发。

(二)体系严谨,阐幽发微,宏观与微观并举

本体研究的一个重要方面就是理论体系的构建。有学者指出,从学科创生指标体系来说,这是一个核心的问题,它关系到一门学科能否成为常态学科,体现了学科的能量,关系到能否打入高校讲坛,关系到它的社会影响(陈燮君《科学学导论》,三联出版社上海分店1991年版)。深谙此道的曾祥芹,其学术研究有一突出特点,即首先构建一个整体系统,然后在此基础上细化。该书也不例外,他在此前自己的研究基础上参照狭义文章学丛书的标志性著作《文章学概论》和《文章学教程》,吸收《文章学》和《文章文化学》等广义文章学著作的成果,去粗取精,去伪存真,补苴罅漏,按"一总五分"布局。"一总"即导论,"五分"即言之有性(文源、文思、文质、文用、文律、文心),言之有物(文意、文情、文事、文境),言之有体(文媒、文面、文辞、文体、文模、文变),言之有序(文序、文脉、文术、文法、文饰、文轨),言之有文(文声、文气、文采、文病、文风、文格、文美、文德)[①]等,共30章,提炼了一整套前所未有的文章学本体体系。该体系广博而不失严谨,内容精深,是迄今为止最为完备、最为丰富的。相信在以后相当长的时间内无法超越。

---

① 在曾祥芹与程福宁的信《深入开展现代文章学建设问题的友善讨论——敬复文章学元老程福宁先生》中,只提到"言之有物""言之有体""言之有序""言之有文"四句话及出处,并分别概括《文章本体学》第二、三、四、五章内容。"有之有性"是笔者为了与上述四句话构成并称,根据该书第一章内容概括而成的。

　　学术研究不仅要在宏观视角上建立一个宏大、严谨的结构系统,还要在微观层面精细入微,深耕细作。否则只能是大而无当,大而无用。可贵的是曾祥芹及其编者并没有仅仅止于体系的宏大,还对每一个层面阐幽发微,思虑良深。例如安徽池州师专方武教授撰写"文章疾病"一章,在分析"文病"之源时指出"文病是心病和语病的并发症""文病根于心病""文病显于语病",该观点极为透辟,发人之未发。最为显著的是在对"规律"的探讨上,该书在内部规律的基础上提出了"文章外部规律"的说法,并进行论证。该书在微观探索的深入上或许从与《说文解章》的比较中更能说明问题。《说文解章》中"文德"一章是由笔者撰写,而《文章本体学》中"文德"一章是由河南大学杨文忠执笔。但杨文无论在广度还是深度上都是笔者所难以比肩的。现把两文节目对比说明一下。

　　《说文解章》第二十九章"文章伦理"(文德)(张天明撰写)。

　　第一节　文德——衡量文章内容高下的标尺

　　第二节　缺德文章伤风雅——不良文德的表现

　　第三节　丹心难写是精神——发扬重文德的光荣传统

　　《文章本体学》第三十章"文章的伦理"(文德)(杨文忠撰写)。

　　第一节　文章伦理:文章道德的准则和规范

　　第二节　责任感:文章伦理的核心问题

　　第三节　求真务实:文章伦理的理论基础(一)

　　第四节　客观公正:文章伦理的理论基础(二)

　　第五节　文出于己:文章伦理的底线原则

　　第六节　以德治文:建立文章写读的善序良俗

　　从以上两章的对比中不难发现,当时仍是中学教师的笔者所撰写的该章,结构简单,内容单薄。根据"语言是思维的外壳"之观点,可以表明笔者认识较为肤浅;而杨文忠的结构更复杂,论证更深入,内容更丰富,表明其思想更深邃。"知耻而近于勇",笔者自暴浅陋,就是从一细微处证明《文章本体学》对《说文解章》的超越之处,也显示笔者对杨文忠的钦敬之情。

　　不过最为精彩的论述,笔者以为当属曾祥芹所撰写的第五章"文章的规律"(文律)。在该章里,作者首先指出学界关于文章规律的认识上存在的偏颇,"有的只讲文章的内部规律,不讲文章的外部规律;有的只讲文章的写作规律,不讲文章的阅读规律;有的只讲文章的线性规律,不讲文章的非线性规律",并在此基础上建构文章的内部与外部规律、写作与阅读规律、线性与非线性规律。

上述观点是系统思维的精彩运用,无疑是非常科学的。与曾祥芹关于阅读过程的论述,如出一辙。笔者每每读到这里,钦佩之情,油然而生!

无疑,如此精妙绝伦的设计是经过长期思考、丰富与深化的。笔者通读曾祥芹文章著作后认为,曾祥芹关于文章规律的天才认识应源自对《文心雕龙》以及叶圣陶文章结构观的研究,尤其是从对叶圣陶文章观中不断汲取营养所发展起来的,他曾与张复琮先生联袂写了几十篇关于叶圣陶文章的研究论文即是明证。他最初在《章法四律——"叶圣陶与文章学"研究之八》中梳理出了叶圣陶文章的四条基本规律,即"层次律""连贯律""统一律"与"变化律"①。台湾地区学者陈满铭认为曾祥芹所归纳的"四律""可归本于《周易》与《老子》加以考察,寻出其哲学意涵,确定其为'客观存在'……是可超越'文章''章法',提升至'普遍性存在'之高度"②。当然,曾祥芹对叶圣陶文章"四律"只是他研究文章规律的起始阶段,也相当简单与粗浅,远不能跟他在《文章本体学》里关于文章的内外、读写、线性与非线性规律的观点相比。不知陈满铭看到曾祥芹在《文章本体学》里关于文章规律的精彩论述,该作何反应,作何评价?

(三)共性要求与个性弘扬兼顾

本书既是探究狭义文章学本体,就需要编者遵守一些共性要求。最主要的是"坚守狭义文章学的理念及论证的一致性和一贯性,不是比较说明的需要,决不举文学作品来解说文章理论"。目的是维护狭义文章学的独立性,或者说是坚持文章与文学的分野。各位编者也倾其力量对此进行了很深的开掘,最显著的还是体现在曾祥芹所撰写的"文章的规律"一章里。在该章节里,曾祥芹区分出了与文学规律不同的特殊规律,仅文章本体的内部

---

① 曾祥芹.章法四律:"叶圣陶与文章学"研究之八[J].开封教育学院学报.1988(1).

② 陈满铭.曾祥芹教授"四律"观对章法学之贡献:归本于其哲学意涵作探讨[C]//甘其勋."三学"创新论:曾祥芹学术思想国际研讨会文集.郑州:河南人民出版社,2011:78.

线性规律就提炼了"意情事境统一律""条贯统序常变律""语言表达合体律",其外部线性规律概括了"内质外形称物律""传道明理适意律""经国济世致用律""社会治乱环保律"等。李建东撰写"文章的情感"(文情)一章中,认为"文章是他我性情感,文学是自我性情感",很有机趣。他概括的文章语感有"清晰的明快之感""通达的畅快之感""准确的契合之感""变化的自知之感",都让人耳目一新。致力语言学研究的崔应贤对于"文章的修辞",认为文章力在理胜,文学力在情胜;文章重在义胜,文学重在形胜;文章优在静胜,文学优在动胜。长期致力于语文教育美学的杨道麟不但概括出了文章的内容美(意旨美、事料美、情感美)和形式美(结构美、语言美、体式美),而且深入地探求了文章美与文学美的异同。"同"在追求审美客体的丰富性、推崇审美主体的普遍性、讲求审美效应的快捷性。"异"在文章美的真实指生活真实,文学美的真实指艺术真实;文章美的典型是从生活中提炼出来的,而文学美的典型是虚构的。

在坚持学术共性的同时,尊重和发挥每位编者的学术个性。典型的是曾祥芹设置"文章的形体"(文面)一章,这是此前包括《说文解章》所不曾有的内容,撰写者王婵女士以女性所特有的认真与细腻,分析了文章形体的方方面面,特别是对文章形体的要素进行了仔细的研究,包括"文字"、"符号"(数学符号、标点符号、批点符号、特殊符号等)、"图表"、"款式与样式",读后感觉文章形体也宛若妆容,要认真护理。显示出文章学人与时俱进的精神。贺汪泽在撰写"文章的本源"一章时,认为"文学只能说是文章的小弟弟,不宜说是一对双胞胎"。寓理于形象之中。

还有的一些观点可能打上了著者自己的理性认识与感性的印记,具有较强的个性色彩!例如安徽皖西学院张盛彬教授在第二章"文章的思维(文思)"里,论证思维的二重性时就思维的负面认为中国有这样四类文人,"孔乙己式的腐儒""蒋干式的谋士""赵括式的将领""独裁式的领导"。这种认识虽是一家之言,相信是著者基于长期认识的结果,具有一定的启发性。

(四)学理的严谨性与语言的情染性相统一

该书是一本建构文章学本体的论著,追求学理的严谨性是它的最基本特色,这一点从其理论体系的建构、观点的论证、证据的真实可靠上可作明证,但这并不排斥其行文的情染性。情染性是指它在严谨的说理论证时,还

夹以情感的渲染;当然这是服务于严谨性的。例如贺汪泽在撰写"文章的本源"一章结尾时写道:

> 文章写作也是要些技巧的,好的文章会成为公众的良心,民族的骄傲,社会的风标,但文章之好,不是去刻意追求技巧的上乘,文辞的华美,结撰的匠心,而是要在"清楚,连贯,恰当,精密"(丹纳《艺术哲学》,人民文学出版社1986年版)上下功夫,叙事言理发自肺腑,笔端流注浩然正气。它不虚美,不隐恶,以董狐南史之笔书写人间正气。纵然由于文章的真实记载得罪了势要,触怒了官宦,失去了自由,搬掉了脑袋,只要文章还在,真实的记载没有失传,也欣然认命。正如文天祥豪迈吟唱的:"人生自古谁无死,留取丹心照汗青。"于愿足矣。

该段文字感情充沛、大义凛然,表现了中国文章学人的铮铮傲骨!

(五)历时研究与共时研究互用

该书既有对文章学作历时态的梳理,又有共时态的深入研究。该书"导论"中第一节"文章学的历史沿革"对文章学的起名、萌生、成立成熟,以及现代文章学变革做了详细的考察,多方引证,给人以整体而不模糊的印象。在第一章第一节"文章的本源(文源)"中对文章的起源进行辩证,不但对古代而且对现代文章的含义进行仔细梳理。以上两部分都属历时态的研究。不但如此,该书每一些章节中几乎都要先对一些概念做历时态的分析。例如湖北襄樊学院马永军撰写的第十一章"文章的媒体(文媒)"第一节,对文章的媒体不同时期的表现,诸如刻铸文(甲骨文、钟鼎文、石刻文)、笔写文(简牍文、丝帛文、纸稿文)、纸印文(报纸、期刊、书籍)、电子文(磁带、磁盘、光盘、网页)进而对文章与文学在起源、本源上的区别与联系作了进一步的论证。当然,该书重点部分仍是对文章学本体的一些概念作共时态研究,这方面该书立足国内、融通中外。例如安徽皖西学院张盛彬在第二章"文章的思维(文思)"里,说古论今,横跨中西。不但分析以苏轼为代表的一类人的思维特点,而且把目光转向外国,借爱因斯坦的关于灵感的一段话,来分析灵感思维的特点。特别有代表性的是在张盛彬撰写的二十二章"文章的逻辑

(文轨)"中,他立于世界文化之巅,首先对世界三大逻辑,即以先秦墨家、名家为代表的论辩思想,以希腊亚里士多德为代表的西方逻辑学,古印度的因明学进行介绍。接着分析中西逻辑盛衰的原因,张盛彬可谓一针见血:"盖因古希腊有奴隶民主制度,后来发展到资本主义的议会、法庭辩论,说理是社会发展的需要。……中国的封建制度确立后,独尊儒术,大皇帝是'金口玉言''一言九鼎',审判靠酷刑,上对下的要求是'听话',不能'对嘴',喜辩论、较真的人被称为'杠头','抬杠'在民间是贬义词……"读后大有醍醐灌顶之感!

(六)多学科的融合

本体研究是科研的重点,既需要深入本质,作逻辑的推演,又需要全面系统,多方覆盖。这一点充分体现在该书的编写工作中。为了编撰该书,曾祥芹坦言调动几十门学科参与,"发生学、思维学、本体论、认识论、社会学、心理学、信息论、系统论、传播学、符号学、语体学、文体学、章法学、技法学、语法学、修辞学、逻辑学、声韵学、力学、病理学、文风学、风格学、美学、伦理学进行'多光聚焦'"①。正是曾祥芹带领文章学人,集团作战,多科参与,才建立了本体学 30 个范畴,保证了该书在本体研究中独树一帜。

二、该书的价值:建构了文章本体学的完整体系

(一)较圆满地完成了关于文章本体的建构工作

如前所述,本体研究是学科研究的重中之重,是学科得以独立的基础与前提。曾祥芹非常重视文章学本体的研究,《文章知识新视点》《说文解章》《文章本体学》是他本体开拓的三部曲,《文章本体学》是三部曲收官之作。为了打好这一仗,曾祥芹率领文章学会的骨干学者,在《文章知识新视点》《说文解章》(即由"ABC"到"XYZ")的基础上对文章本体研究做由简到繁、由低到高的系统开掘,全面建构了文章学本体的内容。该书最为成功之处是提出并建构了由 30 个概念构成的文章学本体体系。提出这 30 个狭义文章学的本体概念并非易事,它需要对纷繁芜杂的学术术语进行搜集、提炼。

① 曾祥芹.深入开展现代文章学建设问题的友善讨论:敬复文章学元老程福宁先生[C]//张灿华.曾祥芹学谊录.郑州:大象出版社,2010:460.

276

为了提纯这 30 个概念，曾祥芹读了 100 多本书，这是多大的工作量！当然，接下来最为重要、最艰难的是在此基础上对这 30 个概念做出符合狭义文章学范畴的论述；然而，以曾祥芹为首的该书著者较为圆满地完成了这一旷世之举！可以说，在文章学本体论的建构上本书堪称前无古人，今无匹敌。尽管有林可夫、程福宁对此提出或尖利或温和的批评，但仍掩盖不了文章本体30 个基本概念范畴的崭新创造。有论者高度赞美道："这 30 个概念是比 20世纪 80 年代的《文章学概论》和 90 年代的《文章学教程》更加丰富完善的文章本体理论体系。"①

（二）使"文章本体"与"文学本体"开始抗衡

文章学要自立，必须在本体研究方面给以圆满的开拓与研究，拿出令人信服的内容。重点是要与"文学本体"区别开来，要有文章学自己的概念、范畴。对此，以曾祥芹为首的著者做出了艰苦卓绝的工作，主要方法就是如王荣生、李冲锋所言的"辨别"②。例如作品之审美功能是文章文学皆有的作用，安徽师范大学李光连在第四章"文章的功能（文用）"里对文章文学审美的区别进行研究："审美在文学中居宗主地位，而在文章中只起辅助性的配角作用……审美活动中的机制不一样：文章是理智的，文学是感悟的。"并引用曾祥芹的话进一步说明"文学家创作时心中的读者是不固定的，老少咸宜的，适应有相当文化水准的各行业的读者的审美需要的……而许多文章的读者通常是固定的、特指的、针对性强的，适应广大工农兵生活实际需要的"③。文章气势（文气）是中国古典文论的特有术语，在当时文体杂糅的古代自然通用于文章文学。但要建立狭义文章学的"文章气势（文气）"概念，对此作文体的区分则是无法避免的。而该章著者、南京师大的胡元德认为："文章的气势和文学的气势既有共性，也有明显的区别：文学作品重'情势'，

① 王荣生,李冲锋.文章本体研究的发轫之作:曾祥芹主编《文章本体学》述评[C]//甘其勋."三学"创新论:曾祥芹学术思想国际研讨会文集.郑州:河南人民出版社,2011:96.

② 王荣生,李冲锋.文章本体研究的发轫之作:曾祥芹主编《文章本体学》述评[C]//甘其勋."三学"创新论:曾祥芹学术思想国际研讨会文集.郑州:河南人民出版社,2011:97.

③ 曾祥芹.现代文章学引论[M].北京:中国文联出版社,2001:154.

文章作品重'理势'。"并列专节深入论述。"意境"可谓中国古典文学的重要术语,对此该书也作了较深入的探讨。南通大学李建东所撰写的第十章"文章的境界(文境)",认为文章境界是"物境、意境、情境的统一";"文章境界以事料为核心,文学意境以情感为经纬";"文章境界以篇章为对象,文学意境以意蕴为旨归";"文章境界以自主为统领,文学意境以自失为玄机";等等,难以尽述。《文章本体学》建立的30个概念,基本涵盖了文章学本体的内容,虽然仍有一些广义文章学的或与文学共用的概念,但可以认为是共通共用的。如此看来,该书确实起到了使"文章本体"与"文学本体"分庭抗礼的作用,从而使狭义文章学有了理论基础。

(三)本体研究的创举

该书的出版,不但是狭义文章学研究的重大突破,而且是学术研究的创举。据曾祥芹介绍:"在中国文章学研究的漫长历史上,从来没有以《文章本体学》命名的著作。"笔者相信曾先生判断的权威性与正确性,而且觉得曾先生的判断还是有所保留。笔者根据多年的治学发现,截至该书出版,学术界还没有一本以某一本体研究为内容的专著出版。此既表明以曾祥芹为代表的狭义文章学派的自立自信,也为学术研究做出了榜样。以此可以看出该书的意义与贡献。

三、指瑕:纯度不够,区分度不高

(一)最主要问题是有些概念纯度不够

如"文思""文意",单从字面理解应该区分度不大,给人以雷同之感。如果不片面追求"单音词"("思"与"意")的简括,而换成"双音词"("文章思维"与"文章意旨"),区分度就明晰了。第四章"文章的功能"(文用),章名"文章的功能"可以改为"文章的功用",用以和后面概括的两字词"文用"相搭配,也与全书命名一致。

(二)内容上区分度不高

由于是多人合著,有些章节在内容上有雷同的现象。仍以第四章为例,其中第三节"文章的审美功能"中所概括的"本真美、科学美、奇异美、简朴美、语体互渗美",虽与第二十九章"文章的美质"论述侧重点不同,从中也可以看出两位撰写者李光连、杨道麟的努力,但是两部分可以合并。第十章第三节"文章造境的多种类型"中概括的"平易与奇崛""谨严与散淡""纯粹与繁丰""幽深与明丽"等类型,与第二十八章第六节"文章风格的表现和品评"中所概括的"明澈""自然""雄健""平实""清新"等表现,区分度就不高。

四、相关研究资料综述

该书的研究资料主要有 3 篇,一是黄湖滨的《拨乱反正,复兴文章学——评曾祥芹主编的〈文章本体学〉》(《中国教育报》2008 年 7 月 17 日),二是黄湖滨的《集成创新,发微精美——读〈文章本体学〉的感悟》(《走向成功的文章学研究》,中央文献出版社 2008 年 11 月版),三是王荣生、李冲锋合著的论文《文章本体研究的发轫之作——曾祥芹主编〈文章本体学〉述评》。

黄湖滨在第一篇文章中认为该书"首要意义在于开掘文章本体的科学内涵,构建严谨细密的逻辑体系……让读者对文章及文章学有了比以往更全面、更深刻的认识"。对该书的理论体系予以高度评价。并且认为该书"不仅固守了文章学的本位,而且开辟了文章学研究的新领域,带动已有研究领域的发展与成熟"。上述评论是比较中肯的。

黄湖滨第二篇文章分"内容集成""研究创新""阐释发微""表达精美"四个方面对该书进行了高度评价。在"内容集成"一层里,认为《文章本体学》是我国古代和现代文章学研究特别是文章学原理研究成果的高度集成与整合;在"研究创新"里,该文从研究理念、研究思路、研究方法、研究成果四个方面论述,认为"对文章本体学中 30 个基本概念的表述,就是一串串耀眼的创新之果",是"研究的创新,支持和造就了理论上的创新;理论上的创新,决定和提升了《文章本体学》的学术价值"。

第三篇是王荣生、李冲锋合著的论文《文章本体研究的发轫之作——曾祥芹主编〈文章本体学〉述评》。该文从六个方面展开:①对象更新、紧扣文章;②体系全新、内容宏富;③清源溯本、辨析匡正;④观点创新、新论迭出;

⑤理论研究、根植实践；⑥融汇古今、继往开来。①

两位作者对该书进行了全面、深入的研究并作了高度评价，内容宏富，逻辑严密，很有思辨色彩。

还有一些是在论文中提到该书的。

首先，比较特殊的是程福宁在2009年中国文章学研究会第25次年会上提交的论文《关于现代文章学建设的几个重大问题》，这是一篇火药味很浓的批评文章，程先生引用林可夫的话，认为包括该书在内的文章学著作有点"大而肿"，并提出"是不是应当改进我们的学术作风"。他对该书提出直接批评：

> 作为最新成果的《文章本体学》多到73万言，而在第五章中单是文章的规律就堆砌了近30个。规律可不是概念范畴，在一本科学著作当中能找到这么多规律来的，《文章本体学》可说是独一无二。如果我们很严谨地检查一下，就会发现有好多的烦琐重复，牵强附会，甚至东拉西扯，言不及义，诸如"文章经济律"之类，简直令人不堪卒读。这不得不让人怀疑作者对"规律"这一概念的认识是否存在着误区。如果对这样的现象置若罔闻，只能损害我们这个学科的形象。

程先生直抒胸臆，一位诤友形象跃然纸上！

而对来自诤友的批评，曾祥芹在回复程先生的信中较为详细地述说了他在该书中对"文章规律"探讨的过程与艰辛，"个人研读了100多本书，其他16位伙伴研读的书加起来有几百本……下了十几年功夫……搜罗了18位学者不同的文律观，在肯定进步的前提下，发现五大弊病：局限章法规律，不讲整个文章规律；不区分静态规律和动态规律；不区分文章规律和文学规律；只提内部规律，不顾外部规律；只谈写作规律，不讲阅读规律。于是我总

---

① 王荣生,李冲锋.文章本体研究的发轫之作:曾祥芹主编《文章本体学》述评[C]//甘其勋."三学"创新论:曾祥芹学术思想国际研讨会文集.郑州:河南人民出版社,2011:96.

结了 20 条文章规律"①。读后令人肃然起敬！

其次，周翠英、李银超合写的论文《曾祥芹文章社会学思想摭谈》（《"三学"创新论——曾祥芹学术思想国际研讨会文集》，河南人民出版社 2011 年版），认为曾祥芹对于文章规律的表述"隐藏着他对文章与社会关系的深刻认识"，并批评了一些学者认为曾祥芹对规律表述"烦琐重复"之见。

对于该书究竟是内容丰富还是臃肿，笔者认为应取决于评价者的学科背景与标准问题。如果一个普通读者看到这本 73 万字著作，仅以字数而论，难免有臃肿之感；但如果是一位文章学研究者的话就会得出相反的看法。笔者初次看到本书时，厚厚一大本，就比较赞同程福宁老先生对该书"烦琐重复"的批评，及至通读全书后，才了解到曾祥芹及其编撰者的初心：他们欲以庞大的体系、丰富的内容、严密的论证，来证明狭义文章学有着自己丰富的概念、范畴，以期使其取得合理、合法的地位，可谓用心良苦，没曾想招来学术铮友的不解与批评！"知我者，谓我心忧；不知我者，谓我何求！"行文至此，笔者想起了《诗经》里的这句诗，或许当时只有这句诗才能表达曾先生的心情吧！

再者，该书是 16 开本、73 万字的著作，犹如一场文化的盛宴。阅读该书，就像享用了一次大餐，令人大快朵颐。阅读该书，笔者也像是与许多专家对话，在对话中了解其人，想象着其人的风采：曾祥芹的高瞻远瞩、辩证深入；张盛彬的学贯中西、见解深邃；崔应贤的雍容和顺、迂徐有致；曹辛华的论证宏富（论变体成因列 9 种，变体特征列 6 种），深得乃师曾祥芹之真传。

第四节　《实用文章学研究》：曾祥芹文章思想的精华集成

《实用文章学研究》是应"曾祥芹学术思想国际研讨会"召开而从曾祥芹研究成果精选的《曾祥芹文选》"学科创新三部曲"（《实用文章学研究》《汉文阅读学研究》《语文教育学研究》）之一，该书 596 页，70 万字，由中国高等教育出版社 2010 年 9 月出版。作为《曾祥芹文选》三卷精装本之一，是继《文章学探索》《现代文章学引论》之后的第三部个人文章学专著，是曾祥芹

---

① 曾祥芹.深入开展现代文章学建设问题的友善讨论：敬复文章学元老程福宁先生[C]//张灿华.曾祥芹学谊录.郑州：大象出版社,2010：461-463.

大半生文章思想与理论的萃取集成。

一、该书内容:收录了49篇代表性文章

本书收录了曾祥芹自1980年以来的代表性文章学成果,包括论文、会议发言、序跋等。全书主体分8编,分别是"实用文章学的学科地位研究""实用文章学的体系建设研究""文章本体的解剖和整合研究""实用文章学的古代传统研究""实用文章学的现代先驱研究""实用文章学的当代复兴研究""现代应用文写作和阅读研究""实用文章学丛书的工程建设",共49篇文章。前有中国阅读学研究会副会长甘其勋所作序《先行者的艰难跋涉》,评书但重在评人。曾祥芹的一篇自序《俯首甘为"拓荒牛"——我的治学道路》,叙述自己学术旅途之所为、所见、所感。书后附有"后记",多是曾祥芹对前面自序的补充与延伸。

二、该书价值:文章学研究的丰碑

(一)曾祥芹文章学思想精华的集成

曾祥芹1980年到安阳师专教书,后到省教委主编《高教园地》,最终落脚河南师范大学,并于1996年从《河南师范大学学报》主编岗位退休。但他退而不休,因为更有充足时间专心于文章学事业而高兴。这一阶段是其学术研究的黄金时期,也是他文章学研究的成熟期。当他尚在"牛棚"接受"劳动改造"之时就已经关注我国的语文教育,酝酿产生了他的堪称"中国文章学第一缕曙光"的《呼吁开展文章学的研究——语文教学科学化刍议》论文,并于1980年得以发表。或许是所谓厚积薄发,抑或是长期压抑得到了释放,在文章学界第一声呐喊得以放声后,他的创作源泉得以喷涌!至2010年,仅发表的论文、书序、书评、会议发言就有506篇,可谓硕果惊人!限于篇幅,该书仅精选了其中的49篇。这样虽有遗珠之憾,难以尽显研究成果之全貌,但"一叶知秋",仅从这49篇锦言华章里,我们还是可以窥见他关于文章学研究的某些风采。例如收入的第一篇论文就是被笔者认为"系中国现代文章学的开山之作"的《呼吁开展文章学的研究——语文教学科学化刍议》(《殷都学刊》1980年);有中国文体史上的空前之作,全面阐述文章学在语文教育学中的地位与作用的《文章学是语文学和语文教育学的主要分支——〈文章学与语文教育·导论》);有在中国社科领域发生重要影响的《文章学是典型的社会科学技术》;有"一语双文"论的理论支撑、奠定文章学独立地位的理论文献《论文章和文学的分野》(《殷都学刊》1988年);有攻克文章学研究的绝难课题,即对文章文学交叉融合理论探讨的、曾祥芹在中国文章学研究会第21次学术年会上的主旨报告《文章文学差异论》(原载《语文教育学别论》,中央文献出版社2006年版)。当然也有对文章学本体做具体研究的系列论文。例如:《文章的微观研究——语段浅识》《文章本质特性论——叶圣陶文章思想研究之一》《文章谋篇技法论——叶圣陶文章思想研究之三》《文章表层结构论:文篇与书本》《文章深层结构论:章法与思路》《文章思维特性论》《文章体裁分类论》。这些研究为文章学的建设打下了坚实的基础。该书还收录了对于文章学古代传统研究的5篇论文《甲骨卜辞——中国最早的文章形态》《〈道德经〉:文章学的元典》《〈文心雕龙〉章法论》等,也收录了文章学现代先驱研究——叶圣陶、夏丏尊、毛泽东等人文章学论文7篇,还收录了为当代文章学著作所作的书评、序跋等12篇。

(二)反映了当代文章学研究的最新理论成果

在理论研究方面,可以从他对文章规律的表述中体现出来。众所周知,文章规律是文章学的重要概念和内涵,也是包括文章学在内的学科得以自立的重要标志。曾祥芹对此进行了长期的研究,不断挖掘、丰富与完善,到2010年版的《实用文章学研究》里做了较大的改动。现以1995年版的《文章学教程》、2010年版的《实用文章学研究》两本书关于文章规律的不断更新的论述来说明问题。为了更加醒目,特列表格如下:

表5-1 曾祥芹关于文章规律丰富完善表

	《文章学教程》	《实用文章学研究》
总规律	内外规律、写作规律、编辑规律、阅读规律	内外规律、写作阅读规律、文章线性规律和非线性规律
内部规律	层次律、衔接律统一律、合体律	意情事境统一律,条贯统序常变律(层次律、衔接律、统一律、变化律),语言表达合体律(合形体、合文体、合语体、合道体)

续表 5-1

	《文章学教程》	《实用文章学研究》
外部规律	称物律 达意律 适读律 致用律	内质外形称物律、传道明理适意律、经国济世致用律、社会治乱环保律（文章经济律、文章法治律、文章文化律）
写作规律	察物律、创意律、缀言律、得体律	察物致知律、构思创意律、缀文得体律
编辑规律	审势律、知音律、选优律、求精律	
阅读规律	感言律、辨体律、得意律、及物律	感言辨体律、得意入情律、运思及物律
线性规律		文章本体的静态规律(内、外线性规律)、文章写读的动态规律(写作线性规律、阅读线性规律)
非线性规律		好文章读写非线性规律:文章本体的线性规律(经典文章、变体文章)、文章写作的非线性规律(非构思写作)、文章阅读的非线性规律(混沌阅读) 病、坏文章的非线性规律("葫芦"文章和"草创"文章、"官样"文章和"表面"文章、"八股"文章和"毒草"文章)

从表 5-1 可以看出,关于文章规律的认识与表述,1995 年版的《文章学教程》突破了张寿康关于文章学只提研究内部规律而不顾研究外部规律的局限;2010 年版的《实用文章学研究》增添了线性规律与非线性规律,进展很大,后者对前者做了非常大的改动,反映了曾祥芹十多年来的思考。以文章的总规律而言,后者删除了编辑规律部分,因为编辑既是作品的最早读者,又是作品的最后作者,其读写双重工作可以融进写作规律和阅读规律中去,故省略,使心智和行为的规律更简练。除了在文章规律的开拓性研究外,他还持续对古今文章学资料进行整理与挖掘,例如《〈道德经〉:文章学的元

典》，从语音、语词、秀句、文体、逻辑、修辞、结构、风格、文章理论（本体论、写作论、阅读论）等方面进行深入研究，洋洋四万五千字，攻坚克难，博大精深，见解透辟。能从一本资料繁多，似无可研究的古代经典中挖掘出如此丰富的内容，着实令人咋舌！从另一角度看，曾祥芹也为《道德经》研究建构了一个体系，其中任何一项都可以进行深入研究，这也为其他人指明了研究的方向。

在对当代文章学人的研究中，其中《当代崛起的文章学建筑群——评近年来出版的文章学专著》《当代文章学研究概况》两篇文章属于资料汇编性质。前者着重评述了自 1983 年至 1986 年公开出版的 11 种专著，指出"它们（指前面所说 11 种专著）像一座座拔地而起的高楼，矗立在社会科学这座城市之市郊，彰显出一门古老而年轻的学科的振兴"。欣喜之情，溢于言表。后一篇提到以"文章"或"文章学"冠名的有影响的当代文章学著作 57 部，不以此冠名的一百多部，但只列举 9 部。表明曾祥芹对文章学研究现状的了然于心，当然这是建立在大量阅读研究的基础之上的。仅阅读近二百部专著，就让人难以望其项背，这是多么大的阅读量啊！更不要说写出评论，包括总评、分评了。文末指出文章学仍处于"在场的缺席"的尴尬境地，可以读出曾先生复杂的心情。另有一篇《文章学家萧士栋》，别具一格。这是一篇纪念故人的文章，通过与学术搭档交往的回忆，称赞萧士栋兼文章阅读方家、写作高手、编辑总裁、教学法师、科研领班于一身，不愧为完整的文章学家，让人很有读其文、知其人的冲动。

由于曾祥芹是文章学研究会名副其实的主将与领军人物，在文章学领域力耕数十年，被已故的语文教育家、曾祥芹的师兄顾黄初教授称赞为"举文章学研究大纛的一员虎将"，被中国文章学会前秘书长魏超称为"文章学会的灵魂"。因此，凝结着其心血与汗水的该书实际上已经代表了整个文章学研究的最重要、最新成果。

（三）留下了曾祥芹在文章学实践操作方面的频繁活动

理论来源于实践，最终还要回到实践中去，指导实践并接受实践检验，曾祥芹深谙此道。他不但是文章学理论研究者，也是实践的笃行者。例如在百忙中组织人力完成《语文教学能力论》《文章学与语文教育》《文章知识新视点》《语文教育学别论》等直接指导中学语文教学的著作。更重要的是，他还参加各种活动,积极推动语文教育实践,特别是与文章学相关的教育教学实践活动。虽然该书是一本侧重理论的书籍,但从收录的有限的几篇活动发言就能以窥全貌,例如《求同存异:现代应用文的发展趋势——在现代应用文第二届国际研讨会上的发言》《应用文阅读特质论——在现代应用文第三届国际研讨会上的发言》《应用文快写快读论——在现代应用文第四届国际研讨会上的发言》《现代应用文阅读的新挑战——第六届现代应用文国际研讨会论文提要》《文章发展的科学理念和实践要求——在中国文章学研究会第 24 次学术年会上的主旨报告》等,这些发言、谈话、报告反映了曾祥芹数十年如一日,坚持不懈地追求文章学事业在语文教苑落地、生根、发芽、开花、结果的奋斗之旅。

(四)该书是曾祥芹智慧与汗水的结晶,是其醉心文章学事业的见证

49 篇文章,覆盖了文章学的方方面面;宛如 49 首乐曲,演奏出了文章学最雄壮宏大的交响乐,感染、激励着每一个文章学人,也召唤着如我辈之初窥文章学门径者。但是读者最先、最直接感受到的是一个个理论,一项项建树,一串串成果。充塞其间的曾公之雄心、壮心与苦心则是无形的,更令人感动、感佩与感念。曾先生不惧广义文学观和广义文章观两霸称雄文论天坛的局面,而高举实用文章学研究大纛,为之抗争,为高层建言,其雄心让人感动;他在文章学领域开疆拓土,冲锋陷阵;深入本体,研究主体,开拓客体。虽华发满头而壮心不已,其精神令人感佩。他为文章学事业培养新人、提携后人,其用心之良苦更令人感念。他不畏艰难,天真与可爱,执拗与坚守,宛如不谙世事的堂·吉诃德。一生坚守,初心不改;身居斗室,与书为伍,虔诚得如同"清教徒"。

(五)标志着曾祥芹学术研究进入全面繁荣与总结时期,对于曾祥芹本人及其所带领的学会都具有里程碑意义

由于《实用文章学研究》是"曾祥芹学术思想国际研讨会"的产物,而此次河南师范大学建校史上召开绝无仅有的盛会把曾祥芹学术活动推向高潮,因此可以说,作为此次会议标志性硕果的《实用文章学研究》是曾祥芹大半生学术生涯的集中展示与总结,标志着曾祥芹及其所领导的文章学会活动达到了空前繁荣的程度,获得了语文学人一定的认可。盛开的鲜花、热烈的掌声、开怀的笑容、真诚的褒奖、无私的批评,是为一个人的,为一个人所开的盛会,是令人艳羡的,也是每一个学人所终身难以企及的;但是曾祥芹做到了。当然这也是他应该得到的礼遇!

"糟粕所传非粹美,丹青难写是精神。"(王安石《读史》)笔者能写出的是其硕果与荣誉的万一,不能写出的是其胆略、精神与胸怀;但这一点更是我们应该大书特书的。

三、研究该书的相关文献

关于该书的研究资料,集中反映在《"三学"创新论——曾祥芹学术思想国际研讨会》一书中的"第二部分:曾祥芹文章学思想研究"的18篇论文中,突出表现在曾先生的得意高徒曹辛华的重头论文《以"文章学"为中心展开"三学"创新——论曾祥芹先生的文章学贡献及其意义》里。更有我国文章学兼阅读学专家甘其勋的一篇"序"。作为与曾祥芹有着几十年学术友谊的知己与诤友,甘其勋所作这篇序不以评价该书为重,而是对曾祥芹的为人、为学进行了回顾,并主要评述了他几十年如一日的治学态度、高瞻远瞩的领袖风范、提携后进的奉献精神。该序涉及该书的地方,还评述曾祥芹完成了从"广义文章分类"到"狭义文章分类"的历史转型。认为他提出的"普通文章——教学文体""专业文章——实用文体"以及"变体文章——两栖文体"的新观点,突破了"常用文体"和"一般文体"的老提法,区分了学校和社会的文章,彰显了"专业文章"的新概念。认为专业文章可以与文学作品争雄媲美,强调它是文章学研究的主要对象,批评了"文学是阳春白雪,文章是下里巴人"的陈腐陋见,把文艺学者长期占领的"两栖文体"中非虚构的散文、文学报告、文学传记、文学游记、科学小品、文学随笔、杂文等同时作为变体文章来研究。他认为两栖文体可以由文章学者和文艺学者共同开发,维持了文章学与文艺学的和谐共进。该评论言真意切,而用语平淡,显示了一位语文教育家的风范。

2010年10月中旬,河南新乡,秋高气爽,阳光灿烂。豫北牧野,当年武王伐纣的古战场,地灵人杰。"曾祥芹学术思想国际研讨会"在豫北新乡近百年老校——河南师范大学隆重举行,名家云集,盛况空前,来自海内外的二百多名专家学者莅临盛会。不但有大陆专家,也迎来了台湾学者,如台湾师范大学的陈满铭,更有来自美国的国际阅读协会总部的特派代表、美国纽约州立大学的张健女士;有行政部门的领导,如中共中央宣传部的刘建生,有国家行政学院的李树桥等,更有国家级三大学术团体的会长、副会长。有名震华夏的语文大师,也有语文教育界的后起之秀,有德高望重的耆宿,有踌躇满志的中年学者,更有意气风发的青年俊彦。高朋满座,盛友如云;契阔谈宴,心念教育。从曾公"一语双文"论到文章学的自立,再到语文教育的种种问题,大家放谈建言,妙语惊人,高潮迭起,掌声如潮。气氛热烈、欢快、融洽。这是一场语文学人的大联欢,是一次语文教育学苑的盛宴,并产生了广泛的影响,《语文建设》《中学语文》《辅导员》《悦读时代》等杂志,人民网、网易、大河网等网站刊载了该消息。诚如河南省教育厅原厅长王日新所言:"为一位大学教授举行其学术思想国际研讨会在河南省高校历史上史无前例,在北大、清华等全国重点大学也是罕见的。"笔者作为曾祥芹老先生晚年的弟子,有幸与会,见到了很多原来只在教科书、学术书刊以及影像资料中的大师级人物,诸如中国语文教育专业委员会会长周庆元,现代阅读学先驱的韩雪屏、甘其勋,语文教育家、板书界泰斗王松泉,语文教育家王相文,阅读专家伍新春,语文教育新锐、中国首位语文课程与教学论博士王荣生,中国青年教师领军人物程翔,当年北大才子、当今阅读学研究会少帅徐雁,文章学研究会常务副会长黄湖滨,中学语文教材编辑刘真福……所有与会者均获赠《曾祥芹文选》三卷精装本。幸何如之,无以名状!

三卷本之一的《实用文章学研究》,收录了曾祥芹从 1980 年至 2008 年近四十年的论文、书序、书评、大会发言,记录了他从牛棚走出重到工作岗位的中晚年的部分重要学术成果,是曾祥芹代表性文章的集萃!

打开《实用文章学研究》米黄色的封面,摩挲着一张张挺括的书页,翻阅着其中一篇篇论文,读着仍带有油墨香味的文字,似乎能够看见曾先生伏案疾书的身影,能够聆听他随着中国语文教育节拍而跳动的心音,更能感受到他对文章学合法地位期许的焦灼之情。他在该书"后记"中引用的当前著名语文学人温儒敏教授的一句话真真令笔者动容:"说了也白说,但白说还要说。"这种"知其不可而为之"(《论语·宪问》)的执着集中体现在他对一些文章多次收录到其独著、主编、参编的文集中这件事上。例如,《呼吁开展文章学的研究——语文教学科学化刍议》曾被收录到顾黄初、李杏保主编的《二十世纪后期中国语文教育论集》等多种论著中。当第一次接触《文章新潮》(1988年出版)中的这篇论文时,笔者开始遥想曾祥芹当年为文章学冲锋陷阵的勃勃英姿,在《文章学探索》(1990年出版)又一次读到它时有了一丝疑问与反感,在《现代文章学引论》(2001年出版)中重温该文时开始感佩于他的执着与坚守,在《实用文章学研究》里再一次看到该文时,就读出了其孤独与寂寞。始知他乐此不疲地收录该文,不是重复与啰唆,不是自恋与自珍,而是唯恐时人不解,所以不厌其烦地宣扬其文章学主张,表现了其宗教般的虔诚与信奉,始而疑、继而烦、再而敬、终而叹:

雄哉,曾祥芹!

勤哉,曾祥芹!

难哉,曾祥芹!

第五节 《曾祥芹序跋集》:曾祥芹"三书" 生活的写照,以文会友的记录

《曾祥芹序跋集》,全书568页,71.2万字,由大象出版社2013年9月出版。

全书收录从1983年至2013年曾祥芹30年间自序、他序116篇,以发表时间编排。自序包括自己编、著书籍的绪论、导论、导言、例言、自序、卷首语、跋、后记等,他序是曾祥芹为同人所作的序跋,内容遍及书的序言、前言、刊物发刊词、卷首语等。为表明"曾祥芹文章学"对"曾参文章学"的历史继承性,曾祥芹特以曾子的话"言为可闻""以文会友"分别概括该书前后两部分内容(《曾祥芹序跋集·弁言》)。前者可谓"书的自白",是曾祥芹告白、坦陈己意,醉心"读书、教书、写书"的"三书"生活,开展学术拓荒心路历程的写照;后者乃"书的品介",品评书籍、推荐介绍作者,是其与学界同人交往的见证。两部分彰显了曾祥芹作为学术领军人物的双重任务。

该书可以看作是曾祥芹"言为可闻"生活的写照、"以文会友"的见证。笔者拟从这两个方面对该书加以评价。

一、该书的内容:"言为可闻""以文会友"

(一)"言为可闻":"三书"生活的写照

这主要体现在"言为可闻"——自序部分,曾祥芹称之为"书的自白",42

篇,全面反映了曾祥芹在语文教育学、实用文章学、汉文阅读学方面的读书、教书、写书的艰辛历程。

1.读书

全书收录116篇文章,是曾祥芹为116本书籍、报刊所写的评介文章。他首先要对116本书籍、报刊进行阅读是无疑的。当然这只是冰山一角,以《走向独立的文章学——〈文章新潮〉后记》为例,《文章新潮》一书选入了1980年至1985年国内所发表的文章学论文20余篇,收录论文目录的300余篇,此外还有对1984年、1985年两年散见于各种报刊文章资料的综述。对每年的文章学资料加以综述,这是以大量的阅读为前提的。这仅是其中一本资料汇编所反映的阅读量。至2010年,曾祥芹独著、主编、参编书籍近50本,论文600多篇,需要阅读多少资料,需要多大的阅读量做支撑,根本无法统计。《〈文章学与语文教育〉后记》透露编写组为撰写该书参阅了几百本相关的文献资料,作为主编的曾祥芹阅读量应该不在少数。曾祥芹"因为主编《本体学》,花了四年工夫,个人研读了100多本书"①。其读书生活可见一斑。

2.教书

曾祥芹有着22年中小学语文教学经历,1980年调入安阳师专教书,1989年到河南师范大学教书,至1996年退休又被返聘至2013年止,2013年至今多次赴外地讲学,教学生涯半个多世纪,几近其一生。丰富的教学经历与经验,是曾祥芹最为富贵的财富。这也充分地表现在其论文、著作中,该书中的部分选文就是其教书生涯的生动印记!

该书所选部分文章反映了曾祥芹教学生活及其教学见解。《语文教学法概说——〈中学语文教学法教程〉绪论》是选入该书的第一篇,阐述了语文教学法的性质、任务、方法,认为"中学语文教学法是专业性的教育学科""中学语文教学法是应用性的理论学科""中学语文教学法是多科性的综合学科""中学语文教学法是继承性的探索学科"。中学语文教学法的任务是"传授中学语文教学的基础理论""训练中学语文教学的基础技能"。"中学语文

---

① 曾祥芹.深入开展现代文章学建设问题的友善讨论:敬复文章学元老程福宁先生[C]//张灿华.曾祥芹学谊录.郑州:大象出版社,2010:461.

教学法建立在中学语文教学的实践基础之上""中学语文教学法奠基在多种学科的理论基础之上"。对于如何进行中学语文教学法提出了"抓好自学、讲授、讨论,系统传授语文教学理论""搞好练习、见习、实习,全面训练语文教学能力""注重言传、身教、社教,始终贯彻专业思想教育"。该书选文第二篇《语文教学的"十能"体系——〈语文教学能力论〉导论》构建了语文教学能力的结构体系,论述了语文教学的基本能力(听、说、读、写)、语文教材驾驭能力等十种能力,几乎涵盖了教师能力的所有内容,反映了曾祥芹对语文教学的基本思想与观点。该观点现在看来业已成为学界共识,但在当时语文教育走向深入,面临转折之际,该观点无疑是石破天惊。《〈文章学教程〉后记》则介绍了《文章学教程》一书的撰写缘起、过程,这是文章学教学应用的直接展示。《文章知识:语文知识的主干部分——〈文章知识新视点〉绪论》,表明该书是文章学在语文教育最直接的运用。它直面语文教学实际,对语文教学中的文章知识加以梳理,并尽可能地采用教与学的形式加以展现,依次列出"目标取向与能力要求""问题定位与方法探究""实践训练与智能升级""练习"等,易于学生学习与掌握。《〈文章学与语文教育〉后记》表明,曾祥芹担纲编撰的《文章学与语文教育》是其多年教书生活的一次最全面、最完美的演练,是曾祥芹理论研究应用于实践的标志性活动。当然也得益于张寿康会长的知人善任。《从'说文解字'到'说文解章'——〈说文解章〉序》直言该书的编撰目的之一就是针对新世纪初颁布的语文新课标"淡化文章教育的偏向",其教育指向非常强。笔者记得在参与撰写该书时,曾祥芹要求我们在引用格言、人物尤其选文时,最大可能地从中小学语文教材里找,努力让中学生感到熟悉,进而亲近该书、阅读该书,从中汲取营养,达到编撰的目的。《〈语文教育学别论〉自序》坦陈主要是有别于其他研究者从正面建构语文教育大厦,而根据自己的理解与看法,从文章学和阅读的视角来观察、研究语文教育,并把文章学和阅读的知识与理论运用到语文教育工作中去,是研究成果与教学实践的结合。从上面描述中可以窥见曾祥芹教书生活的一鳞半爪。

"吾爱吾师,吾更爱真理!"实事求是地讲,笔者以一个也是长期在语文教学第一线工作的教师的角度来看,曾祥芹的科研成果里,关于理论的研究非常丰富,而教学应用的研究则相对少些。即便他带队主编的关于教学的著作,诸如《文章学与语文教育》《文章学教程》等书,也是理论论述有余,应用研究不足。当然一则"是不能也",编写成员无法全部如曾祥芹一样有着丰富的语文教学经历;二则"是不为也",曾祥芹编著著作更倾向于从理论而非实践着眼。这也是我们称他为教育学家而非教育家的最主要原因。

3. 写书

在语文教育园地,曾祥芹一生力耕,著作等身,其中著书近40部,达到惊人的1300万字,令人咋舌! 相关情况在《曾祥芹序跋集》"书的自白"中得到全面体现。"书的自白"42篇,是曾祥芹为自己编著书籍所作的序、跋、绪论、导论,从20世纪80年代初至2013年止,横跨30余年,反映了42部书的观点内容、思想体系及写作、出版情况,是其写书生活的缩影。"文章千古事,得失寸心知。"几十年的写书生涯,几十部书的撰写出版,个中甘苦唯有自知。例如,为了与龙协涛《文学阅读学》分庭抗礼而撰写《文章阅读学》这本书,曾祥芹仅写阅读札记就达25 000字(《〈文章阅读学〉后记》)。

(二)"以文会友":推评的见证

这一点主要体现在他序部分,曾祥芹称之为"书的品介",包括品评作品与推介作者,反映了曾祥芹"博采众师,广结人缘"的处世态度。该部分为74篇文章,通过给65位作者写序、跋、前言等形式,反映了曾祥芹学习前辈、结交同道、扶植新人的学术情怀,这充分体现在《给文章学以独立席位——〈殷都学刊〉"文章学探讨"专栏发刊词》中。曾祥芹在主编《殷都学刊》的几年中,开设文章学专栏,为同人提供争鸣的园地,被读者称为"有识之举"。

另外,在学术界专以自序、他序为内容结集出版的文集,曾祥芹这本集子为笔者所仅见。从中可以看出曾祥芹学术成就、学术情谊之盛,也可以看出他对学术之谊的珍重。

除了见诸笔墨的文章,曾祥芹还大量地为同事、同人、朋友、学生甚至陌生的学者看稿、改稿,有的稿子改动达百分之四十以上,实为担当多个学会领导人的使命与学术态度、人格人品使然。笔者去曾祥芹家中,经常看到其案头摆放着改得密密麻麻的别人的文稿,邮箱里经常有其他人要求改稿、作序的邮件,曾老师则揉着发红的眼睛,和善地说道:"没办法,人家急着用!"笔者写每一篇文章都要先发给曾先生看看,通常是第二天有时当天即可收到修改稿。从题目到布局,从内容到语言,甚至病句、标点,曾老师都一一地改过来,有时用商榷的语气加以提示,并一律用红色字体显示。笔者依言加以修改再发过来,曾先生再改,如是几次,直到曾先生说行了为止。可以说,笔者发表的每一篇文章都蕴含着曾老师的心血与汗水,是我们师生合作的结晶! 对此,笔者对曾先生的敬仰之情无以言表,只能用唐代罗隐的诗来表达这份心绪:待得百花成蜜后,为谁辛苦为谁甜!

南京师范大学赵普光的《序跋论学体例的新创获及其研究意义——曾祥芹序跋略论》①,是一篇关于曾祥芹序跋的专论。作者结合序跋文体的产生发展史,说文论人,相当精准。比如,文章引钱锺书《谈艺录·自序》中的一段话,认为"曾祥芹序跋何尝不是一篇篇忧患之作呢。其中满含着对文章学研究现状的忧思……"可谓独具只眼。无论对"三书"生活的记述,抑或推评工作的介绍,忧虑之情俨然矣!

二、序、跋写作仍在路上

生命不息,著述不止!

在"三书"生活中,在"以文会友"的学术交谊中永不止步! 曾祥芹的序、跋写作也永远在路上。继《曾祥芹序跋集》出版后,即 2013 年 10 月至 2018 年 12 月,又继续写了自序、跋和他序 13 篇:

(1)用我们的人文智慧筑起"汉文阅读学"的长城——《悦读时代》发刊词,《悦读时代》创刊号 2013 年(东莞)。

(2)在阅读"神游"中享受人生——《图书馆杂志·悦读时空》专栏发刊词,上海《图书馆杂志》2013 年第 5 期。

(3)内黄出了个文章家——韩学树《心灵的旅行》序,华艺出版社 2014 年版。

(4)精英读者的资质和担当——"校园书香阅读文库"第三本甘其勋《开卷絮语》序,郑州大学出版社 2015 年版。

(5)阅读与你、我、他——"校园书香阅读文库"总序,《山东图书馆学刊》2015 年第 4 期。武汉大学《文华书潮》2016 年第 3 期转载。

---

① 赵普光.序跋论学体例的新创获及其研究意义:曾祥芹序跋略论[C]//甘其勋."三学"创新论:曾祥芹学术思想国际研讨会文集.郑州:河南人民出版社,2011:427-438.

（6）语文教研员的一面旗帜——《穆鸿富晚霞回首》序，中国文史出版社 2015 年版。

（7）给读者的必要交代——《曾子文章学》后记，商务印书馆 2019 年版。

（8）中原：华夏文章文化的主根地——曾祥芹、曹辛华主编《河南古代文章家传论》前言，大象出版社 2019 年版。

（9）普及第一，提高第二——张祖荣《新课标高考作文指导》序（2017 年 1 月 16 日），中国文史出版社 2017 年版。

（10）张怀恩《中华圣帝颛顼帝喾》序，中州古籍出版社 2018 年版。

（11）赵云娥主编《红色沙区——千口村的故事》序，河南人民出版社 2018 年版。

（12）阅读——学习之母，濮阳市全民阅读促进会会刊（内刊）《书香龙都》卷首语。

（13）致读书种子及其导师——曾祥芹、曾令中《中华读书诗课本》前言，中国出版集团现代语文出版社 2019 年版。

我们有理由相信，随着时间的推移，上述书单会有新的篇目源源不断地加入，书单会越来越长，直至生命停息。此时笔者不禁默念起李商隐的诗来：春蚕到死丝方尽，蜡炬成灰泪始干！

第六节　研究古代文章学家的巅峰之作

文章学研究新锐曹辛华曾说：“现代文章学研究者能如曾祥芹、张会恩等前辈古代、现代兼擅的相对较少，大多重发挥、阐述，而适于文献发掘、考论结合。”①的确如此，曾祥芹不但对现当代文章学家诸如叶圣陶等研究甚丰，而且力耕古代文章学，例如对甲骨卜辞、《道德经》、《文心雕龙》的研究，仅对于《道德经》的研究就曾写过 45 000 字的长文。当然，相较于现当代文章学的研究，还是略显薄弱，这种局面直到《曾子文章学》巨著的出现为止。

《曾子文章学》，按《周易》“一卦六爻”设计六卷：曾子的文章作品编者；

---

① 曹辛华.新时期文章学研究的历程、特点及展望[J].南京师范大学文学院学报，2013（3）：139-144.

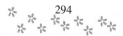

曾子文章的形式要素;曾子文章的整体风貌;曾子文章的阅读底蕴;曾子的文章理论建树;曾子文章的久远影响。认定曾子是卓越文章家、杰出思想家、睿智道德家、伟大教育家、平民政治家、素朴哲学家,是东方文化的"柏拉图",堪称"曾子研究的百科全书"。这项"举世无双的曾子文章文化研究成果",熔铸了曾祥芹的文章学思想最新智慧,是他晚年研究古代文章学家的巅峰之作。全书150万字,商务印书馆2019年4月出版。

一、编撰初衷:为往圣继绝学

宋代理学家张载所言:"为天地立心,为生民立命,为往圣继绝学,为万世开太平。"这一"横渠四句"显示了古代学人的广阔视野与情怀,激励了一代一代的知识分子奋勇前行。正是为了践行这一至高理念,曾祥芹要在耄耋之年撰写"曾氏文章学丛书",包括《曾子文章学》《曾巩文章学》《曾国藩文章学》《曾祥芹文章学》四部。

(一)意图还原"孔、曾、孟儒学"的历史真相

众所周知,孔孟成为中国思想史上的两位巨人,巍然屹立,受到后人效法、膜拜与始终不渝的追寻;孔孟并称也已然是中国各阶层的共识。但令人遗憾的是,长久以来,国人对孔孟之间维系、传承、光大的曾子重视不够,世人皆知孔孟,不知曾子。由于孔子最钟爱、最希冀的衣钵传人颜子过早去世,历史地成就了曾子,才形成孔子—曾子—子思—孟子这一孔学的传承链条,才有了后来以至于今天还让人爱恨交织、让人说不完、道不尽的孔孟及其儒家思想。因此,曾祥芹认为:"先有'孔曾之道',后才有'孔孟之道';这个被淡忘的历史常识应该广为传播,成为炎黄子孙的共识。"为了纠正这一历史偏见,更是为了"追索儒家思想从两汉变成显学后一直到现代新儒学的曲折发展的传承历史,从中深悟多元文化思想彼此渗透、演变渐进的规律",曾祥芹著书《曾子文章学》。

(二)追寻"宗圣公文化"的先祖基因

"无可奈何花落去!"随着现代化进程的快速发展,传统的宗族、宗法社会逐渐解体,其得以相互依存、互为表里的基因、血缘关系也无法维系。然而,人们在享受现代文明成果之际,仍不时回望远去的岁月、传统以及终归消逝的乡村文明,用以慰藉内心深处巨大的失落与感伤,寻根问祖、高坟修

谱便是其中最为常见的"有意味的形式"！

曾氏在我国虽不算子孙最多，但在华夏姓氏文化中也有着一席之地，数度隆达、贤才辈出，先秦时孔子门徒曾氏父子、南宋时位列"唐宋八大家之一"的曾巩、有着晚清"中兴第一功臣"之称的曾国藩、香港"金利来集团有限公司董事局主席"曾宪梓等，他们不但是曾氏中的佼佼者，也是中国史上家喻户晓甚至举足轻重的人物。作为曾氏七十七代裔孙的曾祥芹，家门的荣光促使他要去追寻、继承远祖的基因。

如果以曾参、曾国藩二人为样本来考察的话，曾氏家族有三大最显著的特点，一是重道德修身，二是以文章显明，三是善于用拙，具体不再赘述。这些已深深地融进曾氏家族的血脉中，成为不同于其他家族的文化基因，不能不对作为曾氏子孙的曾祥芹产生影响。事实上，如果稍微了解其人的话，便不难发现曾祥芹思想态度与为人做事中同样具备以上三点。如果说此前是无意识继承的话，那么著述《曾子文章学》则是对"宗圣公文化"先祖基因进行有意识地积极追寻。

（三）填补"曾氏文章学"的研究空白

对相关资料进行研究可知，从古至今，学界关于曾子的研究很少，与曾子的历史地位极不相称。而这不多的研究也集中在曾子政治思想方面，尤以孝文化研究为重。或者说只研究其思想内容，忽略其表现形式，即只把曾子作为思想家、政治家、教育家来研究，无视其文章家的身份与地位。曾祥芹认为"曾子与老子、孔子一样可以尊为先秦文章学开创期的'文章名家'或'文章大家'"（《曾子文章学》绪论）。《曾子文章学》从文章学的视角研究曾子，重点分析其整体风貌与形式要素，将填补"曾氏文章学"的研究空白。

（四）复兴曾子的"学道、士道、孝道、王道和天道"

根据曾祥芹的观点，曾子文章涵盖诸多内容，而"其中较为突出的是'以人为贵'的'天道'、'省身慎独'的'学道'、'弘仁守志'的'士道'、'慎终追远'的'孝道'、'修齐治平'的'王道'。当代中国的经济建设、政治建设、文化建设、社会建设、生态文明建设，无不需要承继和借鉴曾子的精神遗产"（《曾子文章学》绪论）。因此，著述该书就是为了复兴曾子的学道、士道、孝道、王道和天道。

为此，曾祥芹进行如下论述，语带锋芒，激情澎湃：

面对信息海潮,交往繁杂,你不觉得曾子的"以文会友,以友辅仁"依然时尚吗? 面对浮学躁思,美言丑行,你不感到曾子的"博学审问、慎思笃行"书香扑鼻吗? 面对道德沦丧,信仰危机,你不憧憬曾子"明德亲民、止于至善"的人生理想吗? 面对为富不仁,见利忘义,你不敬佩曾子"精神富贵""以义为利"的高尚情操吗? 面对孝道淡薄,孝行弱化,你不羡慕曾子"孝德为本,孝治天下"的和谐家国吗? 面对资源浪费,环境污染,你不省悟曾子"阳施阴化""天人合一"的自然之道吗? 面对物欲横流、拜金主义,你不向往曾子"德本财末""以财发身"的经济法则吗? 面对贪腐成风,难以惩治,你不铭记曾子"受人者畏人,予人者骄人"的拒贿格言吗? 面对分配不公,两极分化,你不领会曾子"财聚民散,财散民聚"的辩证哲理吗? 面对专制独裁,呼唤民主,你不赞赏曾子"得众则得国,失众则失国"的民本思想吗? 面对强权政治、霸权主义,你不发现曾子"内圣外王"的"明主之道"才是战胜霸道、实现天下太平的治国至宝吗? ……

11个排比句一气呵成,宛如江涛海潮,滚滚而来,且句句发问,直指时弊。令人感叹已届83岁高龄的曾祥芹竟有如此强烈的社会责任感与激越的情怀!

(五)弘扬中原文化乃至中华文化

纵观曾祥芹的论著尤其是后期的作品,可以发现其越来越重视文化建设,这一点也鲜明地表现在该书的撰写上。他在该书附录三《提高"文章文化"的自觉性——姓氏文化研究的新开发区:〈河南文章家传论〉》中写道:"中国是文章大国,河南是文章大省。不但华夏文章的发祥地在中原(甲骨刻辞),而且古代的中原文章是最兴盛的,文章家之多,文章遗产之丰,位居全国之首。发掘整理河南省众多文章家和文章学家的文章遗产并使之泽被后世,这是开发精神文化生产力的战略工程之一,是打造河南文化强省品牌的重大举措。"并附85位河南古代文章家的姓名、生卒年、籍贯、文章代表作,使"文章文化"具体化。再者,曾子追随孔子周游列国,在古卫国"读研"

十年,就在中原,实现了齐鲁文化与中原文化的交流互鉴;而中原文化是中华文化的起源与重要组成部分,通过弘扬中原文化进而光大中华文化,则是曾祥芹研究曾子,著述《曾子文章学》的深层动因。

以上五点是书中提到的内容。还有一点是书中没有提到却是曾祥芹学术生涯一以贯之的,即用以证明中国文章学形成于先秦时期。曾祥芹曾向笔者透露了《曾子文章学》一书的潜台词:复旦大学王水照认为中国文章学成立于南宋,中山大学吴承学提出中国文章学成立于六朝,河南师范大学曾祥芹教授认为早在先秦时期就开始形成了。文章理论形态局限于专著和文篇是作茧自缚。在文章产生和发展的漫长历史进程中,文章理论形态更多地表现在章、段、句、语之中,这是基本事实。据此,《曾子文章学》一书客观上也是对王水照、吴承学等关于中国文章学诞生时间说的否定。

二、内容概要:范本、形式、风貌、底蕴、建树、影响

曾祥芹认为曾子言论主要收入在《曾子》《孝经》《曾子问》《主言》《大学》和主编的《论语》6种书籍里,凡30 482字。

《曾子文章学·绪论》:意图还原"孔、曾、孟儒学"的历史真相,追寻"宗圣公文化"的先祖基因,填补"先秦文章学"的研究空白,复兴曾子的"学道、士道、孝道、王道和天道"。全书内容框架大体分六个板块:

"卷一"确认曾子的文章著述范本,维护他在《曾子》《孝经》《曾子问》《主言》《大学》中的主著权和在《论语》中的主编权。

"卷二"剖析曾子文章的形式要素,探讨曾子文章的体裁样式、章法结构、词汇语法、修辞技巧和思维逻辑。

"卷三"综观曾子文章的整体风貌,从内容和形式的结合上赏鉴曾子文章的气势、神采、作风、风格和美质。

"卷四"追究曾子文章的阅读底蕴,潜寻曾子对《周易》《尚书》《诗经》《礼记》《左传》和《道德经》的读以致用。

"卷五"挖掘曾子的文章理论建树,涵盖文章本体论探微,文章写作论阐幽,文章阅读论发微,文章教育论取经,文章哲学观摄魂,文章主体论寻宝。

"卷六"纵论横议曾子文章的久远影响,立足儒学第一传人,细说引领思孟学派,从古今中外的纵横比照中,概述曾子文章的历史意义和世界意义。

全书不但对曾子6篇文章及散落在古今书籍中的章句,沿着"由形入神、由写到读、由文抽理"的思路,做了实践和理论的系统阐述,而且与子思、孟子、柏拉图的文章做了纵向和横向的中外比较,凸显了曾子"上承孔子,下启思孟"的儒学传扬功勋,标举了曾子作为"世界东方文化的'柏拉图'"的地位。《曾子文章学·结论》:认定曾子首先是卓越文章家,据其文章才看出曾子又是杰出思想家、睿智道德家、伟大教育家、平民政治家和素朴哲学家,旨在树立集"六家"于一身的宗圣公形象。

三、创新之处:提出了"曾子文章文化"的新理念,还原儒学的 历史真相

该书勇担"为宗圣继绝学"的使命,对古今中外近30位学术权威及名流抹杀和贬低曾子文化的种种不科学言论进行了捍卫性的辩驳,不只解读了曾子的6篇文章,而且统观了"四书",贯穿着"五经",力证曾子是集"六家"于一身的宗圣公,达150万字。其学术创新点众多,概括说有以下数项。

(1)力证《论语》既是孔子的话语作品,又是曾子、孔伋主编的文字作品;明辨曾子是《论语》的第一主编。

(2)认定《论语》"斐然成章"(批驳"天衣无缝"和"杂乱无章"两个极端)。

(3)力证《曾子》是曾子"五道"思想体系的雏形。

(4)对曾子6篇著述的文体定位,尤其是确立《论语》是带文学性的学术文章。

(5)论证《孝经》是天下情文的极品。

(6)重证曾子在《孝经》《大学》中的主著权。

(7)还原"孔、曾、孟儒学"的历史真相。针对"儒学思想传承链"的断裂现象,力证"孔、曾之道"是"儒学思想共同体","曾子之道"是"孔孟之道"的中介链条,力证《中庸》和《孟子》是继承和发展曾子文章之道的产物;对曾子为何成为儒学正宗传人的论证,达到了新高度。

(8)详尽分析了曾子文章的体裁样式、章法结构、词汇语法、修辞技巧、思维逻辑等形式要素。

(9)圆识感悟了曾子文章的气势、神采、作风、风格、美质等整体风貌。

不但区分了文章作风和文章风格,而且开拓了文章力学和文章美学,特别是揭示文本美质的两重天,在肯定曾子文章的"艺术形象感性美"的基础上别开"科学抽象的理性美"的洞天。

(10)通过阅读的"潜水作业",以曾子对"六经"("五经"和《道德经》)的读以致用,揭示了曾子文章的深厚文化底蕴。

(11)从"言为文章""言必有主""言之有序""言之有文""以文会友"探究了文章本体的奥秘。

(12)力证曾子的"博学、审问、慎思、明辨、笃行"这个阅读全程论先于子思。

(13)力证曾子是伟大的文章教育家。除目标、内容、过程、方法外,"孝道教育""自我教育""大学教育"是曾子"文教论"的三座思想高峰。

(14)对曾子哲学及其文章哲学的开掘,力证曾子"天人合一"的自然哲学观、"以人为贵"的人本哲学观、"行先言后"的实践认识论、"中庸之道"的辩证方法论、"忠恕修心"的道德哲学观、"修齐治平"的政治哲学观、"善美同一"的伦理哲学观、"真善美圣群"的价值哲学观、"仁为己任"的君子哲学观,及其相应的"文章天道、文章本体、文章认识、文章方法、文章道德、文章政治、文章美学、文章价值、文人品格"等"九龙戏水式的"系列文章哲学观,可谓整个曾子文章学的灵魂,这是前所未有的新开创。

(15)批判"书面文化偏执论",提出"曾子文章文化"的新概念和新建设工程。

(16)指出先秦文章学的理论形态特征,提炼了曾子关于文章本体的"五论",打破了现有古代文章学论著无视曾子的藩篱,否定了"中国文章学成立于南宋或南朝"的局限说。

(17)力证曾子是"上承孔子、下启思孟"的儒学文化第一正宗传人,堪称"中外孔子学院的首席教授"。

(18)力证曾子文章古今流传的世界意义,特别是《世界阅读史上的中国奇观——〈论语〉古今流传的阅读简史》一文已被《新华文摘》(电子版)全文转载,证明其创新被权威杂志认可,展示了经典文章中外阅读史的宏观视野。

(19)从文章比较阅读学角度,特别是批评冯友兰的观点,力证"世界东方文化的'柏拉图'不是孟子,而是曾子"。这是对"文章比较阅读学"的新开拓,响应了习近平"扎根中国,融通中外"的观点。

(20)结论"集六家于一身的宗圣公"更是前所未有,序说本书是"曾子研究的百科全书""古代文章学研究的扛鼎之作"确有依据。

一言以蔽之,该书是对曾子文章的历史意义、现实意义和世界意义做了"创造性转化"和"创新性发展"。该书选定曾子作为"先秦文章学家之一"来研究,在国内外是绝无仅有的个人专著。

四、特色

该书的最大特色就是观点新锐,创新点众多,如前所述就有20处。除此之外还有以下特色。

(一)体系宏大、包举宏纤

《曾子文章学》一套两册,内容如前所述六大方面。需要特别指出的是,该书不但是研究曾子的"百科全书",而且对先秦重要典籍都有很深的研究。不但涉及面广,而且把笔触指向一些细微之处。例如对《孟子》的研究,除了对其内容思想加以阐幽发微外,对其形式要素、语用形式进行资料式的梳理,指出《孟子》一书370个名句和320多个成语,并把这些成语一一列出(4字的见该书结语部分)。

3字的"一人敌"、5字的"心之官则思",6字的"此一时彼一时",7字的"拒人于千里之外",8字的"以其昏昏,使人昭昭";10个字的"民为贵,社稷次之,君为轻"。

如是宏大而幽微的论述,可谓宏纤包举!

(二)资料搜集繁富

例如在整理曾子作品时,除了梳理出了属于曾子主编的或主著的、成篇的或成本的著作《论语》《曾子》《孝经》《曾子问》《主言》和《大学》6种外,对散见于后代其他典籍中的《曾子章句》,即他人追念的、记录的甚至是传说的曾子言论和行为以及对曾子的评论,反映曾子的思想品行及其影响的片言支语,也进行搜集整理。包括先秦时期《孟子》10则、《庄子》10则、《战国策》3则、《荀子》8则、《韩非子》8则、《吕氏春秋》7则、《世本》2则、《晏子春秋》2则,两汉《新语》3则、《大戴礼记》1则、《小戴礼记》26则、《韩诗外传》7

则、《尚书大传》1则、《淮南子》5则、《春秋繁露》3则、《史记》5则、《盐铁论》5则、《新序》3则、《说苑》17则、《列女传》1则、《尸子》3则、《论衡》9则、《牟子》3则、《汉书》6则、《白虎通》14则、《东观汉记》1则、《潜夫论》1则、《琴操》3则、《越绝书》1则、《古微书》5则，魏晋南北朝《中论》4则、《孔子家语》10则、《孔丛子》3则、《嵇康集》1则、《三国志》1则、《博物志》2则、《孝子传》1则、《高士传》1则、《抱朴子外篇》2则、《后汉书》5则、《宋书》2则、《拾遗记》1则、《弘明集》2则、《金楼子》3则、《水经注》2则、《颜氏家训》3则、《刘子》3则、《孟子外书》1则，共220处。如此繁多的文献，需要多大的检索任务，需要多么大的阅读量！笔者仅对篇、则数目加以统计，就倍觉枯燥与繁难，而要在浩如烟海的古籍资料中加以搜寻、检索并一一整理，这对一位身患多病的耄耋老人来说，该是多大的挑战啊！

（三）论证充分

如第一章第六节中，为了论证曾子乃《论语》的主要编者，列出了8种"说法"，依次为"孔子亲定"说、"孔子弟子编定"说、"孔子门人编纂"说、"文景博士编定"说、"出自邹鲁之士之手"说、"出自后儒之手"说、"子思最后主编成书"说，引证了从古至今几十处史料，用以分析每一种说法的或圆通或失当之处，最后用6条理由论证自己提出的"第8种说法"《论语》为"曾子、子思主编"说。再如第一章第四节"曾子是《孝经》的主要作者"中，作者也是列出古今8种说法并逐条分析，最后得出结论："第8种说法'《孝经》的主要作者是曾子'比较稳妥可靠。"但是作者并未止步，而是此基础上变换文章学的视角，分别从文章阅读学视角、文章写作学视角、版本学视角、文章本体学视角、文章主体学视角对以上八种"说法"再做深入的甄别、论证。作者轻驾就熟，灵活运用多学科知识与理论，引经据典，俯拾皆是，显示了炉火纯青的艺术功力。如从文章主体学视角说进行的论述如下：

> 从文章主体学视角看，《孝经》的作者主体，既是"孔子弟子"和"曾子弟子"以及"汉儒"这个不断加工的延续的"作者群体"，更应该是"孔子弟子曾子为主要作者"这个"作者个体"。《孝经》为曾参所作"与"曾子是《孝经》的主要作者"这两个判断有所区别，前者忽略了"作者群体"，有片面性；后者兼顾了"作者群体"，又突出

了"主要作者",比较全面。而汪受宽的"曾子弟子或孔子弟子所作"说,是一个亦此亦彼、模棱两可的模糊看法,它漠视了曾子主著《孝经》这个最直接的密切关系。如果肯定《孝经》为"孔子弟子所作",就该具体肯定曾子的主笔作用;如果肯定《孝经》为"曾子弟子所作",就该具体肯定子思的主笔作用。奇怪的是汪受宽偏偏把在后的"曾子弟子所作"置于在前的"孔子弟子所作"之前,流露了自己的倾向,而用一个"或"字连接,又反映了论者犹疑不决的思想状态。还是当代学者郭庆斌说得干脆:"《孝经》一书没有比曾子更近乎实际的作者,称曾子是其作者最为妥善。"(《曾子的孝道思想与今日之社会和谐》)

需要指出的是,每一个视角的论述总是根据其内容有所变化,异中见同,同中显异。

如果说曾祥芹其前的学术成就已让人震惊、艳羡、景仰的话,那么这套皇皇巨著《曾子文章学》的撰写与出版,就只能让学界瞠目结舌了。资料搜集的广泛性、体系构建的宏大性、论点提出的新锐性、论证展开的严密性等,都达到了作者此前作品未有的高度。刘鹗在《明湖居听书》中对"白妞"高超的说书技艺做了这样的形容:"恍如由傲来峰西面攀登泰山的景象:初看傲来峰削壁千仞,以为上与天通;及至翻到傲来峰顶,才见扇子崖更在傲来峰上;及至翻到扇子崖,又见南天门更在扇子崖上:愈翻愈险,愈险愈奇。"那么对于曾祥芹取得的一个又一个学术成就,我们不也是有此观感吗?愈发宏富,愈观愈惊,愈看愈奇!

更令人惊奇与称道的是,《曾子文章学》仅是其"曾氏文章学"四部中的一部,现在他已经完成《曾巩文章学》的资料搜集工作,正在着手撰写并已成8万字的书稿!可以想象,彼时一套创新点之众、新颖性之强的四部"曾氏文章学"丛书赫然在列,对于文章学界、先秦儒学研究界是一场多么丰富的盛宴,一幅多么激动人心的场景啊!笔者相信,每一个知晓此事的学者,都在翘首以盼,等待这一时刻的早日到来!同时也有一丝的不安与惶惑,一位耄耋老人能完成如此无法想象的困难吗?

中国文学艺术研究院研究员、曾祥芹第二子曾令中为《曾子文章学》赋诗一首：

五 律

宗圣仁风在，

先贤雅韵长。

深山又经雨①，

古木更垂芳②。

烟海双鱼跃③，

云天一雁翔④。

迷津如借问，

承启有华章⑤。

注：

①化用顾炎武诗句："老树春深更着花。"

②汉蔡邕《刘镇南碑》："昭示来世，垂芳后昆。"

③借用"海阔凭鱼跃，天高任鸟飞"。"双鱼"指书信。

④"翔"，"祥"的谐音；"云天一雁翔"作为整首的诗眼，指《曾子文章学》是曾氏七十七代裔孙曾祥芹的个人专著，犹老树开新花。

⑤承启华章：一语双关，既指"曾子文章"是上承孔子、下启思孟的儒学经典，又指《曾子文章学》是传承中华文章文化基因的当代华章。

第七章

"汉文阅读学"奠基者

　　被誉为"语文教育的拓荒牛"的曾祥芹,如果说他的文章学研究是从语文学的"三足鼎立"说起始的,那么他的阅读学研究又是从文章学的"读写双飞"引发出来的。因为语文学的三大理论支柱,文章学研究远远滞后于语言学和文艺学的研究;从技术科学层面看,文本的读写研究、阅读学又滞后于写作学研究(1980 年成立中国写作学会,当西方阅读学开展了 110 年之后的1982 年,才有中国学者呼吁"建立一门阅读学"),文章阅读学研究更加落后于文学阅读学研究("文学鉴赏"已有悠久的历史,"文章鉴赏"连概念都未完全获得共识)。曾祥芹的"三学"创新,比较而言,其阅读学的创新成就最大,影响也最大。截至 2010 年"曾祥芹教育思想国际研讨会"召开,他的语文教育学著作(9 种)少于文章学著作(12 种),更少于阅读学著作(15 种)。他在中国阅读学研究会中担任副会长(从 1991 年起)2 年、常务副会长(1993年起)2 年、会长(1995 年起)15 年、名誉会长(2010 年起)10 年,从社会影响来看,阅读学已超过文章学,得到民间和官方的一致认同,并且与国际阅读协会接轨。"曾祥芹学术思想国际研讨会"的召开主要得益于阅读学的海内外影响。

　　从内涵来看,"阅读"有广义与狭义之别。这样一来,读物可分为"有字书"与"无字书"两大类。从广义即大阅读观看,自从有了人类社会之后就产生阅读行为了,此时尚未出现"有字书",人类主要是阅读"无字书",即阅读自然与人类社会的种种现象。日月星辰、风雨流岚,狼奔豕突、鳞潜羽翔;巢居穴处、刀耕火种,茹毛饮血、餐风饮露。如此斑斓多彩的"天书"和"人书",引发古人诸多思考。"古者包羲氏之王天下也,仰则观象于天,俯则观法于地,观鸟兽之文,与地之宜,近取诸身,远取诸物,于是始作八卦,以通神明德,以类万物之情。"(《易经·系辞下》)"上善若水。""岁寒,然后知松柏之后凋也。"如此皆是古人读自然之书的心得体会。王安石说:"古人之观于天地、山川、草木、虫鱼、鸟兽,往往有得,以其求思之深而无不在也。"(《游褒禅山记》)正如叶圣陶有诗云:"天地阅览室,万物皆书卷!"在阅读大自然厚重的"无字书"的漫漫岁月里,"有字书"出现了。就已知的考古资料来看,中国有字书应是在甲骨文出现之后,至今已有 3000 多年的历史,可谓一部久远、厚重的读书史。但与之不成比例的是,关于阅读的研究则相对不足,虽然其间也有不少学人留下一些读书经验的吉光片羽,闪烁着智慧的光芒,但总的来说,这些关于阅读方面的资料在内容的深度和广度上远远不够,阅读研究的星星之火点燃在阅读荒原上,却远没有形成燎原之势。并且在内容上多是即兴式感悟,缺乏深入持续的思考;言语形式上也多是飞刀式的点评,缺乏逻辑的推理论证;文体上主要杂糅于经、史、子、集等书籍中的某些章节和片断议论、诗话、词话、书信、文集序跋等,系统专论不多。虽然也有刘勰《文心雕龙·知音》中某些篇章论述初具系统。

20 世纪八九十年代以后,我国阅读学研究走上了快车道,出版了如高瑞卿主编的《阅读学概论》、董味甘主编的《阅读学》、王继坤著的《现代阅读学》、张必隐著的《阅读心理学》、王松泉著的《阅读教育学》等一系列颇有见地的专著 30 多部,其中就包括曾祥芹主编的《百家读书经》。但是这些研究大都是从原理、技法、教学某一层级、某一侧面、某一时段、某一国度对阅读进行的局部研究,而作为一门语文技术学科——阅读学,进行阅读学术全方位、阅读教育全学程、阅读推广全社会的系统研究,在我国仍是空白,这与素有"阅读大国"的称号极不相称。曾祥芹在很多场合包括私下交谈与学术会议上,以及发表的研究论文与著作中,多次忧心忡忡地说道,一个阅读大国,"阅读"无"学",岂非咄咄怪事!以曾祥芹为代表的一批有识之士早在改革开放之初就注意到这种现象,并以此为己任,呼吁建立与写作学比翼齐飞的新学科——"汉文阅读学"。

第一节　读书大国阅读经验的系统发掘

笔者在第五章第一节曾谈到,学科研究一般可从三个方面着手:一是对本学科概念、范畴、规律等纯理论的本体研究;二是探索本学科应有技能及培养的实践研究;三是对学科史资料的梳理研究。三者之中,学科史的研究是前两者的基础与前提。"问渠那得清如许? 为有源头活水来。"正是有了对学科史研究的活水,学术研究的池水才能波光潋滟,清清如许。与对文章学的研究方法一样,曾祥芹的汉文阅读学研究之旅是从仔细梳理我国丰富但碎乱的阅读史开始的。对这些吉光片羽的挖掘与整理,需要数年如一日,爬梳剔抉、刮垢磨光。这种籍籍无名的冷清与寂寞是一般治学者所不屑的,却也正是曾祥芹乐此不疲的,而且是助他取得成功之秘诀所在。

对古今中外阅读言论进行搜集整理,曾祥芹采取了从实际出发,扎根中国融通中外的办法,以获取读论。事实证明,这种"洋为中用,古为今用"的方法是一条颠扑不破的真理。曾祥芹在《现代读书经·后记》中写道:"我的汉文阅读学研究是从搜集中国现代和古代学者的读书言论开始的。"上个世纪末,为了抵制当时社会流行的新的"读书无用论"的逆流,目睹和亲历过"文革"时期旧的"读书无用论"的曾祥芹忧心如焚,他以"位卑未敢忘忧国"的精神,带领一批学人,收集编纂现当代学人的读书言论,出版了《古代阅读论》《百家读书经》《现代读书经》《历代读书诗》等著作。

《古代阅读论》作为中国第一套"阅读学丛书"的第四本,是曾祥芹邀集张维坤、黄果泉两位阅读学者合作编著的,是曾祥芹"汇百家之说而成一学"的第一次实验。全书38万字,由河南教育出版社1992年6月出版。全书选辑并精要评注了自先秦到晚清240多位名人学者的阅读言论。

一、编选初衷

阅读本书的"例言""后记"可知,编者的目的至少有以下几点:一是填补我国"阅读无'学'"的空白,使中国有资格跻身世界阅读学术之林。二是为建构中国阅读学作基础性的奠基工程,单是曾祥芹依序开列的两千多年来的古代阅读学者名单,就需要浏览多少典籍,才可能拟出! 三是为了回击否

定中国阅读传统文化的言论,提高国人对于读书大国传统阅读文化的自信心。

二、编选标准

就入选作家作品来说,只选阅读学者,不管是否名家;就文选说,兼顾阅读理念、技法。诚如编者所言,本书以中国阅读史的阅读理论为遴选标准,凡是阐述阅读学理或介绍阅读法术的,不论是哪个领域的专家,"乃至史上并不著名的学者,只要其阅读观点有特殊价值,有较大影响,能反映学派论争,都在收集之列"(《古代阅读论·例言》)。

三、编排方法

按年代顺序把中国古代阅读史分为"四编"。

第一编:先秦时期阅读理论。

第二编:秦汉至南北朝时期阅读理论。

第三编:隋唐两宋时期阅读理论。

第四编:元明清时期阅读理论。

每编前面都有对该时期阅读理论的概述。例如在第一编概述里,编者先是对这一时期的阅读研究情况进行了简单梳理,指出阅读研究的萌芽、奠基的标志;接着着重论述孔子、孟子、荀子关于阅读理论的内容;最后论述这一时期阅读研究的特点,让读者较为清晰地了解该时期阅读研究的基本概况与特点。

在选取某人或某部著作关于阅读研究的资料前,先对其人其书做一简要介绍,要言不烦。接着列出关于阅读研究的资料,然后加以注释。比较有创意的是在每条资料前都列一个标题,用一个词或句子作为标题对该条资料加以概括,让人一目了然。何宗文就此评论道:"宏观与微观结合,线索清楚而内容实在地展示了中国古代阅读研究的历史轨迹与丰硕成果,这是阅读源流的完整系统。"[1]

---

[1]　何宗文.中国阅读学研究的里程碑:评曾祥芹、韩雪屏主编的我国第一套"阅读学丛书"[J].写作,1993(3):3.

四、逻辑内容

本书是按照年代先后顺序逐人逐篇搜集古代读书言论的,由古至今,从《尚书》《国语》直至近代的梁启超、王国维的作品。同一年代、同一作家、同一作品的读书言论因内容不是单一的,不便做类的划分,故按史序混杂编排。本书没有采用其他书籍惯常的"类分法",是因为若采用这种分法会打乱读书言论所在的年代顺序,造成另一种形式的混乱。研读此书,本书的内容可分为读书之道、读书之法、读书之术、读书之器。

(一)读书之道,阐述读书之理、之用、之质

书中收录了一些读书之道的文段,如《老子·四十八章》:"为学者日益,为道者日损。"关于读书之用,本书列出了《左传》中"季札观乐"这一精彩片断,表明读书与观听诗歌、音乐一样,可用来了解社会政治、民生民情。

(二)读书之法,即读书应遵行的态度、法则

如颜之推《颜氏家训》:"夫学者,所以求益耳。见人读书十卷便自高大,凌忽长者,轻慢同列。人疾之如仇敌,恶之如鸱枭,如此以学自损,不如无学也。"

这是讲读书的态度的。

如孟子曰:"尽信《书》,则不如无《书》。吾于《武成》,取二三策而已矣。仁人无敌于天下,以至仁伐至不仁,而何其血之流杵也?"

这是讲读书所应遵循的法则。

(三)读书之术,谈读书所采用的具体可行的方法

读书可采用提要钩玄之术:口不绝吟于六艺之文,手不停披于百家之编,记事者必提其要,纂言者必钩其玄;贪多务得,细大不捐;焚膏油以继晷,恒兀兀以穷年。先生之业,可谓勤矣。……沈浸醲郁,含英咀华。作为文章,其书满家。(《韩昌黎文集·进学解》)

再如,读书须从上读下:读书须从上读下,先看后人书,于古人好处便不相入。(《钝吟杂谈·日记》)

(四)读书之器,即读书的客观环境、条件及器具等

读书要讲究卫生:借人典籍,皆须爱护,先有缺坏,就为补治,此亦士大夫百行之一也。济阳江禄,读书未竟,虽有急速,必待卷束整齐,然后得起,故无损败,人不厌其求假焉。或有狼藉几案,分散部帙,多为童幼儿婢妾之所点污,风雨虫鼠之所毁伤,实为累德。吾每读圣人之书,未尝不肃敬之。(《颜氏家训·治家》)

五、特色

作为第一部古代阅读史料的汇编,有如下特点。

(一)首次对我国漫长的读书史料及言论进行搜集与整理,开学术之先

作为阅读大国,我国有着极为漫长、丰富的阅读史,但同时我国的阅读史又是一部有"读"无"学"的历史。这些资料沉睡于浩如烟海的典籍之中,甲骨刻辞、金石铭文、笔记信札、诗词曲赋,文人骚客的信笔涂鸦,这是一座巨大的知识宝库!它好似在寂寞中等待,等待有着慧眼与勇气的学者开采,终于在 20 世纪八九十年代,等到了一批有志于此的学者寻觅而来。对于这座丰富的文化宝库来说,对于以曾祥芹为代表的寻宝者来说,都是一件幸事!

(二)题目概括精当,命名很见功力

题目命名有四种情况:一是直接采用资料中能概括主旨的警言秀句,从书中可以看出编者尽可能多地采用这种办法,以保证资料的原汁原味;二是如果原始资料中缺乏这些能概括中心大意的警言秀句,作者就用资料中的词语加以删减串接加工而成;三是对原始资料中的词句添加自己的话综合而成;四是在前三种情况无法实现的情况下就用自己的话加以概括。现就上面四种情形各举一例。

(1)本书开篇第一则列出《尚书·仲虺之诰》中的一句。

予闻早:"能自得师者王,谓人莫己若者亡。好问则裕,自用则小。"

标题名称:"好问则裕。"

(2)《日知录·卷十六》:"读书不通五经者,必不能通一经。"

标题名称:"读书须通五经。"很明显是通过删减得到的。

(3)列举《老子》的"道,可道,非常道;名,可名,非常名"。

标题名称:"书中之道,非常道。"把《老子》语"道"之意与编者言"读书"之意巧妙结合起来,令人拍案叫绝。

（4）本书列出《诗大序》整篇文章，因为文章谈到诗的情感特征、教化作用、与社会政治的关系，以及诗的体裁、表现手法，诗的美学标准，等等。不是一词一句所能概括的，所以标题是"读诗品鉴"。

（三）注释翔实，清楚明白

注释时先对难懂的字词逐一注释，然后解释这句话的意思。如列出刘勰《文心雕龙·知音》中"夫缀文者情动而辞发，观文者披文以入情……"一段，编者对其中的"沿波讨源"做如下注释：

"波"喻指语言文字，"'源'喻思想感情。由语言文字而理解思想感情"。

本书注释上还有一个特点就是引证丰富而精当。

如《论语·阳货》中的一节：

子谓伯鱼曰："女为《周南》《召南》矣乎？人而不为《周南》《召南》，其犹正墙而立也与。"

编者在"其犹正墙而立也"后有一注释："正面向着墙站立着，意为'一物无所见，一步不可行'。"（朱熹《论语集注》）

本书有时在注释部分结尾用很简明的语言解释资料的用意，相当于翻译评价的作用，使本书具有初步的"论"的特点，达到了紧扣书名《古代阅读论》中"论"字的目的。

例如本书列出《孟子·公孙丑上》中的关于"知言养气"一节，除了对其中的字词作注外，最后又对本节做如是评论："孟子的'知言养气'说，在中国历史上首先提出了阅读者的道德修养和阅读活动之间的关系问题，韩愈、苏轼均曾受其影响，其后的'文气'说也渊源于此。"这就不但对本段文字进行了概括，而且指出孟子的"知言养气"说的巨大影响，给人以较深刻的认识。

再如列出刘勰《文心雕龙·知音》中第一段注释结束后解释说："以上喻指在文坛上因存有许多不正之风，真正有价值的作品不受重视，得不到正确的评价，因而知音是难得的。"这就很好地概括了本段的大意。

六、不足：称"论"不足，纯度不够

（一）《古代阅读论》称"论"稍显不足

裴显生在序言中肯定该书的理论价值："这部新著没有停留在阅读经验

的描述和潜意识的表露上,而是力求在哲学、心理学等较高理论层次上,阐明阅读主体和阅读客体的矛盾运动规律,用全新的阅读观念来回答当代阅读实践中提出的问题。这就使它具有毋庸置疑的理论色彩和学术价值。"笔者认为书名中的"论"有两层含义:一是古代学人之读"论",二是本书编者之"论"。如果本书是梳理古代学人之读"论",那么严格地说,本书搜集的仅属古人读书言语资料,即兴式感悟,意象类的语言,吉光片羽,内容杂糅;一言以蔽之,很难上升到"论"的层次。如果是指本书编者之"论",那么本书仅仅对我国古代阅读学者的读书言论加以搜集整理,对言论的阐发不足,最突出的是没能对言论进行充分评论。因此,本书称为《古代阅读论》有点名不副实。当然,由于每编之前都有专章概述,即对本阶段的阅读言论加以概要式点评,这等于总评,再加上每条言论前都有编者创意性地加上一个标题,可算逐条评论。再就是有的注释后有对言论用意进行简明概括的话,这就初步具备了"论"的性质,使该书有了"著"的特点。美中不足的是,这类解释评价并不是每条言论后面都有,而是一小部分,从而减弱了该书的理论色彩与学术价值。不过在阅读学的初创时期,存在不足之处是难免的。

(二)学科纯度不够

前面提到,中国古代阅读资料很少是纯粹的读论,它往往是与文论、教论、学论、画论、乐论、书论糅合在一起的,因此想完全把中国阅读论与其他内容的理论分离开来是很难的。于是本书就出现了这种难以避免而又尴尬的情形。如编者选用的下面一段:

> 子路见孔子,子曰:"汝何好乐?"对曰:"好长剑。"孔子曰:"吾非此之问也,徒谓以子之所能,而加之以学问,岂可及乎?"子路曰:"学岂益哉也?"孔子曰:"夫人君而无谏臣则失正,士而无教友则失听。御狂马者不释策,操弓不反檠,木受绳则直,人受谏则圣,受学重问,孰不顺哉?毁仁恶仕,必近于刑,君子不可不学。"子路曰:"南山有竹,不柔自直,斩而用之,达于犀革,以此言之,何学之有?"孔子曰:"栝而羽之,镞而砺之,其入之不亦深乎?"子路再拜曰:"敬而受教。"(刘向《说苑·建本》)

上面精彩片断本属于"学论"的,拿过来当作读论有点牵强了,尽管古代的"学论"主要指"读论",毕竟"学论"不等同于"读论"。当然,从另一方面看,则正如该书序的作者、德高望重的周振甫先生所言:"由于讲阅读的书,又讲阅读文字学、哲学、文学、史学、科学等,这些阅读理论,不免和文字学、哲学、文学、史学、科学有关,对于我们通过阅读理论来探索这些学问也有关系。"正是意外之喜了。

众所周知,中国学术史上尤其是早期,往往文、史、哲不分,并且系统专论不多,大都散见于经书、子书、史书的一些章节以及书信、序跋中。要想对中国古代阅读言论进行搜集与整理,困难程度难以想象。笔者猜想,在其他学术领域研究日益完善细密,而对古代阅读言论的整理直到 20 世纪 90 代初还仍是一片尚未开垦的处女地,可能与此这项工作的困难繁杂或许阻止了多少学者迈进的脚步有关。然而在 20 世纪 90 年代,以曾祥芹为代表的一批学人,开始向这片荒原挺进,铸就了开拓者的丰碑,但是难度仍是超乎想象。

《古代阅读论》编者为此感叹道:"当我们在浩如烟海的古籍中爬梳剔抉的时候,常常有筚路蓝缕、举步维艰的感觉。要知道,试图从古典文论、诗论、史论、教论、学论、写论中抽取'读论',使之界限分明独立成套,并非易事。"(《古代阅读论·后记》)然而一想到我国漫长的阅读史有读而无学的现状,想到阅读大国还没有雄踞世界阅读学术之林的尴尬现状,曾祥芹及其编者克服了种种困难,硬是完成了这一繁难工程,填补了这一阅读史上的空白。

由于该书对我国古代阅读史的系统搜集与整理,其编著出版完成具有非凡的价值与意义,不消说填补空白、开辟新天地等宏大作用。具体而微处,正如查良圭所说,这部书具有"提供翔实的阅读史料的作用""在一定程度上能起到工具书的作用""充当提供阅读知识的文言读本的作用"[①]。王伟则认为该书"可以看成是《中国古代阅读学》的雏形"[②]。对于编者而言,他们编辑此书的目的之一就是为了获取"读论"。因此,该书的完工为曾祥芹

① 查良圭.开辟我国古代阅读理论研究的新路:阅读学丛书《古代阅读论》评介[J].河南师范大学学报(哲学社会科学版),1993(5):54-56.
② 王伟.一座阅读学系统工程的里程碑:中国第一套"阅读学丛书"综评[J].河南师范大学学报(哲学社会科学版),1994(5):51-57.

汉文阅读学研究提供了丰厚的回报。正如朱熹的诗句"问渠那得清如许？为有源头活水来"。正是得益于历代读书史料的"活水"，曾祥芹阅读研究的池水才得以清清如许！

第二节　初构中国阅读学理论系统

中国阅读学从无到有，其初创和形成，经过漫长的历史时期。在向其探索的征途上，有着历代学人奋进的身影，留下了他们或多或少、或深或浅的脚印，他们一直在为建设中国阅读学这座大厦增砖添瓦，做出默默的贡献。但由于各方面因素的影响，直至 20 世纪 70 年代末，作为专门研究阅读的阅读学，一直没有出现，中国也因此徘徊于世界阅读学会的大门之外。改革开放以后，阅读学研究掀开了新篇章，之后的 80 年代先后有十多部阅读学专著问世。具有代表性的有顾晓鸣的《阅读的战略》（1985 年）、高瑞卿主编的《阅读学概论》（1987 年）、董味甘主编的《阅读学》（1989 年）、王继坤的《现代阅读学》（1991 年）、张必隐的《阅读心理学》（1992 年）、王松泉的《阅读教育学》（1992 年）。

（1）顾晓鸣的《阅读的战略》（上海人民出版社 1985 年 11 月版）是一本为当代大学生提供阅读指南的阅读小册子。与我国许多介绍阅读的书不同，该书"着重于探讨这些方法的内在机理，不是告诉你应该怎样读，而是告诉你为什么要这样读"（《引言》）它主要讲了以下三方面内容："世界范围有关阅读的心理学、社会学、教育学以及美学和哲学方面的理论及各派别观点；学有成就的学者的读书事例、心得和语录；我（指作者自己）个人在学习和研究中的理论见解和经验体会。"（同上）很明显，这是一本形而上的理论书籍，给了人们很多启迪和思考。

（2）高瑞卿的专著《阅读学概论》（吉林教育出版社 1987 年 10 月版），是第一次以"阅读学"为研究对象的阅读学著作。该书共 14 章。绪论部分概要论述了阅读学的性质、特点、任务、基础、研究方法、研究对象及其与相关学科的关系。第 1 章至第 6 章，对阅读的原则，阅读的起源及作用，阅读的过程和类型，方式方法，阅读的知识结构和阅读能力的构成等进行了探讨。第 7 章至第 9 章从文体角度着眼，论述了各种文体的特点及阅读方法。第 10

章至第 14 章对阅读技能的训练及阅读修养的养成进行了论述。全书对阅读学及其相关内容进行了较为深入的研究,力求创建一个科学的、完整的学科理论体系。该书语言朴素,深入浅出,有较强的实践价值。

(3)董味甘主编的《阅读学》(重庆出版社 1989 年 9 月版),该书编者"感到老学科获得新生,新学科不断产生、发展,与'阅读学'关系密切的'写作学'都处在长足发展之中,……我们深感义不容辞地把我们的看法诉诸文字,为建立'阅读学'尽一份力量"(《前言》)。为此始有该书的问世。该书分为上编——阅读学建构总论、中编——阅读素质与能力培养、下编——文体阅读的基本规律与经验共 17 章的结构体系,其中阅读能力分为阅读选择力、阅读感知力、阅读理解力、阅读想象力、阅读思考力、阅读评判力与阅读表述力 7 项,比较深入地对阅读能力进行探讨。这为曾祥芹后来的研究提供了借鉴,特别是其上、中、下"三编"理论框架与后来曾祥芹的理论建构明显存在着传承关系。

(4)王继坤的《现代阅读学》(济南出版社 1991 年 6 月版),该书是作者在长期教学实践与研究基础上的理论建构。全书共 22 章,涉及阅读的原理、技法、教学以及阅读习惯的养成等,几乎涵盖了阅读学的方方面面。冯中一认为该书"融会借鉴多种现代学科的理论和方法,试验创建阅读学理论的科学结构范型,注重讲求深入浅出、知行统一的实用效果"(《序:阅读思维空间的新开拓》)。该书中所提到的阅读学原理、主客体论、阅读过程论、阅读规律论、阅读时间论、阅读空间论等概念、范畴,都为曾祥芹编撰阅读书系所借鉴。

(5)张必隐有感于西方阅读心理早已自成体系,而中国还没有一本阅读心理著作的现实,产生了写作一本阅读心理著作的愿望。于是在教学中搜集资料,结合教学写成并于 1992 年出版了《阅读心理学》这本专著。该书介绍了阅读心理学的基本理论,其中包括阅读过程的三种模式,即从下而上的高夫模式,从上而下的古德曼模式,相互作用的鲁墨哈特模式;心理词典和词的认知模式,句子的理解,课文结构分析,图式理论与课文理解,元认知的技能和阅读以及动机和社会因素对阅读的影响。"该书筚路蓝缕的历史功绩不可低估,但内容上述多于作,西多于中"①,在突出汉文阅读特色上显然不足。

(6)王松泉的《阅读教育学》(辽宁大学出版社 1992 年版),是我国第一部研究阅读教学的专著。作者有感于长期以来阅读教育无系统研究的状况,旨在"从理论与实践上深入把握阅读教育这一重要教育活动的客观规律,提高阅读教育质量"。全书分为古今中外阅读教育史、阅读教育观、阅读教学论、阅读教学法等几个部分,每部分又有非常详尽的具体章节。因此,有学者评论该书"着眼创新,立足于全"。"全书立足于'全',一是结构健全,二是内容健全,三是手段全。"②顾黄初认为该书"多向开拓,初步建构起较为严整的体系"(《阅读教育学·序》),本书无论是理论还是实践操作性都达到了当时很高的水平。

上述阅读方面的专著,有的把阅读学作为一种研究对象做全景式描绘,论述阅读学方方面面的问题;有的从某一侧面对阅读学做深入的探讨,具体而微。但是总的来说,有的对阅读学做全面的研究失之于粗略,缺乏细致深入;有的研究则各执一隅之解,失之于全面系统。直到曾祥芹、韩雪屏主编,以中国阅读学系统建构为标志的"阅读学丛书"出版才得以改变这种现状。当然,这些著作都为这套阅读学丛书的出版提供了参考与借鉴。

非凡的人物总是具有非凡的抱负!

刘勰由于不满于自古以来的文论作品"各照隅隙,鲜观衢路。并未能振叶以寻根,观澜而索源"(《文心雕龙·序志》)之现状,怀着"君子处世,树德建言"(同上)之抱负,于是才有了被鲁迅称为"解析神质,包举洪纤,开源发流,为世楷模"的《文心雕龙》的横空出世!

曾祥芹痛心于堂堂的读书大国无阅读学的现状,立下"不当平庸教书匠,要当出色教育家"的宏愿,于是才有了一套"堪称我国阅读学史上一个划时代的重要标志,是一座阅读学系统工程的里程碑"③式的阅读学巨著产生。

---

① 曾祥芹.阅读学新论[M].北京:语文出版社,1999:493.
② 祝兆炬.《阅读教育学》的学术风范:评王松泉先生的《语文教育学》[J].绍兴文理学院学报,2001(5):128-130.
③ 王伟.一座阅读学系统工程的里程碑:中国第一套"阅读学丛书"综评[J].河南师范大学学报(哲学社会科学版),1994(5):51-57.

由曾祥芹、韩雪屏主编的"阅读学丛书",是中国有史以来第一套"阅读学丛书",该丛书灿然五本,包括:《阅读学原理》《阅读技法系统》《文体阅读法》《古代阅读论》《国外阅读研究》,结构上体大思精、包举宏纤,160万字,由河南教育出版社1992年6月初版,大象出版社2002年10月再版,是中国阅读学系统建构的首次飞跃。该丛书出版后所带来的轰动效应在阅读学领域中无疑是空前的。著名语文教育家张志公先生称之"是一个创举,很有意义,很值得祝贺"。裴显生在《阅读学原理》序中认为该丛书"涉及阅读学领域的方方面面,集中地反映了20世纪80年代后期中国阅读学研究的最新成果,并做出了有突破性的理论探索,为在90年代建设科学的具有中国特色的阅读学开辟了道路"。董味甘称"必将成为我国阅读学界的大事"(《文体阅读法》序言)。何宗文称之为"中国第一套'阅读学丛书'"①。

鲜花如海,掌声如潮,这是该丛书理应受到的褒奖。

该丛书有许多傲人之处:

一是建立了新的、系统的学科体系。丛书主编曾祥芹根据波普尔的"科学学"(基础理论、技术操作、应用工程),创造性地运用于阅读学研究,"建构出阅读学'论、术、史'三维结构的整体系统"②。笔者则仿照曾祥芹关于文章教育学的"一体两翼"说(文章学为体,写作学与阅读学为两翼)的学科体系,和编者对丛书结构的论述(见《阅读学原理》后记),称之为"一体两翼"结构论。具体说,"一体"即《阅读学原理》,它是该丛书中的主体和核心,是丛书的基础,也是阅读的基础科学。以此为主体,展开两翼。一翼是《阅读技法系统》和《文体阅读法》两本阅读技术专著;另一翼是向阅读的时空延伸,便是《古代阅读论》和《国外阅读研究》两本中外阅读理论资料。它们既是《阅读学原理》的支撑,又是对《阅读学原理》的具体化。《阅读学原理》既是对这两翼部分的统帅,又是对两翼内容形而上的理论概括。笔者主张用"一体两翼"结构论来替代"三维结构"论。因为后者涉及"论、术、史"三个维度,但无法显示三个维度间的逻辑关系及其主从、轻重地位;而"一体两翼"论则弥补了这种不足,很好地揭示了三者的内在联系与结构关系。更符合编者

---

①② 何宗文. 中国阅读学研究的里程碑:评曾祥芹、韩雪屏主编的我国第一套"阅读学丛书"[J]. 写作,1993(3):2.

初衷。

"红日初升,其道大光!"(梁启超《少年中国说》)"三维结构"(或"一体两翼")的构建,还具有超越阅读学领域的意义与作用,它所描绘的阅读学学科体系结构,对其他学科体系的建立具有示范、引领作用。再就是它汲取国外先进理论,洋为中用,成功地转换成本民族的学术话语,这对于我国学术界开展如何吸收、借鉴、化用外来文化的活动提供了参考,具有普遍的指导意义,影响深远。因为任何学科体系,无外乎对学科史的梳理与挖掘,整理、粹化出本学科的基本技法、基本技能,再概括、归纳出本学科的基本范畴、命题与理论。"一体两翼"结构的构建对当前所有学科体系的建构不无启迪作用。

当然,不能说这种建构就天衣无缝、完美无缺。考虑到此前王松泉的专著《阅读教育学》已臻完善,这套书应该再有一本《阅读教育学》为妥。因为按照惯常思维,从基础学科、技术学科、应用学科三部分构建学科体系的话,那么我们明显可以看出这种对应关系:基础学科——《阅读学原理》,技术学科——《阅读技法系统》《文体阅读法》,这样的话应用学科就无法落到实处。当然,宽泛地说,《文体阅读法》应该起到或业已起到应用学科的作用,但它毕竟不像《阅读教育学》那样是开宗明义上的应用学科,或者说它不能完全代表应用学科所涵盖的整个内容。不过瑕不掩瑜,本丛书所建立的结构体系已经达到前无古人的程度。

二是理论与技能并重。丛书在理论上大胆创新与突破,这一点集中体现在《阅读学原理》上。而《阅读技法系统》《文体阅读法》两本书则在实践性方面进行了全面性的探索,有较强的实践意义,对于一线教师进行阅读教学极有参考价值。

三是说古论今,联系中外。《古代阅读论》和《国外阅读研究》两本书充分体现了这个特点,是阅读学(原理)术(技术)在时空中的展开。丛书对我国古代阅读言论进行系统梳理与初步论述,并延及国外,对国际阅读协会、国外阅读理论与研究、阅读教学制度与阅读教学情况,进行了深入的研究与介绍。古今中外,纵横交织。

四是编者队伍强大。参与编写人员大都是该领域资深专家,甚至大家,都是语文学人耳熟能详的人物。

顾问:

张志公(当代著名语言学家、教育家)

周振甫(中华书局编审,著名学者,古典诗词,文论专家,资深编辑家)

张寿康(语言学家,语言教育家中国修辞学会会长,首都师范大学教授)

丛书主编:

曾祥芹(河南师范大学文学院教授,历任中国阅读学研究会会长、中国文章学研究会会长、中国高等教育学会语文教育专业委员会顾问、中国图书馆学会科普与阅读指导委员会顾问等职)

韩雪屏(兼任中国高等教育学会语文教育专业委员会学术顾问、中国阅读学会副会长)

丛书总序:张志公

《阅读学原理》序:裴显生(中国写作学会会长、南京大学教授)

《阅读技法系统》序:章熊(教育部中小学教材审查委员、教育部考试研究委员)

《文体阅读法》序:董味甘(中国写作学会副会长,中国阅读学研究会会长,全国语文学习科学专业委员会会长、名誉会长,重庆师范学院中文系教授)

《古代阅读论》序:周振甫

《国外阅读研究》序:朱绍禹(中国当代著名语文教育家、中国语文教育学理论的奠基者、教育部中小学教材审定委员会委员、全国语文教学法研究会原理事长、中国高等教育学会语文学习科学专业委员会原理事长、东北师范大学文学院教授)

由于在本章第一节里已对《古代阅读论》做了介绍,下面只对余下四部书加以评价。

一、《阅读学原理》:由技进道,神州大地崛起的现代阅读学

(一)概说

该书由曾祥芹、韩雪屏主编,中国写作学会会长裴显生作序,是"阅读学丛书"的核心和重点工程,是全面阐述阅读学理论的书籍。该书前面有导论,分别论述了阅读学的研究对象、学科性质、历史进程、内容体系与研习方

法;结尾有后记,介绍了编撰本书的动机,在丛书中的地位,编者分工情况,撰写过程以及不足;该书主体部分分为上编(阅读客体研究)、中编(阅读主体研究)、下编(阅读本体研究)三部分十九章。书前的"导论"不但起到阅读"指导"作用,而且起统率作用,是全书的总纲,交代了全书的结构及其各部分之间的逻辑关系。全书共568页,40万字。

（二）本书特色

1. 首次构建了"三体结构"的现代阅读学理论框架

这是该书也是该丛书最具价值、最重要的贡献。该书主编曾祥芹教授雄踞学术之巅,俯瞰古今中外阅读理论,在控制论、信息论、系统理论指导下,与韩雪屏等学者几经商讨,首次提出"阅读本体"为阅读主体(读者)和阅读客体(读物)的相互作用的辩证统一,首创了阅读学的"三体结构"框架。同时,曾祥芹又依据"科学学"的"基础科学、技术科学、工程科学"三个层级划分,建构了阅读原理、阅读技法和阅读教育的三级体系。"三体结构"和"三级体系"的构建初步确立了阅读学基本框架,描绘了阅读学研究的宏伟愿景,为阅读学研究指明了方向。

上编"阅读客体研究"中,编者认为"阅读活动不仅是读者和读物的闭合系统,而且是读者和环境的开放系统,它在时间链条上展开,要凭工具作中介去沟通读者和读物的信息流"。因此,它包括阅读对象论、阅读环境论、阅读时间论与阅读工具论4个章节。

中编"阅读主体研究"中,指出与阅读客体发生阅读关系的读者,包括阅读个体与阅读群体。本部分下设阅读生理论、阅读心理论、阅读智力论、阅读素养论4个章节。

下编"阅读本体研究"是全书的核心与重点。编者认为阅读本体是阅读客体与阅读主体的现实统一,在统一中互为因果、互为前提,共生共存。本部分即研究这种统一关系及其主客体表现出来的现象与本质,包括阅读本质论、阅读价值论、阅读目标论、阅读分类论、阅读选择论、阅读过程论、阅读原则论、阅读病理论、阅读训练论、阅读源流论、阅读美学论11个章节。

"三体结构"的提出与构建,较为科学地阐释了阅读学的基本问题,厘清了阅读学的基本结构及其各部分之间的相互关系。中国写作学会会长裴显生在其序中说:"这个理论体系,已经从经验的抽象概括上升到原理层次了。

比之一般谈阅读方面的著作,这个体系的哲理意味是颇为明显的,而且也是较为严密的完整的。"如果说《阅读学原理》是该丛书的主体与重点的话,那么该理论就是《阅读学原理》一书的主旨与中心,是阅读学丛书中最动人的乐章,是盛开于阅读学园地最鲜艳的花朵,是闪耀在阅读学领域最亮丽的风景!

因此,丛书出版以后,令人耳目一新的"三体结构"论,在学术界产生了不小的轰动,收到如潮的褒奖。裴显生认为其贡献有三点:"一是提出了阅读的'三体框架',构建一个比较完整的理论体系;二是抓住了阅读学的术科特征,不仅告诉人们阅读'是什么',而且告诉人们应该'怎样读';三是较好地处理了继承和创新的关系,重视继承,坚持创新。"王伟认为丛书"为阅读这门学科构建了一个崭新的、完整的、科学的理论体系……必将推动学科的理论建设向纵深发展,也必将载入学科发展的光辉史册"[1]。中国阅读学会副会长甘其勋写道:"这个阅读学的'三体'结构,在我所读到的同类论著中最为系统和完备,已经从零散的经验描述上升到'原理'层次,而且具备了一定的哲学意味。"[2]著名语文教育家韦志成对此说道:"《原理》的三体框架中,我认为是迄今为止阅读理论的科学体系,它的突破性就不言而喻了。"[3]

2. 该书引入、运用多种理论

该书撰写于 20 世纪 80 年代中后期,对外开放进一步扩大,文化氛围更为宽松,对西方学术理论全面引进、吸收与借鉴达到空前的程度。正是得益于这一难得的历史文化氛围,该书才能对多种理论进行吸收与运用。何宗文认为该书"能从当代整体阅读实践出发,引进现代脑科学、思维科学等旁涉科学的最新成果,并吸收国外阅读学分支学科如阅读心理学、阅读社会学、接受美学等多学科的有关内容,进行跨学科的综合,使阅读学更有科学性,更有深厚的理论基础"。笔者认为该书整体上主要采用了系统论与辩证

---

① 王伟.一座阅读学系统工程的里程碑:中国第一套"阅读学丛书"综评[J].河南师范大学学报(哲学社会科学版),1994(5):51-57.

② 甘其勋.阅读学丛书一瞥[N].河南日报,1993-1-11.

③ 韦志成.神州大地崛起的现代阅读学:读《阅读学原理》[J].河南师范大学学报(哲学社会科学版),1993(3):48-50.

法等理论。

第一,系统论的全面运用。

这一点最突出地体现在构建"三体结构"理论体系上。

系统论与信息论、控制论俗称老三论,它是起源 20 世纪 30 年代的西方,在 20 世纪后半期得到广泛应用的哲学观与思维方法。其基本思路就是把所研究的对象或问题,看作一个系统,分析其中的结构、特点与功能,研究系统、要素、环境三者的相互关系及其规律性,并优化系统观点及方法论。系统论的出现,引发了人们思维方式的变革,颠覆了笛卡尔以来的单纯着眼局部与具体要素的分析方法,给各个领域的研究与实践带来了一场革命。

用系统论的观点来看,本书编者认为"阅读活动不仅是读者和读物的闭合系统,而且是读者和环境的开放系统,它要在时间的链条上展开,要凭工具作中介去沟通读者和读物的信息流"。因此才有了包括"阅读主体""阅读客体""阅读本体"的"三体结构"理论的天才设想与构建,才有阅读客体包括阅读对象、阅读环境、阅读时间、阅读工具的内容设计。

本书各章节的设计也贯穿了系统论思想。

本书三部分共 19 个章节,全面论述了阅读活动、各组成要素及其相互关系。本书论述的阅读活动不但是生理的,也是心理的活动;不但是个人的,也是社会的群体活动;不但是共时的,也是历时的……一句话,阅读活动是一个由诸多层次不等的小系统组成的大系统。

第二,唯物辩证法是本书的哲学基础。

书中写道:"唯物辩证法是阅读学的哲学基础。"在本书中最为突出地体现在"三体结构"学说的提出上,其中主客体的对立统一体现了这一哲学基础。另外包含这一哲学观点的安排与描述在本书中比比皆是。例如在第一章"阅读对象论"的第二节"读物的类别范围"中,编者是这样安排内容的。

(1)从符号看:文字和图画

(2)从载体看:无声和有声

(3)从地域看:中文和外文

(4)从时代看:古文和今文

(5)从结构看:文篇和书刊

(6)从文体看:文章和文学

（7）从内容看：人文和自然

再如第九章"阅读本质论"中各节内容的安排如下：

第一节　阅读是物质过程与精神过程的统一

第二节　阅读是心理活动和生理活动的统一

第三节　阅读是智力活动也是操作技能

第四节　阅读是吸收也是倾吐

第五节　阅读是个人行为也是社会活动

第六节　阅读是现实行为也是历史记录

每一部分都是从对立统一的一组两个概念来安排的。

像这种情形在书中比比皆是。

除了整体上运用系统论与辩证法理论外,在微观上还运用了语言学、文章学、文艺学、美学、社会学、文化学等理论,还直接或间接地涉及信息学、生理学、脑科学、心理学、管理学、图书馆学、经济学、物理学等学科理论,还有西方语言学、接受美学等,在此不再一一赘述。

正是立足于坚实的哲学理论基础,本书才能构建出如此富丽堂皇的阅读学理论殿堂,让后学流连忘返、顶礼膜拜。正是植根于多种知识的肥沃土壤,本书所培植的阅读学之树才根深叶茂、花果累累。正是怀有"汇百家之说而成一学"的理想,曾祥芹才为阅读学界奉上了这项体大思精的惊艳之作,泽被后学,功德无量。

3. 体系宏大、论证精微

本书宏观结构上涵盖广泛,涉及全面,在具体内容论述上精微深入。全书除序言、导论与后记外,分为阅读客体研究、阅读主体研究与阅读本体研究三部分,分属上、中、下三编,共 19 个章节,涵盖了阅读学很多内容。既有共时态内容,又有历时态内容。既有对我国阅读研究资料的历史梳理,又有对国际阅读学的介绍。既有阅读理论的建构,也有阅读技法的指导。既涉及阅读群体,也谈及阅读个体。既论述阅读生理,也论述阅读心理。全书不但涉及广泛,而且议论精细、深入。

例如第十四章"阅读过程论"的"第二节"中的第二层"理解环节",从其中的标题、层次拟定上可见一斑。

理解环节：

（1）理解文章的事

（2）理解文章的意

1）文意的集中性

2）文意的深刻性

3）文意的新颖性

（3）理解文章的情

1）理解文情的驱动力

2）理解文情的表现力

3）理解文情的感染力

（4）理解文章的境

1）意境的层次

①直观性。②传神性。③升发性。

2）意境的手法

①奇美巧妙的构思。②以一当十的选材。③粗细适中的笔法。

层层挖掘，愈掘愈深，愈深愈奇，愈奇愈富。朱熹谈读书法时说道："为学读书，须是耐烦细意去理会，切不可粗心。须是今日去了一重，又见得一重；明日又去了一重，又见得一重。去尽皮，方见肉；去尽肉，方见骨；去尽骨，方见髓。粗心大气不得。"（《朱子语类》）上述论证深得其妙。

在具体论证方面，本书高瞻远瞩、议论精深。例如，第三章"阅读时间论"的第一节"阅读的时间哲学"中有一段话：

> 阅读时间的纵向结构不是"过去—现在—未来"的单向度环，而是"未来—过去—现在（—未来）"的螺旋式发展。阅读时间的起点是"未来"，因为未来具有超越性和理想性，读者总是在悬着阅读目标的前提下开始阅读的。阅读时程的中介是"过去"，因为"过去"充当"未来"走向"现在"的桥梁，读者总是在调动过去的阅读经验的基础上去实现阅读目标的。阅读时程的归宿是"现在"因为"现在"居于时间结构的中心，是"未来"和"过去"的凝聚和统一。

曾祥芹灵活运用系统论、矛盾论的哲学观来分析阅读时间，把阅读时间看作是一个"未来—过去—现在(—未来)"的系统,并呈现螺旋式循环往复的发展。打破了人们"过去→现在"惯常思维,与"过去→现在→未来"的单向度环(曾祥芹在后来所主编的《阅读学新论中》分别称之为"半程阅读""单程阅读"),看法全面而非无原则的折中,观点新奇而又持论公允,令人拍案叫绝。

4.警言秀句,语言朴素

论证上的层层开掘,使得本书语言阐幽显微,含英衔华。或一语中的,入木三分;或意在言外,余味无穷。例如第十五章"阅读原则论"中,论述了"珍惜时间、循序渐进、问题导向、取精摄魂、博约结合、融会贯通、学创相生、知行统一"八项原则,高屋建瓴,议论精深,让人恍然大悟、醍醐灌顶。再如第十六章"阅读病理论"中,作者见微知著、疾言厉色,列举13种"阅读病",读来既有如芒在背、刮骨疗毒之痛感,也有一种大汗淋漓、病疴尽愈之快感。王安石诗云:"开编喜自得,一读疗沉疴。"(《送石赟归宁》)信哉斯言! 下面就本书的警言秀句摘抄一二,并加以简要点评,以飨读者。

(1)阅读时间是阅读青春的能源。

评:时间是能源! 这是对时间功用的又一精彩比喻,简直可以和富兰克林的"时间就是金钱"的论断相媲美。

(2)讲究阅读时效,一要把计算阅读时间的单位化小,二要提高单位阅读时间的效益。

评:"把计算阅读时间的单位化小",奇思妙想、发人之未发。应该属经验之谈,否则难有如此警策之言。

(3)时间供给无弹性,但时间的利用是有弹性的。

评:本句反映了辩证法中的矛盾双方既对立又统一的观点。"时间的利用是有弹性的",意在言外,引人思索。且用"弹性"形容时间,巧用通感,化虚为实,触手可及,有不可言说之妙。

(4)任何可供阅读的读物都在等待着它的读者,任何读者都在寻求着他的读物。

评:读者与读物在遥相等待,一如情人。记得有位书家曾说过这样的话:"书是阅读者的情人。"在中国漫长的读书史上,类似的例子屡见不鲜。

杨万里《读笠泽丛书三首》(其一):

拈著唐诗废晚餐,傍人笑我病诗癫。

世间尤物言西子,西子何曾直一钱。

在诗人眼里,读诗能够代食,能够取代美女西施。清代郑板桥在《怀扬州故居》一诗中描写自己的家居生活时,也抒发了相似的感叹:

楼上佳人架上书,烛光微冷月来初。

偷开绣帐看云鬓,擘开牙签拂蠹鱼。

评:书如佳人,胜似佳人。古今学人,其情一也!

(5)阅读是吸收也是倾吐。

评:阅读是倾吐,倾吐什么?可能也与阅读一样,见仁见智了。

(6)阅读是现实行为,也是历史记录。

评:阅读是立足现在,放眼未来,回首过去。这就构成了历史。

(7)学富五车,方能才高八斗。

评:俗云,秀才不出门,便知天下闻。信然。

(8)阅读可以延年益寿。

评:感于斯言,笔者口占一绝,题曰《老书虫》。

食蔬饮水保安康,慢步急行歌舞场。

可叹益寿千百种,读书依旧是真方。

(9)好的读物不但是教育型的产品,而且是享受型产品。

评:贺拉斯有句名言,"寓教于乐"。是就教法而言。上述这句话是就读物而言的。二者堪称乐教理念中的双璧!

(10)读这段文字,我们深为两颗颤抖的爱心而颤抖。

评:这是编者对朱自清散文《背影》中"父亲买橘子"情节的感发,运用"爱心"一词,确是至言。再者,叠用"颤抖"一词,很有动感。

(11)迷信书本是"死读",不重习性是"空读"。

评:此语振聋发聩,醍醐灌顶。对于有上述"阅读病"读者无异于当头棒喝。

中国美学传统以简约朴素为高,以自然冲淡为美。上述语句不但旨意遥深,而且语言素朴,无学院派用语艰涩之弊,深得自然之致。

二、《阅读技法系统》:初创了 4 条阅读链 108 法的阅读技法体系

(一)概说

由曾祥芹主编,当代语文教育家章熊作序,集当时阅读学界知名专家撰写的 30 万字《阅读技法系统》,是"阅读学丛书"的第二本。全书在系统整理古今中外阅读资料的基础上,通过对古今中外各种阅读技法沉淀、遴选出 108 法,运用系统论组成 4 条阅读链,即程序阅读链、完全阅读链、基础阅读链、应用阅读链。程序阅读链,顾名思义,是从阅读的整个过程依序总结出来的阅读技法;完全阅读链,是根据读者生理机制的全面参与得出的阅读技法;基础阅读链,是从学校阅读教学的角度多向分析出来的阅读技法;应用阅读链,是从阅读的职业分工提出来的阅读技法。接着编者又把四条阅读链细分为 24 条阅读技术,又把 24 条阅读技术推衍为阅读 108 法。4 条阅读链、24 条技术、108 法,形成一个既互相联系又彼此独立的完整的阅读技法系统,是作者阅读思想与观点的具体化,具有较强的实践价值与理论意义,受到广大读者特别是一线教师的欢迎。该书前有导论,对全书的技法做一概述,旁征博引、论述宏富。接着依次对 108 阅读法展开论述。论述一般按定义、出处、含义、举例分析的逻辑顺序。24 条阅读链(或子系统)前都有一篇几百字的读论,大都点到为止,要言不烦,提纲挈领、引人入胜。

(二)本书特色

1. 总结、设计出阅读 108 法

有关阅读方法,我们每位读书学人都能说出几个或十几个;但要我们说出几十个甚至更多,则就困难了。本书编者总结、设计出阅读 108 法,就非常令人瞠目结舌、自叹弗如了。之所以总结 108 法,其动机诚如编者所言:"恰似人体中的 108 穴,各司其位,又气脉贯通;正如水浒上的一百零八将,各如其面,又心心相印。"(《阅读技法系统·导论》)不过笔者认为,本书设计 108 法还有更深的文化内涵,中国传统文化认为 108 代表圆满。不少建筑、器物会采用 108 这个数字。如北京天坛的最下层有 108 块栏板,祈年殿每层有 108 根石栏。兵器有 108 种,武艺 108 般,罗汉有 108 尊,佛珠通常是 108 颗表示断除 108 种烦恼,撞钟时也是撞 108 下,天上的星宿 108 颗,如此等等。

2. 108 法布列为四大互相独立又相互交织的阅读链

更妙的是书中不仅列出了琳琅满目的 108 法,而且这些美不胜收的阅读技法不是毫无章法的堆砌,而是按照不同的标准分布成一个层次分明的系统,即程序阅读链、完全阅读链、基础阅读链、应用阅读链。这是系统论哲学思想在阅读学中的体现,是本书创造性贡献之一。王伟用"三个层级"来分析本书的系统结构,让人一目了然。他认为本书编者把阅读技法分为四个系统,组成四条阅读链,属于第一层级。编者把四条阅读链各分 6 种,共 24 种阅读技术,属于第二层级。编者又对 24 种阅读技术推衍为 108 法,属于第三层级。

这种分析方法确实让人耳目一新,较清晰地刻画出了本书的结构特点。笔者在同意王伟的三层级分类基础上认为,本书还有一个更宏观的层级被王伟给忽略了,那就是本书所总结的各种技术与方法组成的一个总的大系统,应属于第一层级。这样看来本书的系统建构应该是 4 个层级而非 3 个层级。研究本书可以推知,曾祥芹(本书的结构设计者)认为阅读技法不该是游兵散勇、单兵作战,而应该构成一个彼此独立而又相互依存的大系统,这从本书命名为《阅读技法系统》可见一斑。因为本书从来不是为方法而方法,而是着眼全局,一个大系统,一个包含不同层级、不同技法的大系统,我们不应一叶障目,不见森林,仅注意小的层级而对大的层级视而不见。

3. 阅读技法是多维的、多层级的技能组合

编者认为阅读技法是多维的、多层级的,这可以从其对 4 条阅读链的天才设计中看出。4 条阅读链可以看作 4 个维度,即阅读是贯穿于认知、理解、赏析、评价的能力整个过程,是集视力、听力、口舌、思维、手脚等全息参与的全过程,是学校开展选读、精读、问读、略读与参读的综合,又具有一系列外显性的行为方式。对于 4 条阅读链,章熊先生在该书序中认为"这一系统本身就是应用系统科学于阅读研究的成果,也使本书兼具了理论性和实用性的双重色彩。这一系统会使读者从中窥见阅读学这一广阔而又丰厚的世界"。但章熊先生没有论及的是这四个维度并不是同一平面的并列,而是显示 4 个层级(王伟认为 3 个层级),前面论述已较为详尽,这里不再赘述。对此,韩雪屏撰文称"这种从整体着眼,对种种阅读方法进行大规模分类归并、

梳理组编的工作,大概还是阅读学研究史上的第一次"①。

4.阅读技法是智与力的结合

从完全阅读链可以看出,编者认为阅读技法不仅是阅读主体眼、耳、嘴、脑、手脚等外在感知器官的简单参与,而且是阅读主体心智活动的表现。它表现为感知、思维、联想、想象等一系列思维活动,也表现为愉快、感激、庆幸及痛苦、鄙视、仇恨、嫉妒等情感倾向。总之,阅读是读者生理与心理机制全面参与的过程。

5.阅读技法是技与学的统一

阅读既是一种技能,又体现为一种读理,技能是读理的外显与具体化,读理又是技能的内隐与形而上的奥秘,技与法是相互辩证的矛盾统一。因此,本书在24种小系统前都附有一篇百字的读理解析,这24篇读理与108法相互参照、映衬、补充,共同构成了本书的阅读技法系统。

如果说以上所述是该书具体而微的话,那么章熊从中西对比角度出发,认为该书让人们从阅读成为写作附庸的长期以来的陈旧意识中解放出来,并在保留诸如重意会等中国传统优秀的阅读方法之同时,对于西方很多科学方法加以灵活使用的看法,则堪称高瞻远瞩!

三、《文体阅读法》:建立"文本二分法"的阅读体系

(一)概说

该书由时任中国阅读学研究会会长董味甘作序,曾祥芹、张复琮主编,共400余页,30万字。该书从文体角度深入探讨阅读技法的专著,与《阅读技法系统》同属于阅读实践研究的力著,属于丛书中的第三本。全书采取二分法,把所有的作品分为文章与文学两大部分共20种文体,分上下两编。书前则沿用曾氏著作所惯用的手法设置绪论章节,高屋建瓴,从宏观角度论述了文体分类观、分类内容,以及阅读时应在强化文体意识前提下明确阅读目标、理清阅读思路、掌握阅读方法等内容。这样绪论部分无论在内容或形式上,都居于枢纽地位,起到了统领后面两部分内容的作用。

如前所述,曾祥芹构建的"三体结构"理论,对阅读学及其他学科的研究

---

① 韩雪屏.中国当代阅读理论与阅读教学[M].成都:四川教育出版社,1998.

具有普遍的指导意义,此非虚妄之言,或溢美之词。因为研究阅读技法与能力,无非从阅读主体与阅读客体两方面着手,前者根据阅读主体的特点及制约因素,构建与之相应的阅读技法系统,这已落实在《阅读技法系统》这本专著上;后者深入读物内部,把握读物特征来考察与之相应的技能,这项任务责无旁贷地由《文体阅读法》这本专著来完成。

"文体"作为文本形式的最显著特色,是文本规格和模式的具体呈现,它在一定程度上决定作品内容(事料、意旨、情感)的选取,影响作品形式(体制、结构、语言)的全局。墨子曾言:"夫辞以类行者也,立辞而不明于其类,则必困矣。"①明代陈洪谟说得更具体:"文莫先于辨体,体正而后意以经之,气以贯之,辞以饰之。"(《文体明辨》)曾祥芹非常强调阅读的文体意识,主张适体阅读必先熟悉文体的共性和个性法则,该书可以说是曾祥芹为实现这一教学思想而指挥的最大规模的集团作战。

(二)本书特色:分类合理、辩证施用

1. 对各种文体进行"二分"的合理分类

文体是文字作品的主要外在形式,对此的分类一直伴随着中国阅读史。从《诗大序》分为"风、雅、颂"三类始,到曹丕在《典论·论文》提出四科八类,再到刘勰二分为文与笔两大类,再细分为34种文体,唐代最多时达到316类(《唐文粹》)。文体大家庭的"人丁兴旺",是阅读发展的必然,也是文化繁荣的重要体现,但也给文体分类带来了相当大的困难,间接地影响了阅读技艺与办法的实施。

曾祥芹直面文体分类纷繁复杂的历史与现状,借鉴萧统"有韵者文、无韵者笔"以及刘勰"论文叙笔"的历史传统,根据客观实在性与艺术虚构性两大标准,创造性地把文体总分为文章与文学两大类。又"选取二十种使用频率高又宜于组织阅读训练的文体,各自立章,构成全书"(《文体阅读法·绪论》)。这样就如王伟所评论的:"在分类上避免了矛盾的均衡论,坚持了两点论中的重点论,肯定了文体相对性中的绝对性。"②

---

① 孙波.墨子·注释本[M].北京:华夏出版社,2000:172.
② 王伟.一座阅读学系统工程的里程碑:中国第一套"阅读学丛书"综评[J].河南师范大学学报(哲学社会科学版),1994(5):51-57.

2. 强化文体意识,如何进行阅读鉴赏,如何进行深入的阅读鉴赏

这是读者普遍遇到的难题,这道难题也曾摆在古人面前。曹丕认为:"盖奏议宜雅,书论宜理,铭诔尚实,诗赋欲丽。"(《典论·论文》)曹丕虽然从写论角度提出上述看法,但是对我们阅读也不无启发。例如我们在读诗观赋时,大都从"丽"字入手,分析诗赋语言的艳丽。刘勰曾感叹文章鉴赏之难:"形器易征,谬乃若是;文情难鉴,谁曰易分。"(《文心雕龙·知音》)看来古今同题,其情一也。当然刘勰在感叹知音难遇之时,也给出了建设性解决办法:"观位体。"(同上)即要有文体意识,辩体感言。这堪称强化文体意识在阅读中的具体操作的典型案例。

强化文体意识是本书的核心,前面所言及的"二分法"也是围绕着这一核心而设置的。曾祥芹在绪论中对纷繁复杂的文体进行二分之后,紧接着就旗帜鲜明地提出阅读要强化文体意识的理念,并为此引经据典、旁征博引,连举刘勰等3人5例用以证明此言不虚。

这种观点不但体现在理论论述里,而且大量运用于操作实践中。在以后每一种文体阅读法中,作者总是先行点出该文体的特点,然后制定相应的阅读目标,遵循相应的阅读思路,采用相应的阅读方法。语文教育家叶圣陶先生有诗云:"作者思有路,遵路识斯真。"(《语文教学二十二韵》)"遵路识真"就是让我们在阅读时遵循文体的思路展开。

对于该书的文体分类与阅读指导,全国语文学习科学专业委员会原会长、中国阅读学研究会会长董味甘教授在该书序中评论道:"文体体裁种类繁多,如何归属,其说不一,至今尚无统一的定论。但本书的体裁从大类到各类的界属区别却是清清楚楚的,两类二十体,概括精当,解说明确,或重科学实用,或重艺术美感;或重客观反映,或重主观抒发。各类文体有知类文体的规矩法度,在表达方法、题材内容、目的要求等方面,都各自有其特殊的要求,有理论指导,有范例作借鉴,读者容易触类旁通,取得更理想的阅读效果。"

3. 文体阅读法的辩证运用

遵循文体阅读是阅读法中的不二之选,是规律,是科学;但如何遵循则是一门艺术。既然是艺术,就需要变化;运用之妙,存乎一心。

因为了解了文体的特点,仅仅等于了解了阅读的一般规律,掌握了一般

阅读法。但同一文体的不同文章又是千差万别的,用一般阅读法来处理不同的文章,则大谬不然矣!刘勰曾说:"各执一隅之解,欲拟万端之变;所谓东向而望,不见西墙也。"(《文心雕龙·知音》)对此,曾祥芹在该书绪论中提出了自己的见解,即"要注重多种读法在一种文体上的辩证运用"。如何辩证运用,他论述道:

> 阅读方法具有交叉性,这种读法和那种读法在阅读过程的某一阶段,某一细节上往往彼此渗透。阅读方法又具有二重性,一种读法在这方面显示其优点、在那方面又暴露其缺点。因此,在具体文体的阅该全过程中,要善于根据阅读目标,遵循阅读思路,选用多种阅读方法,实行科学配伍,扬长避短,发挥互补效应。

正是因为阅读方法具有二重性,所以才有了阅读方法的交叉性,即阅读方法的彼此渗透。王伟评论道:"作者在文体阅读的研究中,处处闪烁着唯物辩证法的光辉。"笔者由此揣想,这会不会是曾祥芹日后所提出"跨体阅读"的肇始?

对于该书,董味甘在该书序中评论道:"我坚持认为好书应当合乎三条标准,即正确而不谬,鲜活而不陈,管用而不迂。从本书的实际看,由于具有鲜明的科学性、开创性、实用性,足以当之无愧。"当然,这也为曾祥芹日后主编《文章阅读学》打下了基础。

四、《国外阅读研究》

(一)概况

本书由曾祥芹、韩雪屏主编,20万字,共十章,先介绍了国际阅读协会的情况,之后分章节介绍了美国、加拿大、英国、法国、德国、奥地利、日本、朝鲜、新加坡等国的母语阅读和阅读教学情况,最后一章对新加坡华文阅读教学进行述评。该书内容丰富,空间跨度大,诚如当代语文教育家朱绍禹先生在该书序中所言:"它可称作一部集我国近年来研究国外阅读成果的精粹,展现当代多国阅读研究之结晶的著作。仅它涉及的国家和它的篇幅就表明,它具有空间跨度大和信息量多的特点。"

(二)特点

1. 提纲挈领,要言不烦

这个特点主要表现在《导言》对国外阅读形势的趋势、特点与不足的宏观扫描上。

国外阅读学,首先是个共时态的空间概念,涵盖世界阅读总体风貌及各国阅读情况;其次它又隐含历时态内容,体现了世界阅读学的发展规律及趋势。要对此进行介绍,难度超出想象。但作者韩雪屏胸怀世界,纵论天下大势,以大写意的手法首先勾画出了国外阅读学的基本概貌,给人以整体而不模糊的印象。

> 从最宽泛的意义上说,人类自从创造了文字,开始了阅读活动之后,也就开始了对这种能从文字符号中解读意义的活动的探讨和研究。但是,最先把阅读活动作为科学课题加以研究的是教育学和心理学专家。他们从 19 世纪末就注意到了阅读心理。但是,他们最初只注意了阅读的生理机制或者是读物的语言符号外形。

世界阅读学发展史源远流长,但《导言》从 19 世纪末教育学和心理学家关注阅读心理切入,开始了自己的研究。之后按时间线索,向人们展示世界阅读学研究的大势:

20 世纪 30 年代,阅读的社会学研究开始盛行;

20 世纪 40 年代和 50 年代读者研究逐步深化;

20 世纪 60 年代以来,阅读研究继续取得重大发展;

20 世纪 70 年代以来,阅读研究再次形成高潮。

…………

上面是笔者抽取导论中论述世界阅读学发展形势的句子,从展示世界阅读学蓬勃发展形势的文字背后,可以感觉到中国阅读学人焦灼的心情。

在对世界阅读研究做历时态的扫描之后,作者将镜头聚焦于时下,展现当今世界阅读学研究的特点,即"朝向多学科综合研究"和"强调对阅读过程本体研究"。之后他又高度概括了当前国外阅读研究的共性:一是重视阅读教化功能,二是注重幼儿早期阅读和儿童阅读教育,三是提倡快速阅读。最后指出国外阅读研究方法和结论上的某些不足。

总之,作者仅以9页文字就完成了上述内容,达到了言简意丰的效果。

2.他山之石,各有侧重

本书除了在《导言》中对世界阅读研究做宏观的鸟瞰外,还对国际阅读学会及世界10国的阅读研究及教学做了微观的介绍或分析。但这种介绍并不是千人一面、不分主次,而是视其情形、各有侧重。例如在第一章"国际阅读协会简介",以极为客观的笔墨介绍了其宗旨、会员、历史、组织、会议、协会出版物、研究、奖励等,目的是让读者对"国际阅读协会"有一个客观认识与了解。在第二章"美国的阅读理论研究和阅读教学概况"里,设置了"对阅读性能的全方位研究""对阅读认识过程的两种对立观点""阅读的核心是理解意义"等内容,介绍"号称世界阅读研究的中心"的美国阅读研究情况。

编者抱着"他山之石,可以攻玉"之宗旨,"以充实、改善我国的阅读研究为目的"(《国外阅读研究·序》)。譬如对美国阅读研究的介绍,就是为了借鉴其对读者在阅读中的地位与作用的重视,因为介绍美国"对阅读过程的研究,更突出读者的思维活动",其背后隐藏着对读者地位与作用尊重的基本理念;当然这一理念在现在的中国已成共识并得以施行。在此我们也应该对包括该书编者在内,引进、宣扬这一理念的学术前辈们致以崇高的敬意!

3.少有议论,冷静客观

介绍国外阅读学研究情况,就应"述现状、评得失"。但与丛书中的其他书籍相比,本书多描述与介绍,较少议论性语言,更少有一语中的、力透纸背的评判。内容安排上多用数字、符号、图表,大量引用文献、案例内容。这就使得本书有一种冷静、客观的风格,在不动声色中给人以较深刻印象。

本书编者在不动声色中纵论天下阅读研究之大势,展示世界各国阅读研究之风云变幻。正如著名语文教育家朱绍禹评论该书:"可称作是一部集我国近年来研究国外阅读成果的精粹,展现当代多国阅读研究之结晶的著作。"(《国外阅读研究·序》)让读者有一种五彩缤纷、繁花满目之感。

该书的完成实现了曾祥芹"三维结构"或"一体两翼"学科体系在空间上的构建,是本丛书的收官之作。阅读这部书宛如在世界各国阅读研究画廊里进行一次匆匆的巡礼。阅读此书,让人目不暇接、美不胜收。同时顿生家国意识,怀全球视野。林语堂先生曾有一副对联用来表明自己的志向:"脚踏东西文化,评说宇宙文章。"该书做到了这一点。

(三)问题与不足

最后,我们对本丛书的问题与不足进行如下反思。

1."三体阅读论"框架并非尽善尽美

在阅读学草创阶段,曾祥芹首先提出并构建的阅读学"三体阅读论"框架,是一次伟大的创举,对阅读学理论研究及其实践具有强烈的指导意义。这种构想也存在一些问题与瑕疵。譬如有学者认为该理论把阅读工具列入"阅读客体"明显不妥。这个问题在曾祥芹后来主编的《阅读学新论》尤其在《阅读学导论》中得到较好的解决。

2.缺少关于阅读教学的研究

根据从基础学科、技术学科、工程学科三部分构建学科体系,编者在构建阅读原理、阅读技法和阅读教育的三级体系时,缺失了阅读教育这一环。

再者,编者多次表明阅读教学是阅读研究的目的与旨归,但在本丛书的研究中做得很不够,或者阙如。

(1)编者在《阅读学原理·导论》第一层中论述"阅读对象"时宣称:"正因为阅读是学习所有学科的基础,是培养人才的知识结构中不可缺少的重要环节,所以,各级各类学校教育都离不开阅读,甚至要以阅读为中心。阅读在学习和教育中的重要地位,决定阅读学研究首先要以学校阅读教学为对象。这里的'学校阅读教学'不仅限于大、中、小学的语文课的阅读教学,而且包括其他各科中的阅读教学。无论文科或理科教学,都依赖于阅读,只是阅读的分量、要求有所区别罢了。"

(2)在第四层论述"阅读学的目的"中写道:"这种高效阅读能力,成为一种巨大的精神生产力,对教育事业的发展来说,是比物力、财力更为重要的智力投资。"

(3)在第四层论述"阅读学的任务"中说:"阅读学的根本任务是建立具有中国特色的现代化的阅读学理论体系,用以指导学校阅读教学和社会读书活动。"

(4)在第五层论述"阅读训练"中说:"阅读训练是阅读原理和阅读技术应用于教学实践的工程科学,属于阅读学的第三层级。不研究阅读技术和阅读训练,阅读学就失去了其实用价值和实践功能。"

但是,在丛书的建构上,恰恰缺失了这一层级,没有阅读教学的专门书籍。虽然在《阅读学原理》中列有"阅读教学"专章,《阅读技法系统》《国外阅读研究》也涉及阅读教育的一些问题,但仅仅涉及而不是覆盖,并没有达到三体层级中与其他两层平衡的地位与程度。

这究竟是一种疏忽还是一种无奈?

其实,即使有这么一本《阅读教育学》,其效果也可能不如人意。因为本丛书编者大都是高校教师,远离阅读教学的主体——中小学语文教学,对中小学语文阅读教学现状的了解与把握不如中小学语文教师稔熟。虽然他们中的大多数编者有着一线教学经历,譬如曾祥芹有着 22 年的中学语文教学经历,但新中国成立后我国阅读教学受诸多因素影响,受政治形势、社会思潮影响尤甚,这就造成从教学目标的设定,到教学内容的选择,再到教学方法的选用,飘忽不定,变化极大。要他们撰写符合教育规律的阅读理论著作易,但要编写变动不居的阅读教学法难。即使勉强写出来也可能与一线阅读教学有着不小的距离,很多甚至是皮相之论。曾祥芹曾直言道:

> 在"阅读原理、阅读技法、阅读工程"的三级体系建构中,未能自觉地进行"形而上"和"形而下"的"三级循环跳"。专搞阅读学术研究的不太注重其成果在学校阅读教学和社会读书活动中的应用;从事学校阅读教学和社会阅读指导的又往往漠视新的阅读学术。因此,出现"学、术分离,知、行不一"的毛病。(《作文导报·阅读》,2009 年 9 月 15 日,后收入《曾祥芹文选·汉文阅读学研究》)

这么说来,编者没有编写阅读教育类的书籍,只能是一种无奈或是明智之举了。其结果,本丛书学理性强,实践操作性稍弱,与一线教学有些距离。丛书中的《阅读学原理》《古代阅读论》《国外阅读研究》均属理论研究,那么实践研究的就是《阅读技法系统》与《文体阅读法》了。但笔者以一个中学教师的眼光来看,后两本书仍是说理多,讲实践操作少。与章熊所说的"本书是一本理论性实用性相结合的著作,当然以实用性为主"的观点不甚相符。这种缺陷可能在丛书的设计中就已埋下了。因为按照"三维结构论"或"一体两翼"的学科体系构建,基础学科、技术学科与应用学科三者并不是比肩而立、分庭抗礼的,而是有着主次、高下、轻重之别。或者如曾祥芹及其编者所言,编著本丛书的目的是建立中国现代阅读"学",而非阅读"术"。

当然,在当前我国中小学阅读教学中,由于考试的指挥棒作用,教师阅读面普遍狭窄,读物一般是教参、试题分析等纯操作技术的书刊,他们对理论知识本能地疏离。据曾祥芹告知笔者,本丛书的责编、时任河南教育出版社编辑部主任王笑波曾反馈说本丛书的第二、三本,即《阅读技法系统》《文体阅读法》卖得最好。但是,作为建构阅读学的丛书,不能媚俗,要引领一线教师阅读理论书籍,提高理论素养。以此观之,上述做法有着纠偏之深意,这种可贵的学术道德与立场理应坚守。

3. 有些观点略显陈旧

如《阅读技法系统》在介绍"书本摄魂法"时,举《创业史》加以分析:

梁三老汉一家在旧中国创业失败的悲惨家史和梁生宝互助组在新中国创业的胜利,深刻地概括了中国农民的历史道路和生活方向,说明在党的领导下走集体富裕的社会主义道路,是中国农民唯一正确的方向;同时,通过梁生宝互助组在成长过程中展开的激烈斗争,热情地歌颂了我国农民走社会主义道路的积极性和艰苦创业精神。说《创业史》是图解政策的标本,这是未曾摄到《创业史》真魂的说法,是一种时髦的臆断。我们认为,《创业史》的真魂是艰苦奋斗创社会主义大业,它深刻地揭示了中国一代农民,告别私有制迎接公有制的心灵变迁。包括《创业史》在内的十七年文学的评价问题,文学史早已有了定评:"'单一的政治视角''意识形态化写作''围着政策转''在先验的理论框架的规范中面对生活'等等几乎成为不易的结论。"[①]

上述评价仍固执地沿用当年的政治认知与学术话语,让人不禁产生"不知有汉,无论魏晋"之感。

当然,瑕不掩瑜。正如张志公先生所言:"既然是开创性的工作,对它就不应该求全责备。"笔者言此只不过是抱拾遗补阙之意。

---

① 刘纳. 写得怎样:关于作品的文学评价——重读《创业史》并以其为例[J]. 文学评论,2005(4):20-31.

该套丛书的出版,"三维结构"或"一体两翼"体系的完美构建,有着深远的意义与影响。就阅读学领域而言,曾祥芹及其一代学人撰写并出版我国有史以来第一套"阅读学丛书",宣告了阅读学科的建立,具有划时代的意义。它对阅读学的研究圈定了大致范围与指南,即阅读原理研究、阅读史料的勾陈、阅读技法的提炼等,兼顾学术、涵盖古今、包融中外。因此成书以来,好评如潮。先后有张志公、裴显生、王伟、甘其勋、何宗文、陈才生、杨文忠等学者撰文做了系统性、多角度的高度评价。

毛主席曾经说过:"人民,只有人民,才是创造世界历史的动力!"

20世纪80年代末,中国阅读学界,龙争虎斗、风云际会!尽管一些阅读专家学者惊艳亮相,展示名篇佳作;但一套体大思精的阅读学作品仍暂告阙如!

这是一个需要巨人而且产生巨人的时代!

曾祥芹,以恢宏的气度、超群的人格魅力、天才的想象,号召、团结、凝聚了当时阅读学领域的多名专家学者,采取集团作战、分工协作的战略、战术,披荆斩棘、筚路蓝缕,历时数年,以五本巨著的灿然之作,完成了宏大的结构、新锐的理论、精微的论证,实现了阅读学人的夙愿。如果说顾晓鸣、高瑞卿、董味甘、王继坤、张必隐、王松泉等人的著作标志着中国阅读学的初创,那么曾祥芹挂帅主编的第一套阅读学丛书则标志着中国阅读学体系的系统建构。从此,中国阅读学研究告别了有"读"无"学"的历史,开始了新的征程。

笔者口占一绝以咏之:

曾氏书香代代传,三分建构一奇观。

提携后进迎难上,赢得英名满教坛。

第三节 《阅读学新论》:高举"阅读学民族化"的旗帜

老牛亦解韶光贵,不待扬鞭自奋蹄!

在阅读学研究的征途上,留下曾祥芹奋进的身影与深深的足迹。

中国有史以来第一套"阅读学丛书"的出版,不仅标志着中国阅读学的诞生,结束了阅读大国有"读"无"学"的历史,而且让阅读界记住曾祥芹及其编著者的努力,初步确立了曾祥芹作为中国阅读学开创者的地位。一生中能取得这样的成就,是令很多治学者难以企及和艳羡的,它所带来的学术成就与威望足以让人功成名就、乐享其成。但对于曾祥芹而言,完成五卷本的普通阅读学丛书,仅仅是他阅读学研究的起始,是万里长征的第一步,之后他又酝酿建立汉文阅读学书系 13 本,而《阅读学新论》就是该书系的核心。这部被称为"20 世纪中国阅读学研究的最高成果"著作的完成,标志着中国阅读学与世界阅读学正式接轨,使汉文阅读学自立于世界阅读学术之林。

一、内容编排

《阅读学新论》,曾祥芹主编,620 页,48 万字,由语文出版社 1999 年出版。

全书分导论、主体与史论三大部分。

导论分三节展开。继续"曾氏"风格,即用导论全面介绍该书的宗旨与全书结构体系,属全书的总纲。

主体部分仍沿用《阅读学原理》的建构体系,即阅读客体、阅读主体与阅读本体,共 28 章。章节安排上对《阅读学原理》做了大的变动与修改,增删了相当多的内容,使本书结构内容更合理。

二、本书特色

如果说第一套"阅读学丛书"的意义在于其从无到有的话,那么这本《阅读学新论》的价值可用"新"来概括了。语文教育"六老"之一的顾黄初先生认为本书与前面的"阅读学丛书"相比,提出了"新的理念、新的课题、新的开拓"。笔者认为顾老的评价切中该书"三昧",是所有评语里最具只眼的。但顾老只做了简单的阐释,留下很多有待填补的空间。笔者不揣浅陋,以此为纲,对本书特点加以挖掘;也以该书为证,对顾老评语加以解读。不经意间竟可同时与两位语文大师开展对话,确是欣幸之至!

(一)新的理念

"建立民族化、现代化的阅读学。"20 世纪末,世事巨变,潮起潮落。文化侵蚀与坚守、冲突与融合的悲喜剧在世界的大舞台上轮番上演。一边是西方普世价值狂飙突进、风靡全球,一边有人高举"越是民族的就越是现代的"

旗帜,坚守民族文化。时而是东西合作、南南对话,时而是金戈铁马、烽火狼烟。普世观与民族性、蚕食与坚守构成了彼时世界文化的主旋律。在国内阅读学领域,备受表音文字侵袭下的汉语言方块字、象形字经受住了信息化技术的冲击与考验,显示其独特的优势与魅力;曾被有些人认为迂阔无用的中国传统文化,历经沧桑。在这一大的文化背景下,如何挖掘、运用汉语言的特点与优势,展现汉文化的魅力,就成为当时一些文化学者面临的新的选择。以曾祥芹为代表的一批学者适时而动,在已有的阅读学研究基础上,提出"建立民族化、现代化的阅读学"新口号,召集当时阅读学界的知名专家,编写《阅读学新论》,挖掘汉文阅读的独特性,展示汉文阅读的独有魅力,使中国阅读学研究进入新阶段。

"建立民族化、现代化的阅读学"这一新的阅读理念,包含两个特点:其一是民族化,即阅读要走民族化的道路。在第二章中,著者把汉文认知的特点和规律概括为"联想扩展特点和联想类推律""集散统一特点和系统简省律""模糊意会特点和意会神摄律""母体核心特点和形声推求律""语境推断特点和文语相协律"5个方面,认识极其精准,突出了汉文阅读民族化的特点。其二是现代化,即新的形势下建构新的理论体系。这两个特点贯穿全书始终。该书处处强调其撰写目的就是要在新的历史条件下寻求汉文阅读特色,建构新的即现代化的阅读理论体系。为此,曾祥芹专门在本书总纲的导论中以此为中心展开论述,导论的题目即"建立民族化、现代化的阅读学"。而不是像编撰第一套"阅读学丛书"那样,仅仅把开创中国阅读学研究,结束中国有"读"无"学"的历史顺带在后记中提及一下。事实证明,该书很好地实践了这一新理念。正如文章学家程福宁、王斌礼所论:"这本书的出现,从某种意义上讲,宣告了阅读学的研究清醒地走上了民族化的道路,同时也走上了现代化的道路。"

(二)新的课题

这一点突出表现在该书的"四体阅读"建构上。第一套"阅读学丛书"出版后,其核心理论即"三体阅读论"受到一些学者的质疑,提出原"阅读客体"

中的某些内容例如阅读工具、阅读环境等归类不当等问题①。曾祥芹对此进行了深入研究,并著文热诚地感谢与回应。构架该书的阅读框架时,就吸取了这些建议,在原来"三体阅读"理论基础上,把阅读工具从阅读客体分出,作为"阅读介体",与"阅读客体""阅读主体""阅读本体"并列,形成"四体阅读"论,这样就使该书的框架更完善、更新颖。这种理念之所以没有在该书目录中加以体现,是因为"阅读介体"仅包含"阅读工具"一个章节,如果单列出来,在容量上显得比例失调,失去美感。

(三) 新的开拓

该书在对阅读学诸多方面的认识上、结构的安排上、论证的严密上,都有新的开拓。

1. 认识的开拓

本书对阅读学特别是汉文阅读有更新的认识,观点更新颖。例如曾祥芹认为汉文具有六大优势:解读、意读、诵读、快读、美读、智读。在第六章"汉文读者类别论"里,依据不同的标准把读者分为可能的读者、现实的读者、完成的读者,幼儿读者、少儿读者、青年读者、中年读者、老年读者,生活读者、工作读者、专业读者、专家读者,求真读者、向善读者、审美读者。把阅读兴趣分为阅读理趣、阅读情趣、阅读乐趣,广泛兴趣与中心兴趣。涵盖之宽广、分类之详尽、方法之允当、用语之美观,让人咋舌。最为显著的是在第十二章"汉文阅读过程论"里,根据"知行统一观",认为阅读的出发点在"知",终极点在"行"。据此把阅读过程分为"前阅读"(选文潜心)、"正阅读"(披文得意)、"后阅读"(用意及物),提出阅读是意化与物化的统一过程,并论述了当时阅读研究中有悖阅读规律的几种情形:或是无头无尾的"正式阅读过程论",或偏执一面的"半程阅读过程论",或只注意"意化"不注意"物化"的"单程阅读论"。尤其是"半程阅读论"只重"吸收""取意""认知",不重"表达""用意""实践",违反了阅读过程的完整性、连续性和反复性的规律。曾祥芹的上述观点给人以全新的认识,大大改变了传统阅读论的缺憾。在第十三章"汉文阅读规律论"里,总结了感言辩体律、入情得意

① 权曙明,顾菊生.是阅读客体,还是阅读中介?:《阅读学原理》"三体"框架质疑[J].河南师范大学学报(哲学社会科学版),1996(3):65-66.

律、运思及物律等三条规律,统率九条阅读原则,即语境定义、意会神摄、经验汇兑、遵路识真、阐幽发微、以意逆志、知人论世、类化迁移、切己体察。在其他书里曾祥芹戏称之为阅读的"三九胃泰"。笔者第一次阅读上述文字,即被其深广的理论知识、新颖独绝的识见、恰如其分的概念界定、美轮美奂的用语折服,大有醍醐灌顶之感。反复品味,更觉玄妙,不禁发出"此曲只应天上有"之慨叹!事实上,上述对于阅读过程论与规律论的表述确是曾祥芹阅读学理论的得意之作,也是令人叫绝,让无数学者折腰之处!

不但如此,曾祥芹对每条原则还均有精彩的论述。例如在"重构文义、以意逆志"这一层里,对重构文义分析出了如下内容:

(1)"作者得于心,览者会以意。"(梅圣俞)这是"同解",属于重合性建构。

(2)"比作者自己更能理解作者。"(保罗·利科尔)这是"增解",属于补充性建构。

(3)"同阅一卷书,各自领其奥。"(赵翼)这是"异解",属于差别性建构。

(4)"作者未必然,读者何必不然。"(谭献)这是批解,属于框正性建构。

观点之新颖、引用之允当、论证之精深、切时之中肯,且用语睿智、警策、适切,句式整齐、优美,令人叹服!

2.结构上的新布局

在第一套丛书的核心著作《阅读学原理》基础上,本书结构做了大的调整,采用了增、留、删、调几种形式。

增:

(1)突出的是增加了"中国阅读学史略"七节内容。

(2)阅读客体研究中,新增了"汉文读物纵横论""汉字认知特点论""文体阅读差异论"三个章节。

(3)阅读主体研究中,增加了"汉文读者类别论""汉文阅读创造论"等章节。

(4)阅读本体研究中,增加了"汉文阅读文化论""汉文阅读规律论"等章节。

留:阅读客体研究中,该部分安排五章,保留原有的"阅读环境论""阅读时间论"。阅读主体研究中,保留"阅读生理论""阅读心理论""阅读智力论"。

删:阅读本体研究中,删除"阅读原则论"这一章节。

调:

(1)最为醒目的是把原"本体"篇调整为阅读原理篇、阅读技法篇、阅读教学篇三部分十七章。

(2)把原本不属于"阅读客体"的"阅读工具论"调整到了"阅读本体论"的阅读技法篇中,把"阅读素养论"调整为"汉文读者类别论"。

(3)把原来"阅读客体"篇章中的"阅读对象论"调在导论里。把"阅读目标论""阅读分类论""阅读选择论"调整为"汉文精读策略论""汉文略读策略论""汉文快读策略论"。

值得指出的是,即使是保留原章节,也不是原封不动地保留,而是结合汉文阅读的特点做了相当大的修改,增加了新的内容。

3.内容更新潮

最突出的是增加了"汉文阅读文化论"专章。

20世纪八九十年代兴起的种种"文化热",是当时中国社会诸多现象交织的产物,无法一言以蔽之。但总的来说,文化是一个民族的底色与发展动因,它对该民族的思想行为产生着绵长的影响。因此,对人类活动背后的文化探讨无疑是研究深化的表现,远非其他研究所比拟。该章对汉文阅读的概念、结构、民族特性和时代性进行了梳理,接着重点论述了汉阅读文化的四种类型:教育准备型阅读文化、管理应用型阅读文化、消闲型阅读文化、科学创新型阅读文化。较之其他章节,该部分虽稍显单薄,但创新之举无疑。对此有学者认为"从文化学的视角,来考察汉文阅读这一民族文化现象,填补了原有研究的空白,虽然开掘尚欠深广,却具有萌生'汉文阅读文化学'的胚芽的价值和意义"①。

另一新潮之处是该书引入接受美学、建构主义等当时最新理论成果,并以此增加了"汉文读者类别论""阅读创造论"等内容,并专章论述,凸显了读者在阅读中的地位与作用,弥补了《阅读学原理》之不足。非常有意味的是

---

① 王静义,陈桂生.20世纪汉文阅读学研究的杰出成果:评曾祥芹主编的《阅读学新论》[J].唐山师范学院学报,2001(4).

时隔两年后,教育部新颁布的《语文课程标准》(以下简称《标准》)里鲜明地提出了"以学生为本"的教学理念,并提出尊重学生在阅读中的主体地位,注意培养学生的创造性、个性化阅读的教学建议,成为《标准》里最亮丽的风景,大大改变了人们的阅读观念,其作用无须多言。该书与《标准》所提出的教育理念、建议如出一辙,不知《标准》受该书影响否? 但该书开风气之先则是毋庸置疑的。又如本书引入了语言学理论,对汉文读物的特点加以详尽论述,总结出汉文认知特点及规律。

其次是开拓了力行操作的深度。为此专设"阅读技法篇"六个章节。特别是对于"阅读方法"的探讨中,就安排了"汉文精读方法论""汉文略读方法论""汉文快读方法论"三个章节。

再次是不畏教学法的难度。设"阅读教学篇"部分共六个章节专论,分别是"阅读教学目标论""汉文阅读教材论""汉文阅读病理论""汉文阅读训练论""汉文阅读学习论""汉文阅读测试论"。对阅读教学的重视程度可见一斑。

最后是增加内容的厚度。突出表现在《阅读学原理》一书"阅读源流论"基础上增设"史论"部分,列"中国阅读学史略"一章七节加以论述。这样就使该书内容不但具有共时性,而且具有历时性,大大增加了历史的厚重感,可以认为是一部微缩版的"中国阅读学通论"。这一部分的论述有几个明显的特点。

一是在《古代阅读论》对中国阅读史简单分期的基础上有所发展。《古代阅读论》仅仅把中国阅读史做了阶段上的划分,而本书则更进一步对每个阶段的阅读史的地位加以界定和明确:

(1)先秦——古代阅读学的奠基时期;

(2)两汉魏晋南北朝——古代阅读学的发展时期;

(3)隋唐宋元——古代阅读学的成熟时期;

(4)明清——古代阅读学的繁荣期。

二是与《古代阅读论》相比,对中国阅读史的分期做了一些调整。可能是吸取了周振甫先生的建议(《古代阅读论·序》),把"先秦"和"秦"合并在一个阶段。再就是把元代与隋唐放在一起,这样处理更为合理。

三是加强了论证的力度。与《阅读学原理》相较,论证更严密,论据更充分,语言更周严。下面是撷取本书的吉光片羽,后附笔者简评。

(1)文无定法,赏无定势。刘勰云:"知多偏好,人莫圆该。慷慨者逆声而击节,蕴藉者见密而高蹈;浮慧者观绮而跃心,爱奇者闻诡而惊听。"西谚云:"一千个读者有一千个哈姆雷特。"在这点上,中西皆然。

(2)阅读大多是作者和读者的一种时差的交流。借一句时髦的话说,阅读是读者的穿越,是读者与作者穿越时空的对话。

(3)时间是鉴定作品的最伟大的权威。这句话让我想到了杜甫《论诗绝句》其二:"王杨卢骆当时体,轻薄为文哂未休。尔曹身与名俱灭,不废江河万古流。"

(4)阅读时间既有客观性又有主观性。个体的生命是既定的,具有客观性;但是如何利用时间则具有不定性,具有主观性。这为我们惜乎寸阴提供了理论基础。

(5)理论的说明不只在于说明世界,更在于改造世界。说明只是一种手段与方式,改造才是目的与归宿。

(6)感觉到了的东西,我们不一定能立刻理解它;一旦理解了,就能深刻地感知它。理解是感觉的加深,是更高级的阶段;"会当凌绝顶,一览众山小"。借用接受美学的理论,可以理解这是一句包含读理的诗。

(7)汉文阅读被称为智读。编者承前一句写道:"汉文读物充分反映了中华民族的思维方式,即形象思维和整体思维占优势。"

"汉文化本位观"俨然矣!也反映出著者对本民族文化的热爱与偏执。因为任何语言的阅读都称得上智读,不独汉文使然。

(8)在所有的习惯中,重要的是思考的习惯。西方有位哲人说过,人与人之间的差别有时比人与动物之间的差别更大。从这句话可以知道,差别的标准之一就是有无思考的习惯吧。

(9)缺乏理论的民族是可悲的,漠视阅读的民族也是没有远见的。概念是冰冷的,背后多少民族辛酸的血与泪却是滚热的!

窥一斑而识全豹,让我们领略到本书语言极具秘奥。如果说《阅读学原理》的语言以形象取胜,那么本书语言就以哲理见长。前者含蓄蕴藉,意在言外;后者一语中的,片言居要。前者宛如民间歌谣,真情流溢;后者就是庙堂之音,庄严肃穆。前者是小桥流水、篱落疏疏;后者就是朱门大户、庭院

深深……

　　总之,本书以新理念、新课题、新观点、新内容、新布局等特点展现在世人面前,令人耳目一新,表明我国阅读学研究从"一般阅读学"到"汉文阅读学"的发展到了一个新阶段。因此,该书问世后,收到了学术界更热烈、更高的评价。在曾祥芹的所有著作中,无论是在学术性还是实用性方面,该书都应该是最有价值、最具标志性的一部,因此关于该书的研究文章最多,仅在《曾祥芹学谊录》这本书里就收录了 8 篇。其中,著名语文教育家顾黄初的评价最具代表性:"新的理念、新的课题、新的开拓。"①饶杰腾从《语文新大纲》的角度评论该书可以作为贯穿《大纲》精神、领会《大纲》内容、落实《大纲》要求的重要参考。《语文建设》杂志前执行主编郑浩写书评认为本书是"20 世纪中国阅读学研究的最高成果"②。王云峰认为本书是"建立汉文阅读学的重要基石"③……但上述评价仅仅从国内角度而言,如果把该书置于国际文化大背景下参照的话,笔者认为《阅读学新论》犹如树立在世界阅读学园地的一面旗帜,高高飘扬在世界阅读学的阵地上,向世人展示了汉文阅读以及汉文阅读学研究的特色及成就,标志着汉文阅读学有了自己的一席之地。战旗猎猎,引领着阅读学人向着新的阵地冲锋、奋进!

三、缺憾之处

　　最让人遗憾的是,已形成"四体结构"的阅读理论体系,却没有在该书中体现出来。曾祥芹此时业已创立含有"阅读介体"的"四体结构"论,也认识到"阅读工具论"不应属于"阅读客体"部分,应属于"阅读介体"部分,并在多种文章里谈到这种观点。但仅仅因为"阅读介体"只含有"阅读工具论"这一项内容,如是安排则显得不协调,有失美感。如此以文害质实不足取。这点缺憾在后来他出版的《汉文阅读学导论》中得到消除,曾祥芹在这本书内容的建构上正式标出了"阅读介体研究",并与其他三部分相并列。

―――――――――――

　　① 顾黄初.阅读学研究的新成果:读曾祥芹主编《阅读学新论》[J].课程·教材·教法,2000(10):57-60.

　　② 郑浩.20 世纪中国阅读学研究的最高成果:阅读学新论[J].博览群书,2000(6).

　　③ 王云峰.建立汉文阅读学的重要基石:评曾祥芹主编的《阅读学新论》[J]中学语文教学参考,2000(11):59-61.

另外,由于篇幅限制,本书内容上原理、方法、教学兼收,史论并举。如此解析神质、包举洪纤的一部著作,难免有空泛之感,任何一个章节都有拓展的空间。例如该书末尾"史论"部分,点到为止,大而化之,仅为阅读史论之"一瞥"。

但是瑕不掩瑜。笔者断言,本书的理论高度、力行的深度、教学法的难度、内容的宽度、史论的厚度、理念的创新度、论证的力度都是当时、于今,并且可能在以后相当长的时间里同类著作无法逾越的!

中国现当代诗人臧克家先生有一首诗《老黄牛》写道:"块块荒田水和泥,深耕细作走东西。老牛亦解韶光贵,不待扬鞭自奋蹄。"①臧克家以老牛自许,表达了老而弥坚,珍惜寸阴之情。笔者觉得以该诗形容曾祥芹也十分妥帖,他也多次自喻为"拓荒牛",对自己的书斋名之曰"拓荒斋",书斋里书案上放置着一个老牛力耕的根雕,是除了学习用品之外的唯一的物件,可见他对"牛"的喜爱。曾祥芹主编本书时业已退休,乃一"老牛"无疑,但他仍笔耕不辍,珍惜晚景,"不待扬鞭自奋蹄"。当然,在他耕耘过的身后,已是万木吐翠,百花争荣,阅读学的春天已生机盎然!

第四节 《文章阅读学》:从"文学阅读学"到"文章阅读学"的飞跃

"文体阅读"是阅读活动的不二法门!历代文论家无不奉之为圭臬。《诗经》中的"风、雅、颂",曹丕《典论》的"四科八类",陆机的"十分法",刘勰的"六观"说,无不表明对文体意识的重视。可以说"文体意识"标志着阅读意识的觉醒。因此,作为我国阅读学奠基人与开创者的曾祥芹深谙并力行此道。"遵路识真"一直是曾氏阅读学的重要理念,"文体阅读"一向是他主要的阅读观点,"适体阅读"是他提倡的重要阅读方法,"悖体阅读"是他极力反对的阅读病症,"跨体阅读"是他力推的阅读创见,等等。当北大教授、文化学者、文学家龙协涛先生,于2004年11月出版了他的学术著作《文学阅读学》时,"不出户,知天下"的曾祥芹立即给予了重视,并高度赞扬了龙先生于

---

① 臧克家."不用扬鞭自奋蹄"[N].人民日报,1982-12-2(8).

文体阅读学的贡献及其该书的价值,认为此书是文体阅读的扛鼎之作。同时有两点遗憾:一是为一个读书大国有文学阅读研究的论著,而无文章学阅读研究的论著为憾;二是以一个非中国阅读研究会会员的学者拔得头筹而引为憾事。

见贤思齐,知行合一!

为了弥补遗憾,为了与《文学阅读学》并驾齐驱,这位"高举文章学研究大纛的虎将",开始了《文章阅读学》著作的撰写工作。难度是无法想象的!

曾祥芹为此付出了大量的劳动。仅阅读《文学阅读学》,曾祥芹评点、批注,写提要、心得,就形成两万四千多字的读书笔记。当然,撰写《文章阅读学》不仅仅需要汗水,还需要学术智慧。这一点表现在构建《文章阅读学》著作的结构内容上,因为这些内容的构建必须专属于文章阅读学的概念与范畴,与文学稍有共通的话就会引来学术界的诟病。但恰恰我国从古至今的阅读资料大都是文章文学杂糅在一起,文体不分;要把这些读论按文体分类,并从中提取出文章阅读特有的读理、读法、读练、读教来,再建构一套与文学阅读相对的、专属文章阅读的结构与内容,并非易事。需要编者殚精竭虑、呕心沥血地工作,更需深厚的学养与超凡的才思。而此时曾先生已是古稀之年,并多病缠身住进了医院,他的两万多字的读书笔记以及《文章阅读学》专著的内容架构都是在河南省人民医院的病榻上完成的,同时作为中国文章学会会长还要处理大量的事务,还要为即将召开的"曾祥芹学术思想国际研讨会"准备一套三卷本、近二百万字的书稿。这些书稿都是他用左手(他的右手已颤抖多年)一个字一个字敲进电脑里的,困难可想而知。曾祥芹带领陈才生、陈万珍、傅炳熙、李建东四人克服了这些我们青壮年人都望而生畏的困难,撰写完成了这部由大象出版社 2009 年 12 月出版的 54 万字的著作。

一、内容安排

基本上按四体编排。本书遵循曾氏一贯风格,前有"导论",相当于引论作用。主体部分包括五大篇,每篇 2 至 8 节不等。后有附录与后记。全书结构如下:

导论　文章阅读:文体阅读的"半边天"

从上述所列目录可知,本书在"三体阅读"结构基础上有所变化、丰富、深化与发展。

二、本书特色:共性中彰显个性,相同中显示不同

(一)构建出文章阅读学的内容体系

1.基本归纳出了文章阅读学的专属内容

我国是一个阅读大国,阅读资料丰富,但文体、语体形式驳杂。如何梳理这些资料,归纳出文章阅读独有的内容,是本书撰写的一大难题。曾祥芹等人从中梳理海量的资料并建构出文章学阅读的特有内容。例如第十二章

"文章阅读创造论"中,作者用八个节次论述了八种办法:

第一节 追寻原意、重构新义——文章阅读的创造性能

第二节 广泛继承、高峰体验——文章阅读的创造基础

第三节 补充发挥、反思批判——文章阅读的创造层次

第四节 解文、知人、论世、察己——文章阅读的创造空间

第五节 置换、组合、交汇、迁移——文章阅读的创造原理

第六节 准备、酝酿、明朗、验证——文章阅读的创造过程

第七节 互文生义、断章取义——文章阅读的创造技法

第八节 见仁见智、多元有界——文章阅读的创造铁则

上述目录内容从宏观层面较好地体现了文章学阅读的特点,全面系统,具体明确,达到了著述的目的。语言表述上充分体现了曾氏目录的特点,即内容上正反对举、界限分明;形式上用语整齐,多用二字、四字短语;句式优美,音调和谐。

2. 对于共通的内容也分析出其中的不同

本书不但梳理出文章阅读学的专有内容,而且对于文章阅读与文学阅读共通的概念、术语等也分析出其中的不同来。例如,对于两种文体阅读都适用的"读入读出"法,本书做了这样的分析:

> 文章阅读的"出"不同于文学阅读。文学阅读的"出"是跳出作品,与作品拉开一定距离,适当调节自己的心境,不为情绪所困。对作品做出公正的判断与分析,其落脚点主要在于欣赏。文章阅读的"出"在欣赏的基础上要落实到"致用",所包含的内容更多。

同中析异,同质异构,足见论述之深入。

(二)双重解读:两栖文体阅读策略

笔者以为这部分是该书的一大亮点。在该书里,曾祥芹按照文章阅读的特点对自己原来的阅读理论与方法进行了认真梳理,对《阅读学原理》中的操作技法 108 法进行重组,归纳为文章阅读方法论和文章阅读创造论两大部分,把文章阅读方法论归纳为三小类共十二种。其中具有创造性的就是在坚持文章与文学二分的普遍性前提下,承认两栖文体这一特殊性存在,并针对性地提出两栖文体"双重解读"的阅读策略,即在提倡"把文学当作文学来读,把文章当作文章来读"的原则性前提下,也要讲究"把文学当作文章来读,把文章当作文学来读"的灵活性,让人耳目一新。

众所周知,文体是作品的最显性的外在形式,在一定程度上制约着作品的语体、技法、结构,甚至材料的选择、内容的取舍、谋篇布局等方面。因此,无论写作还是阅读,都要遵循文体规律。否则,就大谬不然矣!但这只是一般现象与规律。随着社会发展,文体发展呈现出一种趋势,即在文章与文学两种基本文体分界越来越明晰的同时,又出现了交叉融合的情形,出现了一种两栖文体。这种文体既出现在文章与文学的内部,如散文诗、诗体小说等;也出现于文章与文学这两种文体之间,如报告文学、历史小说、科学小品文等。西方著名史诗《荷马史诗》、中国历史小说《三国演义》就是其中的代表。特别是中国文学有重描写、抒情,轻说明、议论的写作传统,造成中国文章与文学在文体上互通、互促现象特别突出。《庄子》是哲理散文,《论语》是叙事散文,《水经注》是笔记散文,以《史记》为代表的"二十四史"大都可称为传记文学。

对于两栖文体的阅读,学界备感困惑。清人蔡元放在《东周列国志善本读法》中说:"若说是正经书,却毕竟是小说样子;但要说它是小说,它却件件从经传上来。"无独有偶,西方对《荷马史诗》也有一句话可谓异曲同工,你说它是历史吧,它是文学;你说它是文学吧,它又是历史。这句话用来形容阅读《三国演义》的情形也完全适用,都是表达了对两栖文体阅读的无措与无奈。对于这个问题,曾祥芹创造性地提出"应以阅读的两手来对付写作的两手,实行'双重解读'"的方略。即可以视之为文学,用文学的方法阅读欣赏它;也可以理解为文章,用科学求实的方法来解读它。例如我们读《三国演义》,可以把它当作历史,按照科学求真的态度来理解它,用以普及基本的历史知识;如汉末、三国时期发生的官渡之战、董卓弄权、曹丕篡汉等历史事件,曹操、刘备、孙权等人物的性格与行为,小说描写与史实大致相符。也可以把它当作文学,遵循文学的特点,来欣赏其中的奇思妙想,获得美的熏陶与享受。例如我们读关羽"温酒斩华雄"一节,可以通过这个"侧面烘托"的典型来学习人物描写的手法;读"青梅煮酒论英雄"一章,可以学习通过语言、动作、景物等细节描写手法来了解人物描写的方法;读"三顾茅庐"相关

章节,可以了解渲染、铺垫、衬托等手法;读"空城计"一节,可以学习虚构、塑造等文学写作艺术,如此等等。

当然用"双重解读"方法来处理"两栖文体"的阅读问题,是一门艺术,要灵活掌握。仍以《三国演义》的阅读为例,要避免把其中的人物与真实的历史人物等同起来,以及事事坐实的机械做法。例如小说明显有"尊刘贬曹"倾向,不能完全按照小说对曹操的态度与描写而视之为蛮横、狡诈的奸雄,当然处于乱世中的曹操可能会有这种特点,但不能视为全部。在气量上,小说把诸葛亮与周瑜做了完全相反的塑造,一个气度宽宏,一个心胸狭隘。事实恰恰相反,真实的诸葛亮胸怀不甚宽广,不喜欢与自己识见、性格相左的刚烈之士,突出表现在对待魏延、刘巴、刘封等人的态度上,不能用人之长,避人之短。以至于形成"蜀中无大将,廖化当先锋"的尴尬局面,造成蜀汉第一个灭国,一直为学界诟病。而历史上的周瑜是一个气量宽宏的儒将。江东有"曲有误,周郎顾"之语。老将程普云:"与周公瑾交,若饮醇醪,不觉自醉。"范成大誉之为"世间豪杰英雄士、江左风流美丈夫"。因此,要区分小说与历史之别。

(三)阅读病理与个性化阅读方略

该书关于阅读病理与个性化阅读方法的研究,是曾祥芹对阅读理论与实践的重大贡献。对于阅读病理现象,在《阅读学原理》《阅读学新论》里专列一章加以研究。自从《语文课程标准》提倡创造性阅读、个性化阅读以来,阅读领域出现错读、误读的现象,学界对此或抱怨,或视之为个性化阅读的可喜现象。这种状况对阅读及阅读教学带来了一些消极影响。在这种情况下,曾祥芹以《于丹〈论语〉心得》[①]为阅读病例,归纳出了二十种病状,旗帜鲜明地提出"划清个性化正解与自由化误读的界限",并以此为例具体分析了"阅读的多元阐释包含'个性化正解'和'自由化误读'两大不同类型"。该文在理论上区分泾渭、激浊扬清,在实践上有巨大的指导作用。

第一次读到曾祥芹以《于丹〈论语〉心得》为误读案例的巨文,始而惊,惊叹的是曾祥芹竟然对《论语》有那么全方位、深入的理解与阐释;继而惑,迷

① 曾祥芹.文章误读的"问病泉":《于丹〈论语〉心得》公案评析[J].焦作大学学报,2008(2):22–31.后收入《文章阅读学》《汉文阅读学研究》等书。

惑于曾祥芹只是一个语文教育家为何对诸子百家也那么谙熟？再而悟，省悟语文教学专家与教育家之别，专家只是知晓其专属领域，而教育家则通晓所有相关学科，且专且博！终而叹！不但哀叹自己相形见绌，也叹息当今很少有这样博学的教育家了！

悲夫！

(四)"三体阅读法"：文体阅读的通则

由两栖文体的"双重解读"法，曾祥芹归纳出了三条阅读通则："适体阅读""悖体阅读"与"跨体阅读"。笔者称之为"三体阅读法"。这是把个别演绎为整体，特殊推广为一般。

"适体阅读"，即把文章当作文章来读，把文学当作文学来读。

"悖体阅读"，即错误地把文章当作文学来读，错误地把文学当作文章来读。

"跨体阅读"，即把文章当作文学来读，把文学当作文章来读。

曾祥芹"三体阅读法"是针对阅读中的病态而言的，当然也指出了矫治这种阅读病态的方法。现结合当前阅读实际来加以分析。

1."悖体阅读"：阅读的病态

可以说，人类的阅读史，充满了"悖体阅读"这种阅读的病态现象，即错误地把文章当作文学来读，错误地把文学当作文章来读。这种情况在阅读史上普遍存在，有专家甚至说过"一切阅读都是误读"这样的话，可见该情形之普遍。曾祥芹多次以《于丹〈论语〉心得》为典型案例来阐释"悖体阅读"。

曾祥芹归纳出《于丹〈论语〉心得》二十种阅读病态，最后一种就是曾祥芹认定的"悖体阅读"：

作为古代文学硕士和影视学博士的于丹，却忽视《论语》这部语录体说理文章的基本特性，未能适应文章体裁的阅读方略，坚守"理论思维为主"和"科学阐释为上"的原则，而是习惯于艺术思维和超验想象，以虚幻故事论证人生哲理，以印象描述顶替理性分析；她不是欣赏《论语》的局部文学性，而是总体上把文章《论语》当成文学《论语》来读，这就异化为"悖体阅读"。……用荒诞故事中的悖论来注解《论语》的核心思想"仁"，借道家、佛家或西方哲人的

特例来证明儒家的通理,如此"悖体阅读",必然造成阴差阳错的恶果!

2."适体阅读":阅读的常态

既然"悖体阅读"是悖离文体、违背文体阅读规律的活动,要改变这么一种病态阅读现象,我们就要回归到其常态中去,遵循文体规律进行阅读,这是健康阅读的不二法门。曾祥芹对此法门进行研究并名之曰"适体阅读",即把文章当作文章来读,把文学当作文学来读。不谙此道的中小学生经常会犯的毛病,就是阅读时漠视甚至搞混文体的特点、要素等,经常用实用文体的阅读目标、方法来开展阅读行动。

3."跨体阅读":阅读的变态

文体学告诉我们,各个文体有自己独有的特点与要素,有各自遵循的规律与要求。但是另一种情况却是文体间并不是界限分明、非此即彼的,而是互通互融的,或者说存在交叉地带。上升到哲学层次来说,这是普遍性要求与特殊性存在的辩证关系。对于普遍性要求我们要采取普遍性方略,而对于特殊性存在我们又要拿出特殊的方法来对待。在阅读活动中,面对文体规律普遍性要求,曾祥芹一贯坚持"适体阅读"的原则,而对于文体互通互融现象他又艺术地提出了"跨体阅读"的方案,即把文章当作文学来读,把文学当作文章来读。

"跨体阅读"是曾祥芹针对文体特殊性要求所提出的阅读创见,他科学而艺术地处理了阅读活动中的特有现象,把阅读活动引向深入,表现了一代学人领袖高超的学术智慧。

"三体阅读法"是曾祥芹先生关于阅读理论的重要观点,是继"三体结构论"后的又一创见,也是他教育理论的精华之一,深得很多学者的赞同。中国当代阅读专家甘其勋先生撰文高度赞扬:"这是一个全新的构想,也是研究合理的归宿。曾先生对'悖体阅读''适体阅读''跨体阅读'等新概念的提出和阐述,打破了文体阅读研究的旧格局,既填补了文章阅读学的空白,又避免了'双文阅读'的对立,促进了二者的和谐发展。"①对于中小学阅读教学的实际更有针对性、适切性与紧迫性,意义更宏大。笔者曾多次阅读该部分,感到受益匪浅,也对此进行了进一步的研究,获得了一些成果。但就目前研究资料而言,学界对此的挖掘还相当缺乏,不能不说是一件憾事!

三、感受与评价:学术史上"见贤而思齐"的又一范例

"知耻而后勇""见贤而思齐",这在学术史上不乏其例。我国古代科学家、文学家张衡模仿班固《两都赋》写成《二京赋》,一时成为美谈。左思又追逐班、张写成《三都赋》,遂有洛阳纸贵的佳话。而《文章阅读学》的撰写与出版,是对上述古老的格言的又一次践行,表现了著者可贵的学术胆略与担当。它是我国学者锐意赶超的学术行为,是读书学人一次伟大的学术探索,是曾祥芹学术智慧、学术汗水的结晶。《文章阅读学》的出版,与《文学阅读学》相映生辉,成为阅读学宝库中的"双璧",是文体阅读的代表;也使曾祥芹的愿望成为现实,从此阅读学史又增添了一段佳话。

第五节 建构从"三体"到"四体"的阅读理论框架

从中国第一套"阅读学丛书"之一的《阅读学原理》,到汉文阅读学专著《阅读学新论》的问世,标志着中国阅读学的研究从一般阅读学到汉文阅读学的深入发展,反映了以曾祥芹为代表的当代中国阅读学人对阅读内涵及其本质、特征等认识上的深化。最突出的表现在对阅读的定义,以及从"三体结构"到"四体结构"的建构上。

一、融通中外:提炼出最先进的"阅读"定义

"定义"是"对于一种事物的本质特征或一个概念的内涵和外延的确切而简要的说明,或是透过列出一个事件或者一个物件的基本属性来描述或规范一个词或一个概念的意义"。定义最能揭示事物或概念的内涵、本质与

① 甘其勋.阅读学理论研究的第二次飞跃:简评《文章阅读学》[C]//甘其勋."三学"创新论:曾祥芹学术思想国际研讨会文集.郑州:河南人民出版社,2011:244.

特征,最能显示人们对于该事物认识的程度。而且形式上,逻辑学对此也有要求,即以判断或命题的语言逻辑形式,确定一个认识对象或事物在有关事物的综合分类系统中的位置和界限。常用方法是"属+种差",定义项是由被定义概念的邻近的属和种差所组成的定义。它的公式是:被定义项=种差+邻近的属。

对于"阅读"的定义,中外有多种权威的表述。传统的当属《现代汉语词典》,其表述为"看书报并领会其内容"。曾祥芹认为这种定义失之于简单与肤浅,"看、读、观览"这几个词只是点明阅读所属一种行为,突出其外显性。因为阅读不仅属于人类的一种行为过程,更是一种智力过程,有其内隐性。上述定义仅指其一端。

权威的说法当属《中国大百科全书(教育卷)》:"阅读是一种从印的或写的语言符号中取得意义的心理过程。阅读也是一种基本的智力技能。"曾祥芹认为该定义仍失之于简单,它仅仅认为阅读是一种心理活动或状态,忽视人的行为过程。这仅是一种只吸纳无表达,有认识无实践,仅索取无创造的过程。毋宁说社会的、人类素质生产与超越等宏远的内涵与意义了。

2002年教育部颁布的《高中语文课程标准》指出:"阅读是搜集处理信息、认识世界、发展思维、获得审美体验的重要途径。阅读教学是学生、教师、教材编者、文本之间的多重对话,是思想碰撞和心灵交流的动态过程。"笔者认为这种定义较为具体,但失之于雷同与狭隘。因为前一句中的"阅读是搜集处理信息、认识世界"有雷同之嫌,"搜集信息"就是认识世界的一种手段;"发展思维、获得审美体验的重要途径"都是对个体的心智而言的。而后句仅为"教学阅读"定义,不算"阅读"的定义。而曾祥芹对此提出以下意见,一是对上述定义中"阅读教学"的表述极力批评,是把阅读主体(学生与教师)阅读客体混为一谈的"阅读流感",并指出其背后阅读理论的悖谬:"文本不是作者的代言体,而是有生命的主体。""学生、教师、文本是对话的三个主体。""阅读对话不是在'主客间',而是在'主体间'进行。"并建议修订为:"阅读教学是学生、教师、教科书编者、文本(作者)之间的多重对话。"①对此,笔者认为曾祥芹的看法更科学,更符合逻辑。而《标准》(如果没有特别

---

① 曾祥芹.汉文阅读学研究[M].北京:高等教育出版社,2010:303-304.

说明,本书所说的标准皆为《高中语文课程标准》)只是一种形象性说法,作为政府文件语言则失之于严谨,有受语言泛化影响之弊。而 2017 年冬修订的《普通高中语文课程标准》依然重复着"阅读是主客间对话"的理论,可见传统看法的强大影响。如果这一点还无可厚非的话,那么曾祥芹的下面一条建议就极应采纳。《标准》在"教学建议"里说"阅读是学生的个性化行为"。曾祥芹首先肯定其理念的正确性与积极作用,但同时指出阅读不仅是学生的个性化行为,还具有群体性,受到的制约与规范。据此,曾祥芹建议在这句话后还应指明,"阅读又是学生的社会化行为,不应以教师的传导代替学生之间的阅读合作交流"①。无疑,曾祥芹的建议对语文阅读教学具有针对性与指导意义。

因此,权威的观点存在欠科学或欠全面的问题。

曾祥芹给阅读的定义为:"阅读是披文得意的心智技能,是缘文会友的社交行为,是书面文化的精神消费,是人类素质的生产过程。"并认为该定义强调了以下几点:"阅读不单纯是吸收,也含有倾吐""阅读的内潜性暗示阅读活动有着复杂的心智背景""阅读的外化性表明阅读活动又有一系列的行为方式。"②笔者认为该定义分别从个体与群体、消费与生产的角度着眼;或者说分别从智力与行为、物质与精神层面阐释;或者说从内隐与外显、封闭与开放的矛盾中界说,表明了阅读既具个体性,又兼社会性;既有物质参与,又是精神的高级活动;既是消费,又是生产。它超越了《现代汉语词典》定义的简单与肤浅,超越了语文新课标的"阅读"解释的雷同与狭隘,超越了西方阅读学的"阅读"界说,可谓至今为止最全面、最科学的"阅读"定义。表达方式上两两并举、对立统一,内涵丰富、包举宏纤,分类明确、界限清晰。

二、阅读客体论:阅读对象、阅读环境、阅读时间

关于阅读客体论,曾祥芹最为精彩的是批评了阅读客体即阅读读物的流行观点,提出并完善了"阅读客体系统"的概念,包含阅读对象、阅读环境、阅读时间诸要素。

---

① 曾祥芹.阅读教学三题:对新课标中阅读教学内容的建议[J].语文建设,2002(6):13-14.

② 曾祥芹.汉文阅读学研究[M].北京:高等教育出版社,2010:303-304.

经典哲学认为客体是主体认识和实践的对象,属主体以外的客观事物。这无疑是正确的,但具体事物要做具体分析。结合阅读教学,就不能狭隘地认为阅读客体仅指阅读对象。因为在整个阅读系统中,介入阅读活动的阅读时间与阅读环境也应归入阅读客体,因为它与阅读本体、阅读主体相距甚远,再者阅读时间与阅读环境本身都是客观事物。具有阅读大视野的曾祥芹先生在第一套"阅读学丛书"的"三体结构"论的构建中,首先批评"阅读客体即读物"的片面观点,认为"它限制了阅读客体的视野,阻碍着我们对阅读空间的开拓"。阅读活动"不仅是读者和读物的闭合系统,而且是读者和环境的开放系统"①。因此,曾祥芹把阅读对象、阅读环境、阅读时间、阅读工具等客观要素归入"阅读客体"系统中,无疑是别具只眼的。但是有学者依据《哲学大辞典》中的客体只能是"主体活动所指向的对象"的观点来质疑这种建构,提出"阅读客体只能是阅读对象""阅读客体只能是阅读主体所指向的具体读物"②。这就犯了机械论的错误。当然,他们提出其中的"阅读工具"不属于"阅读客体"无疑有其合理性;曾祥芹在后来编著《阅读学新论》时就吸取了这种观点并做了适当的调整,创造了"阅读介体"这一翼,并涵盖"阅读工具"这项内容。

(一)阅读对象:"有字书""无字书"

阅读对象属于阅读客体无疑,但学者对于阅读对象的内容却有着不同看法。狭义观认为阅读对象仅指书本,包括纸质、电子书籍。持广义阅读观的曾祥芹认为阅读对象不但包括书本,而且包括自然与社会。这种大阅读观不是无稽之谈,而是有其丰富的理论渊源。宋代翁森《四时读书乐》:"好鸟枝头亦朋友,落花水面皆文章。"叶圣陶"天地阅览室,万物皆书卷"。鲁迅提出:"用自己去读世间这一部活书……专读书也有弊病,所以必须和实际社会接触,使所读的书活起来。"(《读书杂谈》)陶行知讲得更生动:"活的人、活的问题、活的文化、活的武功、活的世界、活的宇宙、活的变化,都是活的知识宝库,便是活的书。"(《陶行知文集》)张舜徽更直接:"天地间有两种

① 曾祥芹,韩雪屏.阅读学原理[M].郑州:河南教育出版社,1992:53.

② 权曙明,顾菊生.是阅读客体,还是阅读中介:《阅读学原理》"三体"框架质疑[J].河南师范大学学报(哲学社会科学版),1996(3):65-66.

书:一是有字书,二是无字书,有字书,即白纸黑字的书本;无字书,便是万事万物之理,以及自然界和社会上的许多实际知识。"①毛泽东以其特有的口吻说道:"社会和自然界是一个大学校,那里面的东西——无字书,多得很,取之不尽,用之不竭。"②确是如此,大自然与人类社会这本"无字书"给阅读者以无尽知识、无穷的营养。在后来的文章里,曾祥芹把它发展为阅读的"外宇宙",与阅读主体的"内宇宙"相对应。

从哲学上讲,知识有两种,一是直接知识,一是间接知识,二者分别从直接经验与间接经验中获得。阅读大自然与社会这本"无字书",就分别是积累直接经验与间接经验。如果说读"有字书"不是每个人的功课,那么读"无字书"就是每个人生活中不可缺少的组成部分。从这个角度而言,读"无字书"更有意义,也更值得研究,但是到目前为止,谈阅读的学者对此要么视而不见,要么蜻蜓点水,浅尝辄止。为了突显阅读的民族特色,使汉文阅读独立于世界阅读之林,曾祥芹主编并出版了彰显这一特色的《阅读学新论》,其中之一便是对汉文读物进行了深入的探讨,包括汉文读物的特质、演变、类别与制约因素等。每一项内容都探幽发微、入骨见髓。例如对汉文读物的分类,该书分以下几层进行具体论述。

(1)从符号看:文字和图画。

(2)从载体看:无声和有声。

(3)从语体看:文言和白话。

(4)从文体看:文章和文学。

(5)从结构看:文篇和书刊。

(6)从内容看:人文和自然。(《阅读学新论》,语文出版社1999年版,第12~16页)

该分类可谓穷尽了汉文读物"类"的内容,让人眼界洞开。

(二)阅读环境

根据阅读活动是读者和环境的开放系统的观点,曾祥芹从编撰第一部"阅读学丛书"之始就把阅读环境归入阅读客体范畴,在经过学界质疑、探讨

---

① 张舜徽.学人谈治学[M].杭州:浙江文艺出版社,1983:238.

② 龚育之,逄先知,石仲泉.毛泽东的读书生活[M].北京:三联书店,2014:269.

后,仍在后来编撰的《阅读学新论》中不做改动,显示了他对此观点与结构安排的自信与坚定。关于阅读环境,曾祥芹认为"阅读环境泛指影响读者阅读的所有外界力量的总和,它由整个周围事物构成,是一个立体的多层级的子系统。阅读环境有宏观和微观之分"①。并把阅读环境分为语言环境、物理环境与社会环境三部分加以阐述。不过让笔者折服的是把物理环境分为书房、书院与书市的划分与论述,既有关于书院与书市史料的钩沉;又有对书房朝向、光线、书架和书桌、音响和温度的纯科学性分析;也有发古之幽情的语言,对古今著名书房的无限缅怀;更有对恶劣读书环境的批判,对净化阅读环境、营造书香社会的无限向往,体现了一位读书学人的惜书爱读之情。读后让人抚今思昔、感慨万端。既了解了关于书房朝向、光线采集、书架与书桌布置等知识,认识到这些属读书个体足以掌控的部分;也感叹于历代"文祸"的罪恶,认识到个体的渺小,读书人的无辜与无奈!更让我辈学人发出完善社会民主与法制的呼唤!

读书人一声长叹!

(三)阅读时间

"阅读时间"的哲学思考与开发运筹即"阅读时效论",也是曾祥芹一直保留在"阅读客体"里的内容。"阅读时间"是一个人人都能感知,但并非人人能深说精讲的东西。曾祥芹及其阅读学者对此有一个逐步完善、丰富、加深的认识过程。在《阅读学原理》这一章节中,编者高屋建瓴,首先发表了阅读时间结构观:"根据时空一体观,阅读时间也是人类阅读发展的空间,阅读空间的延伸和拓展必然导致阅读时间的开发和利用。"②在其后的《阅读学新论》中专设"阅读时间哲学"一节,分"阅读时间结构观""阅读时间价值观""阅读时间效能观""阅读时间反馈观"等五个层次对"阅读时间"做形而上的理论阐述。编者在"阅读时间结构"中又进一步表述道:

> 阅读时间的纵向结构不是"过去—现在—未来"的单向度顺
> 序,而是"未来—过去—现在(—未来)"的螺旋式发展。阅读时程

---

① 曾祥芹,韩雪屏.阅读学原理[M].郑州:河南教育出版社,1992:53.
② 曾祥芹,韩雪屏.阅读学原理[M].郑州:河南教育出版社,1992:77.

的起点是"未来",因为未来具有超越性和理想性,读者总是在悬着阅读目标的前提下开始阅读的。阅读的中介是"过去",因去"过去"充当"未来"走向"现在"的桥梁,读者总是在调动过去阅读经验的基础上去实现阅读目标的。阅读过程的归宿是"现在",因为"现在"居于时间结构的中心,是"未来"和"过去"的凝聚和统一。

上述观点是辩证唯物主义在阅读学领域的灵活运用,它拓宽了人们的视阈与思维空间,认识到阅读时间与阅读空间的关系,以及阅读时间的前后联系,认识到阅读时间以及科学把握阅读时间的重要意义。在时间哲学的基础上,本章又设置"社会阅读的时间""人生的阅读周期""人体的阅读节律""阅读的单位时效""阅读时间的运筹"等五节,具体论述阅读时间的运用及其相关知识,给人以方法论方面的指导。

三、阅读介体论

曾祥芹在第一套"阅读学丛书"提出其核心观点"三体结构"论(阅读本体、阅读主体、阅读客体)后,好评如潮,但也有个别学者质疑。曾祥芹对此进行了深入的研究与思考,由原来的"阅读本体是阅读主体与阅读客体的现实统一"观,发展到"阅读本体是阅读主体通过阅读介体实现的与阅读客体之间的统一"观。在吸取有益建议的同时,曾祥芹对之前的"三体结构"理论加以修正与完善,形成了包括"阅读客体、阅读主体、阅读本体、阅读介体"的"四体结构"论。新设的"阅读介体",包含了"阅读客体"中的"阅读工具"部分。这在《阅读学新论》的"导论"中有言。在第一套"阅读学丛书"之核心《阅读学原理》一书的章节设置上也体现了这一点,即把"阅读工具论"(阅读介体)列入"阅读本体"论的"阅读技法"层面的末端,明确"阅读介体"是"阅读主体"与"阅读客体"联系的纽带。只不过考虑到"阅读介体"部分仅含"阅读工具"一个章节,有结构失调之感;故此在后来成书的《阅读学新论》中把"阅读工具"这个章节置于"阅读本体"中的教学技法部分,包括阅读工具书、阅读工具器、阅读工具学、阅读工具语四个方面的内容。在2004年出版的专著《汉文阅读学导论》(中央文献出版社)中,曾祥芹在内容的安排上旗帜鲜明地标出"阅读介体论",并与其他三部分鼎足而立,从而最终完成了

"阅读四体"的结构体系。

(一)阅读工具书

阅读工具书包括线索性工具书、词语性工具书、资料性工具书、表谱性工具书、图录性工具书五种。选择阅读工具书应遵循科学价值、政治倾向、编排方式等原则。在具体方法上,要了解其使用价值、实用价值、版本及社会评价等。

(二)阅读工具器

阅读工具器包括缩微型载体的阅读器具、视听型载体的阅读器具、机读型载体的阅读器具。笔者感到这种分类标准不统一,有交叉雷同之嫌。

(三)阅读工具学

阅读工具学包括文字学、音韵学、训诂学、校勘学、版本学、目录学等。

(四)阅读工具语

阅读工具语包括阅读的内部言语工具、阅读外部言语工具、阅读文献检索言语工具等。

对阅读工具的介绍可谓应有尽有、琳琅满目,让人眼界大开,同时在阅读工具的使用方法上给人以指导。

四、阅读主体论

关于阅读主体部分的内容,我国历代积累了很多的理论资料,曾祥芹及其阅读学人有着较深入的研究与考虑,包括资料的搜集与整理、内容的构建与撰写等,都有一套成熟的做法。曾祥芹在最早进行阅读资料整理,编撰《百家读书经》《现代读书经》时,就有对读书态度篇、读书方法篇、读书能力篇、读书习惯篇等关涉阅读主体的内容设置。在编撰《历代读书诗》时,在书前绪论里根据阅读生理、阅读心理等阅读主体观对所选读书诗进行评析。在编撰《阅读学原理》《阅读学新论》中更是开辟"阅读主体"专篇加以探讨。

(一)读者类别

对于读者的研究,曾祥芹及其学人有一个渐进的过程。在《阅读学原理》中并没有独立设章,仅在第十二章"阅读分类论"中安排一节"按阅读素质分类"简单提及,即按年龄分为幼儿、青少年、成人读者,按阅读需要分为基础阅读、职业阅读、专家阅读。这种分类意义不大。在《阅读学新论》中认识更深入,分类更科学,论述更严谨。尤其是增加了按阅读时态分类与按读者素质分类内容,让人耳目一新。按阅读时态分类为可能读者、现实读者、完成读者。这种分类注意到了阅读的时态特征,注意到了人群的能读的、读着的、已读的区别,这启发我们要改善阅读条件,珍惜阅读时间以及学以致用。按读者素质分类为求真读者、向善读者、审美读者,这对于阅读目标的制定、读物的选择更有参考和指导意义。

（二）阅读生理、阅读心理、阅读智力

阅读生理、阅读心理与阅读智力虽是三个概念,但笔者认为它们比较接近,它们都属于生理学或心理学的内涵,心理与生理相关,更与智力相联;生理活动无不受着心理的支配与影响。阅读活动既是生理现象,也是心理现象,更有智力活动参与其中,对它们的研究多以实验的方式来进行。它们都属于交叉学科,是阅读学与生理学、心理学的交叉学科,或是用生理学、心理学来解释、指导阅读活动。这在外国研究较为广泛,硕果累累,我们所熟知的建构主义、接受美学、人本主义等教学流派无不建立在生理学、心理学基础之上。改革开放之后,得益于西方先进理论的引入,我国学者也进行了尝试,成果初获。张必隐在1992年出版的《阅读心理学》就是其中的翘楚。曾祥芹在编撰《阅读学原理》时,就把目光投向这两个领域,分别用"阅读生理""阅读心理""阅读智力"三章加以论述。在编撰《阅读学新论》时,原封不动地保留了这种章节设置,显示了对上述内容的重视与成熟的思考。

1. 阅读生理

两本书大都论述了视觉、听觉、躯体言语、大脑功能与阅读的关系,由此引起的种种病理与现象,例如"视觉疲劳""失写症"等。这对于纠正不良的阅读行为,养成良好的阅读习惯,运用科学的阅读方法,提高阅读效率,有着重要的作用。

2. 阅读心理

在《阅读学原理》这本书里,合著者韩雪屏女士抛开普通心理学的惯常思维,从专业阅读心理学角度,利用信息加工理论来分析阅读活动,把阅读活动划分为"阅读前期——选码和识码""阅读中期（上）——解码和编码""阅读中期（下）——赏码和评码""阅读后期——储码和用码"等一系列前后联系的过程。主要包括阅读动机、阅读兴趣、阅读情感与阅读意志等内容。并由此探讨了诸如专注和焦虑、共鸣和迷狂等阅读心境,以及在阅读中如何实现知识激活、知识迁移、次认知能力的获得等方法,论证严密,充满科学理性,语言上专业性很强,读后让人受益匪浅。而在《阅读学新论》这本书里,合著者刘孝学则从阅读动机的孕育、阅读兴趣的培养、阅读情感的激发、阅读意志的磨炼等方面论述。例如,关于动机的孕育,作者提出"把被动阅读动机转化为主动阅读动机""树立远大理想,提高阅读动机的层次""养成良好阅读习惯,保持不懈的阅读追求"等办法,明白如话,读之如沐春风。两书相同内容的不同建构与表述一庄一谐,各有其长。

3.阅读智力

在《阅读学原理》第七章"阅读智力论",合著者韩雪屏首先论述了阅读智力活动的巨大空间,即"读者与文本的距离、读者与作者的距离、读者与自身的距离";接下来从阅读实践入手,探讨了"搜寻和探索信息源的办法""解译广西的语言符号系统,揭示文本的深层意义""注重作者在文本中不便明言的意义"。接着论述了读者"比作者更好地理解作者"。"在文本面前理解自我""从文本当中产生新思想"。从"猜测和确证、提纯与重组、应用与创新、表征与表述"等方面论述了智力活动的操作问题。最后论述了阅读智力品质的"目的性和问题性、广阔性和深刻性、巩固性和灵活性、批判性和独创性、敏捷性"等阅读智力活动的品质。本章节里,韩雪屏继续发扬其严谨、冷峻的文风,旁征博引,并运用数据、表格的形式,以其科学理性使人信服。在《阅读学新论》"汉文阅读智力论",合著者李维鼎另辟蹊径,首先从阅读智力活动的动因,即阅读系统各要素之间存在"差距"展开论述,指出智力活动存在着诱导空间,以及运用知识背景、提高阅读能力、主动汇兑阅读经验等办法进行智力操作活动。接着论述了阅读理解的内涵、类型、循环模式以及效果测定等内容。最后论述了"知入知出"等创造性理解之法,以及再现与重建、开放与内敛、吸收与表达等阅读活动的品质。

《阅读学原理》和《阅读学新论》两书相关论述可谓异曲同工,各有千秋。

(三)阅读创造

阅读创造是曾祥芹先生的创造性见解,他的观点有一个逐步完善的过程。

在《阅读学原理》第十二章的第二节"按阅读目的的分类"中,就出现了一个与"阅读创造"相似的概念"创造性阅读"。在这一节中,把阅读分为学习性阅读、欣赏性阅读、研究性阅读、创造性阅读四大类。但是笔者认为这种分类不尽合理,四类有交叉雷同之弊。因为学习中有欣赏,欣赏中有学习。"创造性阅读"也经常出现于前三种阅读过程中。最重要的是"创造性阅读"不应属于一种目标,不是目标下的一项,教学中也不宜把"创造性阅读"作为目标来处理,因为它是人类的高级精神活动,有着稍瞬即逝的特点,来不可遏,去不可止。在《阅读学新论》中,曾祥芹把它专设一个章节"汉文阅读创造论",放在"阅读主体"篇中,与"汉文阅读生理论""阅读心理动力论""汉文阅读智力论"并列就较为合理,因为它属于智力发展的高级形态。本章首先介绍了阅读创造的育人功能与发展过程,接着论述了阅读创造的基本原理与思维形式。在介绍阅读创造的基本原理这一节中,罗列并论述了以下四种经常用到的原理:

一是置换原理——"移花接木"与"改梁换柱";

二是组合原理——"山重水复"与"柳暗花明";

三是交汇原理——"思接千载"与"视通万里";

四是迁移原理——"入乎其内"与"出乎其外"。

在介绍阅读创造的思维形式这一节里,罗列并论述了以下思维形式:

一是形象思维——阅读创造的"电子";

二是抽象思维——阅读创造的"轨迹";

三是辩证思维——阅读创造的"规矩";

四是系统思维——阅读创造的"模型"。

上面是阅读创造原理与思维形式,巧用成语或熟语,内蕴丰厚;采用整句,整齐优美。既让人通晓明白,又得到美的享受。但笔者认为介绍阅读创造的思维形式这一节的二、三项,即"抽象思维""辩证思维"有从属或相近关系,"轨迹"与"规矩"差异不大。因此二、三两项宜合并为一项,就可以避免上述缺憾。另外可以加上一项"发散思维",因为"发散思维"是创造性思维的重要形式,当然也是阅读创造的重要方法。

在随后出版的《文章阅读学》里,曾祥芹设专章分八节论述阅读创造的种种问题。较之原来内容更丰富,结构更严谨,论证更精深。(见本章第四节)

五、阅读本体论

对于阅读本体的研究,是曾祥芹阅读学的重点,相关论述也较充分。著名阅读学者甘其勋总结曾祥芹的阅读本体研究为"十论":"阅读本质特性论、阅读完整过程论、阅读基本规律论、阅读能力结构论、汉文阅读特色论、阅读诗性文化论、阅读内外宇宙论、阅读改变人生论、阅读享受人生论、阅读主体间对话论。"①刘栋则概括为原理研究("汉文阅读规律"的探寻、"汉文阅读过程论"的研究、阅读人文价值的研究),技法研究(关于"阅读能力结构论"的研究、"文体阅读"的研究、"阅读技巧"的研究),应用研究(文章思维操练论、文章误读病理论、对于"悦读"的推崇和提倡)②三大部分九项内容。两文概括较为精准。笔者将重点从其关于阅读本质、过程、规律、价值、文化等几方面加以评述。

(一)阅读本质

本质是一事物区别于其他事物最根本的性质,对事物本质的认识反映出其认识的深刻度。那么阅读本质是什么,对此的认识,曾祥芹有一个逐渐加深的过程,它集中地反映在对阅读定义的阐释上。试看两本书对此的章节安排。

《阅读学原理》第九章"阅读本质论":

第一节　阅读是物质过程与精神过程的统一

第二节　阅读是心理活动和生理活动的统一

第三节　阅读是智力活动也是操作技能

第四节　阅读是吸纳也是倾吐

第五节　阅读是个人行为也是社会活动

第六节　阅读是现实行为也是历史记录

《阅读学新论》第十一章"汉文阅读本质论":

第一节　阅读是因文得义的心理过程

---

① 甘其勋.曾祥芹教授和他的阅读学说[J].山东图书馆季刊,2008(2):26-27+31.

② 刘栋.论曾祥芹先生阅读本体研究成就及其意义[J].焦作大学学报,2013(2):97-99.

第二节　阅读是缘文会友的交往过程

第三节　阅读是书面文化的消费过程

第四节　阅读是人类素质的生产过程

《阅读学原理》里每节均以相对内容列出,体现论证的严密性,但六节中有雷同之弊,前四节尤其明显,都与智力活动相关。在《阅读学新论》中调整为四节,体现出阅读活动是一个个体与群体、物质与精神、思维与行为、消费与生产的整体系统,既全面深刻地揭示了阅读的本质属性,又无前书之弊。从上述变化中反映了以曾祥芹为代表的阅读学人对阅读的认识逐渐加深的印迹。

(二) 阅读过程

曾祥芹对于阅读过程的认识有一个逐步深化、完善的过程,最成熟的思考反映在其主编的《阅读学新论》第十二章"汉文阅读过程论"里。该章节开篇就以辩证法的理论加以界定:"阅读过程指阅读主体与阅读客体的矛盾运动在时间上的前后相继和在空间上的连续不断。它是读者和读物相互作用的由简到繁、由低到高、由量变到质变的过程。"表明阅读过程不仅是一个单纯的时间概念,也是一个与空间相关的概念。本章共四节内容,分别是:

第一节　阅读的准备和储用过程

第二节　阅读的心理和行为过程

第三节　阅读的意化和物化过程

第四节　阅读的一般和特殊过程

从对阅读过程的分类中,曾祥芹表现出其惯常的系统论与辩证观,从宏观的高度着眼,高屋建瓴;两两对举,辩证统一,凸显了研究对象的本质及其属性。把阅读全程分为"前阅读"(选文潜心)、"正阅读"(披文得意)、"后阅读"(用意及物)三大阶段,弥补了时下流行的、无头无尾的"正式阅读过程论"的不足;把阅读看作知行合一的过程,击中了知行割裂的"单程阅读过程论"的弊端;把阅读分为意化和物化过程,避免了只讲意化不讲物化的"半程阅读过程论"的错误;把阅读看作一般和特殊过程的统一,修正了机械片面的"模式化阅读过程论"之缺陷。笔者认为对于阅读过程的论述是曾祥芹阅读论中极为精彩绝伦之处,全面辩证,又注意到各要素的联系与发展变化,且术语精准,堪称至论。

（三）阅读规律

与阅读创造论一样,阅读规律论也是曾祥芹的开拓性研究,创建了很多原则、方法,包含了很多真知灼见。在《阅读学新论》"汉文阅读规律论"中,曾祥芹匠心独运,创造性地将阅读规律概括为感言辩体律、人情得意律和运思及物律。三条规律又统率九条阅读原则,即语境定义、意会神摄、经验汇兑,遵路识真、阐幽发微、以意逆志,知人论世、类化迁移、切己体察。曾祥芹曾戏称之为阅读学的"三九胃泰",笔者觉得这个称呼有嘲嘻之嫌,不如称之为"三律九则论"中规中矩。"三律九则论"是曾祥芹汲取古今中外阅读理论精华,并结合自己多年语文教学经验的基础形成的;全面系统,逻辑严密;用语简洁,包蕴宏富。它与"一语双文论""三体结构论""跨体阅读论"一起,是曾祥芹学术研究的核心、重心,是其代表性成果,是曾祥芹对中国语文教育的又一重大贡献。

（四）阅读价值

关于阅读价值,在我国是一个老话题,历代学人几乎都有着或多或少,或粗朴或高雅,或浅近或深刻的言论。仅以阅读诗而论,我国就形成了内容丰富、角度不一的"劝学诗"。王梵志的"黄金未是宝,学问胜珠珍"。白居易的"舒之济万民,卷之善一身"。张维屏的"读书何所求,将以通事理"。王安石的"开编喜自得,一读疗沉疴"。苏辙的"诗书教子属田宅,金玉传家定粪灰"。有对修身的劝告,有对齐家的希冀,也有对经国的向往。不过比较著名的还是宋真宗赵恒鼓吹的"书中自有千钟粟""书中自有黄金屋""书中自有颜如玉""书中车马多如簇"。尽管境界不高,在我国传统家庭教育中应该是广泛应用的。

结合培养良好的读书风气、创建书香社会的现实需要,曾祥芹对阅读价值的研究比较重视,成果甚丰。在他对古今中外读书资料的挖掘与整理中,也给以充分重视。在其已出版的阅读书刊中,都设有专章加以探讨。比较集中深入的是在《阅读学原理》第十章"阅读价值论"中,分八节,分别论述了阅读的求知、开智、立德、审美、养身、教育、文化与生产八个方面价值,并且对每个方面都进行了深入的研究。例如教育方面,从阅读——学习之母,阅读——教育之本两方面展开;文化方面,从阅读——生活之乐,阅读——文化之流两方面着眼;生产方面,就从生产之力、治国之术两方面论述,可谓具体深入。《阅读学新论》中设置"汉文阅读价值论"一章,在论述的内容与结构上重新整合为"阅读的育人成才功能""阅读的经国济世功能"两大部分,分别包含了《阅读学原理》所罗列的内容条目,只不过又增加了经济价值与政治价值两项。如此安排更加合理。《阅读学原理》中对阅读价值的分条论述仅是平面化,结构上是平行并列的;而《阅读学新论》的整个章节的结构则呈"总—分"立体式,后两节分论也呈现出由近及远、由轻到重的逻辑顺序,结构更严密。另一方面,结构的严谨也使论述更深入。笔者认为该章最为经典的论述是指出并论证了阅读价值具有体现的潜隐性、评估的主观性与性能的二重性的特点,该看法非常精准,可谓击中肯綮。对阅读目标教学的拟定、阅读内容的选择、阅读效果的评价都有着极强的指导意义。

(五)阅读文化

20世纪八九十年代以来出现的"文化"热,至今方兴未艾。从文化角度分析人类行为给学术研究提供了一个新的视角,这在曾祥芹后期的著作中也得到反映。《阅读学新论》中专设一章"汉文阅读文化论",从中可以窥见以曾祥芹为代表的学人关于阅读文化的些许思考。当然这种研究绝不是盲目地跟风应景,而是出于一种大的阅读观和历史使命感。诚如书中所言:"因为研究阅读文化的目的,并不在于只是阐明阅读中的民族性传统,更重要的是要在世界进一步一体化的经济、科技、文化的发展中,大力引进并非某一民族所专有的阅读新理论、新技术,克服汉文阅读在时代性上的滞后,限制汉文阅读在民族性上的短处,发挥汉文阅读的长处,以至造成我国阅读文化的超前局势,以促进中国社会主义现代化的进程和民族文化的新生与复兴。"

在对当前文化流行理论进行简略的梳理后,著者结合阅读学对阅读文化给出了定义:"阅读文化是受到教育具有运用语言的符号系统,从书面材料获取与传播信息能力的人群,为追求真善美的发展水平,作为人的本质的展现与成因而从事的一系列有机统一的精神生产活动与消费活动。"接着从文化结构视角依次分析了阅读文化的物质层面、行为层面和心灵层面的内容,阅读文化的民族性和时代性,汉文阅读的主流文化和亚文化。最后分析了汉文阅读文化的类型,即教育准备型阅读文化、管理应用型阅读文化、文化消闲型阅读文化、科学创新型阅读文化。

从本章内容来看，曾祥芹及其著者对阅读文化的研究较之其他方面的研究还处于草创阶段，本章仅构建了阅读文化研究的框架，很多地方点到为止，大而化之，需要填补大量内容。例如在谈到汉文阅读文化的主流文化与亚文化时，仅把儒释道定为主流文化，但亚文化有哪些表现形式，文中则没有提及。即使是作为儒释道的主流文化，按其在阅读学中的地位与影响仍可再分。例如可以分析具有支配地位的是儒家文化，进而就顺理成章地分析我国历代为何出现大量的劝读诗，境界高低、风格雅俗皆备。再而得出"书中自有千钟粟""书中自有黄金屋""书中自有颜如玉"等诗句，背后其实是儒家的功利文化思想使然，这样就使得论述得以大大深化。笔者认为可以增加"汉文阅读文化的特征"一节，研究汉文阅读文化与域外阅读文化的不同，凸显汉文阅读文化的特色，譬如阅读目的的实用性，阅读色彩的说教式，读物内容的碎化，语言形式的诗性化，等等，从而使研究走向深入。因此，从文化的角度分析阅读及其阅读活动，能够达到敲骨见髓、入木三分，直取形而上的效果。

对于读书功用，笔者有诗为证：

食疏饮水保安康，快走微行歌舞场。

可叹养生谁解得，文章博览是真方。

第六节　《阅读改变人生》：中国第一部阅读动力学

对于阅读学，无外乎要回答以下几个问题：

什么是阅读？（what）

为什么阅读？（why）

阅读者是谁？（who）

阅读内容有哪些？（which）

阅读方法如何？（how）

上述五项内容可以分别概括为阅读内涵论、阅读价值论、阅读读者论、阅读内容论、阅读技法论，姑且称之为"5w"。其中"为什么阅读"的问题是回答阅读价值的，这可以说是阅读学研究的前提与基础，曾祥芹对此非常重视。他的阅读学研究是从编撰《百家读书经》《现代读书经》起步的，这两本书的初衷就是为了阐明阅读的意义与作用,回击当时社会上流行的"新读书无用"论。到后来曾祥芹越发认识到为什么阅读的重要性,他经常说,"为什么读"比"读什么"重要。他带领25个研究生著述的《阅读改变人生》就是回答该问题的专著。该书是中国第一部阅读动力学,32万字,由中国海洋大学出版社2003年5月出版,这是一个导师与25个研究生的阅读学情结。

一、"闪光的人生始终伴随着阅读,高明的阅读不断改变着 人生":阅读改变人生

笔者认为,阅读是人与动物的最大区别。

阅读改变人生,此言不虚! 从小处说,阅读可以修身养性,改变个人的生活际遇;往大处讲,可以立于庙堂,经国治世。其实孔子有句话概括得相当全面了。子曰:"小子,何莫学夫《诗》?《诗》可以兴,可以观,可以群,可以怨;迩之事父,远之事君;多识于鸟兽草木之名。"(《论语·阳货》)历史上更不乏其例。最典型的莫过于"士别三日,当刮目相看"的典故,以及张昶给寇准要读《霍光传》的赠言的事例。而曾祥芹的《阅读改变人生》这本书更是以丰富的内容、翔实的材料证明了上述道理,读后让人受益匪浅。

对于阅读价值的探讨,曾祥芹在其编著的许多书籍中都有提及,例如在《阅读学原理》《阅读学新论》《百家读书经》《现代读书经》等书里均设"阅读的价值"这一专章;在《古代阅读论》《历代读书诗》里不但是重要内容,而且在绪论里还着重提到。在《阅读学新论》及其他文章里,曾祥芹把阅读的价值概括为"求知、开智、立德、审美、教育、经济、政治"7个方面的作用。但论述最详尽的还是他的《阅读改变人生》这本书,开列了阅读的25项作用。该书是曾祥芹设计第一套"阅读学丛书"8本书中的一本,但未能刊印;在他设计第二套"阅读学丛书",即"汉文阅读大系"13本书时,又把它列入。然而,由于种种原因又未能按时出版。直到给2002届研究生上课时,曾祥芹创造性地把它当作阅读学的作业,并率领25位研究生完成《阅读改变人生》的撰写与出版工作。

该书用25个章节,对阅读与人生,阅读改变人生进行了全方位的论说。全书除前序后跋外,主体部分共25个章节,从"完善读者自我"和"建设社会文明"两大方面展开了"阅读"的25种好处,或者说25种价值,被喻为"25颗

珍珠"。

与曾祥芹所编撰的其他书籍相比,该书有其独特之处:选题好、涉及广、方式新、标题美。

(一)选题积极,理论与现实意义兼具

该书选题继承和维护了中华读书的价值传统。阅读改变人生可谓是中华读书史中不变的主题。如孔子的"兴、观、群、怨"说,苏轼的"腹有诗书气自华",等等。但是理论的说教终归空泛,失之于简约与抽象。而该书以大量事实说明了阅读对人生的巨大意义,生动形象,让人印象深刻。可以说《阅读改变人生》是曾祥芹所编著《历代读书诗》《百家读书经》《现代读书经》的姊妹篇。后者选编了历代关于读书的箴言,而前者则搜罗了读书改变人生的大量实例。前者事实胜于雄辩,后者重在理论论述;前者娓娓道来,后者则闪耀着理性光辉。从社会阅读的角度着眼,该书的撰写与出版有着强烈的现实意义。在人们还依然迷醉"新读书无用论"的当下,该书无疑是一支清醒剂,它向世人昭示一个简单得不能再简单的道理:阅读改变人生!本书具有极好的教育意义,它以生动的事实、简明的论说,对青少年重视读书,养成阅读的良好习惯具有强烈的教育作用。

(二)内容全面系统,涉及面广

主编曾祥芹运用它一贯的系统论的方法,构建了 25 个条目,来论述"阅读改变人生"的观点,或者说 25 种价值与作用。涉及之广,令人咋舌!

(三)方式新颖,一举多得

该书是曾祥芹带领 25 个研究生完成的。曾祥芹在完成阅读学课程教学任务后,拟定章节交给学生,让每人撰写一章作为课程作业来完成,最后形成书稿;也使搁浅已久的该书得以出版,完成自己未了的心愿。这种实战的办法检验了学生们的学习效果,完成了教学任务。同时,锻炼研究生们的科研意识与科研能力。学生们通过对自己负责章节的内容建构、资料搜集、文字撰写、格式把握等方面,有效地了解和掌握了科研的一般知识与能力,可以说为研究生的培养开辟了一条新途径。众所周知,当前研究生培养方面仍存在着诸多问题,尤其是科研意识与能力的培养不尽如人意。而参编著作的办法不失为一条有效途径,在这一过程中学生的科研意识得到加强,科研能力得到提高。客观上增进了友谊,通过交流与探讨,质疑与解难,求教与帮助,师生之间、学生之间的联系得到加强,成果得到共享,知识得到互补,水平得到促进,思想得到碰撞与共鸣,感情得到维系与加强。一句话,师生得到共处、共生、共长。因此,师生多人联手科研,合作攻关,方式新颖,堪称创举。

最后是每章的标题都用一种喻词来描述,且字数相同。这样整个目录就是一幅既整齐有序,又参差变化的画卷。本书目录如下:

章节设计，连用比喻，突显阅读的重要价值。句式整齐，让人有目不暇接、美不胜收之感。并且上述标题不是简单的并列关系，而是从个人修身到家庭的稳定，到社会的和谐，再到国家的富强，呈逐步递进关系。

关于阅读，中外哲人留下了许多精彩的论述。最著名的莫过于哲学家培根的名言："读史使人明智，读诗使人灵秀，数学使人周密，科学使人深刻，伦理学使人庄重，逻辑修辞之学使人善辩。"高尔基说："书是人类进步的阶梯。"歌德说："读一本好书，就是和许多高尚的人谈话。"美国奇幻小说大师乔治·马丁说："读书可以经历一千种人生，不读书的人只能活一次。"上述关于阅读价值与作用的话立意深刻、境界高远，有超越世俗的非功利色彩，不知激励过多少有志之士。宋真宗赵恒的《励学篇》有"书中自有千钟粟，书中自有黄金屋，书中自有颜如玉"等诗句，尽管格调不高，但它把阅读对人生的影响最是形象地揭示出来，不知成为古代多少个家庭的励志教材，其作用无法估量。

曾祥芹也有关于阅读的精辟格言："闪光的人生始终伴随着阅读，高明的阅读不断改变着人生。"（《阅读改变人生·序》）这句格言深刻揭示了阅读的价值与作用，被《中国阅读大辞典·前言》[①]引为开篇语。它犹如一面旗帜，永远高扬于阅读学蔚蓝的天空，引领着人们踏上阅读之途！而由曾祥芹主编的、带领 25 个学生撰写完成的这本《阅读改变人生》，以宏大的结构、广博的内容、丰富的事例，印证了上述阅读箴言的正确性与深刻性，成为中国阅读学史上第一部关于阅读价值的专论！

二、"阅读快乐人生"：快乐悦读

该书不但论述了"阅读改变人生"，而且放言"阅读快乐人生"！

由于农业文明等多种因素的作用，我国自古以来有着"勤读"甚至"苦

---

① 王余光，徐雁. 中国阅读大辞典[M]. 南京：南京大学出版社，2016.

读"的传统,留下了诸如"悬首""刺股""挂角""映雪""囊萤""凿壁""追月"
"燃荻""负薪"等佳话,给了多少有志者前行的力量。然而,分析事物要客观
地看,过分地强调"勤学""苦读",无形中就压抑了"智读""乐读",从而不利
于阅读教育的开展与"书香社会"的建立。因此,长期研究阅读学的曾祥芹
审时度势,在继承"勤读"的同时呼吁开展"智读",在肯定"苦读"合理性的
情况下大力提倡"乐读",提出"快乐阅读""幸福阅读"的新概念。这种观点
不但贯穿在该书中,而且在有些章节中进行了集中论述。例如第九章"阅
读——审美之鉴",作者袁迎春深情地写道:"打开一页页书籍,即使不出家
门,我们也能感受到宇宙的神奇。那浩瀚的海洋,灿烂的群星,奇异的花草,
都让我们流连忘返。"第十四章"阅读——家庭之乐",作者刘巧莉遍举古今
中外家庭阅读乐事,最后总结说:"骨肉团聚的天伦之乐固然诱人,但阅读之
乐也颇迷人。"

　　关于"快乐阅读",曾祥芹在许多著作中留下很多记载,例如在为《图书
馆杂志·悦读时空》专栏发刊词作序(《在悦读"神游"中享受人生》,《图书
馆杂志》2005 年第 5 期)时就结合"悦读"这一概念进行了大力阐发。在这
篇文章里,曾祥芹认为"悦读"是"快乐阅读"的缩语,这个新概念值得赞赏。
一个"悦"字代替同音字"阅",内涵就深厚、高雅起来。也使人不得不佩服汉
字的神奇。

　　对于阅读,曾祥芹充满无限深情:"母亲生了我的身,阅读则再生了我的
心。""阅读是学习他娘,教育他爹。"[①]这两句话形象地表达了阅读的重要,也
让我们看到老学者柔情似水的一面。

　　对于如何进行"悦读",曾祥芹虽然没有直接谈及,但我们可以从他对
"悦读时空"的论述中见其端倪。他把"悦读时空"解释为"人生阅读的精神
旅游"。"阅读活动不仅是读者与读物的闭合系统,而且是读者和'时境'的
开放系统。……纸本书、电子书、无字书构成阅读的'外宇宙';读者与读物、
读者与作者、读者与社会、读者与自我之间的四重视野,则构成了阅读的'内
宇宙'。"(同上)因此,重视"内宇宙"的巨大空间,建立阅读的"外宇宙"观,

---

① 曾祥芹."悦读"给人"幸福":《悦读时代》卷首语[M]//汉文阅读学研究.北京:
高等教育出版社,2010:524.

让精神在这两个空间里神游,从而达到"悦读"的目的。

曾祥芹还论述了图书馆的建设对营造"悦读"环境方面的巨大意义与作用,勉励图书管理人员要心怀"建立阅读社会、培育阅读种子"的理想,可谓语重心长!

笔者认为进行"悦读"时,阅读主体要有一颗平常心,淡化或消除功利性阅读、浅层性阅读,读真、善、美的书;充分挖掘阅读时间,延长人生的长度与厚度;营造阅读的微环境,布置自己的书房,放置书架、书桌。在阅读本体方面,要遵循阅读原则与规律,掌握科学的阅读方法,等等。

三、幸福阅读:阅读幸福观

阅读是幸福的,体现在阅读改变人生之途中。在阅读中,伴随着知识的增长、品格的濡染、思维的提升,幸福感油然而生。幸福更表现在阅读快乐人生中,在阅读快乐中提高幸福指数。在《"悦读"给人"幸福"——〈悦读时代〉卷首语》这篇文章里,曾祥芹引用了《四时读书乐》等大量古代读书诗,以证明阅读的幸福。接着从读书给人安全,阅读的幸福是智者的认知和技能,享受悦读的快乐和幸福,不但要使悦读生活化、智能化、还要大众化等方面深入论证了读书幸福人生的宗旨。这是曾祥芹,我国现代阅读学开创者、一生献给汉文阅读学的老会长,在世界读书日(4 月 23 日)到来之际,结合温家宝总理关于"知识给人力量、给人安全、给人幸福"的读书箴言所谈的心得体会。

笔者不禁想起宋代翁森《四时读书乐》:

山光照槛水绕廊,舞雩归咏春风香。

好鸟枝头亦朋友,落花水面皆文章。

蹉跎莫遣韶光老,人生唯有读书好。

读书之乐乐何如,绿满窗前草不除。

中国阅读学研究会会长徐雁教授非常推崇以下几句诗,在此列出,以飨读者。"花香何及书香远,美味怎如诗味长","读书学习不能懒,天地日月比人忙","最是花香能致远,从来开卷有益多",等等。上述劝学诗,不但内容积极向上,充满正能量,而且语言素朴,诗意隽永。读来如饮醇茗,遍体舒泰!

对于"悦读""乐读",笔者附庸风雅,赋诗一首:

人生最忌多空叹,知易行难乃全言。

再晚今天仍是早,明天再早也应晚。

第七节 完善阅读技能的"三法"训练体系

阅读技能是回答"怎样阅读"的。曾祥芹不但重视阅读理论的建构,而且非常重视阅读技法的提炼,可谓道术兼备。对此,曾祥芹有一个长期发展与完善的过程。在最初的《阅读技法系统》中建构了108法,接着归纳为"精读、略读、快读"三法,最后又形成18法。

一、阅读技法108法

曾祥芹关于阅读108法的具体内容,始见于他的《阅读技法系统》。书中把阅读技法总结为四条阅读链:程序阅读链(认读术、解读术、赏读术、评读术、记读术、用读术);完全阅读链(视读术、听读术、说读术、思读术、写读术、行读术);基础阅读链(选读术、精读术、问读术、略读术、参读术、速读术);应用阅读链(导读术、研读术、审读术、校读术、播读术、译读术)。每条阅读术下又分述2~8条阅读法,共108法——这种划分在当代阅读学研究史上,是第一次。

(一)就阅读技法而言,本书所概括的108法全面具体、极具操作性

1. 全面具体

本书介绍了阅读技法108法,可谓洋洋洒洒,穷极了我们所已知的阅读方法。论述具体深入。一般先释名,接着论述与该技法相关的背景、作用,接着着重论述该技法的具体做法。多引用。材料翔实、内容充分。

2. 极具操作性

该书中的108法,大都是从古今中外阅读资料中搜集整理而来,它们大都是当时比较成熟的、合乎阅读规律的读书技法,因而可操作性强。不但如此,书中在对每一种阅读技法进行论述时,也以如何操作为主。例如在对第16种阅读技法"探幽察微法"论述时,就着重对"敏于置疑发问""善于过细入微""长于比较互证"三个办法进行探讨。在对第17种阅读技法"虚心涵

泳法"进行介绍时,就从"穷究式""升华式""陶情式"三种方式加以论述。这样就给人以具体深刻的印象。再者,本书例证丰富,几乎每处都有例子。在对第 18 种阅读技法"知入知出法"介绍时,就引用了毛泽东读《红楼梦》的例子。在介绍第 19 种阅读技法"分因辨革法"时,引用了钟敬文的《西湖的雪景》起首的一段文字。

当然,在注重实践操作性的同时,本书仍一如既往地注意其学理性。突出表现在对阅读技法名称的解释上。书中每引一种阅读技法,都要指出该技法的来源出处,依据何典,并解释其内涵。例如在介绍第 18 种阅读技法"知入知出法"时,指出其出自宋人陈善的《扪虱新语》;在介绍第 19 种阅读技法"分因辨革法"时,指出其出自《文心雕龙·物色》篇;等等。

(二)阅读 108 法的形成

洋洋大观的阅读 108 法是如何形成的呢? 笔者通过研究发现,来源主要有以下几种。

1. 直接引用阅读史上已经成熟的阅读法

例如孟子的"知人论世法",朱熹、曾国藩极力推崇的"虚心涵泳法",宋人孙善的"知入知出法"。当然有些是直接拿来的,有的则稍加改造,如"酿蜜阅读法"是对鲁迅论读书"必须如蜜蜂一样……"一段话的高度概括。

2. 对古代哲论、教论、学论、写论,史论、政论、乐论、画论、兵论中的言论,加以借鉴改造,这种情况很多。如:

"得意忘言法",是借用庄子哲论中的言意观。

"章节理意法",是对《文心雕龙》中文论观加工而成。

"书本摄魂法",是对杜甫写论中"读书破万卷,下笔如有神"的高度概括。

"探幽察微法",是对《汉书》等典籍中读论的综合加工而成。

"八面受敌法",原出自兵论《孙子兵法》,后经苏东坡引入读论中成为一种较为成熟的技法。

3. 对一些成语、格言改造

改造方式不一而足。例如:"竭泽而渔法",原出自《吕氏春秋》,本义是排干池塘里水去捉鱼,喻义是做事不计后果,经常与杀鸡取卵连用,原带贬义。编者将其引为阅读技法之一种,说明治学时要尽可能多地占有相关资料,这样得出的结论就越可靠。属于贬词褒用。再如"设身处地法"是对成语"设身处地"的借用等。

二、阅读技术三大法

精读、略读与快读三大法主要见于曾祥芹主编的《阅读学新论》一书中,在《阅读学新论》《汉文阅读学研究》等其他文章与书籍中也多次谈及。其划分依据是根据单位时间阅读字数。精读法是每分钟读250字以下,理解和记忆率达90%以上的阅读方法;略读法是每分钟阅读量在250～500字,理解和记忆率在80%左右的阅读方法;快读法是每分钟读500字以上,理解和记忆率在60%以上的阅读方法。

(一)精读法

曾祥芹及其编者给出如下定义:"精读是对读物内容和形式作全面、深刻理解和把握的一种基本的阅读方法。"这种阅读方法主要追求阅读深度,是略读、快读的基础,是阅读教学的重要方法。并指明这种阅读方法的原则:求精勿多、逐次研读、熟透贯通、精思专深。接着分四节重点论述了精读法的四种具体办法:朗读涵泳法、疑问思辨法、比较阅读法、表达阅读法。

精读法是我国最具民族传统与特色的一种阅读方法,史上留下了很有价值的资料,例如孟子的"以意逆志""知人论世",刘勰的"沿波讨源""六观法"等。其中朱熹于此贡献最大。他提出的"循序渐进、熟读精思、虚心涵咏、切己体察、著紧用力、居敬持志"等法,是我国古代最完备、最系统的读书法,集古代读书法之大成,为历代学者所推崇,有很强的理论与实践价值。曾祥芹就是在借鉴前人读书理论基础上形成了他对精读法的观点与看法,是对古代阅读观的进一步演进与发展,很有现实意义。

精读法之所以为我国历代学人所重视,是与我国历代教育重经典阅读分不开的。笔者认为文本按内容可分为明道与传播信息两种,前者以经典书籍为主,后者以时文短章为主。不同内容的文本有着不同的阅读方式,前者主要采用精读法,后者主要采用略读与快读法。我国历代教育读本大都以儒家经典为主,而经典的内容与语言具有微言大义、言近而旨远的特点,远非略读和快读所能解决的,只有精读才能奏效。另外,我国古人生活节奏慢、读书资料欠缺,对于很不容易得到的一本书有足够的时间与精力仔细研读,因此适合经典内容的精读法才大行其道。宋代蔡确的《夏日登车盖亭》:"纸屏石枕竹方床,手倦抛书午梦长。睡起莞然成独笑,数声渔笛在沧浪。"读书伴眠,悠然之景,令人神往。正是如此,陆九渊《读书》诗才能提倡细嚼慢咽的读书法:"读书且戒在慌忙,涵泳工夫兴味长。未晓不妨权放过,切身须要急思量。"

(二)略读法

曾祥芹认为:"略读法是与精读法相对而言的一种不求其精熟,而着意于观其大略的重要方法,是进行阅读广度训练的主要方式。"并指出其特点:粗与略,略次而抓要,略小而抓大,等等。接着用五节依次论述了浏览默读法、提纲挈领法、搜寻猎读法、不求甚解法、扩散参读法。

我国读书史上重视精读的同时,也有关于略读法的提法与运用。最著名的就是陶渊明的"不求甚解法",诸葛亮的"观其大略法"。这是一种直取形而上的精髓,不拘泥于个别字句的略读法。如果要用知人论世的话,可以知道陶渊明、诸葛亮采用这种方法不是偶然的。经过两汉寻章摘句、冗长空洞的经学研究之后,一种领会大意、不作烦琐解章释句的文风盛行开来;而这种读书法也正是对两汉经学的反拨与矫正。

(三)快读法

曾祥芹认为,快读法"指人们从文字符号中迅速吸取有用信息的一种读书方法。是人们快速获取知识信息的一种极为重要的信息筛选能力"。快读法主要追求阅读速度,它是曾祥芹顺应新形势,面向世界,面向未来的一种创造性选择,是在新的形势下必须采用的阅读方法,是对外文快读法的移植引进而成的。

阅读曾祥芹著作中关于快读法的论述,可以发现他对"快读"法的重视也有一个逐步加深的过程。他最早提到快读法是在 20 世纪 90 年代初。在1992 年出版的《阅读学原理》"阅读方式"一节的分类中,"快读"与"慢读"并列论述。而在 1999 年出版的《阅读学新论》中单列一章加以专论。在 2010年出版的《汉文阅读学研究》这本书里,就收录了 5 篇关于"快读"的文章,这种情形在其他内容上是不多见的。

快读法也是曾祥芹先生的独创,主要体现在以下几个方面。

1. 创立了与"精读""略读"相并列的"快读"法

中国传统的阅读方法是"精读""略读"二分法,始于1936年1月著名语文教育家夏丏尊在向全国中学生的广播讲话。到了60多年后的2002年,曾祥芹、甘其勋联袂主编的《快读指导举隅》,开始构建"精读、略读、快读"三种理念与方法,至今已非常成熟并得到理论界的认可。

2. 用"快读"取代"速读"这一术语

中国(不包括港澳台地区)最早研究和实验快读的学者程汉杰等人开始用的是"速读"这一术语,曾祥芹提出:"'速读'与'速度'谐音易混,有必要回避;二是'速'的发音属撮口呼,凝滞拗口,'快'的发音属开口呼,响亮爽口,切合汉语音韵的特点;三是'快读'作为'快速阅读'的简缩语,既表明阅读速度快、理解快、记忆快、反应快,又表明阅读思路的明快、畅快、飞快,还表明阅读心情的愉快、爽快、痛快,充满人文精神。"①因此,"快读"这一称谓得到学界的认可并传播开来。

之所以重视和提倡快读法,原因是多方面的,但最主要的原因还是随着社会的快速发展,信息爆炸的现实需要,以往"吟安一个字,捻断数茎须"(卢延让《苦吟》)式的精读已不合时宜,时代在呼唤快读法的到来,曾祥芹热烈地回应了这种呼唤。他提出"快读是信息时代对每个社会成员的普遍而迫切的要求""是信息社会每个智力正常的公民能够养成的技能""是知识经济时代的学习革命""是语文素质教育的高新科技""是开发精神生产的智力能源"等②。同时论述了慢速阅读存在六大弊端:①语音转换影响了阅读速度;②眼球转动频率高影响了阅读质量;③脑子缺乏灵活性影响了整体认知;④视野狭窄影响了信息接收;⑤重复阅读影响了阅读效率;⑥不够专注影响了阅读的创造性。接下来水到渠成地提出:

> 这些慢读习惯已到了非革除不可的时候了。谁想真正成为知识化社会、信息化社会、学习化社会的主人,谁就必须改变"单纯精读、忽视略读和快读"的落后阅读学习方式,代之以精读、略读,快

---

① 曾祥芹.大力发展快速阅读的文化事业和文化产业[J].河北科技师范学院学报(社会科学版),2008(2):104-108.

② 曾祥芹.快速阅读:亟待开发的先进文化产业[J].神州,2002(6).

读和谐发展,快中求精的先进阅读学习策略。快速阅读作为获取知识的加速器,作为人才成长的催化剂,能使我们早获知识,快获知识,多获知识,大大提高学习的效率,实际上是阅读学习的一场革命。

洋为中用、古为今用。曾祥芹主要引进了"无声阅读法、面式阅读法、整体阅读法、鉴别阅读法、思维导图法"5种,也对中国传统的略读法加以整理,为"一目十行法、过目成诵法、循章归旨法、意会神摄法、筛选阅读法"5种。

对"快速阅读"的论述,表现了以曾祥芹为代表的一代学人在继承祖国"精读"优良传统的同时,所具有的社会责任感、清醒的学术态度以及与时俱进、永不停歇的进取精神。

三、阅读的 18 般技艺

该项内容在曾祥芹后期编著的阅读学著作中均有阐述,并在超星平台上推出(见《阅读学第八讲》)。内容包括:精读术 8 法(朗读背诵法、涵泳默会法、经验汇兑法、疑问思辨法、八面受敌法、比较阅读法、表达阅读法、迁移阅读法);略读术 5 法(默读浏览法、提纲挈领法、搜寻猎读法、不求甚解法、扩散参读法);快读术 5 法(无声阅读法、一目十行法、循章归旨法、意会神摄法、思维导图法)。

"'为什么读'比'读什么'重要,'怎样读'比'为什么读'更重要。"这是曾祥芹晚年悟出的阅读之道。也正因为此,才有从让人眼花缭乱的108式,到简化为3招,再到适中的18般武艺的不断演进! 也让人见识到在理论宏富之外,曾祥芹于实践研究上的与众不同。且不说内容的丰富多彩,琳琅满目,仅仅术语的言语形式就让人感觉美不胜收、观止之叹! 当然这归功于曾祥芹深厚的学养,腹有诗书气自华! 正是:"居高声自远,非是藉秋风!"(唐虞世南《蝉》)

第八节　改革阅读教学的十项策略

一、语文能力，"读"占鳌头——靠阅读训练带动写作、听说训练

实践产生理论，理论反哺实践；实践是理论的本源与目的，理论是对实践的总结与提升。

长期的一线教学尤其是 22 年的中小学语文教学经历，决定了曾祥芹的教学研究从实践中来又到实践中去，兼具实践性、理论性的双重特点。他不但对语文教育进行宏大的思想建构，也对一些具体方略进行探讨。

(一)语文能力，"读"占鳌头

曾祥芹把阅读活动视作由"意化"到"物化"、由"吸收"到"倾吐"的全程。与之相应，他在很多文章里都努力纠正了只注意"意化"，不注意"物化"；只提"吸收"，不提"倾吐"的"单程阅读论"；只重视"正阅读"（披文得意），不重视"前阅读"（选文潜心）、"后阅读"（用意及物）的"单程阅读论"。因此，曾祥芹认为在"听、说、读、写"四项语文能力中，"读"占鳌头。其中的"听"与"读"是"吸收"与"意化"阶段，而"说"与"写"是"倾吐"与"物化"阶段。前者重接受，后者重表达；前者属被动的学习，后者属能动的创造。因此，前者是后者的基础、条件与前提。又因为"听"是有限的，视听资料刚刚起步，应用于阅读学领域只是近几年的事，与人类漫长的阅读史相比只是历史长河之一瞬。因而阅读的"前半程"的任务无疑只能由"读"来承担了。这样"读"就责无旁贷地成为语文能力的第一位，其他三种能力要靠阅读来带动与实现。

(二)读写比翼双飞

在上述基础上，曾祥芹大声疾呼"阅读基础论"（笔者语），并批评当前语文阅读教学中重写、轻读的病态现象。他提出，学生语文水平之所以不高，究其原因是阅读不够造成的。这一论断切中了当前语文教育的病根，阅读对于写作的作用毋庸置疑。当前阅读教学水平低下的主要表现：其一是课堂效率低下，其二是课外阅读不够。包括阅读物的质量不高、阅读范围不大、阅读时间不够等。与其他学科相比，语文学习是一个积累的过程，对此

语文教学名师韩军用"举三反一"来表述。笔者非常佩服韩军化用"举一反三"这一成语,且用语形象,言简意赅,道出了众人心中所想而笔下所无。

曾祥芹认为只提倡写作不提倡阅读是"单腿走路",效果终是不佳,并且说语文是"体",其"两翼"就是"阅读"与"写作",只有"两翼"齐飞,语文这只"雄鹰"才能飞起来。因此,"读写比翼双飞"是曾祥芹对语文教学必须读写兼重的诗性表述,与韩军"举三反一"有异曲同工之妙。

据笔者所知,对于阅读与写作的关系,学界有不同的看法,一是阅读本位,这是中国自古以来的主流观念,主要依靠阅读来对学生进行思想道德教育,写作之用途尚不明显。二是写作本位,这是语文分科尤其是新中国成立以来,语文教育主张提高学生能力,于是写作地位日显。黎锦熙先生针对当时情形提出"写作重于讲读"作为其"教学三原则"的第一条。① 当前最为激切的当属福建师大的潘新和。他旗帜鲜明地提出"写作高于阅读"②的观点。三是"读写并重观",当以曾祥芹为代表。笔者认为,三种观点,孰优孰劣,不能简单论,当结合其背景做深入分析。在此存而不论。

(三)阅读知识、阅读智能、阅读情志

阅读能力的内涵是什么,学界有不同的表述,这也是曾祥芹阅读研究的重点,他根据一贯的理论与做法,把语文教师的阅读能力认定为一种多维的立体开放结构:智能系统、知识系统与动力系统。智能系统又包含行为系统与智力系统两个子系统,这两个子系统又分别包括阅读感知力、理解力、鉴赏力、迁移力、创造力组成的纵向层级结构,以及阅读选择力、思考力、想象力、记忆力、时效力组成的横向贯穿结构,这是整个阅读能力的主干结构。而阅读智能的生成总要以阅读知识为先导,以阅读情志为后辅。"阅读知识"主要指阅读学知识,诸如阅读本质等。它们是整个阅读能力的基础结构。阅读能力除了智能系统和知识系统之外,还有非智力情志系统。"阅读情志"指阅读的意向品质,包括阅读动机、兴趣、情感、意志,以及由此综合养成的阅读理想、道德、态度、习惯,它们是整个阅读能力的动力结构。

① 黎锦熙.各级学校作文教学改革案[J].国文月刊,1947(52):24-32。
② 潘新和.语文:表现与存在[M].福州:福建人民出版社,2005:518.

二、加强阅读的科学性和人文性——用阅读学指导阅读教学

"科学性"与"人文性"之争,是世纪末语文教育大讨论的焦点问题,当然最早涉及该问题的是韩军于20世纪90年代在《语文学习》上的讨论文章①,引起了学界的关注,在此不作赘述。作为勇立时代潮头的语文教育家,曾祥芹对这一问题有着自己的理解,他曾撰写《加强阅读的科学性和人文性》②,提出"科学性"与"人文性"相统一的问题。他断言"21世纪中国阅读学的发展战略,集中到一点,就是追求阅读学的现代化和民族化。现代化是阅读学发展的科技水平,民族化是阅读学显示的人文特色"。该论断可谓击中肯綮。关于阅读的科学性,他首先指出要"查清阅读教学症结,抓住阅读基本矛盾";其次要"依靠阅读科学技术提高阅读效率",包括"强化阅读的科技意识"与"把握阅读的双重转化原理"。关于阅读的人文性,他提出"寻求汉文阅读特色,弘扬阅读人文精神",包括"强化自主意识""拓展读者的思维空间""培养读者的创造能力"。读后笔者大有醍醐灌顶、茅塞顿开之感。例如在论及"强化自主意识"时,他写道:

> 阅读教学不可受片面化阅读目标(读只是为了写)的束缚,不可受模式化阅读程序的桎梏,不可受单一化精读方法的局限,不可受标准化阅读测试的导引,而应追求阅读的社会化、民族化、人格化、个性化……换句话说,阅读课不能用冷漠的知性分析取代动情的文本感受,不能用教师既定的阅读教案框限学生多样的阅读心得;必须引导大家一起挖掘课文的思想意蕴和文化内涵,实现阅读认知教学、智能训练、人格教育的三统一。

上段文字直击当前盛行的语文阅读教学的种种病状,即所谓的"科学主义",不顾语文学科鲜活人文性的特点,教法教条、刻板、琐碎,相信很多语文教师有着切肤之感。

---

① 韩军.限制科学主义,张扬人文精神:关于中国现代语文教学的思考[J].语文学习,1993(1):12-15.

② 曾祥芹.加强阅读的科学性和人文性[J].中学语文教学参考,2000(1):6-9.

三、阅读的"外宇宙"和"内宇宙"——树立科学的"大阅读"观

阅读的"外宇宙"和"内宇宙"观(图7-1),是曾祥芹关于阅读时空哲学的重要观点,它把"有字书"(读物)、"无字书"(大自然与人类社会)称为外宇宙;把阅读主体的思维空间看作一个内宇宙。包括"读者与文本的距离""读者与作者的距离""读者与世界的距离""读者与自我的距离"四大空间,这四大空间又与阅读本质的四个方面一一对应,结构如下:

"读者与文本的距离"——阅读是因文得意的心智技能(阅读的第一视界);

"读者与作者的距离"——阅读是缘文会友的社交行为(阅读的第二视界);

"读者与世界的距离"——阅读是书面文化的精神消费(阅读的第三视界);

"读者与自我的距离"——阅读是人类素质的生产过程(阅读的第四视界)。

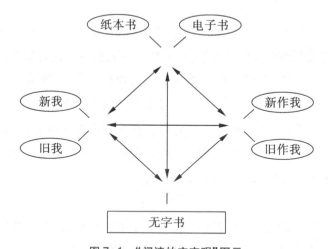

图7-1 "阅读的宇宙观"图示

原载《语文教育学别论》,中央文献出版社2005年版

各要素纵横交织,构成一个共存、共生的关系图,科学阐释了阅读空间理论。其建构之巧妙、内容之丰富,令人叹服。

作为一线教学的教师可能会意识到,曾祥芹关于"大阅读"的观点具有

386

重要的理论与实践价值,就是提倡"生活语文""大语文观",不要把阅读教学局限于书本这一狭小圈子里,而是走向大自然与社会。其实古人早已有经典的论述:"读万卷书,行万里路!"

四、读求真、向善、至美的书——阅读选择的战略和战术

关于阅读的选择问题,曾祥芹提出了"择真而读、择善而读、择美而读"①的战略,但具体何为真、善、美的书,则大而化之,语焉不详,笔者想借此谈谈自己的理解。

"真",即写真事、抒真情之作品;反之,那些材料虚假、无病呻吟就是失真之作。在阅读教学中,我们就要择"真"而读。当然能够流传至今的大都不失为"真"的作品,而假的作品则大都被淘汰。改革开放尤其是20世纪末语文教育大讨论以来,入选教材的课文大都是写真事、抒真情的文章,相关例证俯拾皆是。王勃的《滕王阁序》描写了当时高朋满座、胜友如云的真实境况,抒发了人生无常、英雄末路的怅惘之情。全文真景如绘,真情流溢,引起古今多少文人骚客的共鸣!李密为了隐匿自己对司马氏的不满,在《陈情表》中假话真说,描写了祖母的养育之恩,抒发了对祖母的拳拳深情,令人动容。因此宋代学者赵与时在《宾退录》中说:"读诸葛孔明《出师表》而不堕泪者,其人必不忠。读李令伯《陈情表》而不堕泪者,其人必不孝。读韩退之《祭十二郎文》而不堕泪者,其人必不友。"这里的"忠""孝""友"即指作品首先要符合"真"的标准。

"善",即符合社会良俗,反映社会发展规律的倾向与意图,反之则是伪善。古今中外有一些求真的书籍,但于善有亏,我们还是弃之为好。不消说一些情趣低下、思想不健康的书籍,即便一些称之为优秀的读物时过境迁之后也有这样或那样的毛病。例如《三国演义》《水浒传》中轻视女性、嗜杀的倾向,反映出长期以来妇女地位低下、统治阶级草菅人命的恶俗。中学语文教材中的选文也有这种情况,特别是一些优秀的古典诗文多出自失意之口,抒写昂扬之情的好文章反而不多,出现较明显的自命自怜、怨天尤人的倾

---

① 曾祥芹.汉文阅读学在中国的发展[M]//汉文阅读学研究.北京:高等教育出版社,2010:113.

向,教学时选择这类读物要多加注意,否则会使学生养成自大自负、自怨自艾之情形。有教师就对陶渊明诗文进教材持反对意见:"我总觉得长期以来正面肯定陶渊明品行及诗文来熏陶感染学生有误人子弟之嫌。……不宜再以正面肯定的态度来误导学生,而应该将陶渊明性格及诗文作为反面例子来教学。"①话虽有点偏激,但是指出了我国古典诗文中的一些问题。

"美",即符合人们的审美习惯,反之则是损美。有些文章内容倒是充实、情感倒是健康,但是"质木无文",读之索然无味。新中国成立后的一段时期里,语文课上成了政治课,语文教材选入一些政治性很强的论文,尤其领导人讲话。领导人的讲话内容很好,但一般而言形式美上有所欠焉。它应该是政治课的内容,选入语文课就有点物非其类了。因为语文读物要符合两点要求,一是内容健康,二是语言优美。这一点应当引起我们的思考。

当然,真善美更多的时候不是泾渭分明而是难分难解的,有时求真即是择善即是审美,"择真而读"也就是"择善而读、择美而读",不能把三者机械地割裂甚至对立起来。

五、阅读的"三九胃泰"——阅读的完整过程和基本规律

关于阅读规律,曾祥芹定义为:"阅读过程中读者和读物的本质联系及其发展的必然趋势。"关于阅读的过程和规律的论述,在第一部"阅读学丛书"中的核心著作《阅读学原理》中已有雏形,即第十四章"阅读过程论",书中把阅读过程分为阅读准备、阅读阐发与阅读应用三阶段。后来在《阅读学新论》中的第十三章改为"阅读规律论",分为感言辨体律、入情得意律与运思及物律。每条规律下又统辖三条原则,共九项原则,显示了曾祥芹对这一问题研究的日渐成熟。其内涵如下。

感言辨体律(认形阶段):语境定义、意会神摄、经验汇总。

入情得意律(取神阶段):遵路识真、阐幽发微、以意逆志。

运思及物律(笃行阶段):知人论世、类化迁移、切己体察。

笔者将其命名为"三律九则",而曾祥芹以其助于阅读,为阅读提供动力,而戏称之为阅读的"三九胃泰"。

---

① 金文连.不能再以陶渊明诗文误导学生[J].教学月刊,2008(4):49-51.

六、走进文本,走出文本——文本阅读的大法

该法出自宋代学者陈善的《扪虱新话·读书类》:"读书须知出入法。始当求所以入,终当求所以出。见得亲切,此是入书法;用得透脱,此是出书法。盖不能入得书,则不知古人用心处;不能出得书,则又死在言下。惟知出知入,得尽读书之法也。"对于陈善这一读书心得,曾祥芹在第一套"阅读学丛书"的《古代阅读论》中就加以收录,在《阅读技法系统》中概括为"知入知出"法,并在《阅读学新论》"汉文阅读规律论"一章中进行了较详细的论述。当然有时称谓不一,在《阅读技法系统》这本书里称之为"知入知出法",有的地方称之为"入书法、出书法""走进文本,走出文本",等等。曾祥芹一直重视并研究这种阅读方法,他在很多阅读学的书籍与论文中都提到过。对于此法,曾祥芹进行过多角度、多侧面的阐发,例如结合阅读心理、行为等方面。限于论述涉及多重关系,笔者特列表加以呈现(表7-1)。

表7-1　曾祥芹对陈善读书"出入法"阐发表

称谓	入书法	出书法
出处	《扪虱新话》	《扪虱新话》
含义	进入文本、深入文本	走出文本、超越文本
过程	意化	物化
阅读行为操作角度	读物信息的输入	阅读心得的输出
阅读本质角度	因文得意的心理过程、书面文化的消费过程	缘文会友的交往过程、人类素质的生产过程
错误做法	游在言外	死在言下

表7-1仅涉及很少的方面,但管中窥豹,从中我们可以看出曾祥芹阅读理论之合理、内容之丰富、逻辑之严密的全貌。对于该部分,笔者曾反复研读,自觉受益匪浅,并结合中学语文教学,对如何"出"与"入"的问题,撰写了

相关文章,进行了较深入的思考与探讨①。

七、悖体阅读、适体阅读、跨体阅读——文体阅读的出格、入格和破格

个性化阅读、创造性阅读绝对可以称得上阅读改革的旗帜与口号,是对"学生为本"理念的具体化,是《语文课程标准》的亮点;它对推动语文教学改革,提高学生学习积极性,起着无法估量的作用。但是在实施过程中也出现一些乱象,即误读文本的现象。如有学生读《愚公移山》说"愚公破坏生态平衡";读朱自清的《背影》认为"父亲违反交通规则";读李密的《陈情表》大谈"忠孝思想的现实意义";读苏洵的《六国论》说"作者是阻碍历史前进的脚步"②……这些颇具个性的阅读虽然原因是多方面的,但与学生文体意识不明,错用文体阅读有关。但学界对此抱怨多于理解,批判多于建构。作为我国阅读学的开创者的曾祥芹对此进行了深入思考,先后写下了几篇非常有分量的文章,析成因,找办法,理论上具有开拓作用,实践上具有指导意义。这些文章最后收入他的《语文教育学研究》《文章阅读学》等著作。

对于上述一些误读经典现象,曾祥芹称之为"悖体阅读",即悖离文体,错把虚构的文学作品当作真实的文章作品来读。与此相应的矫正办法,即"用文学的知识来读文学,用文章的知识来读文章"。曾祥芹称之为"适体阅读"。当然为了进行创造性地阅读有时可以突破常规,曾祥芹创造了一个术语"跨体阅读",即"用文学的知识来读文章,用文章的知识来读文学"。笔者仍采用表格加以展示(表7-2)。

表7-2　曾祥芹"三体阅读论"内容表

称谓	悖体阅读	适体阅读	跨体阅读
含义	错用文体阅读	用适合的文体阅读	创造性地跨用文体阅读

---

① 张天明.入乎其内,出乎其外:经典解读方法探析[J].中学语文教学参考,2013(12).

② 张天明.经典阅读中的误读浅析[J].中学语文教学,2009(10):23-25.

续表 7-2

称谓	悖体阅读	适体阅读	跨体阅读
诠释	错用文学读文章 错用文章读文学	应该用文学读文学 应该用文章读文章	创造性地运用文学读文章、用文章读文学
举例	读《愚公移山》说"愚公破坏生态平衡";	略	用历史学、管理学、政治学经济学读《三国演义》
训练	出格训练	入格训练	破格训练
状态	病态	常态	新态

从表 7-2 中我们可以对曾祥芹关于"三体阅读训练论"(笔者命名)的内容有一个相对全面而清晰的认识。笔者对该理论研读数遍,也结合中学语文教学实际写了一些论文①,进行了初步研究。

八、共性化通解、自由化误解、个性化正解——阅读神游的基地、陷阱和胜境

《语文新课程标准》提出关于个性化阅读的理念以来,学界进行了大量的研究,也取得了丰厚的成果。笔者曾对此进行研究,查阅了大量文献资料。笔者认为在所有研究资料中,曾祥芹的研究最系统、最深入、最科学。他提出的许多理念、策略对指导个性化阅读有极强的指导作用。相关言论主要收在《个性化阅读要科学化,不要自由化》(原载《中学语文教学》2007年第 11 期)、《划清个性化阅读与自由化阅读的界限——以经典文章〈论语〉的多元解读为例》(原载《中学语文教学》2008 年第 7 期)等文章中。他认为读者对文本的理解,呈现出三种境况,即共性化通解、自由化误解、个性化正解。共性化通解是一般读者都能达到的境地,即共同的、差别不大的、相通的理解。如读朱自清的《荷塘月色》,都能感知到隐藏于字里行间淡淡的喜悦与淡淡的忧愁。自由化误解,既不合作者之意,又不合作品之意的错解。个性化正解是指虽与作者之意、作品之意不合,但是对作品之意的补充、丰

---

① 张天明.曾祥芹"三体阅读法"对语文教学的指导作用[J].语文教学通讯,2017(11):16-19.

富、深化,使文本增值。关于个性化正解,曾祥芹认为有以下几种类型:

(1)"作者得于心,览者会以意。"(梅圣俞)这是"同解",属于重合性建构。

(2)"比作者自己更好地理解作者。"(保罗·利科尔)这是"增解",属于补充性建构。

(3)"同阅一卷书,各自领其奥。"(赵翼)这是"异解",属于差别性建构。

如《易经》《论语》《红楼梦》等名著,见仁见智,百人百义,千百年来,争论不休。这种"接受悖论"现象,在文学和文章的阅读中普遍存在。究其原因,一是读物"言不尽意"的差异性和阅读时"因文得意"的生产性所酿成,二是由读者的主观能动性和局限性所造成。

(4)"作者之用心未必然,读者之用心何必不然。"(谭献《复堂词录序》)这是"批解",属于匡正性建构。

例如关于《项链》一文的主题,有人就根据学生的阅读给了十一处之多①。

笔者特别服膺曾祥芹语言组织能力,他总能把一些现象进行条分缕析,并用结构相同、意义相近或相左的一组语词、名言警句或诗文分别加以命名、阐释。既呈现出统一性,又表现出参差性;既有科学的理性美,又有文学的情染美。例如上面分别引用梅圣俞、保罗·利科尔、赵翼、谭献的诗文引出所代表的个性化阅读的四种情形,接着用"同解""增解""异解""批解"来命名,又用重合性建构、补充性建构、差别性建构和匡正性建构进一步阐释,给人以美不胜收之感。

特别值得提出的是,曾祥芹在该理论基础之上形成了阅读病理及其矫治理论,分别把自由化误解与个性化正解视为阅读病态的典型及救治办法(见《文章阅读学》第十三章"文章误读病理论")。笔者结合多年的语文教学经验认为,曾祥芹关于阅读病理及其矫治方略是其理论中最具实践价值的地方,也非常赞同陈才生教授的看法:"在曾先生的文章阅读本体观中,最别开生面的是他对文章阅读病理的深刻剖析。"②

---

① 金传富.关于《项链》的十一个主题[J].语文教学通讯,2007(2):32—33.

② 陈才生.谈曾祥芹的文章阅读本体观[C]//甘其勋."三学"创新论:曾祥芹学术思想国际研讨会文集.郑州:河南人民出版社,2011:250.

九、创造性阅读的性能、原理、过程、基础、层次、空间、技法、铁则

创造性阅读是语文新课标提出的重要观点,但如何操作,学界研究不多。而从事22年中学语文教学的曾祥芹敏锐地认识到这一观点的意义与作用,并在诸多论文中谈及,而每篇论述都有不同的角度、不同的内容。《文章阅读学》设"文章阅读创造论"专章论述,是比较成熟的产物,后又收入《汉文阅读学研究》里,故而这里所评的创造性阅读其实是特指文章的创造性阅读,所引原文也是出自这一章节。

(一)创造性阅读的性能:追寻原意,重构新义

曾祥芹首先批评了当前学界把"创造"排除在文章阅读之外,认为只有文学阅读才有创造,文章阅读只是搜寻信息的错误观点;并指出孔子的"述而不作"说深远影响了创造性阅读的施行。接着从"追寻原意"与"重构新义"两个层面进行论述,并着重指出不单"重构新义"具有创造性,而且"追寻原意"也具有再生产性。接着从"智者乐水,仁者乐山"的理解接受史的角度旁征博引,列举了朱熹、刘向、冷金成、冯友兰等为代表的理学家的注解、史学家的诠释、文学家的阐幽、哲学家的发微,深入地论证了读者在追寻原意中重构了的新义。举例全面典型、说理透彻,使人服膺。

(二)创造性阅读的原理:置换、组合、交汇、转移

1. 置换

曾祥芹根据事物内容和形式上的要素更换就会改变其意义的道理,提出了要素置换、结构重组、信息交汇与情境迁移等置换原理。例如在要素置换中运用"移花接木"或"偷梁换柱"来重构文本新义的办法,包括语素置换、词语置换、事料置换、意旨置换几个方面,运用引论、例证等方法说明了该原理。

2. 组合

将已有知识、技术重新组合。包括对词句、段落、章节的重组。

3. 交汇

将文章中的信息纵贯古今、横连八方、顺逆求索,实行多角度、多层次的交汇,是阅读创造的原理之三。这是曾祥芹将信息交合论在阅读学中的成功运用。并举例达尔文阅读马尔萨斯的《人口论》,通过联想,得出了生物界

"适者生存""优胜劣汰"的进化规律。

4.迁移

"善于吸收文章内容和形式的精神营养以解除文章写作的'思想痛苦'和'语言痛苦',实现文本向实际生活的迁移,是阅读创造的原理之四。"其方法有拉近联想、相似联想、对比联想与关系联想。

曾祥芹所提出的以上四种办法,深入地揭示了创造性阅读的原理,对创造性阅读有极好的启发与指导作用。

(三)创造性阅读的过程:准备、酝酿、明朗、验证

曾祥芹根据美国心理学家华莱士和英国心理学家活勒斯的"创造四阶段"理论,把创造性阅读的过程分为准备期——阅读文本,汲取营养;酝酿期——冥思苦索,质疑问难;明朗期——诱发灵感,提出新见;验证期——付诸实践,接受检验。然后运用引证、例证等论证方法,旁征博引,要而不烦,结构清晰,很有说服力。

(四)创造性阅读的基础:广泛继承、高峰体验

创造性阅读是阅读的高级形式,但它不是空中楼阁,它有着坚实的基础。曾祥芹认为"广泛继承、高峰体验"是文章阅读创造的基础。

1.广泛继承,有雄厚的文化积淀

在《文章阅读学》里,曾祥芹开宗明义:创新必先继承,而且是广泛的继承。接着运用比喻论证,用"根、茎、枝、叶、花、果"等意象,分别喻"接受性阅读、理解性阅读、比较性阅读、鉴赏性阅读、探究性阅读与创造性阅读"等概念,贴切生动。接着如数家珍,列举了司马迁博览群书以著《史记》;王勃读《晋书·张华传》得以速作《滕王阁序》;李白只有读了《水经注·巫峡》中的"或王命急宣,有时朝发白帝,暮至江陵,其间千两百里,虽乘奔御风,不以疾也",才得以创作《早发白帝城》这首名诗;朱熹之所以写出寓理趣于形象中的著名哲理诗《观书有感》,分明是读了庄子的《逍遥游》中的句子:"且夫水之积也不厚,则其负大舟也无力。覆杯水于坳堂之上,则芥为之舟;置杯焉则胶,水浅而舟大也。"叶昌炽写作《纪尤袤》是阅读了宋代尤袤《遂初堂书目序》中的句子:"饥读之,以当肉;寒读之,以当裘;孤寂而读之,以当友;幽忧读之,以当金石琴瑟。"用以支撑观点。最后着重论述了钱锺书1962年写的15 000字随感性文章《读拉奥孔》所引用的书目,略去作者、出版社等其他信

息,仅把书名一一列出,竟近一页之多。

2.高峰体验,有知行合一的感悟

曾祥芹提出了几个论点:一是"文章阅读的'高峰体验'是阅读创造的顿悟表现";二是"阅读的情感体验可能停留在欣赏的层次,还不一定达到阅读创造的水平,只有陌生化的'高峰体验'才可能达到阅读创造的水准";三是"'高峰体验'要求切实做到'以身体之''以心验之'";等等。曾祥芹旁征博引,引证、例证兼具,内容涉及古今中外,代表性极强。而重点是以粉碎"四人帮"之后党内关于"两个凡是"及真理标准的讨论,以邓小平、胡耀邦以及南京大学哲学系胡福明教授亲身体验的实例加以论证。最后又列举了刘雨田阅读并深感于西方诸多旅行家行走的事例,决定行走万里长城,最后写出《长城万里行》一书,用事实证明了高峰体验乃阅读创造基础的观点。令人心折。

(五)创造性阅读的层次:补充发挥、反思批判

对于创造性阅读的层次,曾祥芹从不同的角度进行了划分:从文意阐释角度看,有基础层面和发展层面;从创造主体素养角度看,有专家读者和普通读者、专业读者和大众读者、教师读者和学生读者、大学生读者和中小学生读者等区分;从阅读创造本位角度看,有创造性解词、创造性释句、创造性析篇、创造性注书之分;从阅读创造成果角度看,有观点创新、事料创新、思路创新、方法创新、概念创新、体系创新、学科创新之分;从阅读创造品位看,有原创和再创之分。分类之详尽、标准之科学、用语之美观,令人叹为观止。

之后,曾祥芹着重从重构新义的角度,把创造性阅读分为补充、发挥、反思、批判四个由低到高的层次,然后逐层论证,阐释内涵、举例分析、深入论证,令人信服。

(六)创造性阅读的空间:解文、知人、论世、察己

创造性阅读的空间属于阅读的时空观,即阅读活动的范围与视界。曾祥芹认为阅读活动的空间离不开读者、作者、文本与世界四大因素,或者说是四重视界,并称之为阅读的"内宇宙",神游万仞、心骛八极,思维便在这个空间里翻飞。

1.解文

即解开文章的内涵与意义。这是阅读的最基本内容与目标。就是通过对文本的字、词、句、段及篇章结构的阅读来理解其内容,即刘勰所言"观文者披文以入情"。曾祥芹称之为阅读的第一视界。

2. 知人

即了解作者,包括作者生活经历、思想观点、创作动机等。这是主张把阅读主客体联系起来的办法,曾祥芹称之为阅读的第二视界。中国文论史上一直重视作者对于文本建构的意义,认为文本的内容与形式是作者赋予的,因此有人文合一、文如其人的观点。该看法有其规律性与合理性,但有时不能一概而论。文论史上既有文品即人品的规律性现象,但又有文非其人、文饰其人的情形。

3. 论世

即联系文本背后的社会与时代背景来追索文本的原意与新义。曾祥芹称之为阅读的第三视界。把文本置于种种关系、矛盾中去考察,放在当时的社会情景与读者现实中,既要有"历史视界",又要有"现实视界",才能更好地把握作品的内蕴与现代意义。这是阅读时空观在阅读活动中的具体体现。

知人论世的意义就是看到了阅读不仅是披文得意的心智技能,更是缘文会友的社交行为,拓展了阅读的视界与空间。

4. 察己

即省察读者自己。就是以文本为参照,检视自己,超越自己,做到知行合一,文与人合一。曾祥芹多次批评阅读活动中的"单主体"说,重视作者,忽略读者;重视学生,忽略教师。强调阅读一方面是"本质力量的对象化",另一方面是阅读"对象的人化"。阅读的本质就是跨越读者与文本的距离、接着跨越读者与作者的距离,进而跨越读者与世界的距离,最后是跨越旧我与新我的距离,完成塑造新我的过程。曾祥芹称之为阅读的第四视界。

解文、知人、论世、察己,四重视界,各得其所,各具其妙,又各有其短。解文只是就文论文,也就是陈善所说的"知入法"、曾祥芹总结的"走进文本";解文仅仅是阅读的初级阶段,但它是基础,是前提,是不可逾越的阶段。知人论世是联系作者,从文本所处的关系与矛盾中考察文本,从更广阔的视界中俯视文本,也就是陈善所说的"知出法"、曾祥芹总结的"走出文本"。其实质是不被文本既定的内容与形式拘泥。而察己则是着眼于阅读的最后归宿,以提升、指导自己为旨归;它不但是书面文化的精神消费,更是人类自身素质的生产过程,规避了一般意义上阅读理解的狭隘性。

曾祥芹关于阅读创造的四重空间观或四重视界观,科学地阐释了阅读活动中各个要素之间的关系及参与情况,廓清了当前一些错误观点与做法,极具理论意义与实践价值,尤其对于阅读教学活动中如何处理各要素之间的关系具有强烈的指导作用。它是曾祥芹阅读理论的重要观点,无论是其学理性,还是实践性,抑或理论术语的美感性,都代表了曾祥芹阅读理论的最高水平。笔者曾反复品读,受益匪浅;也曾就关于"四重视界"观在阅读教学中的运用写过几篇文章①。对此感触颇深。

(七)创造性阅读的技法:互文生义、断章取义

曾祥芹论述阅读技法的文章有很多,专著也不少,凡是关于阅读的书籍都设有"阅读技法论"专章,并且在第一套"阅读学丛书"里有两本阅读技法的专著《阅读技法系统》与《文体阅读法》,应该说于阅读技法而言已积累了相当丰富的经验。而创造性阅读是阅读的最高形式,对于创造性阅读的技法,可见于他主编的《文章阅读学》第十二章"文章阅读创造论"中的第七节"互文生义、断章取义:文章阅读的创造性技法"。

在本节里,曾祥芹根据此前提出的把阅读创造的过程分为"创造性理解"和"创造性运用"两个彼此衔接阶段的观点,分别运用并论述了"互文生义"与"断章取义"两种办法。在"互文生义"这一层里,曾祥芹首先引用了《周易》、南朝梁刘勰《文心雕龙》、唐代贾公彦《仪礼义疏》,法国克里斯蒂娃、巴尔特等中外关于互文的资料,然后引用《庄子·秋水》、南怀瑾的《〈孔学新语〉发凡》、许锡强《人是一切中最复杂的——唐弢〈琐忆〉的文体性质和社会》等内容,深入浅出,说服力强。在"断章取义"这一层里,曾祥芹首先表明:"阅读理解中的整篇感悟和阅读运用中的断章取义是一个对立统一体。""从理解角度看,断章取义被视为文本解读的禁忌;从运用的角度看,断章取义应看作阅读迁移的法宝。"接着,反复引证了左丘明、孔子、孟子、梁启超、朱自清、钱锺书等名家在阅读应用时的断章取义的主张和示范,特别引证了毛泽东引用《红楼梦》《登徒子好色赋》、司马迁《报仁安书》《史记·张仪列传》、刘向《触龙说赵太后》、杜牧《赤壁》等例子,用以表明自己的论点,

---

① 张天明.经典阅读中的误读再探[J].中学语文教学参考,2011(5):16-19.

论据丰富翔实,很有说服力。例如作者引钱锺书的话:"盖'断章'乃古人惯为之事,经籍中习见。皆假借古人之'章句'以道今之'情物',同作者之远化。"①引证之贴切,可见一斑。

"互文生义"与"断章取义"是中国古代文论的范畴,曾祥芹巧妙借用,很有机趣;尤其是"断章取义",贬词褒用,妙不可言。

(八)创造性阅读的铁则:见仁见智、多元有界

铁则,汉语词典解释为不可更改的法则。"铁"者,"坚定的,不可辩驳的"。采用"铁则"二字而未采用通常人们所说的"法则"或"原则",足见曾祥芹对"见仁见智、多元有界"这一创造性阅读原则的肯定与坚守。

1.见仁见智

曾祥芹引用了《易经》中的话,"仁者见之谓之仁,知者见之谓之知";董仲舒的"《诗》无达诂,《易》无达占,《春秋》无达辞"(《春秋繁露·精华》);提到西汉的刘向和南宋的王应麟的类似表述。接着论述了索绪尔的言语观以支持见仁见智的阅读理念。这样就从阅读主客体两方面来论述"见仁见智"的合理性,全面深刻。最后用《论语·阳货》中的一个句子:"唯女子与小人为难养也,近之则不逊,远之则怨。"从阐释史上列出 10 条不同的解释,用以说明"见仁见智"的普遍性。论据丰富,论证充分,很有说服力。

2.多元有界

多元解读必须有一底线,曾祥芹引用了赖瑞云《混沌阅读》中"多元有界",给多元解读画一底线;并引用厦门教育学院俞发亮的建议加以解释,"要把语体、语境、关键语句、道德底线作为文本多元解读的'界'";接着引用了中学阅读教学中出现的大量"越界"的例子,用以说明"多元有界"之必要。为了深入论证,曾祥芹对"荒谬理解"和"创新理解"、"正误"和"反误"等阅读术语进行辨析。指出"正就是正,误就是误,不存在'正确的误解'","'正误'和'创造性误解'的提法不科学"(《文章阅读学》第 270 页)。

21 世纪初教育部推出的《语文课程标准》,提出了"探究性阅读""个性化阅读""创造性阅读"等新概念,是当时语文教育大讨论与改革的亮点、热点之一,对当时及后来的阅读教学产生了积极的影响;但也出现了"浅读文

---

① 钱钟书.管锥篇:第 1 卷[M].北京:中华书局,1979:244.

本""误读文本""去文本"的乱象。对此如何加以规范和引导,学界现象描述的多,理智分析的少;指责的多,提出建设性建议的少。而曾祥芹可谓研究者中的翘楚。他辩证地分析了"见仁见智"与"多元有界"、"误解"和"圣解"的关系,划清了"自由化误解"与"共性化通解""个性化正解"这"三解"的界限,解决了阅读的主观差异性和客观统一性的矛盾,对开展多元解读、防止误读有着积极的指导作用。笔者此前曾对此做了一些研究,在研究的过程中,就得益于曾祥芹上述理论的滋养。笔者曾反复研读曾祥芹上述理论,并作为开展研究的指导思想。因此,收益很大,感受颇深。

十、"读书、阅网、观景"三结合——现代学人的阅读新习惯

阅读教育的终极目标是培养良好阅读习惯。信息化社会的读者必须学会"精读纸本书,快读电子书,活读无字书"。这是对当代读者阅读生活的顶层设计。

(一)提出培养良好的阅读习惯:"读书、阅网、观景"三结合

"读书、阅网、观景"三结合的观点,在曾祥芹后期文章与书籍里随处可见。曾祥芹认为:"什么是阅读教育? 简单一句话,就是要养成良好的阅读习惯。"他把"三结合"看成阅读生活的规律,奉为阅读教育的目标,并作为现代学人的阅读新习惯。这种"读书、阅网、观景"三结合的习惯是不受别人驱使的内驱行为。中国古代就流行一种"大阅读"观,即"读书、观景",并有诸多论述。从先秦的老庄、孔子及思孟学派到唐宋的韩柳、苏轼、朱熹,再到明清的金圣叹、王国维、梁启超等,都留下了或多或少、或直白或婉约的名言。"燕语莺歌希领悟,桃红李白写文章。"(熊伯伊《四季读书歌》组诗之《春》)"好鸟枝头亦朋友,落花水面皆文章。""读书之乐乐何如,绿满窗前草不除。"(翁森《四时读书乐》)相较之下,笔者觉得还是叶圣陶的"天地阅览室,万物皆书卷"这句话说得最形象、最透彻。然而,在"互联网+"时代,出现了读屏、低头族,网络阅读远远多于纸本阅读,仍然只谈"读书、观景"的观点就不合时宜了,于是曾祥芹适时提出了"读书、阅网、观景"三结合的观点。"左书右网","内读外行",要求读书学人更新自己的学习方式和阅读习惯,勇敢迎接网络阅读新挑战,紧追阅读大潮,从传统的"左图右书"阅读方式变革为"左书右网"的现代阅读方式,走出"读书、观景二结合"的旧模式,迎接"读书、阅

网、观景三结合"的新时代。不仅乐于从有字句处得意,善于从无字句处明理,而且敢于从电子书上获取丰富的信息,才算养成了阅读新习惯。

(二)批评与纠正狭隘的阅读观

在提出"读书、阅网、观景三结合"观的同时,曾祥芹还对一些狭隘的阅读观进行了批评与纠正。首先他批评了阅读读物只限"有字书"的狭隘看法,批评了读"'无字书'大而无当论",指出"无字书"的博大与魅力;这样人类的阅读史就与人类的历史一样漫长,大大延长了人类阅读史的源头。其次他批评了"阅网"不是"读书","网上读者不算读者","网读"都是"浅阅读"的错误看法,提出既要承认"网读"的合理性、合法性,"网虫"也是"书虫",也应是"读书人口"的观点,只是需要对此加以引导,克服"网读"的种种弊端。这是一种客观、辩证的阅读观,也是一种积极有效阅读策略,显示出我国现代阅读开创者的胸襟与气魄,以及除旧布新、与时俱进的巨大勇气。

(三)倡导精读纸本书,快读电子书,活读无字书

曾祥芹指出:"养成读书、阅网、观景三结合的阅读新习惯,其诀窍在于学会'精读纸本书,快读电子书,活读无字书'。"纸本书以其经典性留传至今,自然应该采取精读法;电子书即"网读"海量信息。当前我们处于大数据时代,网上书籍、文字多得无法形容;对此只能采取略读、快读。大自然与人类大社会这两本"无字书",其内容纷繁复杂、奥秘无穷。荷锄带月、鸟飞鹰扬;怀敌服远、烽火狼烟。它是前两种书籍产生和赖以生存的源泉。面对变幻不居的自然与社会,不同人读出不同的内容。看到梅花,陆游与毛泽东心情不一;处于秋景,刘禹锡和李商隐想法不同。看到水,老子曰"上善若水",而孔子则说:"逝者如斯夫,不舍昼夜。"其实中国有一句古语表达得已经很充分了:仁者乐山,智者乐水。

曾祥芹认为,读"无字书"比读纸本书、电子书这两种"有字书"更艰难,但不是所有的人都能读出其中的深刻内容来。它需要读者具有丰富的实践阅历,也需要有一双"阅读"的眼睛,更需要睿智的头脑。由"读书"到"阅网",再到"观景",是步步高的攀登"文化泰山"的人生阅读"马拉松"赛。语文教师的职业阅读要求自己成为精英读者、专家读者,欲担当引领阅读新潮流的重任,务必率先养成"读书、阅网、观景"三结合的阅读新习惯,因为它是

适应全民阅读的、老少咸宜的、带有普遍意义的阅读新方略。振兴阅读科技,强化阅读教育,培养"读书种子",建设"书香校园",尤其要提倡和践行这种阅读的新风尚。

众所周知,当前我们的教学研究要么仅是经验的总结,缺乏理论的深度,停留在"前理论"阶段;要么理论高深但实践性不强,基本上是学院派的自说自话。而曾祥芹关于阅读教学的十项改革策略,既有理论性,又具有实践操作性;既全面系统,又具体深刻。它是曾祥芹22年中学教学经历与数十年理论研究相结合的产物,是仅有理论研究的学院派和单纯教书的一线教师无法企及的高度。

最后漫成一首《大阅读》:

小小书籍读且诵,不如天地大阅读;

左书右网观书景,要数祥芹第一功。

第九节　营造"书香社会"的有力推手

曾祥芹的阅读学研究从阅读原理(基础科学)到阅读技法(技术科学),再到阅读教学(工程科学),后延伸到"阅读社会"。他把联合国教科文组织的"阅读社会"概念创造性地转换成"书香社会",使其中国化,并提出:以"书香家庭"为起点,以"书香校园"为重点,以"书香政府"为龙头,以"书香城市"和"书香农村"为远景,由点及面地逐步建设"书香社会"。他身为国际阅读协会会员、中国阅读学研究会会长(现任名誉会长)、中国图书馆学会阅读推广委员会顾问,适应世界阅读新潮流,为推动中国的全民阅读做了大量的工作。

一、首倡"国家阅读节",力挺朱永新

全国人大常委朱永新在2007年全国人大政协"两会"上再提"国家阅读节"的建议,即以孔子诞辰日9月28为我国的"国家阅读节",开展种种阅读活动,用以唤醒全民的阅读意识,营造书香社会。而余秋雨在其博客中反对说:"现在每年已有'世界读书日',没必要再增加类似节日;在网络阅读日趋流行的今天,周围已是信息爆炸,阅读不是欠缺,而成为灾难;在今天,阅读

已不再重要,对文化见识而言,更重要的是考察、游历、体验、创造。阅读能启发生命,但更多是浪费生命。"对此朱永新连续著文加以反驳。而作为中国阅读学研究会老会长的曾祥芹在 20 世纪末就提出该建议,此次又力挺朱永新。江苏省《江南时报》记者为此对曾祥芹作了专访,讲述设立"国家阅读节"的合理性①。他说:

> 读自然和社会这部无字的"活书",的确比读有字的纸本书、电子书"更重要";然而以广大农民工为代表的中国公民大多数,是不可能像余秋雨教授那样有钱、有闲、有人提供方便地去优哉游哉漫游世界的;更何况"读无字书"必须与"读有字书"相结合,阅读的创造离不开实践,实践的创造又离不开阅读。……余秋雨教授在央视 3 套毫无节制地唠叨,不知道浪费了多少亿观众的宝贵生命,才真正被广大受众视为灾难。不批驳"阅读浪费""阅读灾难"说,大众阅读就难以蓬勃开展,全民阅读就难以持久推行。(见《用科学阅读观引领大众阅读新潮》,《山东图书馆季刊》2008 年第 2 期)

为此,笔者曾当面请教过曾祥芹,他说以孔子诞辰为中国读书节符合民族特色。世界读书节是在塞万提斯和莎士比亚的忌日,中国读书节是在孔子诞辰:一悲一喜。世界读书日是春天,中国读书日在秋天:阅读春秋。曾祥芹 1995 年担任中国阅读学研究会会长时,恰好联合国教科文组织宣布每年 4 月 23 日是"世界读书日",从那一年起,他就在讲学和论文里反复提出设立具有民族特色的"中国读书节"。曾祥芹曾经谈道:"到 2007 年为止,我提倡'国家阅读节'已 12 年,朱永新提倡'国家阅读节'5 次。因为朱永新当时是苏州市副市长、全国政协常委,其社会地位比我高,所以我在面对《江南时报》记者采访时就谦虚地说:'我支持朱永新委员的倡议。'所谓'再挺'主要是说我反复倡议,实际比朱永新早。"

从是否设立"国家阅读节"这件事上,我们可以看出不同人见识之高下,

---

① 学会会长再"挺"国家读书节[N].江南时报,2007-4-24.后收入《曾祥芹学谊录》一书中。

判若云泥。

值得一提的是,2005年10月,在钓鱼台国宾馆举行的中国儿童阅读论坛"亲近母语,阅读为先"新闻发布会上,曾祥芹被大会主席点名发言。面对母语阅读的危机现象,作为中国阅读学研究会会长的曾祥芹,心忧天下,情系阅读,即兴作了"把我们的心血筑成汉文阅读长城"的主题发言。他一边用手掌叩击桌角形成节拍,一边应节而唱国歌:"……把我们的血肉筑成我们新的长城!"接着唱道:"把我们的心血筑成汉文阅读长城!"……阅读学研究会会长的激昂情绪感动了台上台下所有的人,一时掌声雷动,经久不息!2019年8月20日,当笔者到曾先生的书房"拓荒斋"拜见曾先生时,先生对当时的场景记忆犹新,不禁又叩击着书桌,引吭高歌,83岁的曾先生仿佛又沉浸在为全民阅读鼓与呼的会场……

由此可见,曾祥芹先生为了"推广全民阅读",是怎样的用心良苦,砥砺前行!我们的"建设书香社会",是怎样的任重而道远!

二、致力阅读学研究会发展,力推徐雁

为了中国阅读学研究会的发展,曾祥芹提出不再担任会长,并且独具慧眼,力推南京大学徐雁接任中国阅读学研究会的会长职务。徐雁会长不负嘱托不负众望,引领中国阅读学研究会继续为中国的阅读事业奋斗。曾祥芹退而不休,为徐雁主编的《全民阅读推广手册》作序《依靠阅读科学,推动全民阅读》,强调"阅读学"是开展全民阅读活动的科学支撑。徐雁主编的《中国阅读大辞典·前言》一开始引用中外阅读学名家的格言,第一条就是中国的曾祥芹的"闪光的人生始终伴随着阅读,高明的阅读不断改变着人生",第二条是美国的一位阅读学家的格言。两位会长的学术情谊,至今都让人感动。

三、身为中国阅读学研究会会长、名誉会长,为全民阅读做顶层设计

曾祥芹为了阅读学的发展,在全国各地开设讲座,有很多品牌讲座,都深受大家的追捧。其中《读书、阅网、观景三结合——现代学人务必养成的阅读新习惯》,就是"全读物、全读者、全读法"的全覆盖阅读顶层设计。

四、提倡"儿童汉文早期阅读",引进"亲子分享阅读",普及 "书香家庭"

曾祥芹兼任北京、天津儿童阅读研究中心的顾问,出席了前国际阅读协会理事长、美国安德烈在北京师大主持的"领袖坊工作"会议,对"亲子阅读"非常关注。

五、提出"书香社会"的崭新理念及方略

1972 年联合国教科文组织提出"走向阅读社会"的目标,曾祥芹在 20 世纪末叶提出"书香社会""书香校园""书香城市""书香家庭"的口号,对"阅读社会"进行成功置换,打上了鲜明的民族特色。"书香"一词中国早就有之,有其表层义与深层义,表层义一是指油墨香,二是云贵川藏的芸香草作为书签所散发的香味,三是檀香片作为书签所散发的香味;深层义是读本所蕴含的真善美所散发的香味,与铜臭相对。因此,与联合国提出的具有理性美的"阅读社会"一词相比,"书香社会"更符合汉民族语言的特点,更具中国味。

为建立"书香社会"的目标,曾祥芹提出以书香家庭为起点,以书香校园为重点,以书香政府为龙头,以书香城市和书香农村为远景,推动全民阅读,建设书香社会的系列办法。

呼吁"书香政府"建设,倡导终身阅读。曾祥芹著作系列论文,如《由英明到高明:阅读者的决策与决策者的阅读》等,强调"精英读者"要引领"大众阅读"的潮流。他说:

> "书香政府"是营造"书香社会"的龙头,当悦读成为一种"官风"的时候,必然带动出"悦读的民风"。当"书香社区"扩展为"书香城市"的时候,当"农家书屋"延伸为"书香农村"的时候,"书香社会"的伟大理想就会变成壮丽的现实。①

---

① 曾祥芹.阅读学研究的历史检讨和未来愿景:在"科学发展与全民阅读"研讨会上的主旨报告[C]//汉文阅读学研究.北京:高等教育出版社,2010:535.

"精英读者"无疑是政府官员、文化学者等,他们由于居于庙堂,执掌重器,理应成为"精英读者"的重要代表,引领"大众阅读"责无旁贷。

曾祥芹认为从阅读主体的职业、素质与水平看,读者是有着高低雅俗之别的。他在第一套"阅读学丛书"中的核心著作《阅读学原理》第十二章"阅读分类论"里,就把阅读分为基础阅读、职业阅读、专家阅读三大类。在《阅读学新论》第六章"汉文读者类别论"第三节"按阅读需要分类"里,把读者分为"生活读者""工作读者""专业读者""专家读者"四大类。从此可见一斑。在建设"书香社会"的倡议中,他呼吁"全民阅读""终身阅读"。但是要促成上述倡议的实施必须有具体的策略和措施。为此他在此前对读者分类基础上完成了"精英读者"与"大众阅读""书香政府"与"书香民间"的概念,并提出"精英读者"要引领"大众阅读","书香政府"引领"书香民间"的战略步骤。

综上所述,显示出曾祥芹不但具有学者的理论素养,还具有社会活动家的睿智与眼光,远非一些封闭于象牙塔、坐而论道的学者所比。

六、传阅读之经,布书香之道

为了实现上述愿景,曾祥芹代表中国阅读学研究会为四川泸州中山小学、喀什师范学院、河南内黄一中、其初中母校湖南洞口一中、湖南邵阳市二中(著名校友音乐家贺绿汀)、广西玉林石塘中学、武汉市第四中学(袁隆平母校)、华中科技大学附中、武汉东湖西藏中学、湖北潜江(曹禺故乡)中学、湖北潜江渔洋小学、郑州市聚源小学颁发"书香校园"匾牌时,多次阐述"书香社会"的概念。在 2018 年 9 月 28 日到濮阳参加"2018 年华夏阅读论坛"暨全民阅读立法城乡共进研讨会,致开幕辞,提出"促进全民阅读需要多种理论的'科学支撑',但最主要的应该是'阅读学'的支撑,尤其是'汉文阅读学'的直接指导";并代表阅读学会颁发"书香濮阳"荣誉匾牌。

除此之外,曾祥芹还亲赴全国各地大学、中学、小学,政府机构、人民团体、工矿企业、私营机构等讲学,足迹遍及祖国的山山水水,传经布道,乐此不疲。品牌讲座有《学会科学地读书——与"读书种子"的对话》《走进文本,走出文本》《读书、阅网、观景三结合》等。

自 1981 年起到 2020 年止,曾先生先后被邀请到北京、上海、天津、重庆、香港、深圳、湛江、惠州、珠海、广州、桂林、玉林、成都、乐山、绵阳、泸州、贵阳、西安、临汾、榆次、太原、石家庄、北戴河、秦皇岛、唐山、包头、大连、辽阳、哈尔滨、齐齐哈尔、济南、烟台、荣成、泰安、曲阜、嘉祥、徐州、南京、苏州、无锡、常熟、扬州、杭州、温岭、温州、宁波、湖州、绍兴、福州、厦门、黄山、池州、南昌、九江、庐山、长沙、邵阳、洞口、新邵、衡阳、岳阳、湘潭、张家界、石门、武汉、荆州、襄樊、宜昌、潜江、十堰、新疆喀什、三亚、海口等70多个省、市、县讲学;加上河南本省的郑州、新乡、开封、安阳、南阳、洛阳、商丘、周口、漯河、淮阳、郸城、信阳、平顶山、许昌、焦作、濮阳、内黄、辉县、延津等地讲学,达270多场。单是香港(如香港大学、香港理工大学、香港城市大学、香港教育署等)就达6次之多。

七、进言国务院阅读法规性文献《全民阅读促进条例》的修订

曾祥芹应邀为国务院阅读法规性文献《全民阅读促进条例》的修订进言12条。详见上海《图书馆杂志》2018年第3期发表的《野人献曝与乡人献芹》。

2014年11月,国务院阅读推广委员会给曾祥芹寄来两份关于"全民阅读法规"的文件《全民阅读促进条例》,征询他对该条例的意见。为阅读学奉献一生的老学者兴奋不已,仔细研读两份文件,并郑重地提出自己的看法,形成"修订进言12条"。

62年来,曾祥芹作为阅读学的奠基人与领军人物,为了汉文阅读学的发展,为了建立"书香社会"的宏伟愿景,凤兴夜寐,殚精竭虑,提携后进,乐此不疲,攻克一项项学术难题,完成一桩桩书事,铸起一座座丰碑;至今已是耄耋之年,仍未停下匆匆的脚步。其胸怀、勇气、精神,是笔者平生所仅见,是中国阅读学研究会永远的精神支柱与灵魂!

综上,曾祥芹是当代汉文阅读理论的奠基者与领导人,是阅读技法的集成者与实践者,是《语文新课标》"个性化阅读"理念的最有价值的诠释者与修正者,是对"自由化误读"经典的先知者与批判者,是"书香社会"的倡导者与顶层设计师,做到了阅读学理论与实践研究的全覆盖,是当今汉文阅读学的集大成者,是当之无愧的当今阅读学界的"朱熹"!

有诗《赞曾公祥芹》：

三体奇思传妙论，双文奋辩一征程。

勤教字里存优劣，久立云端看浊清。

花圃锄耘收硕果，书斋吟诵笑峥嵘。

纵横教苑无消歇，可叹身驼白发生！

第八章

曾祥芹学术成果总评

匆匆的寻宝之旅就要告一段落,不知是否如你所愿,或是收获了意外之喜?

以上第四、五、六、七章分别从语文教育学、实用文章学、文章学新视点、汉文阅读学四个方面,对曾祥芹学术成就进行介绍,这种介绍难免有琐碎之憾。为简明计,笔者删繁就简,拟从整体角度,对曾祥芹学术成果的特点进行简要的概括,并用数字的形式对曾祥芹学术成就加以大略呈现。

一、"拓荒牛"总评

甘其勋评价曾祥芹为"拓荒牛",非常贴切形象,很好地揭示了曾祥芹的科研性格与学术特点。

(一)高屋建瓴,体系宏大

曾祥芹学术研究成果有一明显特点,即首先建构出一个宏观的、全局性的理论体系,然后在此体系内建构各部分内容。例如他的标志性理论"一语双文"论,就是从宏观角度确立了语文教育的学科内容框架。其书稿最能体现这一特点。他主编的书稿都有一个结构严密的、各部分相互交织的框架,例如中国第一套"阅读学丛书",即是根据波普尔的"科学学"(基础理论、技术科学、应用工程),创造性地运用于阅读学研究,"建构出阅读学'论、术、史'三维结构的整体系统"①,而其中的核心著作《阅读学原理》首创了阅读学的"三体结构"框架,即阅读本体、阅读主体、阅读客体。同时,曾祥芹依据"科学学"的"基础科学、技术科学、工程科学"三个层级划分,建构了学科原理、学科技法和学科教育的三级体系,例如他以此编著的《文章本体学》《阅读技法系统》《文章学教程》。即使论文集,也在整体上呈现出这种特点。他主编的《文章新潮》结构内容:总体研究→理论研究→技术研究→应用研究→史料研究。《文章学教程》按本体篇、过程篇、主体篇、本质篇、史论等几个部分进行构建。这样就使全书形成了一个涵盖较广、逻辑严密的结构体系。

曾祥芹着眼全局,系统研究的学术特点还表现在对一些现象的思考上。例如对于文章结构元素,学界往往进行四级单位的划分——语段<段落<章节<文篇等四层级,但曾祥芹从全局着眼加上"书本"这一层级,成为语段<段落<章节<文篇<书本等五级结构,这种"五级结构"就成为后来曾祥芹文章结构研究以及文章学结构研究的通识,为"读整本书""教整本书"提供了理论支撑。

充分体现这个特点的是对阅读定义与过程的经典论述。曾祥芹对阅读的定义:"阅读是披文得意的心智技能,是缘文会友的社交行为,是书面文化的精神消费,是人类素质的生产过程。"该定义批评了《现代汉语词典》表述仅注意内容取意而忽略形式探究的缺陷,指出了《中国大百科全书(教育卷)》只重吸纳无表达,有认识无实践,仅索取无创造之弊端,也纠正了新课标只重个体性阅读、忽略群体性阅读的过程,体现出阅读活动是一个个体与群体、物质与精神、思维与行为、消费与生产的辩证整合系统。

曾祥芹把阅读过程分为"前阅读"(选文潜心)、"正阅读"(披文得意)、"后阅读"(用意及物)三大阶段,弥补了传统的、去头少尾的"正式阅读过程论"的不足,指出了知行割裂的"单程阅读过程论"的残缺,纠正了只讲"意化"不讲"物化"的"半程阅读过程论"的错误,修正了片面的"模式化阅读过程论"之缺陷,尤其是批评单从"主客间关系"阐释"阅读"的机械本体论,而上升到从"主体间对话"阐释"阅读"的辩证认识论。这样,对阅读过程的论

① 何宗文.中国阅读学研究的里程碑:评曾祥芹、韩雪屏主编的我国第一套"阅读学丛书"[J].写作,1993(3):2.

述堪称曾祥芹全局着眼、系统思考的经典作品。

这些特点还体现在多角度、多学科、全息化地研究一个问题,典型范例就是《曾子文章学》一书运用几十种学科知识对曾子文章展开解读,蔚为壮观!

着眼全局、系统研究是曾祥芹最为擅长与突出的学术品格,这些特点贯穿于其学术研究与成果的方方面面,例子俯拾皆是,不胜枚举。

之所以形成这些特点除了如韩雪屏所言,"是因为他总是站在哲学高度来认识和研究某一个具体问题"①,得益于他对系统论、控制论、信息论的成功运用之外,还因为多年的学会领导经历,形成了他卓越的学术领袖才能,善于从全局角度考虑问题,并潜移默化地使之融进学术研究之中。一言以蔽之,他的系统研究方法与成果是其学术领袖的外显。

(二)由点及面,逐步深入

如果说系统构建是曾祥芹宏观研究的特点,那么由点及面、逐步深入就是微观研究的显现,这是曾祥芹学术成果的又一大特点。曾祥芹研究成果总是从发现问题开始,接着形成一个基本观点,然后一系列文章对此持续跟进,逐步拓展、深掘,逐渐形成一个结构宏大、逻辑严密,既有理论性又具操作性的系统工程。如最初的《呼吁开展文章学的研究——语文教学科学化刍议》,直面语文教学之困,并提出要重视与开展文章教育的观点,然后在《"一语双文"论——关于语文学科内容体系的新构想》正式提出"一语双文"论,接着在《论文章和文学的分野》里从 10 种角度论证"双文观"的完全合理性,又在《文章文学差异论》从 39 种角度区分其差异。在《文章学与语文教育》里研究文章素养的内涵,即包括:文章情志素养(文章情感蓄积、文章科学态度、文章价值取向),文章知识素养(文章本体知识、文章主体知识、文章客体知识),文章智能素养(文章阅读素养、文章写作素养、文章听说素养、文章思维素养)。2004 年他又为文章学建设开列的拟撰写的书单如下:

《语言文章分界论》《文章文学分野论》《文章哲学》《文章力学》《文章美学》《文章与经济》《文章与政治》《文章与文化》《文章法制论》《文章道德

---

① 韩雪屏.治学和做人是二而一的事[C]//甘其勋."三学"创新论:曾祥芹学术思想国际研讨会文集.郑州:河南人民出版社,2011:397.

论》《文章信息论》《文章交际论》《文章章法论》《文章技法论》《文章分类论》《文章语体论》《新闻读写论》《史传读写论》《公文读写论》《杂文读写论》《学术著作论》《学术论著评审论》《文章语言论》《文章修辞论》《文章思维论》《文章修改论》《快速阅读法》《快速写作法》《文章心理学》《文章病理学》《文章气势论》《文章作风论》《文章风格论》《文章创造学》《文章编辑学》《文章传播学》《文章阐释学》《文章鉴赏学》《古代文章赏析》《现代文章赏析》《古代文章病院》《当代文章病院》《文章课程论》《文章教材论》《文章教学论》《文章考试论》《文章学家周树人》《文章学家毛泽东》《文章学家叶圣陶》《河南文章家传论》《先秦两汉文章史》《汉魏六朝文章史》《唐宋文章史》《元明清文章史》《近代文章史》《现代文章史》《当代文章史》《古代文章学史》《现代文章学史》《文章学大辞典》《百部文章学论著评点》《国外文章学介评》（摘引自曾祥芹《实用文章学研究》，第82页）

2018年发表的论文《扬弃"一语一文"旧语文观，普及"一语双文"新语文观》从14个不同方位、不同层面建构了15个文章基本范畴：文章语言、文章作品、文章知识、文章读写能力、文章素养、文章学科、文章课程、文章教材、文章教学法、文章教育、文章教育史、文章文化、文章美学、文章家、文章学家，生动展现了文章教育学的体系。

全局宏构、系统深入的研究使得曾祥芹的理论成果蔚为大观、内容宏富，但却在感观上给人以臃肿烦琐之表象。写作学家林可夫借此攻击以曾祥芹为代表的狭义文章学派的理论"大而无当、内容细碎、著作繁多"①。对于毁灭性的"敌论"，曾祥芹"被迫发出吼声"，撰写了近2万字的长文进行回击②。连曾祥芹的好友、狭义文章学家程福宁也指出曾祥芹主编的《文章本体学》"多到73万言，而在第五章中单是文章的规律就堆砌了30个……"③

---

①　林可夫.狭义文章学的理论窘境［M］//现代写作学：开拓与耕耘.南京：南京师范大学出版社，2002：105.

②　曾祥芹.迎接挑战，破难奋进：读林可夫《狭义文章学的理论窘境》有话要说［C］//张灿华.曾祥芹学谊录.郑州：大象出版社，2010：431-447.

③　程福宁.关于现代文章学建设的几个重大问题［C］//张灿华.曾祥芹学谊录.郑州：大象出版社，2010：453.

对于净友的批评和不理解,曾祥芹写内部通信,既虚心领教,又理性辩驳,澄清了是非①。

(三)正反对举,辩证分析

曾祥芹学术研究的另一特点就是总从正反两方面展开论证。例如他早期的论文《文章谋篇技法论——叶圣陶文章思想研究之三》②就呈现出这种特点,全文从首与尾、详与略、显与隐、伏与应、长与短几个方面分析叶氏文章技法。后来他对这种方法运用得越加圆熟,诸如文章的内部规律、外部规律,内部规律又分为统一律、常变律、合体律,文章的写作规律、阅读规律,文章的线性规律、非线性规律,还有文章表层结构、深层结构,正式阅读过程论、亚式阅读过程论,单程阅读过程论、双程阅读过程论,半程阅读过程论、全程阅读过程论,阅读的意化、物化,文章阅读的有轨性、文章阅读的越轨性,作者的读者意识与读者的作者意识,文章阅读创造技法的互文生义、断章取义,文章阅读铁则的见仁见智、多元有界,多元解读的"个性化正解""自由化误读",等等。他在《个性化阅读要科学化,不要自由化》(《中学语文教学》2007 年第 11 期)论述了个性化阅读方略:

> 个性化理解的路数很多,如在"走进文本、走出文本"的反复过程中解读,在"整篇感悟、断章取义"的辩证取用中解读,在"间接经验、直接经验"的汇兑印照中解读,在"理智启迪、情感体验"的双轮滚动中解读,在"多维思考、多项选择"的置换迁移中解读,在"期待、质疑、反思、批判"的关键环节中解读,在"适体阅读、跨体阅读"的守常施变中解读……

这种种矛盾的辩证分析,让人眼花缭乱,也让人茅塞顿开。

上段关于个性化理解的方法介绍中,文章显然采用辩证思维的方法,两两对举、对立统一。当然,这种方法运用最成功的还是关于文章、文学差异

---

① 曾祥芹.深入开展现代文章学建设问题的友善讨论:敬复文章学元老程福宁先生[C]//张灿华.曾祥芹学谊录.郑州:大象出版社,2010:456-466.
② 曾祥芹.文章谋篇技法论:叶圣陶文章思想研究之三[J].新乡教育学院学报,1988(1).

的分析。全文以是否真实、是否塑造、理性或感性等标准对两种文体进行39处区分,两两对举,给人以深刻鲜明的印象。

特殊的成长经历,使曾祥芹对马克思主义的辩证法中的矛盾论、对立统一等辩证法思想非常稔熟,进而内化成了研究方法的一部分。

(四)语挟锋芒,咄咄逼人

阅读曾祥芹文章就会感到充溢字里行间的强烈的感情色彩。其文章多采用问句、设问句、反问句、感叹句等句式,间有不平之气,有时具有火药味,有战斗檄文之风。他的代表作《文章学:典型的社会科学技术》,全文用"科学技术包括社会科学技术吗?""文章学是一种社会科学技术吗?""文章学可视为精神生产力吗?""文章学何以发挥生产力功能?"4个问句作为小标题,构成全文框架,不但使论证逐步加深,也使全文结构严密系统,更有催人奋进的力量。其长篇巨文《文章文学差异论》39处设问,自问自答,解疑析难,既引人深思,又发人深省。其设问之多,为学术文章之少见!

(五)活用术语,语言朴素

在术语的运用手法方面,曾祥芹文章总能出现一组结构相同,内容相近、相对或相反的词语。例如个性化阅读的形式"增解、异解、批解",传统阅读过程论,"正式阅读过程论、半程阅读过程论、单程阅读过程论",语言表达合体律之合形体、合文体、合语体、合道体,等等。其术语来源最多的是对传统文论中的概念、术语进行直接引用,有的仿用,有的改用,等等。例如《文章知识新视点》的结构按"言之有物、言之有序、言之有体、言之有文"布列,前两条源于《易经》,第三条来自王充的"章有体而成篇",第四条出自孔子的"言之无文,行而不远"。

除了对传统文论中的术语进行引用、改用与化用外,曾祥芹文章中多是采用拈连等一些手法创造一组或多组结构相近、字形相同的的语词,认为读者对文本的创造有"不尽乎言"与"不外乎言"就是直接引用与改用的例子。"不尽乎言"化用庄子的"言不尽意",倒不为奇;"不外乎言"与"不尽乎言"对举,妙不可言。在分析《论语》开篇第一句时说:"开篇,其实就是通过'学'来领会、建立一个本原性的人文世界;第一叩问学习利仁之乐,第二叩问交友辅仁之乐,第三叩问生活安仁之乐。自修利仁,他修辅仁,群修安仁。"①这里的"利仁""辅仁""安仁","自修""他修""群修",就是通过拈连修辞格达到的。在谈到创造性阅读的基础时,认为"创新必先继承,而且是广泛的继承。创新的'知旧'与'破旧'密不可分"。这里用"知旧"与"破旧"来指继承与创新,非常恰当。"破旧"习惯用语,倒还平常,创造"知旧"一词,既表明了主旨,又与"破旧"对举,妙不可言。"有创意的阅读的基本标准必须做到三超越:超越作者、超越作品、超越读者自我和他我。"②再有"智商、情商、创商"。这里的"他我""创商"就是用拈连修辞格创造的新词。还有把外来的"速读"一词改为"快读",既回避了谐音的"速度",又变撮口呼为开口呼,更灌注了速度快、理解快、记忆快、反应快的"四快"内涵,真是妙不可言!这样的例子在曾祥芹文章中经常出现,形成一种结构整齐、形式优美、音调铿锵的美。

曾祥芹有时还把生活中的俚俗之词顺手拿来,运用到文章中。"母亲生了我的'身',阅读则再生了我的'心'","阅读是学习他娘,教育他爹"③,把文章阅读的基本规律"三律九则"俗称为"三九胃泰",等等。

总的来说,曾祥芹的论文和著作呈现出语言朴素的特色,他不追求学院式的用语风格,很少高深艰涩的学术词语,用词朴素,兼用俚俗,如话家常,形成一种既简洁朴素,有古雅之美,又多彩多姿、摇曳生辉的语言特点。

(六)四字术语,兼顾其他

由于多种因素的影响,不同的写作主体留下的文本语言有着很大的不同,甚至包括术语的字数。例如研究文本细读的孙绍振偏爱"三字式"术语,他创造了诸如"还原法""比较法"④等文本细读方法,对中学语文一线教学产生了相当大的影响。考察曾祥芹论文、著作可以发现,无论引用、化用抑或自创学术概念、范畴,曾祥芹文章中多呈现"四字式"的术语,同时兼有"三字式""二字式"术语。典型的有发表在《图书与情报》2008年第4期的《于

① 曾祥芹.曾子文章学:上卷[M].北京:商务印书馆,2019:896.
② 曾祥芹.文章阅读学[M].郑州:大象出版社,2009:248.
③ 曾祥芹."悦读"给人"幸福":《悦读时代》卷首语[M]//汉文阅读学研究.北京:高等教育出版社,2010:524.
④ 孙绍振.名作细读:微观分析个案研究[M].上海:上海教育出版社,2009.

丹〈论语〉心得：自由化误读的典型》，归纳出 15 种阅读病灶：

缺漏阐释，残害本义；片面阐释，广义狭解；不足阐释，一知半解；宽泛阐释，大而无当；因循阐释，以讹传讹；割裂阐释，断章取义；违情阐释，以今律古；矮化阐释，言不及义；过度阐释，强词夺理；混淆阐释，张冠李戴；歪曲阐释，偷梁换柱；凭空阐释，无中生有；违境迁移，胡连八扯；无界拓展，离本乱弹；悖体阅读，阴差阳错。

15 种病灶，15 组 30 个"四字式"术语，并且概括得如此精准，令人叹服！

再如曾祥芹的专著《曾子文章学》，用以下"四字式"术语来彰显：

曾子的文章道德观：巧言乱德、文过饰非，言必有中、言必有主，言必思忠、言而有信，言必有尊、文之以礼，言必择时、文必适人，名正言顺、敏言慎行，以德治文、以法治文。

曾子的文章主体修养论：以人为大、精神富贵，好学致道、文质彬彬，先行后言、不忧不惧，尽忠守信、为善兴美，中庸和合、不器不比，德本财末、义重利轻，行礼为仁、明荣知耻，弘仁养志、修齐治平。

《孟子》对曾子教育之道的发挥：人皆希圣、育英至乐，善教得民、彰明人伦，教人五化、教人以正，教亦多术、自动自悟，因材施教、方法有五，不教而教、使自得之，规矩方圆、引而不发，循序渐进，勿拔苗助长。

句式前后衔接，一气呵成，给人以强烈的视觉冲击。

这种"四字式"术语的标配，与中国成语的字数形式不谋而合。中国成语主要是"四字式"，这表明曾祥芹有着非常深厚的古典文化根基。非常有意味的是曾祥芹曾在《曾子文章学》中对《孟子》中的四字成语进行了统计，近 300 个，并一一列出：

安富尊荣	安宅正路	抱关击柝	杯水车薪	不愧不怍	不为己甚
不屑教诲	不虞之誉	不经之谈	不违农时	不肖子孙	不言而喻
不远千里	饱食暖衣	百世之师	败材伤锦	藏怒宿怨	采薪之忧
恻隐之心	曾经沧海	陈蔡之厄	绰绰有余	春风化雨	创业垂统
赤子之心	陈善闭邪	成仁取义	持筹握算	存心养性	长幼有叙
晨秦暮楚	乘势待时	驰马试剑	出圣入神	出尔反尔	出类拔萃
充类尽至	辞尊居卑	寸木岑楼	大而化之	大有作为	大旱望云
地丑德齐	东墙处子	断杼择邻	箪豆见色	箪食壶浆	得其所哉

当务之急　倒悬之急　登山小鲁　地利人和　吊民伐罪　动心忍性
独行其道　独善其身　阿其所好　饿莩遍野　幡然改途　泛滥成灾
反求诸己　饭糗茹草　返观内照　方枘圆凿　封妻荫子　发棠之请
放辟邪侈　辅世长民　俯仰无愧　负隅顽抗　富贵不淫　富贵利达
肥甘轻暖　鳏寡孤独　广土众民　过化存神　过门不入　膏粱文绣
孤臣孽子　孤家寡人　寡不敌众　钩金舆羽　好为人师　浩然之气
洪水猛兽　毁瓦画墁　火然泉达　函矢相攻　好事之徒　晖光日新
鸿鹄将至　旱苗得雨　洪水横流　豪门巨室　荒诞不经　闳大不经
红紫乱朱　教亦多术　洁身自好　掘井及泉　居安资深　胶鬲之困
兼善天下　己溺己饥　具体而微　绝长补短　鸡鸣而起　岌岌可危
疾首蹙頞　金声玉振　尽力而为　进锐退速　敬老慈幼　久假不归
救民水火　居仁由义　举一废百　困心衡虑　渴者易饮　来者不拒
乐善不倦　立贤无方　离娄之明　粒米狼戾　乱臣贼子　良知良能
流连忘返　裸裎袒裼　民贼独夫　明察秋毫　茅塞顿开　孟母三迁
摩顶放踵　南蛮鴃舌　牛山濯濯　贫贱不移　被发缨冠　匹夫之勇
平治天下　仆仆亟拜　齐东野语　妻离子散　岂有他哉　弃若敝屣
弃甲丢盔　强而后可　秋毫之末　求全之毁　畎亩之中　却之不恭
人同此心　仁民爱物　仁心仁术　仁者无敌　若合符节　如此而已
如解倒悬　善为说辞　上好下甚　声闻过情　死于非命　私淑弟子
市井之徒　嗜杀成性　事齐事楚　守身如玉　深耕易耨　三年之艾
杀人盈野　舍我其谁　舍己从人　舍近求远　舍己芸人　舍生取义
声音笑貌　失道寡助　食前方丈　始作俑者　事半功倍　视如敝屣
视如寇仇　视如土芥　是非之心　授手援溺　授受不亲　似是而非
守望相助　守约施搏　率兽食人　水深火热　遂非文过　晬面盎背
天下无敌　天与人归　通功易事　托之空言　同流合污　顽廉懦立
枉尺直寻　枉己正人　闻过则喜　无后为大　威武不屈　为丛驱雀
位卑言高　为富不仁　为仁不富　为民父母　万无一失　五音六律
恶湿居下　恶醉强酒　习焉不察　下乔入幽　效死勿去　畜妻养子
血气之勇　孝子慈孙　胁肩谄笑　挟山超海　心悦诚服　先知先觉
先得我心　行若无事　凶年饥岁　幼学壮行　与民同乐　与人为善

于今为烈	源源而来	夜以继日	揠苗助长	怨女旷夫	淫辞邪说
渊鱼丛雀	语焉不详	鱼与熊掌	易如反掌	仰事俯畜	养生送死
掩鼻而过	以意逆志	以邻为壑	以力服人	以德服人	以叔援嫂
以文害辞	以羊易牛	以身殉职	移气养体	用夏变夷	有所作为
一曝十寒	一毛不拔	一傅众咻	一介不取	一肢半节	引而不发
引领而望	盈科后进	由博返约	嫣然不悦	仰天不愧	言不顾行
言不及义	言近旨远	斩钉截铁	尊贤使能	至大至刚	造言生事
坐以待旦	坐于涂炭	专心致志	再作冯妇	沾沾自好	知人论世
知我罪我	自暴自弃	自以为是	自怨自艾	左右逢源	钻穴逾墙
罪不容诛	罪人不孥	濯足濯缨			

（摘引自曾祥芹《曾子文章学》，第 1199～1200 页）

可以看出曾祥芹对"四字式"术语情有独钟的原因了。

除了"四字式"，曾祥芹文章中有时也出现"二字式"术语。例如《说文解章》分 8 篇，篇名分别用"文'质'、文'道'、文'体'、文'理'、文'语'、文'饰'、文'貌'、文'联'"命名。《曾子文章学》"曾子的价值哲学观"："求真、求善、求美、求圣、求群。"阅读的"八字经"："解文、知人、论世、察己。"特别指出的是，这些"二字式"往往呈现出一字相同，近义词族群的情形。

有时曾祥芹也用到"三字式"术语。例如，《阅读技法系统》一书关于技法的命名上大多采用"三字式"："视读术"，"听读术"（诵读法、唱读法、歌诀法、录读法），"说读术"（讲读法、述读法、答读法、议读法），"思读术"（正读法、反读法、纵读法、横读法、分读法、倒读法），"写读术"（抄读法、注读法、批读法、改读法、画读法、摸读法），"行读术"（游读法、走读法），"选读术"，"精读术"，"问读术"（疑读法、询读法、题读法、悬读法），"略读术"（翻读法、预读法、借读法、不求甚解法），"参读术"，"速读术"，"导读术"（引读法、教读法、习读法、考读法），"研读术"（查读法、摘读法、猜读法、攻读法、品读法），"审读术"，"校读术"（校对法、校勘法），"播读术"（宣读法、播讲法、演播法），"译读术"，等等。

以"四字式"为主，兼有"三字式""二字式"，使曾祥芹文章语言简洁洗练，形式齐整，音调铿锵有力。

（七）题目警策，引人思索

曾祥芹论文的题目很多不是学院式的表述句式，不崇尚句式的严谨与学理性,而是追求直截了当、简明扼要,有时用口号式、呼告句式。如《呼吁开展文章学的研究——语文教学科学化刍议》《十九世纪没有产生无产阶级文学吗?》《文章学:典型的社会科学技术》《双文教育:文章第一,文学第二》《提高文章素养:亟须强化的语文教学理念》《〈道德经〉:文章学的元典》《划清个性化阅读与自由化阅读的界限——以经典文章〈论语〉的多元解读为例》等。这类题目直截了当地点明论点,而且语气强烈。给人以警醒、紧迫之感。既令人震撼,又引人思考。

品读这些题目,可以感受到老一辈教育家内心的忧虑与焦灼,更有一种时不我待的紧迫感。毕竟,曾祥芹是 20 世纪 80 年代已被著名泌尿专家吴阶平宣判只能活十年的绝症患者!

(八)导论精彩,斐然成章

翻阅曾祥芹的著作,吸引读者的除了简洁、整齐、美观的目录部分,就是《导论》或《绪论》部分。该部分既对全书的内容做了高度的概括与提炼,又袒露编著者的心迹与心情;既有对过去艰难岁月的眷恋与回顾,也有对未来愿景的憧憬与向往;可谓文质兼有,情理并具,非常精彩。既是一篇优秀的学术论文,又是一篇声情并茂的散文。初读就已齿颊生香,让人迫不及待地读下去。2013 年,《曾祥芹序跋集》出版,专门收录了曾祥芹自序和他序的导论、绪论、前言、序、跋、发刊词、卷首语等 116 篇,是其导论的大全,可以让读者尽享这一文章盛宴。

(九)合作攻关,形式多样

通览曾祥芹的学术成果,可以发现多是以合著的形式出现,尤其是著作类成果,独著的较少。据笔者粗略统计,在他出版的 37 部著作中,独著的只有《文章学探索》《现代文章学引论》《汉文阅读学导论》《语文教育学别论》《实用文章学研究》《汉文阅读学研究》《语文教育学研究》《曾祥芹序跋集》《曾子文章学》九部,况且前八部都是论文集。并且合著的著作除了《初中语文教学法举隅》《中学语文教育学》是副主编外,其他著作,他都是以主编的身份带领文章学人集体完成的。孙绍振先生曾劝他"少参与集团作战,多搞个人的著作"(《实用文章学研究》"前言")。他也知道这样会因"学术共性"而影响他的"学术个性",但他依然故我。他也曾当面说过个中原因:"我长期担任几个国家级、省级学会的主要领导人,有义务把队伍带起来;而集体著书,协同攻关是最好的形式。"他与人合著最多的是文章学界、阅读学界的同人,如联手合著《文章学教程》《文章本体学》等文章学著作,第一套"阅读学丛书"、《阅读学新论》、《文章阅读学》等;合作同人横跨老、中、青三代;其中以文章学同人最多,阅读学同人其次。有同事合著,他曾与河南师范大学文学院的黄果泉合著《古代阅读论》,和同事陈万珍合编《现代读书经》;有与领导的合著,如与时任河南师范大学校长王绍令合著《毛泽东与文章学》;有夫妻合著,如他与夫人刘苏义女士合作编著《历代读书诗》;有父子合著,如与其子曾令中合著《中华读书诗课本》;有与"学术情侣"韩雪屏女士合作主编的第一套"阅读学丛书";有师生合著,如先后与自己的研究生合著《阅读改变人生》《说文解章》等著作。

曾祥芹不但与同人、同事、学生、家人合著,而且他有几十篇论文也以合著出现。典型的就是他与河南财经学院(今河南财经政法大学)的张复琮合著的研究叶圣陶文章学的系列论文。曾祥芹曾说他有把与张复琮合著的研究论文结集出版的计划,但由于学会管理任务、研究任务太多,加上工作调动、年纪渐增、身体多病,该计划一再耽搁,最后无限延期,成为憾事。

带领队伍、集团作战,虽然一定程度上影响了自己"学术个性"的彰显;但"失之东隅,收之桑榆"。通过合著、全编的著作形式,曾祥芹广交了"学术朋友",凝结了"学术情缘",光大了"学术共性",成就了"学术新派"。

二、曾祥芹学术成果的数字呈现

用数字来呈现曾祥芹的学术成果,到目前为止,学界仅有个别学者提到。周庆元评价曾祥芹是"五论创新"("一语双文"论、"两学指导"论、"文章课程"论、"双快比翼"论、"教师能力"论);韩雪屏对其阅读思想提炼为"四体"(阅读客体、阅读主体、阅读介体和阅读本体),"十二论"(阅读本质特性论、阅读完整过程论、阅读基本规律论、阅读能力结构论、汉文阅读特色论、阅读诗性文化论、阅读内外宇宙论、阅读改变人生论、阅读享受人生论、阅读知入知出论、阅读主体间对话论、个性化正解与自由化误读论)、"全读法"(精读法、略读法、快读法)、"一史"(汉文阅读学史);甘其勋则提炼为

"四观十论"①。

三、语文教育的前行者、狭义文章学的坚守者、阅读学界的朱夫子

与诸多语文研究者全方位、全流程研究语文教育不同,曾祥芹是从"语文学"的开发着手的。面对语文教育为何低效的问题,曾祥芹有着自己的理解。他认为其中主要原因就是弱化文章教育。他和张寿康是最早认识到该问题的学者,并认定这条路子坚持走下去! 提出"一语双文"观,主张文章与文学的"双文教育"。他走在时代前列,奔走呼号,可谓语文教育的前行者!

学界的一些名家虽然也承认狭义文章学,但并没有一以贯之,例如叶圣陶先生。狭义文章学派虽然成员近千人,但一些人实际从事着广义文章学的研究,也有一些人中途退却了。曾祥芹是狭义文章学的最为坚定的研究者与领导者,他一生进行狭义文章学的开发研究,在文章本体、文章阅读、文章教育三大重点领域排兵布阵,运筹帷幄。先后有《文章本体学》《文章阅读学》《文章学教程》《文章知识新视点》等著作问世,标志着狭义文章学研究的辉煌战绩。然而,总体而言,狭义文章观仍未能获得学界特别是官方的共识,文章教育仍是语文教育的"在场的缺席者",狭义文章学研究后继者不足,尤其需要堪当大任的领袖人物! 因此,曾祥芹在耄耋之年,以残身病躯,仍坚持撰写曾氏文章学丛书,实有树立懿范、感召同人等不得已之苦衷!

为使文章学走进校园,开展文章阅读学全覆盖研究:全读物(纸本书、电子书、无字书),全读者(按年龄分的青少年读者、成年读者和老年读者,按功能分的学习性求知读者、工作性实用读者和享乐性审美读者,按水平分的大众读者、职业读者和引领阅读新潮的精英专家读者),全读法(精读法、略读法、快读法),全过程(知识、技能、技巧、习惯),全读体(阅读本体、阅读主体、阅读客体、阅读介体),全读理(阅读生理、阅读心理、阅读病理、阅读哲理),全组织(个人、社会、政府),等等,堪称宏纤皆备,体大思精,从古到今无出其右者。因此,相较朱熹仅重视与研究精读的行为,称曾祥芹为现代阅读学的朱熹,完全实至名归!

---

① 甘其勋.曾祥芹教授和他的阅读学说[J].山东图书馆季刊,2008(2):26-27+31.

四、《曾祥芹学谊录》《"三学"创新论》:曾祥芹学术思想的影响

《曾祥芹学谊录》《"三学"创新论:曾祥芹学术思想国际研讨会论文集》是2010年以前学界关于曾祥芹学术思想研究的收录。两本书是研究曾祥芹学术人生及学术成果,也是笔者撰写该书的重要参考资料之一。笔者所引许多研究资料大都收录在这两本书中。

(一)《曾祥芹学谊录》:曾祥芹学术之谊的国内见证

顾名思义,该书是曾祥芹"学术友谊"之实录,收录了学界为曾祥芹编著的著作所作的序言19篇,书评37篇,专论14篇,对曾祥芹访谈、介绍20篇,以及曾祥芹与学界展开的争鸣文章9篇。

中国古代文论有"人品""文品"之说,曾祥芹做到了二者的统一;曾氏家族以道德、文章传家,曾祥芹也二者皆备。可以说,该书所收录的几十篇文章,显示了学界对曾祥芹学术人品的基本看法。诚如该书编者张灿华所论,"谦谦君子,铮铮硬汉";"主帅·先锋·保姆"(编后记)。特别值得提出的是,书中不但收有正面评价的美言颂文,也收入9篇曾祥芹与学界争鸣文章;尤其是收录了毛志成、林可夫二人观点迥异、言辞激烈的文章。表现了曾祥芹及收录者博大的胸怀!

高山流水遇知音,千古知音更难觅!

该书更是曾祥芹与学界同人之间友谊的象征!古代文人雅士,酬唱应答,逸兴遄飞;今天曾氏与知交谈文论道,心系教育,壮怀天下。该书谱写了一曲曲志同道合、肝胆相照的友谊之曲!

(二)《"三学"创新论:曾祥芹学术思想国际研讨会论文集》:曾祥芹学术思想的国际影响

该书是2010年在河南师范大学召开的"曾祥芹学术思想国际研讨会"的论文集,是诸多学者对曾祥芹学术思想集中评论的成果。它是曾祥芹学术成果获得国内外高度肯定的鲜明标志。全书分五部分:

第一部分收录"致辞、贺信、贺诗、报道"31篇。该部分既有国家学术团体的贺信,也有国际阅读协会主席帕特丽夏·爱德华的贺信;既有官方代表的发言,也有民间团体的回应;更有个人的贺词、贺诗;等等。全方位反映了

国内、国际学术领域对曾祥芹学术思想的高度肯定。

第二部分"曾祥芹文章学思想研究",收录 18 篇文章;第三部分"曾祥芹阅读学思想研究",收录 13 篇文章;第四部分"曾祥芹语文教育思想研究",收录 12 篇文章。这三个部分是学界对曾祥芹文章学、阅读学、语文教育学成果的评价:有对曾祥芹学术思想的理论探讨,也有关于曾祥芹学术思想的应用研究;有从某一角度切入,也有试图从宏观角度作全局式俯瞰;有用古代史料来印证曾祥芹教育理论,也有在新的形势下用新的方法来分析曾祥芹教学思想。这三大部分是该书重点,也是曾祥芹作为"三栖学者"的力证!

第五部分收录"曾祥芹治学思想和方法研究"17 篇文章,是社会各界对"曾祥芹学术思想国际研讨会"的祝贺以及对曾祥芹学术人生、学术思想的总评。

书中既有对其学术成就冷静的分析与评价,又有对其人热情的赞颂与敬仰,也有发自肺腑的劝告与希望。例如时任河南师范大学校长焦留成评价曾祥芹具有"创新意识、经世意识、融通意识"①。韩雪屏评价为:"真人做真学问。"甘其勋则对曾祥芹提出希望:"一是健康,二是长寿,三是健康长寿!"关切之殷,令人动容。

《曾祥芹学谊录》《"三学"创新论:曾祥芹学术思想国际研讨会论文集》既是关于曾祥芹学术思想研究资料的汇编,也是曾祥芹学术之谊的见证,是曾祥芹人格魅力的体现,更是学界对曾祥芹学术思想认可的标志。

在阅读、欣赏、评鉴曾祥芹一项项学术成果的日子里,笔者无时无刻不被震撼着、感动着、激励着。这是一次寻宝之旅,又是一次学习之旅,也是一项拷问自我、提升自我的过程。笔者不时地自问:"为什么曾祥芹瘦小的身躯会爆发出那么大的学术能量?为什么许多语文教学工作者包括自己难及其万一?……"从 1980 年发表《呼吁开展文章学的研究——语文教学科学化刍议》,到 2019 年出版《曾子文章学》,再到而今正在撰写的《曾巩文章学》,跨越四十余年!曾祥芹的学术研究,永不停歇,永远在路上!

此时,笔者想起了千古一圣——孔子。孔子弟子三千,中有七十二贤,

---

① 焦留成.曾祥芹先生的宝贵精神财富:普祥芹学术思想国际研讨会开幕词[C]//甘其勋."三学"创新论:曾祥芹学术思想国际研讨会文集.郑州:河南人民出版社,2011:4-5.

为什么没有一个超过孔子的？悠悠历史，风华绝代者不乏其人，为什么没有一个能望其项背的？其实《论语》已给出了答案。"叶公问孔子于子路，子路不对。子曰：'汝奚不曰：其为人也，发愤忘食，乐以忘忧，不知老之将至云尔。'"一生学习，忘食、忘忧、忘老，谁能及之！

2019年8月16日至8月18日，在河南师范大学召开的中国文章学研究会第34届年会上，曾祥芹大会上放言"学术养生"的概念。他说："当前社会上'养生'很流行，诸如'饮食养生''运动养生''中医养生'等，而我是'学术养生'……"一席话引起强烈反响。有人感到新鲜，有人感到不可思议，更多的人发出由衷的敬仰！广州第二师范学院的余新明博士悠悠说道："'学术养生'，第一次听说！"感佩之情，溢于言表。

在结束这次特殊的寻宝之旅时，笔者心情无以名状。在此引用太史公为孔子作传的话来收尾："高山仰止，景行行止。虽不能至，然心向往之！"

附 录

曾祥芹治学年表

【编者按】此"年表"有别于"年谱",涵盖传主的幼儿哺育期 5 年、小学启蒙期 7 年、中学打底期 6 年、大学深造期 4 年,因其学术长征是从教中学 22 年起步的,故以教大学的 16 年和退而不休的 24 年的治学活动为重点,凸显其 62 年读书、教书、写书的"三书生涯"。

1936 年农历正月初六日午时诞生在湖南省武冈县平镇乡的一个山旮旯雷溪垅村。体重 2.5 公斤,一身绒毛,喊作"毛娃"。汉族,属相鼠。是年父亲曾清人(1915 年农历九月十二日出生)21 岁,母亲萧屏翠(1917 年农历八月七日出生)19 岁,曾祥芹为长子。

1937 年至 1938 年,在雷溪垅、兴隆山,经妈妈和奶奶萧绿漪的精心养育,度过了 1 岁至 2 岁的婴儿牙牙学语、蹒跚学步的哺乳期。

1939 年至 1941 年,随父母由经营药店从医转向两所小学从教,先后在月溪街天养堂药店、月溪小学、管竹溪小学,度过了 3 岁至 5 岁的幼儿启蒙期。奶奶常吟诵告子和孟子的对话让还不懂事的乖孙牢记。告子曰:"性犹湍水也,决诸东方则东流,决诸西方则西流。"孟子曰:"人性之善也,犹水之就下也。"

1942 年 6 岁时,随父亲与同年同月出生的表弟萧幼艾在管竹溪小学就读。其间有两次难忘的回忆:一是集中江口"七七抗战纪念日文艺宣传活动",出演父亲自编的歌剧《流亡线上》,唱《松花江》"爹娘啊……爹娘啊……"感动听众撒糖一戏台;二是饭前勒令背诵《吊古战场文》,背到"河水

424

萦带,群山纠纷"后,因光想吃妈妈炒好的香喷喷的鱼而卡壳中断,被父亲从戏台甩下戏台,昏死6分钟才抢救苏醒过来……(详见中央文献出版社2004年出版的《留得清白在人间》和《深圳晚报》记者李福莹2008年4月21日写的专访《阅读是自己生产自己》)

1943年,平镇乡乡公所委任单丁独户的父亲任管竹小学校长才3天,就被当地萧、龙宗族恶势力撤职,被迫转到表哥萧钟杰的家园兴隆山办"自力小补班"。曾祥芹与幼艾等16位同学就地读私塾,仍以《古文观止》为主要课本。

1944年,父亲应聘再次去月溪小学教书。曾祥芹与幼艾又转学月溪弘光小学。假期回雷溪垅干农活,放牛、杀草、喊野猪……(详见《留得清白在人间》第105页至106页)

1945年,父亲又应江口崇德小学校长萧家良之聘,去崇德小学任教。曾祥芹与幼艾再次转学去江口崇德小学读书。不料三春时节,日寇压境,学校停课疏散。可惜,雷溪垅老家的什物牲口被日寇洗劫一空,连多年积攒的手抄古今文选课本和教学笔记以及父亲14年的"写真"日记都付之一炬。曾祥芹随家逃匿偏僻的阴山塘之际,被日寇掳走数天,目睹了日本鬼子将小孩抛空用刺刀穿死的惨状,幸亏在押解中趁鬼子不注意,巧跳水沟里逃脱,被乡亲救回家。

1946年,日本战败投降后,学校复课,江口崇德小学与平镇乡中心小学合并,父亲继续应聘与当地名师萧剑平、萧健皆、萧家良等一起教书。曾祥芹与幼艾也继续随父亲去江口中心小学读高小。

1947年至1948年,父亲因家境困难,入不敷出,被迫辞谢各个学校的延聘,告别粉笔生涯,转向洞口经商。其间,曾祥芹与表弟萧幼艾比肩练笔,11岁写出万字的《菲溪游记》。

1948年于江口小学毕业,夏季考上位于洞口镇伏龙洲的"湖南省私立平溪初级中学"。中共地下组织"江南别纵队"骨干萧日如任校长。

1949年,湖南省和平解放。1950年学校迁移到洞口镇文昌宝塔之下的平溪江北岸,改名"武冈县峡江中学"。曾祥芹读初二、初三时,因成绩优异,一直担任全校学生会学习部长,曾获书法比赛第一名,作文比赛第二名。兼《资江农民报》通讯员,以"一心"或"曾志坚"笔名发稿。

1951年夏初中毕业后,考上邵阳市第二中学(湖南省立重点中学,音乐家贺绿汀的母校),秋季入学编进高一(5)班,与金春峰、简梧秋、雷超等同学。曾祥芹曾担任全校6个年级24个班的黑板报总编辑、邵阳市学生联合会秘书长,1952年全校作文比赛,命题为"学习高尔基",因课外通读过《童年》《在人间》《我的大学》,与金春峰并列获第一名。高中三年曾获《大众报》《资江日报》《资江农民报》模范通讯员。

1954年夏高中毕业前,因右脖子肿瘤由农村医生做手术未能复习,原想考理工科的曾祥芹,被迫听班主任劝说改报文科,后考上河南师范学院中文系本科。秋季冒长江洪水、卫河水路到新乡入学,编进第二班,与张复琼、常呈祥、简梧秋等同学。(曾在百泉160名大学生爬山比赛中获第6名。)

1955年院系调整,转移到开封师范学院,二至四年级,曾先后任全校学生会文体部长(曾是开封第一军亚洲第一伞塔跳伞运动员兼教练)、系科研干事(曾写出5万字的文艺学论文《论世界观与创作方法的矛盾统一》和3万字的语言学论文《论修饰语》)、年级长。

1956年"向科学进军",在中国科学院院长郭沫若题词的《学生科学习作》专辑上发表过《论长修饰语之间的关系》。

1957年反右运动,曾祥芹听校党委号召,以大班长身份在10号楼主持全年级学生"鸣放大会",14个发言的同学全被打成"右派分子",曾祥芹受留团察看一年处分,《决定》上写着:"身为学生会主要干部,背叛党的立场,为右派分子向党进攻提供舆论阵地……"

1958年3月,由于各大学、中学被错划的"右派"很多,教育岗位大量缺人,于是提前毕业下基层教育实习,被分配到豫北红色沙区内黄县第一中学教高中语文。因走上讲台就受到学生热烈欢迎和教师、校、县教育局领导的一致好评,多次在校、县做语文观摩教学课;工作不久,便撤销处分,提拔为语文教研组长,兼校团委书记,并主编《红专学报》。

从1959年起,连年主送高中毕业班,并代理教导主任,主管全校教学业务。头一次送高中毕业班,就在豫北地区24个县获升学率第3名(80%以上录取),还发表《教案成文,板书成纲,讲授成体》《一题连作好》等系列教学论文,在豫北地区24个县的语文教改会上典型发言,崭露名师头角。

1960年写外语(俄语)教改经验文章《一冲二带三结合》,在《河南教育》

杂志发表后,招来新疆和田教育考察团等单位来校取经。

1961 年,开封师院、新疆日报社等 6 个单位发来调令,内黄县教育局封锁消息,为挽留曾祥芹在内黄一中,动员郑州师专中文系毕业的共产党员(1960 年入党)、烈士遗孤刘苏义,于 1962 年"三八妇女节"与曾祥芹结婚。

1962 年,曾祥芹因"猜"中高考作文题(考前练习《谈不怕鬼》,高考题为《说不怕鬼》)被"神化",每年高考前被"绑架"做语文和政治等课复习辅导,考后每年被安阳地区教育局任命为高考评卷组大组长。1962 年被评为全县模范教师,工资提升到月薪 64.5 元,是全县青年教师中唯一的高薪。

1963 年农历正月初一,长子曾一军(令伯)在河南内黄县出生。

从 1958 年到 1965 年,在不影响校内讲课的前提下,几乎年年或被抽到地区教育局教研室,或被抽到内黄县委、县教育局、文化局、剧团写各种材料,如书记、县长、局长的总结报告、典型调查、《内黄县泥塑阶级教育展览馆设计、解说词》以及《根深叶茂》等 6 种剧本,被誉为内黄的"红秀才"。

1965 年 9 月 14 日(农历八月九日),次子曾亚军(令中)在湖南洞口县出生。

1966 年"文革"开始,学校停课闹革命。到河北省漳南灌区劳动改造,每天劳动 15 个小时。驾辕拉车运土,穿的棉大衣都湿透了,从此埋下了肾癌的祸根。

1967 年上半年,从"牛棚"解放出来成为"革命群众"后,又被"造反派"利用写派性材料,参与编《井冈山通讯》(如揭发"走资派"的"一万八千字"材料),成为内黄县家喻户晓的"黑秀才"。

1968 年 11 月 3 日(农历九月三日),小女曾飞舟在河南内黄县出生。

1968 年,内黄县"革委"配备内黄一中革委会,曾祥芹作为造反派代表被任命为校革委第一副主任,负责抓"复课闹革命"后的全校教学业务。1971 年国务院颁发 41 号文件《教育工作会议纪要》将知识分子大多数宣判为"资产阶级知识分子",曾祥芹一面负责组织开门办学,一面又列为"斗、批、改"对象。贫下中农管理学校时,一直被批判。粉碎"四人帮"后因当过校革委副主任,被要求"说清楚",继续批斗、劳改。1977 年 1 月 8 日,因"一分为二"等问题,县教育局在一中举行"曾祥芹批判大会"。

1977 年春季,全家被发配到内黄县二安公社中学一边教语文,一边挨批判(唯独曾祥芹的工作关系一直在一中)。1978 年夏,因恢复高考的教学辅导需要,曾祥芹被调到内黄县井店三中教语文,连年送毕业班。

曾祥芹的学术长征是从内黄一中起步的。"文革"前,就写出《普通文章知识》(记叙文、说明文、议论文)3 大本和《文章学笔记》9 本;"文革"中挨批斗时,通读毛泽东已出版和未公开出版的可能搜罗到的全部著作,编辑了《毛泽东论文章》一书,比《毛泽东论文艺》一书更丰厚;1977 年就起草了《呼吁开展文章学的研究——语文教学科学化刍议》,后来发表于《安阳师专学报》1980 年第 1 期创刊号,与北京师院张寿康教授的《文章学古今谈》(《语文导报》1980 年第 8 期)不谋而合,成为全国改革开放后最早举起实用文章学旗帜的两篇论文。

1979 年,大儿子曾一军 16 岁考上全国重点大学华中工学院,开始了家庭走出低谷的转折。1980 年 5 月,南方老家错划地主、老父错定反革命正式平反,并复职(农村医生)。

早在安阳师专成立初,就选调曾祥芹去大学教书,内黄县借口有政治问题不准调离。经过上访北京,找水利电力部副部长刘汉生给县委书记田国藩疏通(刘汉生说:"我给小段写个条,可直接去郑州。""小段"原来是刘汉生的老部下,即当时的河南省委书记段君毅。曾祥芹傻乎乎地说:"我这小事件,别惊动段书记了。")于 1980 年秋,曾祥芹才离开内黄一中,上调到安阳师专中文系。一开始就教"文学概论"和"语文教学法"两门课,任中文系写作教研室主任,同时兼办《安阳师专学报》。

1980 年在《安阳师专学报》创刊号发表《呼吁开展文章学的研究——语文教学科学化刍议》,成为改革开放新时期在全国最早举起"实用文章学"旗帜的学者之一。该文被顾黄初、李杏保主编的《二十世纪后期中国语文教育论集》(四川教育出版社 2000 年 9 月出版)摘要选入。当年 10 月上旬以师专语文教学法教师身份于开封在河南大学参加"全国语文教学法研究会成立大会",编入朱绍禹、董味甘、陈炳文等一组,被朱绍禹尊称为语文教学"法师"。

1981 年,在《安阳师专学报》第 1 期发表《十九世纪没有产生无产阶级文学吗?》;该文立即被人大复印资料《外国文学研究》当年第 1 期全文复印,列为首篇。《安阳师专学报》当年第 2 期发表《〈文赋〉新解》(与查洪德合作)。

又在《安阳文艺》当年第 2 期发表《"遵命文章"的生命力——以鲁迅杂文为证》。7 月评为讲师。8 月上旬去辽宁大连参加全国语文教学法讲习班。11 月写《普通文章学与初中语文教学法》(刊于《安阳师专学报》1982 年第 2 期)。这一年被任命兼学报副主编,评为讲师。

1982 年,在《安阳师专学报》第 1 期刊登《中国现代文章学的纲领性文献——纪念毛主席的〈反对党八股〉发表四十周年》;在《安阳师专学报》第 2 期发表《普通文章学与初中语文教学法》(该文选入中国语文教学法研究会编的《语文教学法论文集》一书,河南省仅此一篇,吉林文史出版社出版);在《安阳师专学报》第 3 期发表《〈为学〉的辩证哲理和议论技巧》;又在《安阳师专学报》第 4 期发表《语段教学浅识(上)》。还在林从龙主编的《教学通讯》当年第 11 期发表《唐弢〈琐忆〉的选材和组材》。4 月下旬提交论文《普通文章学与初中语文教学法》去四川乐山参加全国语文教学法第二次年会。6 月参加本省师专《中学语文教材教法》研究。冬季,曾祥芹积劳成疾,患肾癌,尿血,尿闭,被师生赞为"安阳师专的蒋筑英",校党委高度重视,开几次会研究决定:派 8 人送至北京大学第一附属医院泌尿外科研究所就诊。由大名鼎鼎的泌尿外科研究所所长吴阶平主治。

1983 年春,做了左肾癌切除手术(达 6 个小时)。出院时,吴阶平大夫对祥芹说:"你要乐观,与癌抗争,争取再活 10 年!"曾祥芹知道自己的时间不多了,立志以每年出一本书的拼搏,来赢得生命的价值。在安阳医院放疗时,于病床写出了《〈文心雕龙〉章法论》。又在《安阳师专学报》第 3、第 4 期连载《语段教学浅识(中)》和《语段教学浅识(下)》。8 月去山东烟台参加全国语文教学法讲习班,受到大会点名表扬,并写《烟台散记》。《安阳师专校报》第 11 期刊载《博采众师未敢闲》诗。这一年,在洛阳全省高等师院教学法研讨会上一致选曾祥芹负总责;师专党委书记找曾祥芹谈话让当学报主编,因刚动过大手术而辞谢。

1984 年元月中旬去许昌参加全省高师院校语文教学法研讨会。《安阳师专学报》改名《殷都学刊》,曾祥芹继任学报副主编。刊名四个字是曾祥芹亲赴北京师范大学请启功先生题写的(因托友人北师大的哲学教授引荐,未花一分钱);继《北京师院学报》之后开辟了全国第二个"文章学探讨"专栏,专栏发刊辞是《给"文章学"以独立席位》;又在《殷都学刊》第 1 期发表《现

代文章学的历史丰碑——纪念〈文心〉出版五十周年》（与张复琮合作），在第3期发表《现代文章学的奠基作——评叶圣陶的〈作文论〉》（与张复琮合作）。北京师院的《中学语文教学》当年第1期发表《语段是文章的最小单位》。《盐城师专学报》当年第2期发表《一部活生生的语文教学法专著——评夏丏尊、叶圣陶的〈文心〉》。《周口师专学报》当年第2期发表《〈文心雕龙〉结构谈》。8月携论文《关于建立'语文教学能力训练体系'的设想》，去云南昆明参加全国语文教学法第三届年会，其语文教学"十能"体系受到大会《简讯》通报表扬。《河南大学学报（哲学社会科学版）》当年第5期发表《〈文心雕龙〉章法论》。《教学通讯》当年第6期发表《语段的阅读训练》，第12期发表《一部生动切实的语文教学法专著》。这一年，主审了河南省14所师范院校合著的《初中语文教学法指要》一书（40万字），还与山东泰安师专冯守仲合作写了《周乐华等同学是怎样学习语文的——夏丏尊、叶圣陶〈文心〉研读随笔》7篇:《学会查字典、辞典》《学会记课堂笔记》《勤于观察,善于联想》《联系实际,加强记忆》《端正态度,写好作文》《建立小书柜,阅读课外书》《范文引路,读写结合》（连载于《中学生学习报》1984年3月13日、20日、27日,4月3日、17日、24日,5月15日）。

　　1985年在《殷都学刊》第1期发表《学习叶圣陶对写作课的改革意见》（与管金麟合作），第3期发表《文章阅读学发凡——评叶圣陶的〈文章例话〉》（与张复琮合作），这是现代阅读学研究的开笔之作。2月,参与编印的《全国商史学术讨论会论文集》一书（30万字）由中州古籍出版社出版。同年,与张复琮合作的《现代文章学的历史丰碑——评夏丏尊、叶圣陶的〈文心〉》见刊于《河南财经学院学报》第1期。5月3日在安阳太行宾馆参加全省高校学报研究会。6月14日,给安阳师专1983级全体学生作《树立健康高尚的审美观》的美学讲座（发表于《安阳师专校报》第25期）。在夏丏尊、叶圣陶的《文心》研读随笔中,继"周乐华等同学是怎样学习语文的"之后又转换视角写"王仰之是怎样教语文的?",与冯守仲合作《王仰之是怎样教语文的?——学习〈文心〉有感》（刊于烟台师院《语文教学》1985年第4期）。《殷都学刊》第4期发表《谈中学语文教师的知识结构》。《河南财经学院学报》第4期发表《深入探索文章的内部规律——评夏丏尊、叶圣陶的〈文章讲话〉》（与张复琮合作）。杭州大学《语文导报》第5期发表《1984年文章学研究述评》。《安阳师专校报》第 27 期发表《和大学生谈"文章学"》。7 月下旬,赴贵阳(住贵阳日报招待所)参加中国文章学研究会第四届学术年会,被选为副会长,分工主管学术部。10 月应顾黄初之邀参加在苏州举行的"叶圣陶教育理论研讨会"。11 月写出《中学语文教学法教程·绪论》(河南大学出版社 1987 年出版)。《中学语文教学》第 11 期发表《从篇章结构看语段功能》。湖北大学《中学语文》第 12 期发表《叶圣陶〈作文论〉述要》。这一年被评为副教授,在政治生命的选择上,曾祥芹在中文系系主任马存本(九三学社安阳市主委)劝他加入九三学社的背景下,仍抱着最朴素的心态——在多年挨整的炼狱中"为证明自己不是坏人",毅然加入中国共产党(入党介绍人为学报主编田璞)。同年,经校党委研究(时任党委书记为程上圣),与刘恒策一起被提拔为副处级干部。

1986 年 1 月,以萧士栋为主编、曾祥芹为副主编的《初中语文教学法举隅》一书(38 万字)由云南民族出版社出版,该书由教育部张承先题词,获河南省语文教育科研成果一等奖。同年与大学老同学张复琮合作《叶圣陶文章学研究》,陆续在《殷都学刊》第 2 期发表《两部配套的阅读教学法专著——评叶圣陶、朱自清合著的〈精读指导举隅〉〈略读指导举隅〉》,在《河南财经学院学报》第 2、第 4 期发表《文章实践的两大能力——评叶圣陶、夏丏尊的〈阅读与写作〉》《〈国文百八课〉的文章学系统——评夏丏尊、叶圣陶的七十二篇"文话"》。他在《殷都学刊》第 3 期发表《甲骨卜辞——中国最早的文章形态》(与王章焕合作),在《中学语文教学》第 6 期发表《普通文章学的先师——纪念夏丏尊先生诞辰 100 周年》。1986 年 2 月,写出《语文教学能力论·导论》由河南大学出版社 1987 年 7 月出版。5 月上旬去许昌教育学院参加全省高校学报研究会年会。在《河南大学学报》第 6 期发表《试论语文课的思想教育》(与黄福青、杨明印合作)。7 月 17 日至 8 月 4 日于西北棉一厂(前副总理吴桂贤的故居,当时为厂党委副书记,曾登门拜访过一次),出席在咸阳西藏民族学院承办的有 800 多位新老学者参加的历时 19 天的全国第五届文章学学术讨论会及第二次文章学讲习班,主持周振甫的报告会,写出"会议纪要"和"争鸣辑要"(全称《全国第五次文章学学术讨论会纪要》,原载于《文章学通讯》1986 年 8 月 14 日),继续以"全国文章学研究评论员自任",发表《1985 年文章学研究的新进展》《该是给"文章学"建立户头的时候了》(与张会恩合作)(《语文导报》1986 年第 3、第 11 期)《有争论才能前进全国第五次文章学学术讨论会争鸣辑要》(《殷都学刊》1986 年第 4 期)。1986 年 10 月写出《语文教学能力论·后记》,由河南大学出版社 1987 年 7 月出版。

1987 年 1 月,河南省教委主任徐玉坤下令调曾祥芹到河南省教委科研外事处工作,担任机关刊物《高教园地》副主编,出版刊物 12 期,写发刊辞。《洛阳大学学报》当年第 2 期发表《语文教学能力概说》(与廖高群合作)。《语文导报》当年第 3 期发表《文章学研究方法概观》(与洪珉合作)。《河南财经学院学报》当年第 3 期发表《文章阅读学的宝典——评叶圣陶、朱自清的〈精读指导举隅〉和〈略读指导举隅〉》(与张复琮合作)。同年 4 月,创作《文章新潮·后记》,于 1988 年 6 月由河南教育出版社出版。5 月,《作文月报》发表《从小养成良好写作习惯》。6 月,参著的《中学语文教学法教程》一书(21 万字)由河南教育出版社出版。7 月,以曾祥芹为主编、萧士栋为副主编,出版了《语文教学能力论》(28 万字,由河南大学出版社出版),该书 1990 年获中国教育学会语文教学法研究会十年科研论著展评"著作一等奖",1991 年作为优秀教材由国家教委向全国推广。《殷都学刊》当年第 4 期发表《当代崛起的文章学建筑群(上)——评近年来出版的文章学专著》。《语文教改通讯》当年第 7 期发表《三谈文章学与语文教育的关系》。《语文导报》第 8 期发表《一本富有创见的专著——评程福宁的〈文章学基础〉》(与赵星景合作)。9 月 12 日,河南省电台与《河南日报》播发了丁如钢的通讯《死神威胁下的拼搏——记河南省教委科研外事处曾祥芹副教授》,内容是带病工作,5 年内出版了 4 本书,发表了 140 万字的文章。12 月《克山师专学报》发表《书本是文章的最大单位——文章表层结构论之二》。

1988 年,在《新乡教育学院学报》第 1 期发表《论叶圣陶的文章谋篇术》。在《殷都学刊》第 1 期发表《当代崛起的文章学建筑群(下)》(与洪珉合作),第 2 期发表《论文章和文学的分野》(与张会恩合作),向传统"一文论"发起冲击,同年也发表于《岳阳大学学报》第 3 期。又在《河南财经学院学报》《开封教育学院学报》第 1 期分别发表《文章四元——"叶圣陶与文章学"研究之一》(与张复琮合作)、《章法四律——"叶圣陶与文章学"研究之八》(与张复琮合作)。在《河南教育学院学报》当年第 2 期发表《三谈文章学与语文教学的关系》。6月于郑州,在全国首届编辑学研讨会上做《编辑学与阅读学》(与孔繁士合作)的专题发言(该文发表于当年《编辑学刊》当年第3期和《河南财经学院学报》第3期)。8月上旬去河南周口市主办中国文章学研究会成立大会暨第6届学术年会,分别在语文教师讲习班和秘书班作《文章学与语文教学的关系》《文章学与秘书学的关系》的讲学,会后于当年8月11日与萧士栋合作写出《中国文章研究会第六次学术讨论会纪要》;8月下旬又去贵州安顺参加全国语文教学法第四届年会。与洪珉合编的《文章新潮》一书(44万字)由河南教育出版社8月出版。参与编辑的《河南省高等学校哲学社会科学优秀成果选编》(23万字)由河南大学出版社1988年10月出版。

1989年1月,参与编辑的《学海撷英》(64万字)由河南大学出版社出版。《高教园地》第1期开辟"作者·编者·读者"专栏。《殷都学刊》当年第1期发表《阅读技巧说略》。4月,主编出版了《百家读书经》(16万字,由中原农民出版社出版)。《河南财经学院学报》当年第2、3期发表《让文章学与秘书学结亲》《论叶圣陶的文章语言观》(与张复琼合作)。在省教委工作的近3年间,业余不丢本行,出版了5本书,发表了10篇文,祥芹慎重考虑自己的人生定位,不愿在行政机关,主动要求回高校教书治学,11月,从省城下新乡,调到河南师范大学。11月22日与韩雪屏从北京至杭州参加为期四天的全国语文教学法研究会理事会。

1990年,《河南财经学院学报》第1期与张复琼合作发表《论叶圣陶的文情观》。《殷都学刊》第3期发表《文体阅读谈概》。《中学语文教学》第6期发表《中学语文美育研究的最新成果——评王钦韶主编的〈琳琅满目的美的世界〉》。6月18日至24日于哈尔滨师大专家楼开《中学语文教育学》审稿会。同年6月,高等教育出版社出版《语文教育主体论——〈中学语文教师修养〉》。9月,独著出版了个人第一本文章学论著《文章学探索》(30万字),同时主编出版了《萧士栋语文教育文集》(33万字),两书均由河南大学出版社出版。在《笔话》当年第6期和《华夏少年》1991年第12期均发表《中学时代学写作的回忆》。在河南师大中文系教语文教育学、文章学、阅读学三门课程,担任过教研室主任和系党支部副书记,曾被评为模范教师和优秀党员。除了在文科开文章学必修课之外,还在理科数学、物理、化学、生物

等系开过阅读学选修课。

1991年2月,为久病的夫人刘苏义在安阳师院办了病退手续,领了退休证。初春,带百名学生去信阳多所学校进行教育实习。《语文学习》第5期首篇发表《多面分解,把准核心,整体优化——阅读能力结构研究述评》。5月,出席在重庆师范学院举行的中国写作学会阅读学专业委员会成立大会,被选为副会长。7月8日至12日,在北京高等教育出版社审改《中学语文教育学》书稿。7月14日至16日,在北京蓟门饭店举行由周振甫、张志公、张寿康、章熊、韩雪屏等参加的"阅读学丛书"定稿会。同年7月,作《阅读技法系统·后记》(河南教育出版社1992年6月出版)和《弘扬中华阅读的优良传统——〈古代阅读论·例言和后记〉》(河南教育出版社1992年6月出版)。接着参加全国语文教学法研究会山东泰安讲习班。8月于江西三清山举行的中国文章学研究会第九届年会暨全国语文教师、秘书班讲习会上再作《文章学与语文教育的关系》《文章学与秘书学的关系》两个主题报告。同年8月,作《阅读学是语文学的一门技术科学——普通阅读学·引论》(河南教育出版社1992年6月出版)。在《语文教学通讯》当年第10期发表了《语文学科教育研究的带头人——我心目中的顾黄初教授》。9月,与韩雪屏合作《国外阅读研究·后记》(河南教育出版社1992年6月出版)。10月,作《文体阅读法·后记》(河南教育出版社1992年6月出版)。12月,作《阅读学原理·后记》(河南教育出版社1992年6月出版),参与主编出版的《中学语文教育学》(35万字,主编于亚中、鱼浦江)由高等教育出版社正式出版,1992年6月再版,其中撰写《语文教育主体论》。这年底,以独著和主编出版12本书的突出成果,被评为中文系第一批教授(只有两位,另一位是系副主任吕友仁)。

1992年4月下旬,调到《河南师大学报》担当编辑部主任(正处级),兼哲学社会科学版主编,但中文系所教的语文课程与教学论、文章学、阅读学课只是减量,一学期也未停,实为"双肩挑"。5月上旬在河南师大举行80余位代表参加的全省高校学报研究会年会,被选为河南省高校学报研究会副会长。当年在《河南师范大学学报(哲学社会科学版)》第1期发表了《阅读环境论——阅读客体研究之二》,在第4期发表了《阅读——文明建设的核动力》。《上饶师专学报》第4期发表《汉字的利弊与汉文阅读的特色》。6

月 5 日为李商隐故乡的文章新秀索有为的《青果集》作序,6 日至 8 日赴北京参加全国高校文科学报改革研讨会。6 月 9 日至 11 日去湖南新邵县参加全省快速读写研讨会并讲学。同月,主编出版了中国有史以来第一套"阅读学丛书"(包括《阅读学原理》《阅读技法系统》《文体阅读法》《古代阅读论》《国外阅读研究》5 本,160 万字,河南教育出版社出版)。8 月,去西安市主持中国阅读学研究会第四届学术年会,并作《让快速读文与快速作文比翼双飞》的报告。又为自己主编的《文章学与语文教育》一书写"导论"《文章学·语文学·语文教育学》。同年 8 月,应江苏教育出版社《中国百位名家教授忆少年》之约撰稿。10 月为母校湖南邵阳市二中 90 周年校庆写纪念文章,特约校友贺绿汀作曲,曾祥芹填歌词,然未敢动笔,后来的校歌词是《我们从这里起航》。同月写《文章学课程开发论》,论证文章课是中小学语文课中的主要课程(编入《文章学与语文教育》一书)。与孙景峰合作《转换学报功能与编辑角色》选入《学报编辑观念的更新》(吉林大学出版社 1992 年 10 月出版)。10 月下旬又代表中国阅读学研究会去石家庄参加"张志公语言与语文教育思想研讨",并作《张志公与汉文阅读学》的发言。《北京师范学院学报(哲学社会科学版)》第 4 期刊发《现代文章学的开创者——纪念张寿康先生一周年忌辰》。11 月 2 日至 7 日,赴广西桂林参加全国高校文科学报研究会第二届会员代表大会暨学术研讨会(130 人与会)并大会发言,游漓江,换届改选,明确为常务理事。11 月 15 日为师公有《文字·文章·文学》作序——《学"文"的三个门类和三个台阶》(发表于《新乡教育学院学报》1993 年第 1 期)。于 1992 年 11 月 24 日,为王继坤《现代阅读学》再版写"前言"《向阅读的科学化现代化进军》(济南出版社出版)。

1993 年在《语文学习》第 1 期发表《张志公的阅读思想》。2 月,参评的《习水杯全国中学生作文竞赛获奖作品选评》(23 万字,其评论《咏物抒情,短小隽永》编入其中)一书由香港亚洲出版公司出版。6 月 1 日至 5 日赴上海复旦大学参加"大陆、台湾、香港、澳门应用文体制研讨会",提交论文《漫论广告文体之通变》。7 月 15 日至 18 日于十堰市讲学《用文章学指导中小学的文章教学》,并游武当山。7 月 19 日至 21 日,在中国阅读学研究会第 2 届四川乐山年会上作《让快速阅读与快速作文比翼齐飞》的报告,被选为常务副会长,"阅读学丛书"被评为一等奖,并游峨眉山;学会下设快速作文研

究中心(以杨初春为主任)和快速阅读研究中心(以晏茂心为主任),曾祥芹作为"读写双快"理论的引领者兼任两个中心的名誉主任。7月28日至29日,在成都市出席全国青少年写作颁奖会并讲话。8月上旬经重庆、贵阳、柳州、南宁、湛江到海口,4日至7日受李维鼎教授之请于儋州(苏东坡贬谪地)华南热带作物科学研究院,为全国水利电力系统研讨班讲阅读学两天,并游洋浦港。8月10日至13日于郑州嵩山饭店出席中国文章学研究会第11届年会,之后为张会恩的《文章学初论》作序《狭义文章学派的中坚》(该书于1993年由河南大学出版社出版)。8月19日于南京举行的全国语文教学法研究会换届改选会上,在曾祥芹缺席的情况下,意外地被理事长朱绍禹提名,选举为"学术委员会副主任"。《河南师范大学学报(哲学社会科学版)》第4期刊发《文章学课要和语言学、文艺学课分庭抗礼》。上海《语文学习》第6期刊发《文章知识是语文知识的主体部分》;《中学语文》第6期刊发《在文章运动中学习语言》。7月,参编的《张志公语言和语文教育思想研讨会论文选集》(30万字)由语文出版社出版。《新书周报》11月29日第532期头版刊登《敢作弄潮儿,扶植新学科》。河南师大党委任命为学科教育研究所所长。年底,为纪念毛泽东诞辰100周年,部署"1226行动"——《毛泽东与文章学》一书于河南大学出版社出版之际,在河南师大举行了全国性"毛泽东文章思想研讨会",与曹辛华合作《全国毛泽东文章学思想研讨会综述》发表于1994年《河南师范大学学报(哲学社会科学版)》第1期。《河南师范大学学报(哲学社会科学版)》1993年第6期,1994年第1期、第3期相继发表《毛泽东——伟大的文章学家》(与王绍令合作)、《毛泽东文章思想概说》(与王绍令合作)、《毛泽东文章学的价值》(与王绍令合作),《毛泽东文章学的价值》被人大复印资料《毛泽东思想研究》全文复印。这一年经国家级专家组评审,曾祥芹被选入《中国社会科学家大辞典》(英文版),向世界推介。

1994年1月应邀赴湖北监利县讲语文教育学。4月24日至30日赴珠海参加中国写作学会理事会议,与福建师大孙绍振教授同住一室,攀谈中孙劝说:"多写个人专著,少参与集团作战。"5月,论文入选的《中国现当代文学作品鉴赏》(62万字)由河南人民出版社出版。同月,与张会恩合作《文章学教程》(1995年5月上海教育出版社出版)。6月于河南师大成立"河南省教育学会语文教育学专业委员会",当选为会长。8月1日至4日,应邀赴广东惠州作《快速作文与语文教育现代化》的讲学(于 1994 年 9 月 17 日在《湖南教育报》上发表)。8 月 12 日于黄山在中国文章学研究会第 12 次年会上做《中国文章学研究的成果与展望》的报告。下半年在多家报刊连续发表《漫论广告文体之通变》(《应用写作》第 9 期、《高教研究》第 3 期选载)、《广告文体与广告制作》(《经济经纬》第 6 期)、《论文章的内部和外部规律》(《上饶师专学报》第 4 期)、《作文八字经:察物、创意、缀言、得体》(《作文报》第 16 期至 19 期)、《察势·知音·选优·求精——文章编辑的基本规律》[《河南师范大学学报(哲学社会科学版)》第 6 期]。中秋节为家父曾清人的回忆录《留得清白在人间》作序《一面社会的小镜子》,该书由中央文献出版社 1996 年出版。10 月 24 日以河南师大学报"中国经济思想史研究"专栏主持人身份于武汉大学参加全国经济思想史研讨会。

1995 年,《文章阅读的基本规律:感言、辨体、得意、及物》刊于《语文教学》当年第 1 期。论文入选的《改革·探索·发展》一书(130 万字)由石油工业出版社出版;主审的《学报研究在中国》一书(30 万字)由河南人民出版社出版。4 月 19 日为陈小明《快速作文入门指导》一书题词:"让口语、书语紧跟心语前进。"4 月、5 月,主编的《文章学与语文教育》(45 万字)和《文章学教程》(31 万字)两书先后在上海教育出版社出版。6 月去信阳师院参加全省高校学报研究会评审会,《河南师范大学学报》与《郑州大学学报》并列为全省唯二的"优秀学报"。7 月 27 日至 31 日,在第三届四川绵阳 500 余人年会上作《阅读学在中国的崛起》的主旨报告(发表于 1996 年《河南师范大学学报》第 1 期),被选为中国阅读学研究会会长,并游览窦团山、佛爷洞、李白故居,之后创办内刊《阅读学通讯》。经校、省逐级评选,曾祥芹被中共河南省委、省政府授予"河南省优秀专家"荣誉称号。7 月 20 至 22 日,与时任副校长王键吉教授作为河南师大文科、理科代表,一起到省人民大会堂出席 800 多人参加的全省科技大会及 70 多名"河南省优秀专家"表彰大会,发奖金一千元。8 月,为湘潭大学教授刘业超的巨著《现代文心》写书评《文心运动的现代系统工程》(刊于《写作》1996 年第 1 期)。8 月 11 日于江西庐山在中国文章学研究会第 13 届年会上作《维护文章学生态环境,给"多余文化"论以反击》的发言,饱览了牯岭街、锦绣谷、天桥、如琴湖、仙人洞、美庐、中共庐山会址、毛公故居、含鄱口、五老峰、植物园、三叠泉这个"春如水,夏如滴,秋如醉,冬如玉"的胜地。9月10日为晏茂心《四级台阶速读训练法》一书作序《把快读训练引进大学课堂》。10月赴南阳教育学院主持河南省语文教育学专业委员会学术年会。11月为纪念国际阅读协会(IRA)成立40周年,写了《汉文阅读学在中国的崛起》一文,概述自1980年到1995年中国阅读学从孕育、初创、形成、发展的四个时期。恰好1995年、1996年联合国教科文组织宣布每年4月23日(即塞万提斯、莎士比亚忌日)为"世界读书日"。曾祥芹当年就开始建议:每年9月28日(孔子生日)为"中国读书节",以此中西合璧,让"阅读春秋"长盛不衰。12月1日为辉县张元庆主编的《调色版》小报题词:"精理为文,秀气成采。"

1996年1月20日,致王相文、韩雪屏、佟士凡三位主编的信《对〈中学语文教材研究导论〉编写提纲的九点意见》,突破"语文即语言文学"的旧语文观,宣示完整的语文教材应包括语言教材、文章教材、文学教材三部分。花甲寿辰,友人张会恩送来贺联:"祥文楚楚传天下,芹藻洋洋颂寿翁。"春节为四川卿小平《象数格习字法》一书作序《快速写字:快速作文的必要准备》(电子科技大学出版社1997年出版)。2月,应邀赴唐山市一中讲学,并在李大钊塑像前留影;论文《阅读学在中国的崛起》入选的《进取的十五年》一书(16万字)由东北师大出版社出版。2月15日,以曾氏77代裔孙身份为《曾氏九修族谱》作序《文章与世变相因》。《河南师大学报》第1期发表了《汉文阅读学在中国的崛起》,三年后由美籍华人张健女士翻译为英文,于2000年发表在国际阅读协会会刊《今日阅读》(Reading Today),后由国际阅读协会亚洲发展委员会(简称IDAC)会刊《亚洲识字与阅读》刊登。该文11年后又选入中国高等教育学会语文教育专业委员会学术活动30年纪念集《奋斗的三十年》一书,高等教育出版社2011年9月出版。同年,作《快读快写比翼飞,语文教育高科技——王继坤主编〈益智高效读写双快法〉序》(《德州教育学院学报》第1、2期)。以河南师大学报主编身份为河南财经学院《经济经纬》发刊50期题贺词"中原学术之林的参天大树"(当年第1期);又为上海《语文学习》发刊200期写祝文《语文教育的三大理论支柱》(当年第2期)。3月写《快速作文原理论》(载于《杨初春快速作文之潮》一书,漓江出版社1997年版)《河南师范大学学报》1996年第6期发表。4月,应邀赴黑龙江齐齐哈尔在全国17个省的语文教师代表会上作3个多小时的学术报告,之后回哈尔滨呼兰看望萧妍春一家,并在萧红墓前留影。濮阳市职业中专校长刘尚武聘曾祥芹为客座教授,并去讲学。同月,著文《文章学、写作学是"赘生文化"吗?——与毛志成辨析真假"多余文化"》。6月,为单培勇《国民素质学》作序《社会科学领域里的一个创举》(河南医科大学出版社1997年出版)。7月,为王学贤《快速阅读法教程》作序《有望于快速阅读法在中国普及》(中国商业出版社2000年版)。1996年秋季,曾祥芹从学报退休,朋友庆贺送《假如人生是一首诗》。时任文学院院长黄果泉立即返聘他继续教本科生和百千万工程、国培班的语文课程与教学论、文章学、阅读学课,并带统招研究生、教育硕士,一直持续到2012年。退休期间,还连续20年(1996—2015年)被邀请到河南大学担当文章学、语文课程与教学论的硕士研究生毕业论文答辩主席。1996年8月10日于西安在中国阅读学研究会第4届年会上作《快读快写快说与语文素质教育》的主旨报告。同年8月,在河南省中语会阅读教学研究会上作《提高阅读教学的科技含量》的讲学。9月,为邵阳市孔令志市长主编的《当代邵阳籍域外人物传略》写自传。曾祥芹简介又入典于《当代湘籍著作家大辞典》一书。10月23日在《中华读书报》发表《书籍,是人类进步的阶梯——当代阅读问题四人(徐雁、曾祥芹、姚伯岳、甘其勋)谈》。12月19日至21日参加现代应用文第二届国际研讨会,与天津商学院李凯源教授同住九龙曹聚仁之妹的南北宾馆宝来大厦第8层斗室,于香港理工大学举行开幕式,被点名第二个作《求同存异:现代应用文的发展趋势》[刊于《河南师范大学学报(哲学社会科学版)》1997年第4期,选载《21世纪中国社会发展战略研究文集》]的发言,结识巴黎大学博士黄瑞珍女士。12月15日,为王钦韶的《中国现代文章写作学的历史发展》作序《文章写作学自立的历史申辩书》(文心出版社1997年出版)。这年秋夫人移居郑州市,带两个孙子,祥芹独居新乡,有时去河南省社科联图书馆治学。12月,参编的《现代应用文》一书(34万字)由复旦大学出版社出版。

1997年,在《中学语文》第1期发表《人类言语运动的五种速度》,《河南教育学院学报(哲学社会科学版)》第2期发表《中国现代文章写作学史的历史发展·序》。3月,为王松泉《阅读教材论》作序《阅读教材研究的新成果》(辽宁大学出版社1998年出版),参编的《中学语文教材研究导论》一书(31万字)由东北师大出版社出版。3月至5月,写《文章学与小学语文教学》长

文(包括 8 篇:《文章学是指导小学语文教学的主干理论》《随文识字——小学识字教学的主要途径》《着眼文章整体,理解词句段》《强化诵读训练,积累活的文章语言》《称物·达意·致用——文章外部三规律》《层次·衔接·统一:篇章训练 ABC》《快读快写训练要从小学生抓起》《培养良好的读写习惯》),连载于《读写算》杂志。7 月,在中国文章学研究会第 15 次郑州年会上作《关于文章学生存和发展的思考》的发言。7 月在北京人民广播电视新闻台的远程讲话,推介全脑速读记忆法的创编人王学贤;同月 20 日在《中国教育报》上发表《杨初春快速作文教学法简介》。8 月 5 日至 7 日主持在郑州举行的中国阅读学研究会第五届学术年会,作了长达两小时的《关于集体编著"汉文阅读学书系"的初步构想》的主旨报告,策划部署了 13 种书(《汉文阅读学》《现代阅读学教程》《汉文阅读心理学》《汉字教育学》《汉文阅读教育学》《汉文阅读学习学》《实用文章阅读学》《汉文快速阅读学》《汉文阅读测试学》《阅读创造学》《汉文阅读文化学》《比较阅读学》《中国阅读学史》)的跨世纪工程。8 月 16 日在十堰市全国小学语文教改研讨会上作《文章学与小学语文教学》的报告。10 月 21 日,于邵阳市在全国第三次读写双快训练研讨会上作《把读写双快训练推向新台阶》的主旨报告。这一年,为杨初春的《快速作文点评 80 例》作序《作文教学现代化的成功之路》,为王占奇、郭韧希主编的《快速作文之潮》作序《快速作文研究的"三级跳"》(两书均于当年在漓江出版社出版);又为张元庆的《中师语文学法指导》作序《"语文学习方法学"开发区的一幢新建筑》(华夏文化出版社当年出版);还为王轶伦的《初中语文读写双快实验教程》作序《迈向信息高速公路的"通行证"》(湖南教育出版社出版)。

1998 年在上海《语文学习》第 3 期发表《"五快训练"——语文素质教育的新课题》。3 月,论文入选的《现代应用文的教学与研究》一书(45 万字)由香港理工大学出版社出版。4 月 20 日,作《现代读书经·后记》(24 万字,中国文联出版社 2001 年 6 月出版)。6 月 21 日于河南教育学院主持河南省语文教育学专业委员会第 4 届年会,作《素质教育与语文教学改革》的主旨报告,主动辞去会长,改任名誉会长兼学术委员会主任。7 月 1 日,于宜昌在现代应用文第三届国际研讨会上作《应用文阅读特质论》的发言(刊于《应用写作》1999 年第 8 期)。7 月 7 日应《语文学习》之约写《文章学创建的情感历程》(后选入《现代文章学引论》一书,由中国文联出版社 2001 年 6 月出版)。7 月 18 日在中学语文教师培训班讲学《依靠阅读科学技术,弘扬阅读人文精神,提高阅读教学效率》。同月,又为周楚汉的《比较文章学》写书评《文章学要在比较研究中争独立求发展》(该文发表于《长沙大学学报》当年第 3 期)。8 月 8 日,为杨道麟的《语文教育学导论》作序《甘当语文教育课程与教学的"法师"》(湖北人民出版社 1998 年版)。同月又写《"双文"教育,文章第一,文学第二》(《中学语文》当年第 9 期)。教师节答《大河报》记者问《幼儿完全可以成为小读者——以张鹤立幼儿快速阅读训练班为例,证明培育"读书种子"要抓早》。12 月写出《建立民族化现代化的阅读学——〈阅读学新论·导论〉》(语文出版社 1999 年 9 月出版)。岁末,作《阅读学新论·后记》(语文出版社 1999 年版)。

1999 年,春节为杨初春《小学快速作文》一书作序《快写:一项开发智力潜能的"童子功"》(湖南教育出版社出版)。整理的张志公佚文《谈汉字》在《中学语文》第 1 期发表。2 月应《现代写作报·名家谈写作》之邀写《重温"阅读是写作的基础"》(刊于 4 月 10 日)。接着在《长沙大学学报》当年第 1 期发表《"一语双文"论——关于语文学科内容体系的新构想》,在《上饶师专学报》当年第 2 期发表《汉文阅读中的运思及物律》。3 月 8 日作《历代读书诗·后记》(35 万字,中国文联出版社 2001 年 4 月出版)。3 月 28 日与甘其勋合写的《阅读能力考试不可取消》和《一篇作文不能代替阅读能力考试》先后发表于《中国教育报》4 月 18 日、光明日报《考试》杂志"一家之言"栏目第 9 期。7 月为《风雪腊梅》传记作序《于华这个"杂家"》。上海《语文学习》第 7 期发表《站在语文运动的思想前哨》。8 月改定为王学贤的《快速阅读法教程》4 卷本所作的序言《有望于快速阅读在中国普及》。秋,应邀为《阅读周报》写祝辞《阅读:新闻传播的文化取向》。9 月为新中国成立 50 周年献礼,主编出版了《阅读学新论》(甘其勋、王继坤为副主编,《语文出版社》1999年出版,2000 年再版),被评为"20 世纪中国阅读学研究的最高成果"。教师节前夕,为中央电视台"纪录片之窗"写《探索中的鹤立教育》;又为张正君《当代语文教学流派概观》一书作序《中国语文教育乐思录》(中国社会科学出版社出版),同时为罗治武《写作导引》一书作序《学高为师,科研兴教》(长江文艺出版社出版)。10 月,论文《应用文阅读特质论》入选的《应用写作理论与教学研究》一书(55万字)由香港社会科学出版社出版。10月10日在《东方文化周报》上发表整版长文《建立有中国特色的阅读学》；16日主持在江苏南京凤凰台饭店召开的以"面向21世纪的阅读学战略"为主题的中国阅读学研究会第6届年会,作《加强阅读的科学性和人文性》的报告(发表于《中学语文教学参考》2000年第1期)；17日在南京邮电学院给南京8所高校学生读书节作《阅读——学习之母,教育之本》的报告。12月应广西《社会科学家》杂志特约,写"学者语丝"《我的科研性格是拓荒》和论文《文章学是典型的社会科学技术》(均发表于《社会科学家》当年第3期),确立文章学在社会科学群中的合理地位。12月21日又在香港城市大学"现代应用文第四届国际研讨会"上作《应用文快写快读论》的发言。《江苏教育报》当年11月26日发表《怎样高效率地阅读和创造性地阅读？——"21世纪我们怎样阅读"专题采访录》。

2000年3月至5月策划、构思,与甘其勋联袂主编《快读指导举隅》,调集全国大、中、小学和成人的快读训练高手,先撰写"导言",宣示"快读是精读、略读方法的重大发展,是中华民族阅读的光荣传统,是信息社会公民的必备技能,是知识经济时代的阅读革命,是语文素质教育的高新科技,是开发精神生产的智力能源"。3月,为于华《碧波红荷》作序《以己之善写引导学生之善写》(中国文联出版社2000年出版)。《时代青年》第3期发表《新颁〈中学语文教学大纲〉点评》。4月5日,作《致全国快速阅读研究专家的公开信——〈快读指导举隅〉构思说明》(8000字,河南大学出版社2002年5月出版)。从1993年至1999年写完《邓小平文章理论概说》长文(中国文联出版社2001年6月出版),其核心部分《毛泽东文章思想的继承和发展——邓小平文章理论概说》刊载于《中州学刊》2000年第2期,该文获国际学术金奖。4月在《现代语文》发表《2000年高考语文阅读测试改革之我见》。5月去山西榆次讲学《提高快速作文训练的科技含量》。5月25日在《家庭周报》发表《成功属于永远进取的人》。6月在《语文教学通讯》上发文《文章阅读与文学阅读的同和异》。6月24日与甘其勋合作《阅读能力考试不可取消》(发表于《中国教育报》)。7月出席在郑州市举行的中国写作学会成立20周年年会,为区分三大学科的界限、促进学会间的联盟,写了《写作学与文章学、阅读学的分工与合作》(该文发表于《克山师专学报》2000年第4期)。

8月,论文《加强阅读的科学性和人文性》(发表于当年《中学语文教学参考》第1、2期)入选的《辛勤的探索,丰硕的成果》一书(21万字)由文心出版社出版。8月5日于湖南石门在中国文章学研究会第17次年会上作《文章科学技术是社会精神生产的"元生产力"》的中心发言,推举任曾祥芹为中国文章学研究会代会长。《中学语文教学》第8期发表《高师语文教学论课程教材建设的新成果》。8月10日在《中国大学教学》发表书评《语文教学论教材建设的重大突破——评高教版师专"语文教学论"系列教材》。8月25日于内蒙古包头市在中国阅读学研究会常务理事会上报告《新世纪初中国阅读学研究发展规划》,启动"新概念阅读"的宣传。教师节为傅炳熙《语文教育学最新教程》(内蒙古大学出版社出版)一书作序《新世纪语文教师教育的好教材》。应《中学生学习报》之约,于当年3月14日、3月21日、3月28日、4月4日、4月11日连载《解读技术》5篇(《语段抽义法》《段落取精法》《章节理意法》《文篇归旨法》《书本摄魂法》)。应《中学生阅读》杂志之约,当年第1至8期又连载7篇《历代读书诗鉴赏》(汉乐府《长歌行·青青园中葵》、孟郊《劝学》、韩愈《赠别元十八协律六首》、欧阳修《赠学者》、苏轼《嘲子由》、陆游《六经示儿子》、袁宏道《读书》)。9月24日在"新世纪语文创新教育"研讨会上作《把阅读教学的盲点变成亮点》的报告。10月18日至11月10日,给河南省小学语文教育专家、学术带头人培训班讲学《用阅读学指导小学阅读教学》。10月,论文入选的《问题与对策:中小学语文教育改革》一书(70万字)由人民教育出版社出版。同月,还为李富林的《语言体裁学》一书作序《文章语体学的创新之作》。11月22日为傅元经的《不是诗人的诗》一书作序《民间赤子的自由放歌》(中国文联出版社2001年出版)。12月4日于海口市在全国快速作文研究中心第四届研讨会上作《快速作文与创新教育》的主旨报告。12月5日为湖南新化《天华》报创刊号题词:"快读快写比翼飞,语文教育高科技。"12月在《语文教学通讯》当年第24期"卷首语"上著文警示《切勿弱化文章教育》。

2001年元旦在中国大陆快速阅读网发表《快速阅读简介》。1月9日,在河南省延津县"四快"实验动员大会上作《"快读、快听、快说、快写"与语文教育现代化》的报告。同月又在河南省语文教育学研究会第5届郸城年会上作《开拓大语文教育的新视界》的报告(刊于《大语文教育》第1期)。2

月至 3 月,应邀赴香港大学讲学,并给香港大学吴凤平、林伟业的《中文阅读能力训练》一书作序《一本中西合璧的阅读教材》(香港大学出版社 2002 年版)。3 月 26 日至 4 月 23 日,给河南省语文教育专家、学术带头人培训班系统讲授《阅读学与小学阅读教学》。春夏之间,在《新乡师专学报》第 1、3 期连载《读书的诗情,诗歌的读理》。4 月,与夫人刘苏义女士合著的《历代读书诗》由中国文联出版社出版。5 月 21 日至 6 月 29 日,给河南省语文教育专家、学术带头人培训班系统讲授《文章学与小学语文教学》。3 至 5 月,连写"汉文快读的本质特性""汉文快读的技法系统""汉文快读的训练要领"三章(该书由河南大学出版社 2002 年 5 月出版)。5 月 12 日至 14 日,在首都师大附中主持了"新概念阅读教学报告演示会",以《"新概念阅读"宣言》(《中学语文教学参考》第 1、2 期)为本,再次回答了"阅读是什么"(阅读是披文得意的心智技能,是缘文会友的社交行为,是书面文化的精神消费,是人类素质的生产过程)的根本问题。河北报刊中心出版的《阅读与鉴赏》月刊聘请曾祥芹为顾问。5 月 15 日至 17 日在北京召开了中国阅读学研究会以"阅读与人的发展"为主题的第七届学术年会。5 月文章学核心成员石家庄会议决定升任曾祥芹为中国文章学研究会会长,将 3 月写的《"五四"以来到 20 世纪末中国文章学著作扫描》送给石家庄郝荣斋《旧书信息报·文章学书话》,又写《实用文章学的奠基人——纪念张寿康先生逝世 10 周年》,点赞其立八大"支柱"的贡献。《现代语文》第 6 期首篇刊发《为快速阅读鸣锣开道》。6 月主编出版了《现代读书经》(中国文联出版社出版),其中,用千字文从读书的意义、动力、范围、战略、分类、原则、态度、方法、能力、习惯十大方面撰写了 40 篇"读理专论"。同年 6 月,出版独著书籍《现代文章学引论》(53 万字,中国文联出版社)。7 月,以王安忆、梁晓声为主编,以臧克家、曾祥芹为顾问的《课外名篇:初中版散文、诗歌、小说、戏剧必背篇目四卷本》《课外名篇:高中版散文、诗歌、小说、戏剧必背篇目四卷本》由湖南文艺出版社出版。7 月 13 日为杨初春《快速作文方法指要与经典范文》一书作序《读书破万卷,下笔如有神》。7 月 26 日,于北京市汇佳学校在"第三届全国中青年小学语文教师课堂教学多种风格展示会"上作题为《在小学阅读教学中推行"新概念阅读"》的讲座。8 月 4 日至 16 日,给河南省高中语文教师岗位培训班讲学《中学语文阅读教学研究的新动向》。9 月在石家庄给河北省小语

百千万"国培班"讲学《阅读学与小学阅读教学》。9月10日写《关于筹备成立"中国阅读学会"的申请书——呈国家教育部、民政部》。9月,论文《毛泽东文章思想的继承和发展——邓小平文章理论概说》入选的《面向21世纪中国共产党建设研究》一书(上、下册,300万字)由新华出版社出版。10月在全国"阅读的战略"研讨会上作主旨报告《择真而读,择善而读,择美而读——关于"读什么书"的思考和建议》。同月为张金汉的《新一代快速阅读法》一书作序《快速阅读教育的弄潮儿》。11月在《语文教学通讯》"中国小学语文教学论坛"首篇发表长文《"新概念阅读"——不容回避的选择》。应《中国现代语文教育百年事典》主编顾黄初、李杏保之邀,撰写《80年代以来快速阅读的理论研究和实践探索》《80年代以来快速作文的理论研究和实践探索》《1991年中国写作学会阅读学专业委员会成立》。这一年还辑录了《〈三国演义〉中的速写速读83例》和我国台湾、香港、澳门地区,日本快读论著和教材巡礼。12月,以"湘芹"名义参编的《中国现代语文教育百年事典》一书(123万字)由上海教育出版社出版。12月21日于长沙市在全国快速作文研究中心第六届学术年会上作《快速作文与创新教育》的主旨报告。

　　2002年1月,参与审订的《语文阅读名师点精》(6册,56万字)一书由中原农民出版社出版。2月,写《快速阅读:亟待开发的先进文化产业》(《神州》2002年第6期)。3月,参编的《文章学研究》一书(22万字,论文《实用文章学的奠基人——纪念张寿康先生逝世十周年》入选)由河北少年儿童出版社出版。3月12日致信陈亚丽、刘绍本、张会恩、袁昌文、任申润、魏超、郭奇、郝荣斋、王雪梅、杨道麟商讨学会工作。同日,曾祥芹和郝荣斋代表甲乙双方定稿签字《中国文章学研究会与河北省出版总社报刊服务中心合作协议书》。5月20日写《致中国文章学研究会全体会员的公开信》。《北方论丛》2002年第3期发表《孙景峰〈学报编辑工程论〉评介》。《语文建设》当年第4、第6期先后刊发《新课标的阅读学阐释》《阅读教学三题——对新课标中阅读教学内容的建议》;《中学语文教学参考》当年第5、第6、第8、第9、第10期先后刊发《"不求甚解"读书法》《利用阅读期待,拓展思维空间》《鼓励阅读批判,张扬阅读个性》《"一目十行"看书法》《"经验汇兑"读书法》。6月,与甘其勋联袂主编出版了《快读指导举隅》(45万字,执笔"导言""快速阅读的科学界说""汉文快读的技法系统""汉文快读的训练要领",河南大

学出版社出版)。6月16日在商丘师范学院讲学《人文识字,及早阅读》。7月12日、14日、16日、8月10日,在"百千万"语文教育专家培训班上依次讲学4个专题:《"后现代课程观"视野下的"语文课程"新理念》《语文"新课标"关于阅读教学的"总目标"和"阶段目标"解说》《语文"新课标"关于"阅读"的"教学建议"和"评价建议"阐释》《"网络阅读"给阅读教学者提出的新挑战》。7月,参与审订的《中等职业学校文化课·语文(提高版)教科书(第3册)》和《中等职业学校文化课·语文(提高版)教学参考书(第3册)》(46万字)由高等教育出版社出版。同月载有"曾祥芹专论"的《河南语文教育专家研究》一书(36万字)由中国文史出版社出版。为《快读、快说、快写》一书题词(由湖南教育出版社出版)。8月7日于湖北荆州市在中国文章学研究会第18次学术年会上作《开创中国文章学研究的新局面》的报告(发表于《文章学通讯》2002年第1期)。8月15日,天津市电视台播出全国快速阅读研究中心名誉主任曾祥芹的讲话录音《一目十行不是梦,快速阅读我也能》。9月,入选的《薪火集——河南大学学人传》一书(40万字)由河南大学出版社出版。国庆节期间为晏茂心《四级台阶快速阅读训练法·普及读本》一书作序《关注快读的"西部大开发"》(四川教育出版社2003年出版)。10月于扬州在"顾黄初从教50周年暨语文教育思想研讨会"上作《陶铸百家,有容乃大》的发言。11月23日在河南延津县800多人的讲习班讲学《快速阅读:语文素质教育的高新科技》。12月4日于浙江台州温岭市太平路小学在"全国第四届中青年小学语文教师课堂教学多种风格展示会"上作《语文新课标的阅读教学新概念》的报告。12月14日在周口教育学院讲学《走进新课程,更新教学观》。12月23日于宁波在"第六届现代应用文国际研讨会"上作《现代应用文阅读的新挑战》的发言。12月又为陆襄《600秒小学生快速阅读训练教程》一书作序《上海小读者的福音》(上海远东出版社2003年出版)。

2003年3月1日,应邀于徐州在"华东四省区中学语文优质课千人颁奖会"上作《张扬读者个性,提高阅读质量》的讲学。3月9日于河南人民会堂在"快速阅读现场报告演示会"(2400人)上作《快速阅读:亟待开发的先进文化产业》的演讲,两个孙子曾子仑、曾开现场做了每分钟读懂5000字、6000字的示范。3月24日给河南师大外语系研究生作《汉文阅读学应该和英文阅读学和谐共进》的学术报告。《语文教学通讯》(小学版)第3期发表《〈长城〉教学设计点评》。4月22日于大连爱信诚教育科技发展有限公司给来自全国14个省市360多位代表作《快速学习:营造学习型社会的动力能源》的报告。5月主编出版了《阅读改变人生》一书(32万字,执笔《序:阅读的人文价值究竟有多大?》《跋:一位导师与25位研究生的阅读学情结》,中国海洋大学出版社出版)。同月,为崔应贤《现代汉语定语的语序认知研究》一书写评审书《研究定语语序问题的第一部系统论著》;又为沈怀兴《汉语商论》一书写评审书《一部"语言批评学"的奠基作》;《"五读学诗法"教学》在《吉林省教育学院学报·教学研究》发表。《语文新课标的阅读教学新概念》在《语文教学通讯》(小学刊)第13期发表。7月11日在《小学生阅读报》上发表《图文并茂,全脑阅读》。7月22日于徐州师大在江苏中学语文骨干教师培训班上讲学《阅读的"三九胃泰"》。《小学教学设计》第7期转载《〈梅花〉教学设计评析》。8月,《陶铸百家,有容乃大》一文入选的《继承·耕耘·创新——顾黄初语文教育思想研究》一书(28万字)由社会科学文献出版社出版。又为《高中文言知识精讲精练》一书(30万字)题词(内蒙古少儿出版社出版)。8月7日在宁波中国文章学研究会第19次学术年会上作《文章学研究的特殊使命——关于编著"新世纪文章学丛书"(62种专著)的基本构思》的主旨报告,并与秘书长魏超合写《会议纪要》(全名为《中国文章学研究会第19届年会会议纪要》,见《文章学通讯》第5期)。8月,主著的《爱信诚快速高效阅读》一书由大连音像出版社当年11月出版,该书始创阅读概念的洋为中用,将"速读速记"改为"快读快记",书中写了《快读是精读、略读的新发展》长文。同年,在北京师大会见国际阅读大师、分享阅读创始人查理德·安德森仪式上作《让分享阅读在中国广泛传播》的讲话(发表于"中国儿童阅读顾问网")。9月24日至26日于江苏常熟理工学院主持以"创新时代的阅读学:读者与读物"为主题的第八次学术年会,并作《十二年来阅读学研究的成就及工作展望》的报告。国际阅读协会(IRA)理事长埃伦(Alan)、专职主任玛兰妮(Melanie)、国际阅读协会亚洲发展委员会(IDAC)主席兼香港阅读学会(HKRA)会长梁长城与会交流,曾祥芹现场与国际阅读协会会长埃伦作了提问与回应;会上表彰了以《阅读改变人生》等为代表的第八批优秀阅读学成果书、报、刊21项,以及137篇阅读学论文。会后又在无锡举办了有全国20多个省市的800多人参加的"语文课程标准和阅读教学"报告演示会,并作《语文课程标准的阅读教学新理念》报告。10月29日应邀于天津师大在全国高等师院语文学科教学论骨干教师培训班上讲学《加强语文课程的"文章素养"》。11月23日于大连在爱信诚教育集团总部发表《快速阅读是快速学习之母》的演说。《池州师专学报》第5期发表《廓清迷雾,走出误区——读方武〈议论文体新论〉》。这一年,被郑滢轩、潘厚霖总裁应聘为爱信诚教育集团顾问,在北京天通苑居住治学,拟出《精读、略读、快读一条龙》一书的著述提纲,并往各地授课,如在辽阳讲《精读法典型示例——读刘禹锡〈陋室铭〉》。岁末写出《文章本体学》构思说明和分工复议。

2004年1月12日于大连讲《快速学习:亟待开发的先进文化产业》。2月10日写《关于成立"亲近母语儿童阅读"课题组并加入中国阅读学研究会的批复意见——致顾黄初、梅子涵、窦桂梅、徐冬梅诸位专家》。3月21日写贺词《让"分享阅读"在新乡开花结果》。4月初写出近2万字的《关于"增设文章学研究方向"的申请报告》,呈河南师大研究生处和文学院。4月中旬去湖州、5月上旬去长沙等地,在中国爱信诚教育集团教研会上讲学《让快读与精读比翼齐飞》,并草拟《新概念阅读教程》(自读能力速成班40课,包括上编"树立阅读的新理念"12课、中编"掌握阅读的'十八般技艺'"18课、下编"运用阅读教学的新策略"10课)。《语文教学通讯》第4期发表《不待扬鞭自奋蹄——答客问》。5月初与曹辛华合拟《中国文章史》课程纲要和书稿提纲。五一节撰写《汉文阅读学导论·自序》(中央文献出版社2004年8月出版)。5月5日为周楚汉《唐宋八大家文化文章学》一书作序《一面鲜艳的文章文化旗帜》(巴蜀书社当年出版)。6月于郑州在欢迎国际阅读教育大师、美国伊利诺伊大学理查德·安德森教授仪式上代表中国阅读学研究会讲话(原载于中国儿童阅读顾问网)。8月,独著的《汉文阅读学导论》(53万字)由中央文献出版社出版,正式建立起汉文阅读学的"四体"(阅读客体、主体、介体、本体)的理论框架。同月在中央文献出版社出版《精读是怎样为快读打基础的——以"循章归旨法"为例》。8月14日于大连在中国文章学研究会第20次年会上作《迎接挑战,破难前进——读林可夫〈狭义文章学的理论窘境〉有话要说》的主旨报告,并与魏超合作写会议纪要(《文章学通讯》

第 9 期)。《语文报》(高考版)9 月 8 日发表《应重视实用文章阅读测试的改革》。9 月 19 日于扬州在"中国第一届儿童阅读教育论坛"开幕式上致辞《及早培育读书人口,努力营造书香社会》,21 日作《阅读学与小学阅读教学》的报告。10 月 23 日于新乡市在"全国中学语文目标教学骨干教师培训班"上,作《语文教育焦点放谈》报告(刊于《目标教学研究动态》总第 13 期,后收入《语文教育学别论》,中央文献出版社 2006 年出版)。11 月上旬,应王云峰教授之邀给首都师大语文课程与教学论研究生讲学,并主持阅读学研究会会长办公会,提出"学会建设的'十字'理想",推举南京大学徐雁为中国阅读学研究会常务副会长。下半年,由郑滢轩在香港注册登记申报成立中国文章科学研究院,曾祥芹任院长。后因河南师大文学院领导下几道"金牌"相邀返校带研究生,故果断辞掉中国爱信诚教育集团顾问一职。12 月 18 日,于湖南省邵阳市新邵县在全国第六届快速作文教学研讨会上作《快速作文的理论创新和实践创新》的主旨报告(因为学会与杂志有合作协议,《教育创新研究》2005 年第 1 期,才以"中国文章科学研究院院长曾祥芹"的名义发表此文)。

2005 年前半年,在校内独立开 8 门课:文章本体学、文章阅读学、文章学史、文章学家研究、阅读学原理、阅读技法系统、阅读学史、阅读课程与教学改革。下半年,同时担任 5 个班(文章学研究生班、语文课程与教学论研究生班、语文教育硕士班、2003 级本科生班、专升本班、新联学院中文系班)的课。3 月 20 日以中国文章科学研究院院长身份与《教育创新研究》杂志签订《关于合作开发文章文化交流活动的协议书》。4 月 4 日,于杭州在中国阅读学研究会第 9 次学术年会上作《阅读行为和知识创新》的主旨报告,并向浙江工商大学人文学院徐斌院长赠送《阅读学新论》等书。2005 年起,阅读学会与上海《图书馆杂志》合编"悦读时空"专栏,曾祥芹写《在"悦读"中享受人生》发刊词,分别在《图书馆杂志》第 5 期和会刊《悦读时代》第 1 期发表。《读吧——中国儿童阅读论坛》第 2 期发表《阅读教学新概念》。《语文教学通讯》(初中版)第 3 期发表《努力攻破科普文章阅读教学的难关——〈奇妙的克隆〉实验课评点》。5 月 7 日至 8 日,应邀回到工作过 22 年的内黄一中讲学《走教师学者化的道路》,被聘为"内黄一中名誉校长",参加 50 周年校庆,代表中国阅读学研究会给内黄县一中颁发"书香校园"荣誉匾牌。5 月

14 日在河南辉县市教师进修学院讲学《振兴阅读科技,强化阅读教育》。5月下旬,应邀出席香港阅读学会举办的以"地球村的多元读写能力"为主题的 2005 年国际性研讨会,发表《阅读的"外宇宙"和"内宇宙"》的演讲。7 月于浙江温岭市在中国文章学研究会第 21 次年会上做《文章和文学差异论》的主旨报告。9 月,曾祥芹主编的《说文解章》(49 万字,执笔《序:从"说文解字"到"说文解章"》《跋:从"庖丁解牛"到"园丁解文"》)一书在中国海洋大学出版社出版,这是一个导师与 25 个研究生的文章学情结。《中国教育报》当年 9 月 22 日发表与甘其勋合作的文章《高校开设阅读课必行可行》。10 月,曾祥芹与甘其勋、刘真福合著的《文章知识新视点》(27 万字)在华东师大出版社出版,特别强调"文章知识是语文知识的主干部分"。同月中旬,中国阅读学研究会与国际阅读协会亚洲发展委员会(IDAC)、首都师大同办"亚洲读写教学国际学术研讨会",有中国、菲律宾、新加坡、泰国、马来西亚、印度、日本、美国及中国台湾、中国香港 120 余位代表参加,曾祥芹作《汉文阅读学在中国的发展》主旨报告。中国阅读学研究会(CRA)随后被批准成为国际阅读协会在中国大陆的分支机构。10 月,又应邀出席在北京钓鱼台国宾馆隆重举行的"书香中国"年度童书排行榜揭榜仪式和第二届中国儿童阅读论坛新闻发布会,与中宣部副部长徐惟诚同坐主席台,并被点名发表即兴讲话,面对母语阅读危机,响亮地提出:"把我们的心血筑成汉文阅读长城! ……"12 月,写出书评《语文课程与教学论教材的最新成果——评刘永康教授主编的〈语文教育学〉》(刊于《四川师大学报(社会科学版)》2006 年第 2 期)。这一年,先后为学术同人的 8 本书作序:一是为胡礼仁的《语文高效阅读方法与训练》作序《一部开放而有活力的校本阅读教材》(中国地质大学出版社 2005 年元旦出版);二是为任君庆、李光连的《现代写作学新论》作序《揭示文本生产和消费的全过程》(安徽大学出版社 2005 年出版);三是为侯迎华的《河南散文史》作序《一部中原文体发展史的开创之作》(河南大学出版社 2006 年出版);四是为张合银的《聆听精彩的世界——听知教学法初探》作序《"听知教学法"的拓荒之犁》(中央文献出版社 2005 年出版);五是为王德钦的电影剧本《生命的主题词》作序《读美、醉美、殉美:一曲美之颂歌的演绎》(香港天马出版有限公司 2005 年出版);六是为赵云娥、刘文昌的《硝河民魂——刘玉峰传记》作序《永葆共产党员的先进性的楷模》(河南人

民出版社2006年出版);七是为再版《阅读辞典》作序《李德成先生对中国阅读学的贡献及其影响》(四川辞书出版社2007年出版);八是为董玉明的《灿烂火花》作序《生命的浴火,时代的浪花》(中央文献出版社2006年出版)。

2006年1月,独著的《语文教育学别论》(56万字)由中央文献出版社出版。2月3日于河南师大沁园举行有200多人参加的"曾祥芹70华诞庆典",发表生日致辞,91岁的父亲曾清人撰赠七言乐府十八韵《祥芹七十周岁诞辰志念》,曾亚军、张会恩、甘其勋、王继坤、韩焕昌、程福宁、傅炳熙、王键吉、王绍令、杨学法、孟宪明、曾祥平、肖世峰、齐文成、李建东、张金汉、荆贵生、刘真福、曹辛华、王婵、孔凡杰、李银超、曹洪彪、潘厚霖、郑滢轩、刘绍本、魏超、胡德保、邵俊儒、孙少勇、董玉明、张敬燕等亲属、师友、学生分别写出诗、词、贺联、贺信、寓言、祝辞、讲话,表达祝贺。2月,写出25 000多字的龙协涛《文学阅读学》读书札记《建构〈文章阅读学〉的很好参照系》,14日写出《阅读的主体间对话和陌生感体验》(刊于《中学语文教学参考》2006年第4期)。3月3日在浙江工商大学人文学院讲学《科学阅读与人生进取》。同月为《大河报》"是耶非耶话读经"专栏写作《读经:为复兴中华阅读文化扎根》,又应邀为湖北《人文城市》杂志著文《将最佳时文介绍给千百万中学生》。3月25日在湖南省洞口县城关镇和平正街百人追悼会上为享年92岁的父亲致悼词。《阅读与鉴赏》(初中版)第3期发表《共享阅读春游之乐》。4月23日于东莞在第11个"世界读书日"成立"中国图书馆学会科普与阅读推广委员会"上被推举为顾问。5月下旬拟出《文章阅读学》的构思说明和著述要求。8月5日于岳阳在中国文章学研究会第22届学术年会上作《"文章科学发展观"初探——学习江泽民、胡锦涛的文章理论和文章实践》的主旨报告,与杨道麟合写《年会纪要》。在《语文建设》2006年第9期发表《"文本三分法"科学吗?——〈普通高中语文课程标准(实验)〉文本分类法质疑》。9月21日又应邀代表中国阅读学研究会写《致浙江师范大学儿童文化研究院成立的贺信》。10月,成章群引曾祥芹言论的《申论典范》一书(46万字)由北京大学出版社出版。

2007年1月,写出《文章本体学》一书的《导论:文章学的现代复兴》。入选的《思想者·书里闲情》一书由青岛出版社出版。河南人民出版社主办全国优秀少儿报刊《作文指导报》,聘请曾祥芹为顾问。山东《现代语文》第

1 期刊登论文《文章的个性化阅读摭谈》,第 6 期刊登论文《语文教师要走学者化道路》。4 月 23 日即第 12 个"世界读书日"在厦门"多元媒体时代的阅读问题"研讨会上作《文章阅读创造论》的主旨报告(7 月发表于《文章学通讯》),下午在厦门教育学院与读书种子对话《人生进取与当代阅读》;同日《福建日报》发表专访《"为什么读"是第一位的问题》。6 月 12 日对江苏中小学教研室(2001)68 号重点课题《"原形阅读理论与阅读教学设计"研究成果集》写出评审意见。北京《语文教学研究》第 6 期发表《文章跨体阅读论》。7 月,主编出版了 73 万字的《文章本体学》(文心出版社),并写出《个性化阅读要科学化,不要自由化》(《中学语文教学》2007 年第 11 期),7 日还同甘其勋与杜进董事长在郑州议定了《关于摄制〈快读通〉影视脚本的"合作协议"及商榷意见》(《快读通》是中国第一部快速阅读电影片,曾祥芹担当演员,中有"少年强则中国强"的台词)。8 月以"总顾问"身份在北京全国"快读联盟"成立大会上作《大力发展快速阅读的文化事业和文化产业》的主旨报告[刊于《河北科技师范学院学报(社会科学版)》2008 年第 2 期]。11 月下旬撰写与校党委书记张亚伟谈话提纲《关于发展河南师大特色专业——文章学、阅读学的学科创新的建议》。这一年,先后为同人的 5 本书作序:一是为刘立峰、徐轶的《西游记·学成语》(现代教育出版社 5 月出版)作序《从神话故事中接受成语文化的熏陶》;二是为杨再民主编的《内黄县第一中学教育教学论文集》(延边人民出版社 5 月出版)作序《教师学者化的足迹》;三是为李建东的《文章鉴赏论》(中国言实出版社 8 月出版)作序《文章鉴赏——文本鉴赏的"半边天"》;四是为冯义杰的《金牌司仪培训教程》(中国康杰礼仪公司 9 月出版)作序《一只吉祥美丽的红蜡烛》;五是为黄湖滨的《成功写作》(中央文献出版社 11 月出版)作序《做文章情商、文章智商、文章创商全面发展的人》。12 月为耿红卫的《语文教育新论》写书评(刊于《语文教学与研究》第 12 期)。

2008 年元旦,为韩雪屏《语文课程与教学研究论文集》作序《胡杨树精魂的写照》(内蒙古教育出版社出版)。河北省阅读学会主办的《阅读》杂志第 1 期以曾祥芹为封面人物发表《中国当代阅读学的开创者和奠基人》。《焦作大学学报》第 2 期发表《文章误读的"问病泉"——〈于丹《论语》心得〉公案评析》;甘肃《图书与情报》第 4 期发表《〈于丹《论语》心得〉:自由化误读的典型》。3月写《用科学阅读观引领大众阅读新潮》(《山东图书馆季刊》2008年第2期)。《河北科技师范学院学报(社会科学版)》第2期发表《大力发展快速阅读的文化事业和文化产业》。江苏太仓《尔雅》创刊号发表《迎接"大众阅读"新时代》。4月上旬又应李德成之邀去四川泸州在"建设书香校园研讨会"上讲学《及早培育读书种子,努力营造书香社会》,并为承办单位忠山小学颁发"书香校园"匾牌。4月17日在深圳南山区讲学《个性化阅读教学实践提出的十个理论问题》。4月20日答《出版商务周报》记者宋学鹏问《阅读是一种精神生产力》(发表于该报第14届世界读书日特刊)。4月21日《深圳晚报》发表记者李福莹对曾祥芹的专访《阅读是自己"生产"自己》。4月28日,《河南师大报》发表《把我们的心血筑成汉文阅读长城》。5月5日代表中国文章学研究会和中国阅读学研究会《致朱绍禹先生的慰问信》。5月,先为刘立峰、冯俊杰的《看图猜成语》一书写《前言·准确、全面、通俗、实用》(河南文艺出版社出版);后写《划清个性化阅读与自由化阅读的界限——以经典文章〈论语〉的多元解读为例》(《中学语文教学》2008年第7期)。7月7日为曹洪彪主编的《新概念快速作文教学案例创新设计》丛书作序《第一套作文教学序列体系的开创》(文心出版社当年出版)。7月13日于岳阳在中国文章学研究会第24次学术年会上作《胡锦涛的"文章科学发展观"及其"文胆"》的主旨报告,其《"文章科学发展观"初探——兼论"文胆"现象》被收入《走向成功的文章学研究》(中央文献出版社2008年11月出版);14日给秘书培训班作《当代文章学研究概况与公文阅读素养》的讲学;15日《岳阳晚报》发表沈念对曾祥芹的专访《与"在场的缺席者"的对话》;后又为黄湖滨主编的《走向成功的文章学研究》一书作序《文章学与成功学结缘的新成果》,并担当该书编委会主任(三文编入一书,中央文献出版社当年11月出版)。7月30日为王德中《生活感知录》作序《文章历史长河中的一滴净水》(中国博学出版社2018年版)。9月21日在郑州举行的"信息化时代的阅读学发展"研讨会上作《阅读是精神生产力》的发言(《教育时报》9月24日发表)。10月,中国图书馆学会阅读推广委员会会刊《今日阅读》试刊发表顾问曾祥芹的文章《大力发展"快速阅读"事业》。《中学语文教学》2008年第11期刊发《提高文章素养:亟待强化的语文教学理念》(人大复印资料《中学语文教与学》2009年第1期全文复印)。11月,为曹洪彪

《新概念快速说写教学案例创新设计》作序的丛书9本(200万字)由文心出版社出版。12月15日,为《捧着一颗心来——忆萧士栋先生》一书作序《一颗闪耀中天的文化明星》,并担当顾问,著文《魂牵梦绕至交情》。(该书2009年4月由中州古籍出版社出版)。同年12月与陈才生合作《文章阅读学·后记》(大象出版社2009年版)。

2009年1月6日在《作文指导报·阅读》版发表《个性化阅读≠自由化阅读》;又写发刊词《用我们的人文智慧筑起"汉文阅读学"的长城》登在中国阅读学研究会会刊《悦读时代》(徐雁、李东来主编,曾祥芹为顾问,东莞市树正职业培训学校主办)第1期上。4月12日,与"书香校园建设部"主任甘其勋发起成立"河南省书香社会建设联谊会"。4月16日,河南师大推荐中央电视台《百家讲坛》节目发表演说辞《"悦读"给人"幸福"》,作为"卷首语"发表在会刊《悦读时代》当年第4期上。4月26日于郑州邙山在萧士栋先生逝世20周年暨诞辰80周年纪念仪式上发表《邙山祭文》。同月,与张春沛合作写出《萧士栋先生碑文》。曾祥芹主编的《萧士栋文集》(上、下册,75万字)与张春沛、张灿华主编的《捧着一颗心来——忆萧士栋先生》(36万字,内有曾祥芹的《文章学家萧士栋》和《魂牵梦绕至交情》)同时由中州古籍出版社出版。5月24—27日,于宁波北仑在中国阅读学研究会学术交棒会上作《阅读学研究的历史检讨和未来愿景》的主旨报告,又在宁波大学教育学院给浙江小学语文骨干教师培训班上讲学《从小打好汉文阅读的底子》,会上曾祥芹主动退为中国阅读学研究会名誉会长,推举南京大学徐雁教授为中国阅读学研究会会长,学会还下设"十部二盟"及其负责人:阅读学基础理论研究部(韩雪屏);阅读课程教材研究部(王云峰);书香校园建设部(甘其勋);儿童阅读与阅读心理研究部(伍新春);国外阅读研究部(郭英剑);文体阅读研究部(陈才生);中国阅读文化史研究部(徐林祥);图书馆阅读指导部(徐雁);人文读物研发部(梁春芳);网络阅读研究部(陈亮);快速阅读联盟(刘真福);读书报刊联盟(蔡玉洗)。6月8日写《文章学苦旅六十年——共和国华诞夜阑断想》。6月19日于咸阳西藏民族学院在中国文章学研究会第25次学术年会上作《〈道德经〉:文章学的元典》的主旨报告;6月30日又写《深入开展现代文章学建设问题的友善讨论——敬复文章学元老程福宁先生》。7月上旬于南戴河在全国语文教育专业委员会举办的学术年会上作《"一语双文"时代渐行渐近——全球化语境下语文内容结构改革的必然趋势》的报告(该文刊于《语文建设》当年第 11 期,人大复印资料《高中语文教与学》2010 年第 4 期全文复印)。8 月 10 日至 12 日于曲阜市杏坛中学在第五届全国中青年小学语文教师课堂教学多种风格展示会上作《小语杏坛竞开的一束"百合花"》的总结报告(后发表于《语文教学通讯》)。8 月 25 日,为徐忠宪《原形阅读理论与语文教学》一书作序《阅读教学沃土上盛开的一朵阅读学奇葩》(该书 2010 年由苏州大学出版社出版,该文又转载于《中学语文教学参考》2011 年第 6 期)。9 月 28 日,为张维坤《〈论语〉要义》一书作序《高文咀嚼敝,疑义穴穿生》。10 月 6 日与南京大学图书文化研究生联合整理《导读孔子、董仲舒、韩愈、朱熹的推荐书目》。10 月写出长文《文章体裁分类论》,率先提出"普通文章、专业文章、变体文章"的"文章三分法"。10 月 24 日,在全国"读书月暨书香校园建设"研讨会上于福州市七巷三坊水榭讲学《从孔子到朱熹的读书育人精神》。11 月,《〈道德经〉中的文章阅读观》一文在《山东图书馆季刊》第 6 期发表。12 月,与龙协涛《文学阅读学》抗衡的《文章阅读学》(曾祥芹主编、陈才生副主编,54 万字)一书由大象出版社出版,初步实现了从"文学阅读学"研究到"文章阅读学"研究的飞跃。

2010 年 1 月 14 日,为《曾祥芹文选》三卷本写"前言"《俯首甘为"拓荒牛"——我的治学道路》(高等教育出版社当年 9 月出版)。1 月 20 日,给中学语文教师"国培班"讲学《走进文本,走出文本——陈善"知出知入法"新解》。1 月 24 日,为苗明军《高效阅读指导》一书作序《快速阅读教材的又一品牌》(天津教育出版社 2010 年版)。1 月 28 日《中国教育报·教师书房》专版发表《开创作文教学序列体系——"新概念快速作文教学案例创新设计"丛书独辟蹊径》。《〈道德经〉内蕴的文章写作论》一文在《焦作大学学报》当年第 1 期发表;《〈道德经〉内蕴的文章本体论》一文在《宁波大学学报》当年第 2 期发表;《〈道德经〉的文章逻辑和章法结构》一文在《焦作大学学报》当年第 3 期发表。3 月 5 日,为曹洪彪《让每个学生学会快速作文》(该书 2010 年由文心出版社出版)一书作序《走普及快速作文的科学发展之路》。3 月 9 日与李献宝合写《书的变脸与本相》,选入薛原、叶芳编的《带一本书去未来》一书(金城出版社当年 10 月出版);又应约写《概括能力:阅读"理解"的基本功》,在《语文教学通讯》(高中版)当年第 2 期发表。9 月,高等教育出版社出版了160万字的《曾祥芹文选》(《实用文章学研究》《汉文阅读学研究》《语文教育学研究》上、中、下三卷精装本),10月大象出版社出版了张灿华编的《曾祥芹学谊录》(65万字)。10月16日由中国文章学研究会、中国阅读学研究会、中国高等教育学会语文教育专业委员会联合主办,河南师大承办,在河南师大举行了"曾祥芹学术思想国际研讨会",海内外200多名学者与会,公认"著名三栖学者"曾祥芹是"一语双文"新语文观的创立者,是中国实用文章学和汉文阅读学的开创者和奠基人之一。曾祥芹在闭幕式上发表了《感谢与期望》的答谢辞。会后,由甘其勋主编出版了56万字的《"三学"创新论——曾祥芹学术思想国际研讨会文集》(河南人民出版社2011年4月出版),共5部分:①致辞、贺信、贺诗、报道31篇;②曾祥芹文章学思想研究18篇;③曾祥芹阅读学思想研究13篇;④曾祥芹语文教育学思想研究12篇;⑤曾祥芹治学思想和方法研究17篇。

2011年3月9日,为张合银《百年语文万载图》一书作序《我国第一本系统研究语文"读图"理论的学术专著》。《中国小学教育》第3期重登《加强阅读的科学性与人文性》。4月10日,为贵州文章学后秀张祖荣《文章写作教育研究》一书作序《文章写作学与中学作文教学的互促相长》(该书当年由汕头大学出版社出版)。4月下旬与中原工学院联办"2011华夏阅读论坛之校园阅读与学习型图书馆研讨会",并授予中原工学院"华夏书香校园"荣誉匾牌。5月16日应邀偕夫人与老友甘其勋夫妇飞赴新疆喀什师范学院义务讲学4天,出席"'一语双文'(语言、文章、文学)语文教育新理念学术研讨会",并代表中国文章学研究会和中国阅读学研究会给该学院颁发"华夏书香校园"匾牌。之后于6月10日为罗浩波、张海燕伉俪的《毛泽东诗词品读》作序《昆仑鲲鹏乾坤心》(该书当年由内蒙古人民出版社出版)。6月16日,为杨道麟博士《语文教育美学研究》一书作序《按照"美的规律"精心建构"语文教育美学"》(该书当年由现代教育出版社出版,该序发表于《韩山师范学院学报》2012年第5期);同时著文《全力营造"真善美融合"的语文教育恢宏气象——杨道麟博士的治学思想及其科研特色评述》(《焦作大学学报》2011年第2期)。7月初写《档案笔读法——书面表达阅读法的14种方式》。7月10日,为中国阅读学研究会现任会长徐雁主编的《全民阅读推广手册》作序《依靠阅读科学,推动全民阅读》(该书当年由深圳海天出版社出版)。8月15日,为耿红卫的《网络语文教育建构论》作序《好雨知时节,当春乃发生》(该书当年由华中科技大学出版社出版)。当年教师节期间,又为学术搭档《甘其勋自选集》(上、下册,该书 2012 年由文心出版社出版)作长篇序言《语文教育名家的历史存在》,历数其"十重角色"。中国高等教育学会语文教育专业委员会于9月出版的《奋斗的三十年》一书(高等教育出版社出版)选入《阅读学在中国的崛起》一文。第 27 个教师节为丁卫军主编的《教育学人报告:二十位语文名师经典课例实证研究》(现代教育出版社出版)作序《学习名师榜样,建构生命课堂》。9月15日,出席在山东省济宁市嘉祥县举行的首届"海峡两岸曾子思想研讨会",提交论文并发言《没有"孔曾之道",哪来的"孔孟之道"? ——谈曾子思想在儒家思想传承上的历史地位》(该文选载入《曾子故里论孝道》,中国文史出版社 2013 年 3 月出版,后选入《曾子文章学》一书的"附录二")。9月18日《大河报》发表《记者梁宁采访"阅读人"曾祥芹》。9月23日,于河南师大发表《百家讲坛》20 分钟演说辞《悦读给人幸福》。9月26日,应邀前往武汉市第四中学(袁隆平的母校)讲学《学会科学地读书——与"读书种子"的对话》。10月3日至15日,为学术交棒做准备,写出 36 000 字的《当代实用文章学的复兴——中国文章学研究会 30 年大事记》,于广西玉林举行中国文章学研究会第 26 届学术年会暨换届改选,曾祥芹退为名誉会长,推举崔应贤教授接任会长;同时在玉林师范学院作《走进文本,走出文本》的学术报告,在广西玉林贵港市黄练一中作《学会科学地读书》的报告,并颁发"书香校园"匾牌。10月18日至29日,偕夫人刘苏义回故乡湖南省邵阳市洞口县省亲,去月溪乡雷溪垅出生地,拍摄游览视频;先后给母校洞口县一中、邵阳市二中、洞口县九中作《学会科学地读书——与读书种子的对话》等讲座,并分别代表中国阅读学研究会颁发"书香校园"匾牌。11月8日于河南师大写出《梦在前方 路在脚下》。同月,又为曹洪彪的新概念快速作文丛书(12 本)写书评《中国快速作文的新界碑——评曹洪彪新概念快速作文教学法》,后发表在《新作文》2011年第 12 期。

2012 年 1 月 2 日写出《故园情》影视脚本,发表于《秋水》杂志当年第 2 期。1月30日为李树旗诗集《脚印》作序《他,诗意地栖居在大地上》(先发表于安阳师范学院《秋水》杂志当年第 2 期,后于河南文艺出版社当年出版）。3月12日写《曾子是〈论语〉的第一主编》（《湖北曾氏会刊》2015年第4期）。《山东图书馆学刊》2012年第2期发表《儒家阅读思想的第一传承人——曾子阅读思想发微》。《焦作大学学报》2012年第2期发表《文章学研究充满挑战 任重道远——文章学交棒年会上的主旨报告》。4月4日写《曾子"言之有序"论新解》（《天中学刊》2013年第2期）。4月13日写《曾子"以文会友"说新论》发表于《常熟理工学院学报》2013年第3期。5月20日，写《曾子的文章写作全程观》，发表于《焦作大学学报》2013年第1期。6月写《文章学旗帜下的快写教学劲旅》发表于《教育时报》2012年7月11日。9月8日写《深入开展曾氏文化研究——〈古缯国文化研究〉卷首语》（收入《曾祥芹序跋集》末篇）。8月至10月写出《曾子：中华孝文化的首席代表》，分别在海口、嘉祥"曾子思想研讨会"上作报告（选载于《曾子故里论孝道》，中国文史出版社2013年版，后选入《曾子文章学》一书的"附录四"）。8月20日写《曾子文章中的有序教育过程》（发表于《现代语文》2012年第11期）。9月9日于古缯国河南方城在"姓氏文化与华夏历史文明传承创新区建设高层论坛"上宣读论文《提高"文章文化"的自觉性——姓氏文化研究的新开发区：〈河南文章家传论〉》，后选入《曾子文章学》一书的"附录三"。教师节期间，应北京超星数图信息技术有限公司马存志和河南师大图书馆苏全有馆长之邀，作"阅读学"系列讲座：①"汉文阅读学"在中国的发展——开创阅读学的30年苦旅；②阅读的"外宇宙"和"内宇宙"——树立科学的"大阅读观"；③阅读改变人生，阅读享受人生——"阅读动力学"发凡；④读求真、向善、至美的书——阅读选择的战略；⑤阅读的"三九胃泰"——阅读的完整过程和基本规律；⑥阅读的诗情，诗歌的读理——中华诗性阅读文化论；⑦个性化正解，自由化误读——阅读神游的胜境和陷阱；⑧走进文本，走出文本——文本阅读的大法；⑨精读、略读、快读一条龙——阅读的"十八般技艺"；⑩读书、阅网、观景三结合——现代学人务必养成的阅读新习惯（每讲100分钟，共分26节课）。9月24日写《曾子文章中的有效教育方法》[发表于《现代语文（教学研究版）》2012年第12期]。9月26日写《"老有所为"评选汇报提纲》（在河南师大老干部处座谈会上的发言）。10月应约写《魏征：经典阅读的倡导者和力行者》[发表于《内黄文化》创刊号2012年11月]。10月21日写《浅谈曾子文章中丰富的教育内容》（发表于《现代语文

（教学研究版）》2013 年第 1 期〕。12 月写《读有字书,悟无字理》(发表于
《光明日报》"雅趣"栏目 2013 年 2 月 14 日)。

2013 年 1 月写《维护曾子在〈孝经〉和〈大学〉中的主著权——复审两桩
古老的著作权公案》(发表于《山东图书馆季刊》2013 年第 3 期)。1 月又写
《光复曾子的文章之道——〈曾子文章学〉导言》〔发表于《贵州师范大学学
报(社会科学版)》2013 年第 4 期〕。2 月下旬,应湖北潜江中学熊校长和华
中科技大学附中邓校长之请,先后赴两校作《读书、阅网、观景三结合》的讲
学、赠书,并授予两个学校"华夏书香校园"荣誉匾牌。3 月 4 日写《用我们的
人文智慧筑起"汉文阅读学"的长城》(载于广东东莞《悦读时代》创刊号)。
《纸本书、电子书、无字书与读书、阅网、观景——与时代文化和世界阅读潮
流同向前进的"汉文阅读学"》发表于上海《图书馆杂志》2013 年第 4 期。5
月修订《文章阅读学和阅读能力训练》,被选入教育部幼儿师范学校语文教
科书《阅读文选》(人民教育出版社 2013 年第 12 版)第一册第 166 至 170
页,排在刘国正文之后、叶圣陶文之前。《铭心交情永难忘》一文被选入《学
者·导师·旗帜——回忆语文教育家朱绍禹先生》(《语文出版社》2017 年 5
月出版)。5 月又写《读书·阅网·观景——现代学人的阅读新习惯》。5 月
17 日至 18 日再去江西上饶师专参加由王顺贵承办的中国文章学研究会第
27 届年会,提交两篇论文:《光复曾子的文章之道》《曾子〈大学〉的章法结
构》,并给师生作《读书、阅网、观景三结合》的讲座。6 月 29 日于白壁中学以
安阳孔子学会名誉会长身份出席"孔子教育思想研讨会",并作《自我教育:
曾子"文教"思想的一座高峰》的演讲。7 月 7 日写《"知入知出"——"双文"
阅读的大法》。7 月 9 日于石家庄在河北师大语文国培班的讲学《谈初中语
文课的文章教材、文章教学和文章素养——以冀教版初中语文教材为例》。
《论曾子〈大学〉的章法结构》刊于《殷都学刊》2014 年第 2 期。8 月 21 日给
贵州省写作学会 30 年会庆写贺词;9 月 28 日出席在贵州师大举行的"读书
节"和会庆日。10 月 13 日写《文章治国平天下——曾子〈主言〉形神观》刊
于《焦作大学学报》2014 年第 2 期。《走进文本 走出文本——陈善"读书
出入法"新解》被选入福建人民出版社 2014 年 10 月出版的《扪虱新话评注》
一书。

2014 年 1 月 4 日写《〈论语〉是带文学性的学术文章》,刊于湖北大学

《中学语文》2017 年第 10 期。2 月 3 日写《曾子"五道"思想体系的雏形——〈曾子〉章法新论》,发表于《山东图书馆学刊》2014 年第 2 期。2 月为韩学树《心灵的旅行》作序《内黄出了个文章家》(华艺出版社 2014 年 3 月出版)。3 月 15 日写《自我教育:曾子"文教"思想的一座高峰》,刊于《河北师范大学学报(教育科学版)》2014 年第 4 期。3 月 28 日写推荐《国外阅读立法汇编》意见书。发表《〈论语〉〈曾子〉〈主言〉对〈周易〉的读以致用——阅读的"潜水作业"之一》(《高校图书馆工作》2014 年第 2 期),《〈孝经〉〈大学〉对〈周易〉的读以致用——阅读的"潜水作业"之二》(《高校图书馆工作》2014 年第 3 期),《曾子文章对〈尚书〉的读以致用(一)——阅读的"潜水作业"之三》(《高校图书馆工作》2014 年第 4 期),《曾子文章对〈尚书〉的读以致用(二)——阅读的"潜水作业"之三》(《高校图书馆工作》2014 年第 5 期),《〈论语〉〈曾子〉对〈诗经〉的读以致用——曾子阅读的"潜水作业"之四》(《高校图书馆工作》2014 年第 6 期),《〈论语〉"斐然成章"说新论》(上)(《国文天地》2014 年第 344 期),《〈论语〉"斐然成章"说新论》(中)(《国文天地》2014 年第 345 期),《〈论语〉"斐然成章"说新论》(下)(《国文天地》2014 年第 346 期)。5 月 16 日在河北师大语文国培班的讲学《"四文关系"与文章教育》。7 月 20 日写《"一语双文"时代的文章美梦》,提交给郑国民筹办的中国高等教育学会语文教育专业委员会北师大年会(因时间冲突未能赴会)。8 月 2 日写《重申文章知识,强化文章教育》刊于《中学语文教学》2014 年第 11 期首篇,人大复印报刊资料《初中语文教与学》2015 年第 1 期全文复印。国庆节为校园书香阅读文库第三本甘其勋《开卷絮语》作序《精英读者的资质和担当》(郑州大学出版社 2015 年 9 月出版)。11 月 22 日给国务院《全民阅读促进条例》修订工作组张文彦的回信《关于〈全民阅读促进条例〉修订的建议》,其中提出"应把习近平的'爱读书,读好书,善读书'奉为全民阅读的'九字纲领'"(后摘要发表于上海《图书馆杂志》2018 年第 3 期)。12 月 6 日在郑州《作文导报》社举行中国阅读学研究会会长办公会,议定礼聘朱永新、邬书林、王余光教授,与曾祥芹同为名誉会长。

2015 年 2 月 9 日写《语文教研员的一面旗帜——〈穆鸿富晚霞回首〉序》(中国文史出版社 2015 年 9 月出版)。3 月 23 日写《阅读与你、我、他——"校园书香阅读文库"总序》刊于《山东图书馆学刊》2015 年第 4 期,武汉大学图书馆《文华书潮》2016年第1期转载。《论孔子、曾子"仁学"的人性美、心灵美、体系美》刊于《山东图书馆学刊》2015年第2期。《论"一语双文"的语文内容结构观》刊于《课程·教材·教法》2015年第4期。4月1日写《〈孝经〉:天下情文之极品》刊于台北师范大学《国文天地》第353期。《〈孝经〉〈大学〉对〈诗经〉的读以致用——阅读的"潜水作业"之五》刊于《高校图书馆工作》2015年第1期。《曾子"言必有主"论阐幽》刊于《天中学刊》2015年第1期。《学科嫁接的可喜成果,教师教育的得力助手——王泽龙专著〈教研文体撰写探究〉评介》刊于《河南教育学院学报》2015年第4期。《〈论语〉〈曾子〉对〈礼记〉的读以致用——阅读的"潜水作业"之六》刊于《高校图书馆工作》2015年第3期。《〈曾子问〉对"三礼"的读以致用——曾子阅读的"潜水作业"之七》刊于《高校图书馆工作》2015年第5期。《〈孝经〉〈主言〉〈大学〉对〈礼记〉的读以致用——曾子阅读的"潜水作业"之八》刊于《高校图书馆工作》2015年第6期。《从"章句"到"文章"的结构奇观——〈孝经〉研究的文章学视野》刊于台北师范大学《第四届语文教育暨第十届辞章章法学学术研讨会会议论文集》,2016年11月出版。《曾子是〈论语〉的第一主编》刊于《湖北曾氏会刊》2015年第4期。6月下旬赴长沙参加全国性的曾子文化研讨会,被指名第一个大会报告:《集"六家"于一身的曾子——共担"为宗圣继绝学"的使命》,该文刊于《曾子文化论坛》创刊号。《论曾子文章数据的理性美、理趣美、数宜美》刊于《郑州市委党校学报》2015年第6期。12月1日写《保护好、发展好河南师大出土的新创学科——文章学和阅读学》,反复向校、院领导诉求。

2016年,《以"问"明"礼"的攻读术——〈曾子问〉的阅读学透视》刊于《山东图书馆学刊》当年第2期。《曾子的知行哲学及其文章认识论》刊于《焦作大学学报》当年第2期。上海《图书馆杂志》当年第3期:为了全民共享"阅读带来的乐趣"——联合国教科文组织设立"世界读书日"全球落地推广20周年纪念专辑,约请五位专家曾祥芹、朱永新、王余光、吴晞、徐雁撰稿,曾祥芹的论文《建立具有民族文化特质的"汉文阅读学"》列为首篇。《曾子文章对〈左传〉〈国语〉的读以致用——阅读的"潜水作业"之九》刊于《高校图书馆工作》当年第3期。由王余光、徐雁主编,南京大学出版社2016年4月出版的《中国阅读大辞典》(229万字)"前言"开头就引用曾祥芹的阅读格言:"闪光的人生始终伴随着阅读,高明的阅读不断改变着人生。"4月写《愿实用文章学大行天下——中国文章学研究会第31届广州年会论文》(《中国文章学学术论文集》华南师大5月印行)、《曾子文章对〈道德经〉的读以致用——阅读的"潜水作业"之十》刊于《高校图书馆工作》当年第4期。《阅读的"潜水作业"——结语:"六经博士"撑起了曾子文章》刊于《高校图书馆工作》当年第4期。《内黄文化》当年第4期发表《文章大师曾祥芹》。8月6日为人教社刘真福申报编审写评定意见。8月21日为于北京师大举行的"传承与创新"语文教育国际研讨会写论文《扬弃"一语一文"旧语文观,普及"一语双文"新语文观》(2018年发表于《殷都学刊》第3期)。《由英明而高明:善读的决策者与决策者的善读》又刊于上海《图书馆杂志》2016年第10期"阅读推广学坛"专栏首篇。《曾子的政治哲学及其文章政治观》刊于《天中学刊》当年第5期。《集"六家"于一身的曾子——共担"为宗圣继绝学"的使命》刊于台北师范大学《第四届语文教育暨第十届辞章章法学术研讨会会议论文集》,2016年第11月出版。《论曾子文章情感的理智美、中和美》刊于安阳师范学院《殷都学刊》2016年第4期。10月14日写《语文人生的长征——贺洪镇涛先生从教60年》。11月18日于河南大学在"纪念华钟彦诞辰110周年暨古代文学高端论坛"上发言《华老师魂,铸我文魂》。《曾子的人本哲学及其文章本体论》刊于《山东图书馆学刊》2016年第6期。12月上旬作《谈语文教育的"供给侧结构性改革"》刊于2017年《语文教学通讯》B版第11期。12月中旬写《中原:华夏文章文化的主根地——〈河南古代文章家传论〉前言》(后载入《曾子文章学》一书的"附录三")。

2017年1月16日,为张祖荣《新课标高考作文指导》(中国文史出版社2018年10月出版)一书作序《普及第一,提高第二》。《曾子的思辨哲学及其文章方法论》《曾子编著与柏拉图著作的文体学比较》先后刊发于《焦作大学学报》当年第1、第2期。《曾子的伦理哲学及其文章道德观》发表于《天中学刊》当年第2期。《世界阅读史上的中国奇观——〈论语〉古今流传的阅读简史》刊发于《高校图书馆工作》当年第2期,全文转载于《新华文摘》2017年第19期网络版,后又摘要重发于《河南师大报》2018年5月15日。3月上旬赴海南三亚休闲,即由"书香海南"推广人、海南师大陈智慧教授于4月初为曾祥芹在海口市组织了4场"阅读学"讲座:9日先向海南中学讲《学会科学地读书》,10日向琼台学院讲《现代学人务必养成的阅读新习惯》,11日向海南师范大学讲《开创阅读学的35年苦旅乐游》,12日向海口市澄迈县凤凰小学讲《要赢在人生阅读的起跑线上》。4月下旬又应北京师大语文教育研究所所长任翔之邀,于22日在"全国'教师阅读与基础教育'专题研讨会"上,继顾明远、王宁、温儒敏、巢宗祺之后,被点名第五个发言《多视角谈语文教师的阅读素养和责任》(该文后选入任翔主编的《教师阅读与基础教育》,济南出版社2018年5月出版)。《曾子文章与柏拉图文章的政治学比较》发表于陕西《安康学院学报》2017年第3期首篇。《雄踞世界的中华孝文化宝典——〈孝经〉古今流传的阅读简史》刊发于《高校图书馆工作》2017年第4期。5月应湖北潜江渔洋小学校长谌昌荣之请去讲学,并颁发"书香校园"牌匾。6月1日为张怀恩的《中华圣帝颛顼帝喾》一书作序(该书于当月在中州古籍出版社出版)。同月,河南师范大学离退休职工党委、离退休职工管理处给曾祥芹颁发在"双争双创"活动中评为"时代老人"的荣誉证书。《为何曾子在孔门弟子中独得儒学正宗?》发表在《山东图书馆学刊》2017年第2期;《曾子文章的中外比较阅读》发表在《河北师范大学学报(哲学社会科学版)》2017年第3期;《论曾子文章思维的逻辑美》发表在《海南师范大学学报(哲学社会科学版)》2017年第5期;《格致诚正传天下 修齐治平贯古今——曾子传世文章中的"儒士道"精魂》发表于《图书馆理论与实践》2017年第9期。7月14日至18日,去吉林省延吉市延边大学参加中国文章学研究会第32届年会,提交两篇论文:《〈孟子〉之"文"重振并扬厉了"曾子文章"的雄风》《以义为利,散财聚民,仁为己任,修齐治平》,并观长白山天池,游俄罗斯海参崴。9月6日,给阅读学会核心人物(徐雁、郭英剑、甘其勋)写信建言献策。10月3日于湖南洞口县第一会所主持300多人参加的"萧屏翠百岁华诞暨曾家五世同堂庆典",发表祝词《非凡的女寿星》。同月,为学者冯铁山的《诗意语文论》写评审意见。《语文教学通讯》2017年第11期刊登了四川师范大学李华平教授主持的"凝望大师"专栏,总标题是《曾祥芹:语文文章学研究的创立者》,内有"文章学大师曾祥芹简介及其十条语文教育格言",还有4篇文章:曾祥芹的《语文教育的"供给侧结构性改革"》(见刊于《语文教学通讯》"凝望大师"专栏当年第32期);曹洪彪的《曾祥芹文章学对语文教改的划时代意义》;张天明的《曾祥芹"三体阅读论"对语文教

学的指导作用》;王丽华的《走语文教学科学化的道路——曾祥芹先生语文教育思想学习心得》。

2018 年伊始,曾祥芹母亲仙逝,享年 101 岁。作为长子,2 月 14 日于湖南洞口县和平正街,在母亲萧屏翠追悼会上致悼词《平凡而伟大的女性》。3 月应华南师大周小蓬教授之邀,起草《曾祥芹语文教育思想概说——著名语文教育学家专访录》(将由北京大学出版社出版)。3 月,上海《图书馆杂志》发表《野人献曝 乡人献芹——对〈全民阅读促进条例〉的修订建议》。4 月,为湖南新化曾氏始祖泰谕公开派 1020 周年纪念征文写《追念泰谕公,传宗扬仁风》。5 月 6 日至 7 日应武汉西藏中学黄宗源校长之请去讲学《现代学人务必养成的阅读新习惯》,并颁发"书香校园"匾牌。6 月,为河南师大老干部处纪念改革开放 40 周年征文写《没有改革开放,就没有文章学和阅读学——河南师大扶植新学科功不可没》。《殷都学刊》当年第 3 期发表《扬弃"一语一文"旧语文观,普及"一语双文"新语文观》。《山东图书馆学刊》当年第 4 期发表《一位彰显中华诗性阅读文化的精英学者——曾巩〈读书诗〉正解》。《河北师范大学学报(哲学社会科学版)》当年第 5 期开辟"文章学研究"专栏发表《论曾子文章的气势》。《天中学刊》当年第 5、第 6 期先后发表《曾子的价值哲学及其文章价值观》和《曾子文章对子思〈五行〉的影响》。9 月 28 日出席中国阅读学研究会换届改选暨"华夏阅读论坛",致开幕词,代表学会颁发"书香濮阳"匾牌,为《书香龙都》2018 年第 2 期写"卷首语"《阅读——学习之母》。

2019 年 1 月,写作《发展出题目,改革做文章——习近平〈之江新语〉的"文章学"启示》(16 000 字),这是《习近平文章学研究》的开笔之作。在 2019 年《高校图书馆工作》第 2 期发表了 3 篇作品,分别为《环球政治哲学中"独有的宝贝"——〈大学〉古今流传的阅读简史》《一部"与〈论语〉同"的儒学经典——〈曾子〉流传的阅读简史》和《曾子"王道""学道"的不朽之作——〈主言〉〈曾子问〉古今流传阅读简史》。在广西民族大学《中华优秀传统文化研究》当年第 1 期发表《论曾子文章的形辞之美》。3 月写出《国家社科基金重大课题推荐表》,在河南师大举行的重大课题论证评审会上第一个发言,继"毛泽东文章思想研究""邓小平文章理论研究"之后,再挺"政治领袖文章学"的研究。4 月 12 日在湖北江汉艺术职业学院讲学,并代表中国阅读学研究会颁发"华夏书香校园"匾牌。接着 22 日应邀去濮阳市讲学,给全市语文教师作《多角度谈语文教师的阅读素养》的演说,给濮阳市第四中学师生作《读书、阅网、观景三结合》的报告。商务印书馆于 4 月出版了《曾子文章学》(上、下册)精装本 2500 套。给湖南、安阳、内黄、濮阳、新乡及全国文章学界、阅读学界、曾子文化研究会的老友、学生、宗亲送出 400 余套。5 月下旬为王德中的新著《文章·写作·教学》一书作序《新中国实用文章学复兴的弄潮儿》(该书于 9 月在广陵书社出版)。8 月 16 日至 18 日在河南师范大学参加了"中国文章学研究会第 34 届年会暨《曾子文章学》专题研讨会",《曾子文章学》被评为特等奖。《中学语文教学》2019 年第 4 期发表《致"读书种子"及其导师——推介〈中华读书诗课本〉》,该书(13 万字)承蒙刘立峰接生,由现代教育出版社在 2019 年年底出版。8 月初应邀为赵云娥主编的《硝河怒火——千口村的故事》一书作序。5 月应"纪念曾巩诞辰一千周年国际研讨会"筹备组之邀写出《乃知千载后,坐可见南丰——还曾巩以文章学家的本来面目》的论文,经曾巩文化研究会、北京大学中文系、中华文学史料学会专家评审组通过,于 9 月 27 日至 30 日去江西省抚州市南丰县出席会议。会上,其论文获优秀论文奖,得奖金 3000 元。这一年开始《曾巩文章学》的研究,陆续写出《再论曾巩诗歌中的读书情理》《曾巩首先是文章家,其次是文学家——以曾巩作品中的"文章"和"文学"用词为证》《曾巩〈洪范传〉的文章阐释学》《曾巩的"文章经济学"探讨》等论文。10 月,为庆祝中华人民共和国成立 70 周年,给国家图书馆捐赠"曾祥芹代表性学术论著",收到国家图书馆颁发的馆藏证书。12 月 20 日写出书评《提升学生语文核心素养的创新工程——评龙都校园阅读联盟系列丛书·经典拾零〈课外名作悦读〉》;21 日在濮阳市讲学《普及"一语双文"新语文观》。

自 1981 年起到 2020 年止,曾祥芹先后被邀请到北京、上海、天津、重庆、香港、深圳、湛江、惠州、珠海、广州、桂林、玉林、成都、乐山、绵阳、泸州、贵阳、西安、太原、临汾、榆次、石家庄、北戴河、秦皇岛、唐山、包头、大连、辽阳、哈尔滨、齐齐哈尔、延边、济南、烟台、荣成、泰安、曲阜、嘉祥、徐州、南京、苏州、无锡、常熟、扬州、杭州、温州、温岭、宁波、湖州、绍兴、福州、厦门、黄山、徽州、池州、南昌、九江、庐山、上饶、南丰、长沙、邵阳、洞口、新邵、衡阳、岳阳、湘潭、张家界、石门、武汉、荆州、襄樊、宜昌、潜江、十堰、喀什、三亚、海口等地讲学;加上河南本省的郑州、新乡、开封、安阳、林县、汤阴、内黄、濮阳、南阳、洛阳、商丘、周口、漯河、淮阳、郸城、信阳、平顶山、许昌、焦作、辉县、延津、长垣等地,达270多场。单是香港就达6次(如香港大学、香港理工大学、香港城市大学、香港教育署等)。

至今,曾祥芹先生依然在路上……

曾祥芹捐赠国家图书馆证书

后　记

　　2015年冬,时任中国阅读学研究会会长徐雁教授应我校图书馆领导刘献丽女士之邀,到黄淮学院作关于读书的学术报告。其间,我作为中国阅读学研究会会员全程陪同,与徐老师进行了零距离接触,为他温柔敦厚之风深深折服。几个月之后的2016年春夏之际,我接到他的一个任务或嘱托,就是他策划为我的恩师、河南师范大学曾祥芹教授写一部评传,前传后评,"传"是记述曾老师的人生特别是学术经历,由河南师范大学任文香女士执笔;"评"是评述曾老师的学术成就、影响,邀我负责撰写。接到这个任务后,我一时五味杂陈。

　　一是兴奋,为给恩师写评传感到高兴,有一种衣钵传人的荣耀。二是有一种被信赖、被认可的满足感,毕竟被当年的北大才子、当今阅读学会少帅徐会长点将,为名满天下的语文教育家曾祥芹写书评,对于我们后学来说也是可遇而不可求的事。三是责任感,曾老师一生致力于语文教育研究,就语文性质提出"一语文双文论",坚持"狭义文章学"说,是中国现代汉文阅读学的开创者之一。作为弟子有责任继承其学术传统,并使之发扬光大。四是惶恐感,曾老师是语文教育界的大家,其研究领域涉及语文教育学、实用文章学与汉文阅读学,被称为"三栖学者",独著、主编著作30多部,发表文章700余篇,已八十有余仍在力耕。评传的分量应与其学术成就相称,二者相互辉映、相得益彰才对。而本人因为某种机缘忝列门墙,仅仅涉足于阅读学中的一个很小的方面,对曾老师阅读学都不是全懂,更不用说他的语文教育学与实用文章学了,让我这样一个语文界毫不起眼的晚辈为这样的大家写评论,感觉力不自胜,担心无法评出曾老师学术成就的高度、深度、广度、厚度与创新度,有负于徐雁老师的重托,有损于师门荣光。当时我才深刻体会到诸葛亮写《出师表》的苦衷了。后来我当着曾老师的面背诵其中的句子以

表寸心："臣本布衣,躬耕于南阳,苟全性命于乱世,不求闻达于诸侯。先帝不以臣卑鄙,猥自枉屈,三顾臣于草庐之中,咨臣以当世之事,由是感激,遂许先帝以驱驰。后值倾覆,受任于败军之际,奉命于危难之间,尔来二十有一年矣。"曾老师报之以微笑。师生相得之情景,深深地烙在我的记忆里。

最后我还是接受了这项使命。不仅是为了继承与发扬恩师的绝学,也是因为本人深受曾老师开蒙之恩,刻骨铭心。本人作为全省高中语文骨干教师于 2002 年在河南师范大学参加跨世纪教育培训,第一次聆听曾老师的授课,就为他深厚的学养所倾倒。并于次年考上了河南师范大学的教育硕士,较为系统地接受了曾老师的教育,感受到其学术品格的高尚与博大。毕业后到黄淮学院担任语文课程与教学论的教研工作,开始涉足阅读学领域,对他的"阅读病理"之说很有感悟,并结合自己的教学经历写成《经典阅读中的误读浅析》。初稿完成后即以邮件形式发给曾老师斧正,他很快就回复并做了详细的修改。我又根据他的意见加以修改,然后再发给他,如是五六稿。完稿后文章有曾老师的很多笔墨。文章不久就被《中学语文教学》主编张蕾女士采用并于 2009 年 10 月刊出,随即于次年 5 月被人大复印资料《高中语文教与学》全文复印。随即我对经典误读这一普遍存在于中学语文阅读教学的现象进行持续思考与研究,又写出了《经典阅读中的误读再探》。仍是如法炮制,经过曾老师多次修改(张蕾主编也多次修改此稿,在此表示感谢),于 2011 年 5 月在《中学语文教学》发表,又被当年 10 月份的人大复印资料《高中语文教与学》全文复印,其间本人申请的课题"中学生经典阅读中的误读研究"被教育部立项。可以说,本人在阅读学方面所取得的些微成绩都沉浸着曾老师辛劳的汗水。因此,我本人接受此项任务不但是义不容辞,而且是情之所至,更能有后学者独到的心得与体会。孔子弟子既然为其师立传(可以认为《论语》是记录孔子一生的传记),弘扬师门圣业,世传《论语》;我为什么不能见贤思齐,却要瞻前顾后呢?

但是答应写与真正来写不是一回事。曾老师的学术领域非常广泛,涉及语文教育学的方方面面,进入之后恍如进入迷宫,其理解难度仍是超出了预期。颜渊曾感喟其恩师孔子学问之高深:"仰之弥高,钻之弥坚,瞻之在前,忽焉在后!"(《论语·子罕》)颜渊问于仲尼曰:"夫子步亦步,夫子趋亦趋,夫子驰亦驰;夫子奔逸绝尘,而回瞠若乎后矣!"(《庄子·田子方》)相隔两三千年,我对颜渊有了知音之感。

撰写的困难一是难在全面、准确地理解曾老师的学术观点与成就。刘勰曾感言"夫铨序一文为易,弥纶群言为难"。同理,曾老师学术等身,研究遍及语文教学的方方面面,读通已然不易,何况要理解、领会其中三昧?二是难在评其长短得失。按理说要做到这一点需要评论者起码能与曾老师比肩而立、分庭抗礼,这样才能立足学术之巅,折冲尊俎,纵横捭阖;"不畏浮云遮望眼,只缘身在最高层"。但是本人还尚在学术的山道中攀行,怎能一览学术全貌,评论怎能入木三分、切中肯綮。三是论其学术成果易,评其学术态度与精神难。难在刻镂无形,难在持论允当。王安石有诗云:"糟粕所传非粹美,丹青难写是精神。"(《读史》)所言极是。

但是在阅读曾祥芹学术著作时,其坚贞的学术态度跃然纸上;在与曾老师通信时,其高尚的学术人格溢于言表;在多次与曾老师抵掌而谈时,其长者之风令人陶醉。本人从师十余年来,受其影响日甚。曾老师执拗、倔强的性格也渐渐影响了我,感染了我,激励了我,把这项工作一点点地推进。

撰写工作就是在这样的情形下慢慢进行的。有时每天只写千余字,有时为了某个问题一连几天神滞笔涩,"兀若枯木,豁若涸流"(陆机《文赋》)。有时文思泉涌,如有神助,大有"山重水复疑无路,柳暗花明又一村"之情形。就这样大约四年时间,完成此书。

全书分工如下:徐雁策划并拟定全书分上下卷,上传下评;任文香拟定上卷章节结构并撰写上卷(第一、二、三章)、曾祥芹治学年表;张天明拟定下卷章节结构并撰写下卷(第四、五、六、七、八章)、后记。任文香女士在进行"2019 年度河南省教育厅人文社会科学研究项目"的研究基础上,申请获得河南省教育厅"2020 年度河南省高等学校哲学社会科学优秀著作资助项目"出版基金资助。全书在撰写过程中,笔者与任文香女士多次访谈曾祥芹夫人刘苏义和女儿曾飞舟、曾祥芹的学术挚友穆鸿富老师、曾祥芹的学生耿红卫和曹洪彪等,他们为本书的撰写提供了很多翔实的资料;在成书过程中,笔者的朋友和学生,都做了大量的工作,特别是海林、李占伟、武风云、范冰倩等,都提出了很多建设性的意见。在此,对他们的无私帮助表示衷心的感谢!全书能付梓出版,与郑州大学出版社相关编辑老师的精心编校密不可分。在此对编辑老师的辛勤付出表示最真心的感谢!

完成这项工作,收获是巨大的。其一,观其文,如学术朝圣,能力得到提高,理论得到提升,思想得到提纯。又如徜徉于学术园地,惊叹于园林的繁盛,迷醉于百花的芳香,感佩于园丁的苦辛。其二,通读、研究、揣摩曾氏作品,是一艰难的过程,时有不得其门的情形;之后即有登堂入室之感。又觉得王国维所描绘治学的三个境界最为切合。其三,对写作之苦有了切肤之感,个中滋味无法为外人道也。"吟安一个字,拈断数茎须。"(卢延让《苦吟》)始觉古人措辞之妙。一时思潮起伏,古人及其诗文纷至沓来……

"文章千古事,得失寸心知。"(杜甫《偶题》)不知书稿问世后会得到什么样的评价,只能静听方家评说了。

张天明　执笔于黄淮学院

2019 年 6 月 13 日初稿

2020 年 2 月 16 日修改